Tribunal Constitucional Federal Alemão

LEONARDO MARTINS

TRIBUNAL CONSTITUCIONAL FEDERAL ALEMÃO

Decisões anotadas sobres direitos fundamentais

Volume 3

Direitos fundamentais ao casamento e à família;
liberdade de associação;
garantias constitucionais processuais

Marcial Pons
MADRI | BARCELONA | BUENOS AIRES | SÃO PAULO

KONRAD ADENAUER STIFTUNG
Programa Estado de Derecho para Latinoamérica

Tribunal Constitucional Federal Alemão: decisões anotadas sobre direitos fundamentais

Volume 3: Direitos fundamentais ao casamento e à família, liberdade de associação, garantias constitucionais processuais

Leonardo Martins

Editoração eletrônica
Ida Gouveia / HBLYZ / Oficina das Letras®

Impressão e acabamento
VOX Gráfica

Dados internacionais de Catalogação na Publicação (CIP)
(Câmara Brasileira do Livro, SP, Brasil)

Martins, Leonardo.
Tribunal Constitucional Federal Alemão : decisões anotadas sobre direitos fundamentais. Volume 3: Direitos fundamentais ao casamento e à família, liberdade de associação, garantias constitucionais processuais / Leonardo Martins. – São Paulo : Konrad-Adenauer Stiftung – KAS; Marcial Pons, 2019.

Bibliografia
ISBN 9788575042267

1. Direito constitucional 2. Direitos fundamentais 3. Tribunal Constitucional Federal I. Título

CDU-342.7

Índices para catálogo sistemático: 1. Tribunal Constitucional Federal : Direitos Fundamentais : Direito constitucional 342.7

Depósito legal na Biblioteca Nacional conforme Lei n. 10.994, de 14 de dezembro de 2004.

Impresso no Brasil

Para minha esposa,
parceira constante e
minha maior alegria:
Magnae Latitia.

PANORAMA DO CONJUNTO DA OBRA

Introdução geral à jurisprudência do Tribunal Constitucional Federal Alemão, à obra como um todo e ao uso de seus cinco volumes*

Volume 1 (Art. 1 – 3 GG)

Volume 2 (Art. 4 I, 5 I e 5 III GG)

* Como citar esta obra ou partes dela: v. p. 304.

APRESENTAÇÃO

O Tribunal Constitucional Federal, localizado em Karlsruhe e fundado em 1951, é um pilar fundamental do Estado de direito alemão. Os dois Senados [turmas], cada um constituído por oito juízes, têm desde então decidido sobre a constitucionalidade da atuação dos parlamentos, governos e tribunais do país. O processo perante o Tribunal Constitucional Federal objetiva à resolução tanto de conflitos entre os órgãos constitucionais quanto também das Reclamações Constitucionais dos indivíduos em face do Estado. Há décadas, a Corte constitucional da Alemanha assegura e configura os direitos fundamentais dos cidadãos, bem como os direitos e obrigações dos órgãos constitucionais da República Federal, utilizando e interpretando a *Grundgesetz* ["Lei Fundamental", como é chamada a Constituição alemã]. Devido ao efeito vinculante das decisões judiciais constitucionais em face dos demais órgãos constitucionais, trata-se sempre de decisões de extraordinária relevância para a Justiça e a política.

Neste terceiro volume das decisões mais importantes do Tribunal Constitucional Federal em língua portuguesa, o Prof. Dr. Leonardo Martins comenta a jurisprudência do Tribunal para a proteção do casamento e da família,[1] a liberdade de associação e de coalizão[2] e os direitos fundamentais processuais, incluindo a garantia da via jurisdicional:[3] o direito ao juiz legal[4] e o direito à oitiva judicial, a proibição de retroatividade e analogia, assim como a proibição de dupla punição.[5]

Em particular, os direitos fundamentais processuais discutidos são indispensáveis ao Estado de direito alemão. Eles permitem e garantem aos

1. Art. 6 GG.
2. Art. 9 I e III GG.
3. Art. 19 IV GG.
4. Art. 101 I 2 GG.
5. Art. 103 I, II e III GG.

cidadãos alemães a aplicação dos seus direitos, na medida em que outorgam garantias processuais que devem ser observadas por todos os órgãos constitucionais. Apenas a abertura de um procedimento que permita a proteção efetiva dos direitos fundamentais em favor do respectivo titular do direito confere aos direitos fundamentais o poder de imposição necessário e garante aos cidadãos o exercício daqueles direitos. Nesse contexto, são particularmente representativos a garantia da via jurisdicional, que assegura o acesso aos tribunais, e o direito à oitiva judicial, que marca decisivamente o curso do processo.

A importância central desses direitos iguais a direitos fundamentais revela-se na análise da antiga e permanentemente continuada jurisprudência do Tribunal Constitucional Federal nesse campo temático. Já em 1952,[6] o Tribunal ocupou-se do alcance do direito à oitiva judicial e, desde então, tem se manifestado constantemente sobre o conteúdo dessa garantia processual. No cerne da interpretação do direito à oitiva judicial encontra-se a tese defendida pelos juízes constitucionais segundo a qual as partes processuais não seriam mero objeto, mas, ao contrário, sujeitos configuradores do processo, razão pela qual se deveria abrir-lhes a possibilidade de influenciar o curso e o resultado do procedimento.[7] De acordo com os juízes de Karlsruhe, esse direito não inclui apenas a oportunidade de falar, mas também o conhecimento dos fatos relevantes para a decisão e uma informação prévia sobre quais aspectos são relevantes para a tomada de decisão.[8] Nesse sentido, os juízes são obrigados a viabilizar ao titular do direito o efetivo exercício do seu direito de influenciar.

Os limites do direito decorrente do Art. 103 I GG são encontrados no direito formal e material que permite [presentes alguns pressupostos] a desconsideração da fala do atingido.[9] Contudo, os tribunais estão em princípio vinculados em sua discricionariedade de julgamento, na medida em que o cerne de uma arguição da parte que seja crucial para o resultado do processo deve sempre ser considerado na fundamentação da decisão judicial.[10]As várias manifestações do direito à oitiva judicial asseguram que os tribunais lidem intensamente com os argumentos apresentados e com o alcance de direitos fundamentais eventualmente afetados, garantindo-se assim uma proteção efetiva dos direitos fundamentais por meio das garantias processuais. Mediante a observância dos direitos fundamentais judiciais, garante-se sempre também a proteção de minorias. Isso é essencial para a manutenção de um sistema regido pelo Estado de direito, tanto mais quando a correspondente proteção restar ameaçada em um dado contexto político. Especialmente tendo em vista os atuais desenvolvimentos políticos em todo o mundo, incluindo a América Latina, marcada por uma forte presença de atores

6. BVerfGE 1, 470.
7. BVerfGE 84, 188; nota à margem 7, com mais referências.
8. *Ibid.*
9. BVerfGE 84, 188; nota à margem 15.
10. Ver BVerfGE 85, 386; nota à margem 11.

populistas, são as garantias processuais rigorosamente aplicadas mais do que nunca necessárias para se garantir a pluralidade dos sistemas e para ajudar a proteger o Estado de direito.

As decisões em pauta da Corte constitucional alemã podem, portanto, servir também de exemplo para além das fronteiras nacionais, promovendo assim o desenvolvimento internacional e a proteção dos sistemas de Estado de direito. É para nós, destarte, muito importante expressar nossos parabéns e nosso agradecimento ao Prof. Dr. Leonardo Martins, além de felicitá-lo por seu notável empenho e excelente trabalho na produção dessas coletâneas. No contexto das atuais mudanças políticas no Brasil, é provável que haja um grande interesse atual, especialmente para a população brasileira, nas decisões discutidas neste volume da obra [de cinco volumes]. O trabalho do Prof. Dr. Leonardo Martins é, portanto, de particular importância no momento. Temos o prazer de apoiar esse importante intercâmbio jurídico e político-jurídico internacional com tais coletâneas.

Bogotá, 10 de fevereiro de 2019.

Dra. Marie-Christine Fuchs

PREFÁCIO AO VOLUME 3

É com grande satisfação e sensação de ter dado mais um passo rumo ao cumprimento de meu dever autodeterminado que publico o resultado de mais um ano de intenso trabalho investido na realização do presente projeto.

Na oportunidade em que remeto o leitor ao prefácio geral da obra (no volume 1), reitero que se trata de uma obra em cinco volumes que visa a disponibilizar ao seu leitor, no vernáculo, um acesso tão panorâmico quanto criterioso da jurisprudência do Tribunal Constitucional Federal alemão (TCF) em matéria de direitos fundamentais positivados na Constituição alemã (*Grundgesetz*) que completará 70 anos de vigência no próximo dia 23 de maio.

Como já frisei em diversas oportunidades e publicações, a comunidade jurídica e a comunidade política da República Federal da Alemanha devem, em grande parte, à jurisprudência daquela Corte o alcance do escopo máximo de um Estado Democrático de Direito que é a efetiva garantia da chamada "força normativa da Constituição". Não por acaso, isso se dá no sentido propugnado por aquele que, nesse contexto político-filosófico, será sempre lembrado por ter cunhado a expressão destacada, o Professor Dr. Dr. h.c. mult. *Konrad Hesse,* que foi membro do TCF (1975-1987).

Entre os primeiros esboços de um projeto de tamanho fôlego e complexidade e sua realização podem ocorrer percalços decorrentes também de uma imprudente tendência a subestimar desafios. Por outro lado, há descobertas relevantes, cientificamente falando, que apenas foram viabilizadas graças à provocação do intelecto implícita nas aludidas dificuldades. Nesse sentido, o subtítulo da obra pensado por ocasião dos primeiros esboços em 2013 e 2014, "Decisões **anotadas** sobre direitos fundamentais" (grifo nosso), tornou-se, em razão do uso do singelo adjetivo "anotado", já por ocasião da conclusão do volume 1 – característica intensificada no volume 2 –, um tanto quanto inidôneo a refletir fidedignamente seu conteúdo.

Contudo, suposto que, por intermédio do subtítulo em tela, desperte-se no leitor uma expectativa condizente com o adjetivo, qual seja, a de encontrar na obra *apenas* excertos de textos ou passagens originais de decisões do TCF criteriosamente escolhidas que reflitam a jurisprudência atual e seus antecessores históricos, o autor e os editores não incorrem em publicidade enganosa. Ao contrário: o marketing, em geral incompatível com o *ethos* e o discurso científicos, implica uma promessa de conteúdo menor do que o efetivamente publicado.

Com efeito, a expectativa possivelmente despertada no leitor ficará muito provavelmente aquém do que ele poderá apreciar com a leitura de todo o volume. Isso porque o projeto evoluiu – do primeiro para o segundo e desse para o presente volume – de uma coletânea fulcrada em uma seleção cuidadosa dos excertos e decisões mais reveladoras da jurisprudência do TCF, acompanhadas de anotações ou comentários elucidativos de conceitos e princípios constitucionais gerais, para uma obra de consulta bem mais ampla e aprofundada. A partir do estado da arte dos debates jurídico-dogmáticos em torno das normas definidoras de direitos fundamentais positivadas na *Grundgesetz*, a obra busca propiciar ao leitor uma "vista privilegiada" sobre seu objeto.

Assim, por exemplo, sob a epígrafe das chamadas "notas introdutórias" aos capítulos temáticos, distribuídos pelos parâmetros normativos (direitos fundamentais) interpretados e aplicados na jurisprudência contemplada, apresentam-se sistematizações das chamadas "dogmáticas especiais" dos direitos fundamentais. O leitor atento deparar-se-á com uma reveladora visão de dentro da discussão jurídica especializada germânica, que é frequentemente mais reativa à jurisprudência do TCF do que propositiva. Trata-se, igualmente, de uma perspectiva panorâmica sobre todos os pontos jurídico-dogmáticos relevantes para a interpretação dos direitos fundamentais trazidos ao presente volume, grosso modo, dos Art. 6, 9, 19 IV, 101 e 103 GG.[11]

Já afirmei, também em diversas oportunidades, a especial conveniência que tem o conhecimento da jurisprudência do TCF para a interpretação dos direitos fundamentais, especialmente os de liberdade e igualdade, tais quais positivados na vigente CRFB. Como asseverado no prefácio do volume 2, é uma Corte que tem, de fato, "uma grande reputação junto às comunidades jurídica e jurídico-científica alemãs". Naturalmente, há também discordâncias advindas da comunidade jurídico-científica e pontualmente choques com a opinião pública. Nada, porém, que seja capaz de abalar a reputação do TCF construída em seus quase 68 anos de jurisprudência.

No presente volume, os textos de "acompanhamento" da tradução das decisões e excertos selecionados da jurisprudência preencheram entre 1/3 e

11. Sobre a opção por não seguir a ordem numérica do catálogo dos direitos fundamentais da *Grundgesetz*, cf. explicação a seguir, na "introdução ao volume 3".

metade de sua extensão total. Após a introdução, foram desenvolvidas sete "notas introdutórias" para seus sete capítulos e sínteses das "matérias" (direito e fatos), que foram objetos das 23 decisões contempladas. Como fontes de pesquisa, devidamente declinadas nas notas de rodapé, foram utilizadas recentes obras acadêmicas sobre direitos fundamentais que, como salientado, acompanham (criticamente) a jurisprudência da Corte.

No mais, vale também para esse volume o que restou consignado já no prefácio ao volume 2: "o conceito da obra [...] foi mantido [...]. Manteve-se, principalmente, nas traduções, a preocupação em ser fiel ao texto original, informar os leitores sobre a total extensão de cada decisão, enfatizando sempre suas complexas, mas sempre bem articuladas estruturas (p. 28-34)".

* * *

Meus sinceros agradecimentos à mestre em direito, MSc *Carmen Vasconcelos*, por seu muito competente trabalho de revisão do manuscrito. Igualmente, agradeço a *Mariana Bigelli de Carvalho* por sua segunda leitura revisional. Como já consignado nos respectivos prefácios aos dois primeiros volumes, reafirmo meu profundo agradecimento à Fundação Konrad Adenauer (KAS), na pessoa da diretora do Programa Estado del Derecho para Latinoamérica, Dr. *Marie-Christine Fuchs*, que propiciou os meios financeiros necessários à presente publicação. Finalmente, agradeço à Editora Marcial Pons, especialmente ao seu editor-chefe jurídico, Dr. *Marcelo Porciuncula*, por ter aceitado minha proposta de parceria editorial, acrescentando o selo daquela ínclita instituição editorial, de consolidada envergadura técnico-editorial e excelência internacionais, ao já muito honroso selo da KAS.

Natal-RN, 31 de março de 2019.

PROF. DR. LEONARDO MARTINS

SUMÁRIO

Capítulo 15.

Garantia da via jurisdicional (Art. 19 IV GG)

Capítulo 16.

Direito ao juiz natural (Art. 101 I 2 GG)

SIGLAS E ABREVIAÇÕES

a. F. – *alte Fassung* – redação anterior (revogada)

ADAB – *Allgemeine Dienstanweisung für die Bundesbahnbeamten* – instrução normativa geral para os Servidores das Ferrovias Federais

ADI – Ação Direta de Inconstitucionalidade (art. 102, I a CF)

AFG – *Arbeitsförderungsgesetz* – Lei de Fomento ao Trabalho

AktG – *Aktiengesetz* – Lei das Sociedades Anônimas

Art. – artigo

AsylVfG – *Gesetz über das Asylverfahren (Asylverfahrensgesetz)* – Lei do Processo de Asilo Político

AuslG – *Gesetz über die Einreise und den Aufenthalt von Ausländern im Bundesgebiet (Ausländergesetz)* – Lei da Entrada e Permanência de Estrangeiros no Território Federal (Lei de Estrangeiros)

BAG – *Bundesarbeitsgericht* – Tribunal Federal do Trabalho

BAGE – Entscheidungen des *Bundesarbeitsgerichts, amtliche Sammlung* – Decisões do Tribunal Federal do Trabalho, coletânea oficial

Bay VfGH – *Bayerischer Verfassungsgerichtshof* – Tribunal Constitucional da Baviera

BBG – *Bundesbeamtengesetz* – Lei dos Servidores Públicos Federais

BetrVG – *Betriebsverfassungsgesetz* – Lei de Constituição Empresarial

BFH – *Bundesfinanzhof* – Tribunal Financeiro Federal

BGB – *Bürgerliches Gesetzbuch* – Código Civil

BGBl. – *Bundesgesetzblätter* – Diário (Oficial) das Leis Federais

BGH – *Bundesgerichtshof* – Corte Federal de Justiça

BGHR – *BGH-Rechtsprechung* – Jurisprudência da Corte Federal de Justiça (coletânea sistemática digital)

BGHSt. – *Entscheidungen des Bundesgerichtshofs in Strafsachen* – Decisões da Corte Federal de Justiça em Matéria Criminal

BGHZ – *Entscheidungen des Bundesgerichtshofs in Zivilsachen* – Decisões da Corte Federal de Justiça em Matéria Civil

BTDrucks. – *Bundestagesdrucksachen* – Registro das Discussões Parlamentares / Anais dos Trabalhos Legislativos da Câmara Federal

BtMG – *Betäubungsmittelgesetz* – Lei de Entorpecentes

BurlG – *Bundesurlaubsgesetz* – Lei Federal de Férias

BVerfG – *Bundesverfassungsgericht* – Tribunal Constitucional Federal

BVerfGE – *Entscheidungen des Bundesverfassungsgerichts, amtliche Sammlung* – Decisões do Tribunal Constitucional Federal, coletânea oficial

BVerfGG – *Gesetz über das Bundesverfassungsgericht (Bundesverfassungsgerichtsgesetz)* – Lei do Tribunal Constitucional Federal

BVerfGK – Kammerentscheidungen *des Bundesverfassungsgerichts* – Decisões de câmera do Tribunal Constitucional Federal (composta por três juízes)

BVerwG – *Bundesverwaltungsgericht* – Corte Federal Administrativa

BVerwGE – *Entscheidungen des Bundesverwaltungsgerichts, amtliche Sammlung* – Decisões da Corte Federal Administrativa, coletânea oficial

BvF, BvL... – Siglas usadas pelo TCF antes do número de autos de processo que visam identificar a espécie de procedimento. Por exemplo: "BvF" antecede o procedimento dos controles abstratos e "BvL" antecede o dos controles concretos. "BvR" é usada junto às Reclamações Constitucionais.

BvR – *[Senat der] Bundesverfassungsrichter* – [Senado dos] Juízes Constitucionais Federais

c.c. – combinado com

CDU – *Christlich Demokratische Union* – União Democrático-Cristã (Partido Político)

CF / CRFB – Constituição Federal / Constituição da República Federativa do Brasil cf. – confira

CSU – *Christlich Soziale Union* – União Social-Cristã (Partido Político)

e.V. – *eingetragener Verein* – Associação Registrada (associação sem fins lucrativos)

ed. – edição

EFZG – *Entgeltfortzahlungsgesetz* – Lei de Manutenção de Pagamento de Salário

EG – *Europäische Gemeinschaften* – Comunidades Europeias

EGBGB – *Einführungsgesetz zum Bürgerlichen Gesetzbuch* – Lei de Introdução ao Código Civil

EGMR – *Europäischer Gerichtshof für Menschenrechte* – Tribunal Europeu de Direitos Humanos

EGZPO – *Einführungsgesetz zur Zivilprozessordnung* – Lei de Introdução ao Código de Processo Civil

EMRK – *Europäische Menschenrechtskonvention* – Convenção para a Proteção dos Direitos Humanos e Liberdades Fundamentais (Convenção Europeia para os Direitos Humanos) de 4 de novembro de 1950

EStG – *Einkommensteuergesetz* – Lei do Imposto de Renda

EuGH – *Europäischer Gerichtshof* – Corte Europeia de Justiça

FamFG – *Gesetz* über *das Verfahren in Familiensachen und in den Angelegenheiten der freiwilligen Gerichtsbarkeit ("Familienverfahrensgesetz")* – Lei sobre o Processo de Direito de Família e Questões da Jurisdição Voluntária ("Lei de Processo Jurídico-Familiar")

FamRZ – *Zeitschrift für das gesamte Familienrecht (Zeitschrift)* – Revista para Todo o Direito de Família (periódico técnico-jurídico)

FDP – *Freie Demokratische Partei* – Partido Democrático Liberal

FGG – *Gesetz über die freiwillige Gerichtsbarkeit* – Lei sobre a Jurisdição Voluntária

FGO – *Finanzgerichtsordnung* – Código da Jurisdição Financeira

FPR – *Familie, Partnerschaft, Recht (Fachzeitschrift, 1995-2013)* – Família, Parceria, Direito (periódico técnico-jurídico, 1995-2013)

GA – *Goltdammer's Archiv für Strafrecht (Fachzeitschrift)* – Arquivo Goltdammer para o Direito Penal (periódico técnico-jurídico)

GenG – *Gesetz betreffend die Erwerbs- und Wirtschaftsgenossenschaften* – Lei de Cooperativas Econômicas e de Renda

GFK – *Genfer Flüchtlingskonvention* – Convenção relativa ao Status Jurídico dos Refugiados (Convenção de Genebra sobre Refugiados), de 28 de julho de 1951

GG – *Grundgesetz* – Lei Fundamental (Constituição da República da Alemanha)

GGO – *Gemeinsame Geschäftsordnung der Bundesministerien der Bundesrepublik Deutschland* – Regimento Comum dos Ministérios Federais da República Federal da Alemanha

GmbHG – *Gesellschaft mit beschränkter Haftung Gesetz* – Lei de Sociedades de Responsabilidade Limitada

GOBT – Geschäftsordnung des Bundestages – Regimento Interno da Câmara Federal

GOBVerfG – Geschäftsordnung des Bundesverfassungsgerichts – Regimento Interno do Tribunal Constitucional Federal

GVBl. – *Gesetz- und Verordnungsblatt* – Diário (Oficial) de Leis e Decretos

GVG – *Gerichtsverfassungsgesetz* – Lei de Organização Judiciária

ibid. – *ibidem.*

JöR N.F. – *Jahrbuch des* öffentlichen *Rechts der Gegenwart Neue Fassung* – Nova Redação (Coleção) do Anuário do Direito Público

JöR – *Jahrbuch des* öffentlichen *Rechts der Gegenwart* – Anuário do Direito Público (1º vol., 1907-25 vol., 1938)

Jura – *Juristische Ausbildung, juristische Fachzeitschrift* (periódico técnico-jurídico)

JW – *Juristische Woche, Fachzeitschrift* (periódico técnico-jurídico editado de 1872 até 1939, antecessor da NJW)

JZ – *Juristenzeitung* – Jornal dos Juristas (periódico técnico-jurídico quinzenal)

KG – *Kammergericht* –Tribunal de Câmara

LG – *Landesgericht* – Tribunal Estadual de Justiça

LPartG – *Lebenspartnerschaftsgesetz* – Lei da Parceria Vital

MitbestG – *Mitbestimmungsgesetz* – Lei de Cogestão dos Empregados na Empresa

n. rod. – Nota de rodapé

n.F. – *Neue Fassung – nova redação*

NJW – *Neue Juristische Wochenschrift* – Nova Revista Semanal Jurídica (periódico técnico-jurídico semanal)

NJW-RR – *NJW-Rechtsprechungs-Report (Zeitschrift)* – Report de Jurisprudência da NJW (periódico técnico-jurídico)

NRW – *Nordrhein-Westfalen (Bundesland)* – Estado-membro da federação da RFA

NStZ – *Neue Zeitschrift für Strafrecht* – Nova Revista para o Direito Penal (periódico técnico-jurídico)

NStZ-RR – *Neue Zeitschrift für Strafrecht Rechtsprechungs-Report (Zeitschrift)* – Report de Jurisprudência da NStZ (periódico técnico-jurídico)

NVwZ – *Neue Zeitschrift für Verwaltungsrecht* – Nova Revista para o Direito Administrativo (periódico técnico-jurídico)

NW – *Nordrhein-Westfalen (Bundesland)* – Estado-membro da federação da RFA

OLG – *Oberlandesgericht* – Tribunal Superior de Justiça Estadual

op. cit. – *opere citato*

OVG – *Oberverwaltungsgericht* – Superior Tribunal Administrativo Estadual

p. – página

p.ex. – por exemplo

PersVG – *Personalvertretungsgesetz* – Lei da Representação de Funcionários Públicos

RdA – *Recht der Arbeit* – Direito do Trabalho (periódico técnico-jurídico)

RGSt – *Entscheidungen des Reichsgerichts in Strafsachen (Entscheidungssammlung)* – Decisões do Tribunal do Reich em Matéria Penal (repositório jurisprudencial)

RGZ – *Entscheidungen des Reichsgerichts in Zivilsachen* (Entscheidungssammlung) – Decisões do Tribunal do Reich em Matéria Civil (repositório jurisprudencial)

RVO – *Rechtsverordnung* – Decreto

SchulG – *Schulgesetz* – Lei do Ensino (Fundamental e Médio)

SchVG – *Schulverfassungsgesetz* – Constituição para o Ensino de Hamburg

SGB – *Sozialgesetzbuch* – Código de Direito Social

SK-StGB – *Systematischer Kommentar zum Strafgesetzbuch*, Werk in 6 Bänden ("Comentário Sistemático ao Código Penal", obra em 6 volumes, organizada por: Prof. Dr. Jürgen Wolter: 9. ed., Köln: Carl Heymanns, 2015).

SPD – *Sozialdemokratische Partei Deutschlands* – Partido Social-Democrata Alemão

ss. – e (páginas) seguintes

StGB – *Strafgesetzbuch* – Código Penal

StPO – *Strafprozessordnung* – Código de Processo Penal

StV – *Strafverteidiger (Zeitschrift)* – Defensor Penal (periódico técnico-jurídico)

StVG – *Straßenverkehrsgesetz* – Lei de Trânsito Viário

StVZO – *Straßenverkehrszulassungsordnung* – Código de Admissão ao Trânsito Viário

TCF – Tribunal Constitucional Federal

TVG – *Tarifvertragsgesetz* – Lei da Convenção Coletiva do Trabalho

VereinsG – Vereinsgesetz – Lei das Associações

Vol. / v. – volume / vide

VRS – *Verkehrsrechtssammlung, Fachzeitschrift* – Coletânea de Direito de Trânsito, periódico técnico-jurídico.

VwGO – *Verwaltungsgerichtsordnung* – Código da Organização Judiciária Administrativa

WRV – *Weimarer Reichsverfassung* – Constituição [Real] da República de Weimar

ZPO – *Zivilprozessordnung* – Código de Processo Civil

ZRP – *Zeitschrift für Rechtspolitik* – Revista para Política Jurídica

ZStW – *Zeitschrift für die gesamte Strafrechtswissenschaft (Fachzeitschrift)* – Revista para toda a Ciência Jurídico-penal (periódico técnico-jurídico)

INTRODUÇÃO AO VOLUME 3

Garantias institucionais jusprivadas e processuais; liberdades de associação:

Direitos fundamentais de substrato normativo em três áreas da vida social

Os direitos fundamentais contemplados neste terceiro volume podem ser classificados em três complexos temáticos aludidos na epígrafe: as garantias de institutos jurídico-privados, as (poucas) garantias institucionais processuais e as (duas) liberdades de associação.

Cabe, aqui, conforme prometido no prefácio, explicar sua unidade temática e justificar a opção de se reunirem direitos fundamentais de naturezas aparentemente diversas, como é o caso do direito constitucional de família (Art. 6 GG: **Capítulo 13**), da liberdade de associação e coalizão – sindical e patronal – (Art. 9 GG: **Capítulo 14**) e das garantias processuais, em sua maioria, penais, distribuídas pelos cinco capítulos finais, **Capítulos 15-19** (Art. 19 IV, 101 e 103 GG).

Trata-se de um complexo temático de áreas da vida social que encontram seu denominador comum na característica da marca e substrato normativos das respectivas "áreas de proteção". Essa característica é idônea a justificar a presente opção pelos referidos direitos fundamentais. Os conceitos jurídico-dogmáticos serão objeto dos estudos perpetrados nas notas introdutórias aos respectivos capítulos.

Deve-se proceder, na presente introdução, a uma primeira aproximação panorâmica às três áreas da vida social sobre as quais incidem os direitos fundamentais dos dispositivos constitucionais retro mencionados, conectadas como afirmado pela característica comum da marca normativa dos conteúdos

dos próprios direitos. Entretanto, como se verá,[1] tal caraterística comum dificulta ao controlador da constitucionalidade de leis e atos administrativos e/ou jurisdicionais, que as interpretam e aplicam, o cumprimento de sua tarefa de verificar se o legislador e os titulares das demais funções estatais observaram ou não seu vínculo à norma jusfundamental.

Na literatura especializada alemã e em seu debate com a jurisprudência do TCF, os direitos fundamentais de família são por vezes entendidos como partícipes da proteção da personalidade em seu sentido amplo.

Com base nesse entendimento, opor-se-iam[2] conceitualmente à proteção da personalidade em sentido amplo uma proteção do "núcleo da personalidade das pessoas" (proteção da personalidade em sentido estrito). Tal núcleo da personalidade abarcaria basicamente a garantia da dignidade humana (Art. 1 I GG), do direito geral de personalidade (Art. 2 I c.c. Art. 1 I GG), do direito fundamental à autodeterminação informacional (igualmente com fulcro no Art. 2 I c.c. Art. 1 I GG) e do direito à vida e à integridade física (Art. 2 II GG). Fora dele ficaria a liberdade geral de ação protegida pelo Art. 2 I GG, mas sem a aplicação conjunta com o Art. 1 I GG.[3]

Por sua vez, participariam[4] da *proteção ampla* da personalidade, além dos direitos fundamentais de família, alguns direitos fundamentais de natureza sensivelmente mais diversas, conectados de algum modo pelo gênero comum da proteção subsidiária do Art. 2 I GG, tais como a inviolabilidade do domicílio (Art. 13 GG), o sigilo das comunicações interindividuais (Art. 10 GG), a liberdade de locomoção (Art. 11 GG),[5] a proteção contra extradição (Art. 16 GG), o direito ao asilo político (Art. 16a GG) e os "direitos fundamentais judiciais". De acordo com essa classificação estariam juntos, portanto, o primeiro e o terceiro complexo temático em pauta.

No mais, a liberdade de associação seria[6] um direito de comunicação semelhante à liberdade de reunião e às liberdades de manifestação do pensamento e de comunicação social. Por fim, a liberdade de associação sindical e de associação de empregadores, reunidas sob a epígrafe comum da liberdade de "coalizão", essa frequentemente tratada separadamente, ainda que ambas sejam relacionadas por generalidade (associação) e especificidade (coalizão), chegou a ser inserida no capítulo subordinado a título diverso daquele reservado à liberdade geral de

1. Principalmente no **Capítulo 13, tópico II**.
2. Por exemplo, segundo Hufen (2018: 131 ss. e 230 ss.).
3. Todos esses que foram objeto do **volume 1**. Cf. Martins (2016-a).
4. Segundo o mesmo Hufen (2018: 250 ss., 290 ss., 301 ss., 309 ss., 316 ss. e 332 ss.).
5. Os três direitos fundamentais comporão, com a liberdade de reunião (Art. 8 GG), o objeto do **volume 4**, a ser publicado, conforme o plano editorial, em 2020. O direito fundamental de proteção contra a extradição será um dos objetos do derradeiro volume 5, programado para 2021.
6. Cf. Hufen (2018: 515-525).

associação, qual seja, no mesmo título dos direitos fundamentais de relevância macroeconômica que são, basicamente, os direitos fundamentais à liberdade profissional/econômica e de propriedade.[7]

Essa classificação por duas categorias da liberdade de associação é até defensável, mas não totalmente livre de questionamentos críticos.[8] Toda a ênfase das liberdades profissional e empresarial (livre iniciativa), do Art. 12 I GG, e do direito fundamental de propriedade, do Art. 14 I GG, recai sobre o fenômeno econômico e os aspectos da liberdade individual a ele intimamente relacionados, quais sejam, do processo de aquisição de bens (Art. 12 I GG) e da proteção do resultado daquele processo (Art. 14 I GG). Já a liberdade de coalizão – como subcategoria específica (*lex specialis*) da liberdade de associação – faz parte de uma área da vida social regida imediatamente pela propensão e faculdade de seus titulares de juntar esforços em prol de determinados propósitos. Ainda que seja um dos propósitos caracterizadores da coalizão correspondente a medidas, princípios e critérios macroeconômicos,[9] o elemento da união de esforços e engajamento individual em prol da associação representa o ponto de ênfase desse direito fundamental, não em primeira linha seu impacto macroeconômico em si.

Um pouco mais precisamente, a liberdade de coalizão – que, como aludido e se verá em detalhes no **Capítulo 14**, abrange o direito de empregadores e empregados de criarem associações com um propósito bastante específico predeterminado no Art. 9 III GG – diz respeito tanto à função de proteção da comunicação em sentido amplo quanto também da personalidade. Não obstante, da mesma forma como ocorre com a liberdade de reunião, trata-se também do "desenvolvimento coletivo da personalidade",[10] especificamente, do desenvolvimento da personalidade de

7. Cf. *Ibid.*, p. 668-683.
8. Autores muito influentes como Kingreen e Poscher (2018: 235 s.) tratam o parágrafo 3 simplesmente como um caso especial da liberdade una consagrada no Art. 9 GG que é a liberdade de associação. Mesmo sem separar em dois capítulos, Schmidt (2018: 335) chama a atenção para a proximidade maior do Art. 9 I GG com os direitos fundamentais de comunicação, e do Art. 9 III GG com os direitos fundamentais econômicos. Por outro lado, o próprio Hufen (2018: 5), na parte geral de seu curso de direitos fundamentais, alertou, sob uma significativa epígrafe, "Da utilidade e dos perigos de tentativas de classificação [dos direitos fundamentais por grandes categorias]", para a inconveniência de se considerar taxativas tais classificações, nos seguintes termos: "se alguém não quiser simplesmente seguir a numeração [ordem numérica dos direitos fundamentais] na *Grundgesetz* (em parte explicável historicamente, em parte acidentalmente), poderá classificar os direitos fundamentais de acordo com vários critérios. Conforme o [respectivo] conteúdo pode-se dividir precipuamente em direitos fundamentais *culturais*, *econômicos* e *políticos* [destaque em negrito no original]. Tais classificações tornam clara a essência de cada direito fundamental, mas não deixam de ser problemáticas. Nesse sentido, direitos fundamentais culturais, como a liberdade de arte ou de ciência, podem ser em grande medida 'econômicos' e a liberdade de opinião com certeza não é apenas 'política'.".
9. Cf. **Capítulo 14, tópico II. 1.1.1.**
10. Cf. Michael e Morlok (2017: 159 s.).

cada titular do direito fundamental em seu relacionamento com terceiros. Por isso, mais indicada é a opção feita aqui de tratar as liberdades de associação e de coalizão no mesmo capítulo. Sem desconsiderar as grandes peculiaridades da *lex specialis* do Art. 9 III GG, a coalizão é, antes de tudo, uma associação. Não bastasse, ambas as liberdades de associação (geral e especial) dependem em larga medida de um aparato normativo configurado ao plano infraconstitucional para sua concretização.

Essa dependência normativa é ainda mais acentuada nos direitos fundamentais subjetivos de família, embora entre casamento e família haja, como se verá no **Capítulo 13**, uma notória gradação nessa dependência. A dependência de normas infraconstitucionais para a realização das garantias processuais analisadas nos cinco capítulos finais dispensa quaisquer comentários adicionais. Apenas para registrar uma singela constatação: o "*devido* processo legal" é o conjunto dos ritos e procedimentos previsto na lei que densifica as garantias constitucionais daquele. Sem lei que o defina e o configure em detalhes, a referida garantia constitucional é absolutamente inútil, sem embargo do vínculo imediato do legislador processual às garantias constitucionais processuais (Art. 1 III GG).[11]

De resto, há um direito fundamental cuja norma-dependência é a mais intensa de todas, mas que não foi contemplado no presente volume, que é o direito fundamental de propriedade. Seu par jusfundamental (incidência sobre o mesmo recorte da complexa realidade social, no caso, sobre o fenômeno macroeconômico), que é a liberdade profissional/empresarial, não tem dependência alguma de normas infraconstitucionais. Contudo, como se trata, no caso do direito fundamental de propriedade, do mais complexo direito fundamental de marca normativa de todos e, tendo em vista sua notória proximidade temática com a outra liberdade de relevância macroeconômica do Art. 12 I GG, decidiu-se por não se ocupar dele no presente volume.

11. A título introdutório-comparativo, o mesmo vale para a relação tripolar normativa entre a *aplicação imediata* das normas definidoras dos direitos fundamentais positivados na CRFB, prescrita em seu art. 5º, §1°, as garantias constitucionais processuais previstas em vários incisos do mesmo art. 5º CRFB e os dispositivos dos códigos processuais e da assim chamada legislação processual extravagante. Sobre o que significa e qual a eficácia das normas constitucionais que determinam a "aplicação imediata" (art. 5º, §1°, CRFB) ou o "vínculo imediato" das três funções estatais clássicas, a começar pela função legislativa, em face de tais categorias de direitos fundamentais (Art. 1 III GG), v. os comentários ao primeiro por Martins (2018-c: 338-341).

Capítulo 13

Direitos fundamentais ao casamento e à família (Art. 6 I GG)

Artigo 6 (Casamento, família e filhos)

(1) O casamento e a família estão sob proteção especial da ordem estatal.

(2) [1] Os cuidados e a educação dos filhos são o direito natural dos pais e a obrigação que cabe sobretudo a eles. [2] A comunidade público-estatal fiscalizará seu cumprimento.

(3) Contra a vontade dos responsáveis por sua educação, os filhos poderão ser separados da família somente com base em uma lei, quando não cumprirem seus deveres ou se os filhos, por outras razões, correrem o risco de ficar desamparados.

(4) Toda mãe tem direito à proteção e à assistência da comunidade.

(5) Aos filhos de pais não casados devem ser criadas pela legislação as mesmas condições que existem para os filhos de pais casados para o seu desenvolvimento físico e psíquico e para a sua colocação na sociedade.

A. Notas introdutórias

Em seus cinco parágrafos, o Art. 6 GG outorgou, pelo menos, cinco direitos fundamentais com efeitos, em parte, muito distintos entre si. Eles são o direito fundamental ao casamento (Art. 6 I, 1ª variante GG), o direito fundamental à família (Art. 6 I, 2ª variante GG), o direito fundamental ao poder parental/familiar, especialmente à educação dos filhos (Art. 6 II GG), o direito fundamental de mães à proteção e assistência (Art. 6 IV GG) e o direito fundamental especial de igualdade de filhos de pais não casados (Art. 6 V GG).

Também as dimensões jurídico-objetivas[12] desses direitos fundamentais tornam a análise ainda mais complexa. No contexto da dimensão objetiva que têm todos os direitos fundamentais, o marcante teor do Art. 6 I GG – com a eloquente fórmula segundo a qual o casamento e família "estão sob proteção especial da ordem estatal" – não deixa nenhuma margem a dúvidas: o constituinte tomou uma decisão axiologicamente orientada em prol de certas formas de vida, ao mesmo tempo em que dotou de proteção constitucional os institutos (de direito privado) do casamento e da família, garantindo-os contra revogação pelo legislador civil ou modificação substancial de seus "princípios estruturais".

Fala-se, no contexto do Art. 6 I GG, também em: "vedação objetiva de discriminação, deveres estatais de tutela, um direito prestacional e uma garantia institucional [...]. Especialmente, representa [a norma do Art. 6 I GG] uma norma-princípio axiológica para todo o ordenamento jurídico [...]".[13] Por fim, o sistema de limites e limites dos limites, implícito em seus cinco parágrafos (contudo, especialmente no Art. 6 III GG), também revela uma grande complexidade que não é encontrada em outros direitos fundamentais.[14]

A seguir, divide-se a análise, primeiro, pelos efeitos decorrentes dos direitos fundamentais do Art. 6 GG como um todo para, então, em face de cada efeito, identificarem-se os direitos fundamentais em espécie, com destaque para as posições individuais, jurídico-subjetivas, e para as garantias institucionais de cada um.

I. Direitos fundamentais de resistência (ou à abstenção de) à intervenção estatal

Do sistema jusfundamental firmado no Art. 6 GG como um todo produzem os direitos de casamento, família e dos pais à educação dos filhos (Art. 6 I e II GG) claros efeitos de resistência (*Abwehrrecht:* também chamados, em sua tradução ao vernáculo de direitos de "defesa" ou "à abstenção de")[15] à intervenção estatal. Os direitos de igualdade do Art. 6 IV e V GG também são direitos fundamentais de resistência, em sua dimensão negativa, ao tratamento desigual,[16] mas serão

12. Sobre o conceito v. Dimoulis e Martins (2018: 139-142).

13. Schmidt (2018: 286).

14. Há uma pletora de limites das categorias "reservas legais" e "direito constitucional colidente" (incluindo um grande potencial de colisão entre direitos fundamentais derivados do próprio Art. 6 GG) e ao menos um "limite do limite" positivado no Art. 6 III GG que modifica a interpretação do dispositivo como um todo e influencia na aplicação do critério da proporcionalidade. Cf. a descrição de "casos e problemas atuais" de Hufen (2018: 284-290).

15. Cf. o esclarecimento e a fundamentação da divergente opção terminológica em Dimoulis e Martins (2018: 63).

16. Isso porque os direitos de igualdade, ao contrário do que muitos entendem, não são direitos em si de *status positivus*, os quais fundamentariam uma obrigação de fazer ao Estado, mas direitos negativos que implicam o dever de abstenção aos destinatários diretos, os órgãos

analisados à parte, tal qual procedido pela grande maioria dos autores (a seguir: sob V).

1. Casamento (Art. 6 I, 1ª variante GG)

Prima vista, o casamento é, segundo uma muito precisa definição, "ao mesmo tempo uma construção social e jurídica", sendo que, no cerne de seu conceito, encontra-se a "imagem do casamento civil (burguês) profano e fechado pelas formas juridicamente previstas".[17] Sem embargo ou paralelamente a esse aspecto institucional que marca a garantia do instituto do casamento, o direito abrange opções e comportamentos de seus titulares oponíveis contra a intervenção estatal.

Por isso, o exame de uma afirmada violação segue, também aqui, os três passos da verificação do alcance da sua área de proteção, das mais comuns hipóteses de intervenção estatal naquele e da possibilidade de justificação constitucional a partir da aplicação proporcional dos limites constitucionalmente previstos ao direito fundamental do casamento que seja condizente com os demais limites dos limites.[18]

1.1 Área de proteção

Na acepção de direito de resistência[19] o casamento alberga várias faculdades individuais, a começar pela livre escolha por casar-se ou não, com quem e quando se queira, além da livre configuração da vida conjugal sem intervenções estatais.[20] Assim, na presente acepção de *status libertatis* ou *status negativus*, o direito parte do "casamento com parceiro autonomamente escolhido, passando pela vida conjunta matrimonial até o divórcio [ou morte de um dos cônjuges]".[21]

das três funções estatais. Trata-se, aqui, do dever primário de abster-se de tratar desigualmente os essencialmente iguais, ou de abster-se de tratar igualmente os essencialmente desiguais. Os direitos fundamentais de igualdade estão sempre inseridos em uma relação triangular. Ao contrário, os direitos prestacionais (individuais, sociais individuais e coletivos) de *status positivus* encontram-se em uma relação bipolar (Estado e titular do direito à prestação). Traduzindo-o em uma fórmula sintética: direitos fundamentais de liberdade (*status negativus*) = resistência a intervenções estatais na área de proteção não justificadas constitucionalmente; direitos fundamentais de igualdade (*status negativus*) = resistência a tratamentos desiguais *lato sensu* não justificadas constitucionalmente). Cf. a respeito com referências à discussão germânica: Martins (2012: 44-46 e 55-62).

17. Cf. Pieroth; Schlink *et alii* (2014: 177).
18. A respeito dos conceitos jurídico-dogmáticos de limites constitucionais a direitos fundamentais e limites dos limites, v. Dimoulis e Martins (2018: 153-197 e 282 s.).
19. Cf. um primeiro esboço do presente tópico em: Martins (2014: 253 e 255).
20. Por exemplo, no que concerne à divisão de papéis e tarefas, cf. BVerfGE 105, 1 (11).
21. Kingreen e Poscher (2018: 211).

Ele aproxima-se dos direitos de personalidade ou da liberdade geral de ação que *funcionam* como direitos subsidiários em relação a ele.[22]

Do Art. 6 I, 1ª variante GG podem derivar ainda mandamentos de abstenção que têm o condão de produzir efeitos muito semelhantes aos efeitos de abstenção em face de direitos de liberdade ("naturais")[23] também em face do casamento. Nesse sentido, destaquem-se, além dos efeitos mais gerais retro mencionados da livre escolha do parceiro, do momento de se iniciar a união e da configuração interna (distribuição de funções e papeis familiares), também, entre outros, os seguintes principais efeitos mais específicos: o direito de firmar pactos pré-nupciais, de livremente decidir sobre se haverá e, em caso afirmativo, qual deve ser o nome do casal, além do direito de fixar o local da residência comum.[24]

Por fim, também o direito ao divórcio é abrangido pela área de proteção do direito fundamental porque o divórcio significa a reconquista da liberdade para contrair novo matrimônio.[25]

Resumindo: em sua função de direito de resistência, o casamento abrange as referidas faculdades subjetivas, não sendo (mais) a conjunção carnal um elemento ou característica estrutural do casamento, dê-se esta com pessoa do mesmo sexo ou de qualquer outra forma, especialmente também nunca se denegando o instituto a casais estéreis.[26]

1.2 Intervenções estatais na área de proteção

Também tal como ocorre com os direitos fundamentais de liberdade "natural", ou seja, com os direitos de liberdade negativa desacompanhados de

22. Relação destacada por vários autores como Ipsen (2018: 99). Graças à clara modalidade de exercício negativo ínsita à liberdade geral de ação (deixar de fazer), a relação de subsidiariedade revela que a mesma modalidade existe no direito específico. O não reconhecimento da modalidade de exercício negativo do direito fundamental poderia, no limite, implicar a inexistência do direito de resistir a eventuais normas jurídicas ou decisões judiciais que obriguem ao casamento.

23. Sobre o conceito de liberdade "natural", cf. Dimoulis e Martins (2018: 177 ss.) e, mais adiante, sob o **tópico II**.

24. Cf. em detalhes: Schmidt (2018: 286-288). No mais, também ressaltam, entre muitos, a função negativa (resistência à intervenção estatal) ao lado das demais funções como a institucional e axiológica: Ipsen (2018: 99 s.); Kluth (2017: 198-199); Pieper (2012: 160 s.) e Kingreen e Poscher (2018: 209-211).

25. Cf. Kingreen e Poscher (2018: 211).

26. Na mutação da compreensão social sobre o instituto do casamento, ele foi deixando paulatinamente de ser entendido como um necessário pré-estágio da concepção de filhos, expectativa social que o instrumentalizava para a referida finalidade, passando tal decisão a fazer parte do conteúdo dos concorrentes direitos fundamentais de resistência do Art. 6 I e Art. 2 I c.c. Art. 1 I GG. Nesse sentido, por todos: Schmidt (2017: 288 s.). Representativo da opinião contrária que insiste na função reprodutiva e seu pressuposto natural do tráfego heterossexual, cite-se Ipsen (2018: 98).

uma marca ou cunho normativo de suas áreas de proteção (portanto, não no sentido das teorias do direito natural),[27] o Estado pode, em tese, no exercício de suas três funções clássicas, com ou sem legitimidade ao final, intervir na área de proteção do direito fundamental em tela.

Tendo em vista a referida marca normativa de sua área de proteção, há de se diferenciar a atuação em sentido amplo dos titulares da função estatal executivo-administrativa e jurisdicional, de um lado, e da legislativa, de outro.

No caso das primeiras, todas as medidas, interpretações e aplicações do direito de família ou extravagante que impeçam ou sancionem os comportamentos e escolhas referidas, na sua qualidade de serem abrangidas pela área de proteção, representarão em geral um problema de ilegalidade, mero abuso de poder ou violação do direito fundamental à igualdade formal de todos perante a lei. Em relação ao "terceiro poder", essa ressalva dá-se sem prejuízo da relevância da chamada eficácia de irradiação do direito fundamental do casamento na interpretação e aplicação judicial do direito de família que deve induzir a uma autocontençao judicial concretizadora do vínculo do Judiciário ao direito fundamental em tela.[28]

Sérios problemas hermenêuticos e jurídico-dogmáticos revelam-se, de fato, junto à apreciação de leis em sentido formal e material que tangenciem o instituto jusprivatista do casamento (o mesmo ocorrendo com os institutos da família e do direito parental, do Art. 6 II GG). Como o conceito de casamento (igualmente, em relação ao conceito de família) carece de configuração pelo legislador ordinário, nem toda regra relativa a ele representará uma intervenção a ser necessariamente justificada, caso não deva ser fulminada como inconstitucional por violar o direito fundamental de casamento. Pode tratar-se, na lei, de uma (legítima) definição do conceito de casamento como "construção jurídica por excelência".[29]

Assim como ocorre com o direito fundamental de propriedade, traçar um limite entre a legislação configuradora/definidora do conteúdo institucional e a legislação interventora não é tarefa das mais simples: "podem pertencer às regulamentações interventoras normas que tenham efeitos sobre o inventário normativo do casamento e da família de modo restritivo de liberdade".[30] Há, destarte, uma tendência a conservar o *status quo ante* normativo.

27. Cf. referência na nota 23.
28. Cf. Martins (2012: 89 ss., 100-115).
29. Sobre essa figura jurídico-dogmática da configuração, conformação, concretização ou definição de conteúdo de direitos fundamentais ("*Grundrechtsausgestaltung*") v. da ampla discussão as exposições monográficas de Bumke (2009) e Cornils (2005). No vernáculo, cf. Dimoulis e Martins (2018: 177-180).
30. Kingreen e Poscher (2018: 213 s.).

A literatura germânica especializada opera nesse ponto, assim como também a jurisprudência do TCF na matéria que ela detidamente acompanha, com uma inevitável casuística.

Exemplos de leis definidoras não passíveis de serem declaradas inconstitucionais – pelo menos não em face do ora investigado efeito de resistência do direito ao casamento – seriam aquelas normas do Código Civil alemão (BGB) que, como o § 1353 I 1 BGB, caracterizam o casamento como uma união de responsabilidades (solidárias e recíprocas dos cônjuges), o § 1357 I BGB que autoriza cada um dos cônjuges a firmar negócios jurídicos para a cobertura de suas necessidades vitais comuns com efeitos para o outro cônjuge ou as normas sobre a separação e o divórcio.[31]

Por sua vez, um exemplo de lei interventora – e que, então, por ser, em princípio, potencialmente violadora do direito fundamental em pauta, devendo submeter-se ao ônus argumentativo de demonstrar estarem fundadas em um limite constitucional ao direito imposto mediante observância dos limites dos limites do Art. 19 I e II GG, com destaque para o não positivado princípio da proporcionalidade –, é uma lei de registros públicos que condicione ao divórcio o reconhecimento do novo sexo de um transexual casado, antes submetido a operações de modificação do órgão genital. No mais, representam intervenções legislativas – não meras definições de conteúdo – quaisquer normas de direito administrativo disciplinadoras do direito objetivo do servidor público que implicarem vedações matrimoniais, impedimentos matrimoniais, cláusulas celibatárias, além de normas do direito objetivo de estrangeiro que determinem extradição de pessoa casada.[32]

A maioria dos exemplos revela, no entanto, que, ao contrário de outros direitos fundamentais de liberdade comportamental, muitos deles outorgados com reservas legais, o que não é o presente caso do direito de casamento, muito dificilmente intervenções poderão ser justificadas. Toda regra definidora deve ser sempre medida junto ao parâmetro do conceito jurídico-constitucional de casamento: quando não houver compatibilidade, a definição transformar-se-á em intervenção. Assim, em última instância, a definição já é tratada pelo TCF de modo muito semelhante como ele trata uma intervenção em direito fundamental. Ele questiona os motivos justificadores.[33] Contudo, em muitos casos, a legislação civil tradicional do BGB no âmbito do direito de família, de forte tendência patriarcal, foi sendo paulatinamente julgada inconstitucional com base no parâmetro do direito fundamental à igualdade entre homens e mulheres.[34]

31. Cf. Kingreen e Poscher (2018: 213).
32. Cf. *ibid.*
33. Cf. *ibid.*
34. Cf. os excertos anotados de decisões do TCF em: Martins (2016-a: 221-238).

1.3 Justificação constitucional de intervenções estatais na área de proteção

O direito fundamental de casamento (o mesmo valendo para o direito fundamental de família) foi outorgado como mencionado sem nenhuma reserva legal. Assim, em regra, uma intervenção estatal representará também uma violação do Art. 6 I GG. "[...] ele [o Estado] pode apenas configurá-los [casamento e família] por meio de regulamentações definidoras de casamento e família". No entanto, se for "ultrapassado o âmbito das regulamentações definidoras, então as regulamentações ou medidas desfavoráveis ao casamento e à família podem encontrar legitimação, em todo caso, no *direito constitucional colidente*".[35]

Os casos de bens jurídico-constitucionais que vêm à pauta, quando atingem o casamento, fazem-no, em sua maioria, em sua acepção conjunta com o conceito e direito de família, razão pela qual devem ser especificamente tematizados adiante.

2. Família (Art. 6 I, 2ª variante GG)

Algo um pouco diferente ocorre no caso do conceito de família. Ao contrário do conceito de casamento, – não obstante corresponda também a uma construção jurídica, ou seja, ainda que sua área de proteção tenha, tal qual aquele, também uma marca normativa – seu elemento fático-social, nomeadamente: sua "construção social" em oposição à "construção jurídica", está muito mais presente no direito fundamental de família.

Nesse sentido, a plena autodeterminação dos integrantes da instituição familiar e as relações fáticas envolvidas nesse conceito que é mutante no tempo, muito contingente e juridicamente indeterminado, estão presentes de uma maneira não encontrada no instituto do casamento, que pode lhe dar, mas não necessariamente, uma forma jurídica "institucional genética". Por isso, além da eloquente conjunção aditiva adotada pelo constituinte da *Grundgesetz* no Art. 6 I GG, faz todo sentido analisá-lo à parte, ainda que muitas das hipóteses de intervenções estatais nele, potencialmente violadoras, e de seus limites constitucionais sejam coincidentes.

2.1 Área de proteção

Antes de tudo, faz parte da área de proteção do direito fundamental de família a relação entre pais e filhos. Por isso e por não ter o constituinte alemão, como o fez o brasileiro, reconhecido as uniões informais para efeito de "proteção especial do Estado",[36] o direito de família protege, o que não faz o direito de

35. Kingreen e Poscher (2018: 215). Cf. também por todos: Ipsen (2018: 100).

36. Trata-se de uma opção de política constitucional que, a despeito de sua carga simbólica e "flair" de progressista, pode ser quase tudo, menos óbvia. *De constitutione ferenda*, faz todo

casamento, as uniões ou parcerias vitais (*Lebenspartnerschaften*), inclusive aquelas entre parceiros do mesmo sexo que, antes da derrogação do § 1353 I 1 BGB,[37] dependiam de um instituto paralelo ao casamento, o da união registrada, para dar forma jurídica à sua família em formação.

Dada a abertura do conceito de família e a dinâmica social que deixou muito para trás a fixação de um único e ideal modelo familiar, protegidos são os laços verticais-intergeracionais, além de cada vez mais também os horizontais, independentemente da presença ou não de filhos concebidos homóloga ou heterologamente, da maioridade ou minoridade dos filhos, provenientes do próprio matrimônio ou de enlaces matrimoniais anteriores, ou de serem adotados, enteados ou curatelados. Assim, erros jurídico-formais na adoção ou curatela não excluem a qualidade de família, desde que a unidade familiar fora de fato vivida e para tanto se buscara e se encontrara reconhecimento público.[38]

Tendo em vista a concorrência do aspecto da marca jurídica da família, devidamente acompanhada pela marca social, os vínculos biológicos não bastam, caso os genitores não sejam casados. Desse modo, entre o genitor biológico e os detentores da paternidade/maternidade legal, fazem parte da família os primeiros apenas se tiver havido, de fato, convivência durante certo interregno e o genitor tiver assumido, de fato, responsabilidades pelo filho.

Em sua antiga jurisprudência,[39] o TCF partia do conceito estrito de família reduzido à união vital encerrada no ambiente domiciliar. Hoje, o critério é a conexão de fato entre todos os parentes próximos, especialmente na parentalidade vertical, como no caso de avós.[40]

A área de proteção alcança desde a fundação do vínculo familiar todos os âmbitos da vida conjunta familiar e, no caso do direito à legítima em âmbito do direito sucessório, até além daquela.[41] Especialmente, abrange a decisão dos pais sobre se, quando e quantos filhos pretendem ter. Abrangido também é o direito

sentido questionar racionalmente (ou seja, sem envolvimento político-ideológico) a opção do constituinte brasileiro. Para responder ao fato cultural histórico da existência de muitas uniões informais, muitas delas envolvidas em um contexto estrutural-familiar patriarcal e machista, o constituinte, de fato, desprestigiou o instituto do casamento, ignorando sua importância em termos de concretização do princípio do Estado de direito e, especialmente, de autodeterminação. No último caso, segundo a atual situação jurídico-constitucional é praticamente impossível a duas pessoas adultas optarem, com segurança jurídica recíproca, por conviverem sob o mesmo teto, estavelmente, sem que se produzam efeitos praticamente idênticos aos efeitos do casamento.

37. Cf. a descrição detalhada de Schmidt (2018: 287-294) e a ampla discussão a seguir no texto.

38. Cf. Kingreen e Poscher (2018: 211 s.).

39. Cf. BVerfGE 48, 327 (339).

40. Cf. BVerfGE 136, 382 (388).

41. Cf. por todos: Kingreen e Poscher (2018: 212) com referência a BVerfGE 112, 332 (352).

de parentes próximos de serem cogitados primeiro como tutores ou cuidadores suplentes antes de terceiros (cf. Decisão # 60).[42] Por fim, o TCF fixou uma gradação na proteção do vínculo supostamente familiar a depender de se tratar de uma união vital de responsabilidade solidária recíproca ou de educação de filhos ou apenas uma "união [constituída] de encontros" ocasionais (cf. Decisão # 59).[43]

2.2 Justificação constitucional de intervenções estatais

Como já verificado, ambos os direitos fundamentais do Art. 6 I GG foram outorgados sem reservas legais. Também aqui a principal função estatal interventora no direito é a legislativa, ou seja, são normas que, ao definirem o conceito de família, podem em tese extrapolar os limites do conceito de família implícito no Art. 6 I 2ª variante GG.

Todavia, por não serem submetidos às amarras conceituais tradicionais do instituto do casamento com seus princípios estruturais, que serão mais bem investigados a seguir, os dinâmicos e fáticos laços familiares podem ser mais facilmente atingidos por legislação não especificamente de direito familiar, mas também pela aplicação de normas administrativas, especialmente, no caso do direito objetivo de permanência de estrangeiros em território alemão.[44] Não obstante, segundo a opinião dominante, a deportação de estrangeiros que sejam casados na Alemanha e/ou que tenham filhos, assim como a não autorização para a ulterior entrada de cônjuges estrangeiros e demais parentes por si só não configuram sequer intervenção estatal, apesar de tornar impossível uma convivência com a respectiva família na Alemanha.[45] Isso porque apenas com o direito fundamental em tela não se garante ao estrangeiro sua permanência. Estrangeiros e alemães que firmem matrimônio com estrangeiros têm de contar com o risco de a vida familiar conjunta não poder se realizar na Alemanha. No entanto, se circunstâncias específicas revelarem que a vida conjugal ou familiar no exterior seja impossível ou por algum sério motivo inexigível tem-se uma intervenção estatal.[46]

42. Cf. BVerfGE 136, 382 (389 s.).
43. Cf. as referências também em: Kingreen e Poscher (2018: 212).
44. Cf. por todos apenas Manssen (2018: 140).
45. Cf. por muitos: Kluth (2017: 199), Schmidt (2018: 297 s.), Hufen (2018: 286) e Pieper (2012: 164). Cf., entretanto, em sentido um pouco divergente: Sachs (2017: 434): "...deportações [podem] tangenciar direitos decorrentes do Art. 6 I GG que devem ser criteriosamente considerados junto à atuação discricionária [da ação executiva ou jurisdicional]" e Von. Munch e Mager (2014: 182): "Também para o exercício da discricionariedade no direito de estrangeiro a proteção da família é um importante aspecto que deve ser considerado, em adequada extensão, na ponderação entre o interesse público e os interesses privados".
46. Cf. Kingreen e Poscher (2018: 215). É o caso, por exemplo, de o Direito do país estrangeiro proibir, com cominação penal, a união vital dos integrantes da família de fato constituída.

Igualmente, a interpretação e aplicação judicial de normas infraconstitucionais podem ter o condão de representar uma intervenção toda vez que elas incidirem sobre os laços fáticos formados e inviabilizarem o prosseguimento da família, contribuindo para sua dissolução, pouco importando sua concreta configuração.[47]

Como direito constitucional colidente vêm à pauta apenas os direitos fundamentais de família e o princípio, constitucionalmente lastreado no Art. 6 II GG, do bem-estar de crianças e adolescentes. Tal qual ocorre no direito de casamento, o fomento da capacidade funcional de órgãos ligados, por exemplo, à segurança pública ou nacional é por vezes até trazido à pauta, mas, em regra, não se logra demonstrar a proporcionalidade da intervenção nas posições jurídico-familiares e/ou jusfundamentais perpetradas em prol de seus propósitos.[48]

3. Direito ao poder parental/familiar – especialmente: à educação dos filhos (Art. 6 II GG)

O direito ao poder parental/familiar, em geral chamado simplesmente de "direito dos pais" ("*Elternrecht*") abrange, além do direito/da obrigação ao cuidado dos filhos menores, especialmente, o direito à educação (formação moral e participação nas decisões atinentes à educação formal). O último encontra-se em uma relação de concorrência com potencial de parcial colisão com a garantia da instituição do ensino fixada no Art. 7 GG. É o que ocorre especialmente no caso do direito a determinar a participação do filho na aula de religião do Art. 7 II GG, após o primeiro parágrafo do mesmo artigo da *Grundgesetz* (Art. 7 I GG) determinar, de modo inequívoco, que "todo o ensino é submetido à fiscalização do Estado".

Além dessa peculiar relação com o Art. 7 GG, trata-se do único direito fundamental do complexo Art. 6 GG que, como restará demonstrado ao final do presente tópico, tem um claro limite constitucional determinado por reserva legal qualificada e um "limite do limite" expresso, paralelamente, ao limite do limite geral derivado do não positivado no Art. 19 I e II GG princípio da proporcionalidade.

3.1 Área de proteção

Do ponto de vista da titularidade ("área de proteção subjetiva"), pode ser titular desse direito fundamental qualquer pessoa que mediante o laço biológico-genealógico ou por uma relação jurídica parental baseada em lei tiver uma relação com a criança. Isso se dava mesmo antes da abertura do instituto do casamento

47. Nesse contexto, Hufen (2018: 277 e 280) deriva do Art. 6 I GG a "especial função" da "eficácia horizontal – irradiação sobre relações jusprivatistas", às quais o autor subsume a interpretação e aplicação de normas trabalhistas e sucessórias.

48. Cf. por todos, analítico: Schmidt (2018: 297-299).

a pares do mesmo sexo, ocorrida com a entrada em vigor da lei derrogadora do § 1353 I 1 BGB, em 1° de outubro de 2017.[49] Porém, até então, a titularidade dependia de ser um dos parceiros previamente reconhecido como pai ou mãe do filho.[50]

Materialmente, faz parte da proteção o reconhecimento da primazia dos pais na tomada das essenciais decisões sobre o bem-estar físico (cuidado) e o desenvolvimento psíquico e intelectual dos filhos menores. Por exemplo, eles têm o direito de escolher, em comum acordo ou mediante consulta a terceiro de sua confiança, o nome do filho; o direito de fixação do local de residência e domicílio dos filhos; a liberdade de escolha por uma educação feita por eles mesmos (reservada, porém, a chamada obrigação escolar)[51] ou confiada a terceiros e por qual educação religiosa ou nenhuma. Segundo a maioria dos autores,[52] as prerrogativas e obrigações decorrentes do direito parental vão diminuindo de modo paulatinamente inverso ao aumento da idade dos filhos e terminam com a maioridade.

Em face da concorrência com a tarefa educacional comum da escola e pais, o TCF sedimentou o direito dos pais à escolha de uma forma de escola entre as que forem disponibilizadas pelo Estado. Não reconheceu, entretanto, nenhuma garantia prestacional nesse ponto.[53] Em vários casos, o TCF também não reconheceu direitos de participação nas decisões atinentes aos programas

49. Lei para Introdução do Direito à Contração de Matrimônio para Pessoas do mesmo Sexo, promulgada em 20.07.2017: BGBl I, 2017, p. 2787. Cf. Schmidt (2018: 290).

50. Sobre o ápice da evolução do direito de adoção por casais homossexuais na jurisprudência do TCF pré-derrogação do tradicional instituto do casamento, v. BVerfGE 133, 59 (*Sukzessiveadoption*), a introdução ao Art. 3 GG (igualdade), os excertos e anotações à decisão citada no **volume 1** da presente obra: Martins (2016-a: 221-223, 267-276).

51. A obrigação escolar, ou seja, a obrigação dos pais de inscreverem seus filhos na escola já a partir da segunda infância tem lastro na norma do Art. 7 I GG, segundo a qual "todo o ensino encontra-se sob a fiscalização do Estado", não representa um direito fundamental (ao contrário dos parágrafos que o sucedem: Art. 7, II a V GG), mas um limite ao direito dos pais à educação dos filhos do Art. 6 II GG em tela. Cf. por todos: von Coelln (2013: 159-161). Sobre a (não) permissibilidade do chamado *Homeschooling* no contexto da obrigação escolar, cf. Hufen (2018: 547) e a seguir, no texto.

52. Nesse sentido, cf. por todos: Manssen (2018: 138), com menção às Decisões do TCF publicadas em: BVerfGE 59, 360 (382) e 72, 122 (137). Bastante crítico dessa posição majoritária mostra-se Hufen (2018: 271). Contudo, Hufen (*ibid.*) baseia-se na proteção da família do Art. 6 I GG. Admite, na citada passagem referente à "limitação temporal da área de proteção" do Art. 6 II, que "não existe um direito educacional de pais [de filhos] maiores de idade", de tal sorte que sua crítica, referida no texto, à diminuição paulatina de prerrogativas e obrigações dos pais e sua extinção com a chegada da maioridade perde seu objeto em relação ao parâmetro jusfundamental em tela. Consequentemente, por erro na escolha de parâmetro normativo de exame deve ser rejeitada.

53. Cf. BVerfGE 45, 400 (416).

escolares e às questões estruturais-administrativas.[54] Uma exceção deu-se no reconhecimento do direito à informação sobre conteúdo e método da aula interdisciplinar de educação sexual (cf. Decisão # 59).

Como se trata aqui, excepcionalmente do ponto de vista jusfundamental dogmático, de um direito fundamental que é, ao mesmo tempo, um *dever fundamental* ("o direito dos pais é ao mesmo tempo a obrigação dos pais") os filhos são titulares de um direito fundamental correspondente àquele que, na combinação com o Art. 2 I c.c. Art. 1 I GG, protege como direito fundamental ao livre desenvolvimento da personalidade as bases familiares do desenvolvimento de sua personalidade.[55]

No mais, ainda que a forma e os métodos de educação dos filhos caibam à primazia da decisão dos pais – sendo vedado ao Estado absolutamente imiscuir-se, entre outros, na formação religiosa e ideológica dos filhos a pretexto de desestimular supostas ideologias antiquadas ou formas tradicionais (patriarcais) de família e fomentar um "diálogo igualitário" entre pais e filhos que, possível ou até provavelmente, mais bem fomentaria o desenvolvimento de futuros cidadãos – há certas formas e métodos, em tese partícipes da área de proteção aberta pela combinação do Art. 4 I GG (liberdade de consciência e crença) com o Art. 6 II 1 GG, que são *ab initio* vedados. Em outras palavras: não fazem parte da área de proteção do direito em tela. Nesse sentido, castigos físicos e torturas psicológicas, quando perpetrados pelos pais, são de plano excluídos da área de proteção, mesmo se representarem obediência a mandamentos religiosos.[56]

De resto, diante da obrigação geral escolar implícita, mas reconhecivelmente prevista pela garantia institucional do Art. 7 I GG, que se encontra na chamada "relação de tensão entre normas jusfundamentais", uma vez que não há, como, aliás, sempre, nenhuma hierarquia abstrata entre eles, o TCF constatou concretamente que a obrigação geral escolar não é incompatível com o Art. 6 II 1 GG por se

54. Cf. por último a decisão sobre a reforma ortográfica que dividiu os ânimos em duas posições radicalmente antagônicas entre si: BVerfGE 98, 218 (244 ss.).

55. Se esse direito fundamental dos filhos ao livre desenvolvimento da personalidade abrangeria, para além da função clássica negativa quando oponível em face do Poder Judiciário que interpreta e aplica o direito objetivo de família, também um direito dos filhos ao convívio com os pais que não esteja sendo estorvado pelo Estado, – mas, ao contrário, que deva ser imposto por condenações judiciais – é bastante polêmico. Cf., por exemplo, a explanação a respeito de Hufen (2018: 289), com referência à Decisão BVerfGE 121, 69 (89): "Contudo, o TCF verifica que esse dever de convivência em regra não poderia ser imposto coercitivamente. Isso se fundamenta no fato de que uma convivência imposta normalmente não serve ao bem-estar do filho" (*ibid.*, p. 281).

56. Assim, a unanimidade dos autores. Cf., por exemplo: Hufen (2018: 270 s.) e Kingreen e Poscher (2018: 214) com referência à proibição positivada no § 1631 II BGB de "medidas educacionais vexatórias". Trata-se, no caso do § 1631 II BGB, sem dúvida de uma configuração infraconstitucional da área de proteção do direito fundamental do Art. 6 II GG, mas não uma intervenção legislativa nele.

tratar de uma tarefa educacional comum de pais e escola. Na determinação de tal cooperação que torna o chamado *homeschooling*, muito praticado nos EUA, *não partícipe* da proteção, o objetivo é evitar a formação de "sociedades paralelas" e contribuir para a integração de minorias na sociedade pluralista.[57]

Em princípio, essa conclusão poderia ser questionada em face do teor do Art. 6 II 1 GG, segundo o qual se trata, no cuidado e educação dos filhos, *do* "direito natural dos pais". Contudo, como pontuou Hufen (2018: 270) tal "ímpeto jusnaturalista" do constituinte de 1949 encontra sua razão de ser na reminiscência histórica da experiência com a ditadura educacional praticada pelo Estado totalitário do Terceiro Reich. Na sua antiga jurisprudência, o TCF ainda partia desse elemento histórico, pelo qual estaria claro que "no sentido original da palavra natural, aqueles que dão a vida a um filho estejam naturalmente prontos e chamados a assumir o cuidado e educação".[58] Assim, naquele contexto histórico, reconhecia-se, no Art. 6 II 1 GG, uma segurança imponível mediante acionamento do Judiciário contra o risco de o cuidado e educação dos filhos serem retirados dos pais (biológicos). Hufen (2018: 270) constata que se trata, a despeito da formulação jusnaturalista, de "um direito fundamental 'normal'", não que se tratasse de um direito que estivesse acima do ordenamento jurídico positivo. A peculiaridade é que ele é, além de um direito individual de liberdade com forte marca normativa, também um direito a serviço de outrem.

Por fim, os direitos parentais subsistem a despeito de a concepção do filho ter sido efetivada com o uso de métodos, ainda hoje, proibidos e penalmente sancionados na Alemanha, como a doação de óvulo ou a contratação de uma terceira para gestar um embrião humano ("mãe" ou "barriga de aluguel").[59]

3.2 Intervenções estatais

Entre as principais hipóteses de intervenção no Art. 6 II 1 GG que podem partir tanto da função legislativa estatal quanto dos órgãos executivos que, respectivamente, a aplicam e interpretam, encontram-se, primeiro, qualquer

57. Cf., sem, todavia, mencionar a expressão *Homeschooling*: Schmidt (2018: 295). Normalmente, os pais alegam, principalmente, razões de consciência e crença para embasar sua pretensão de educar os filhos em casa. Contudo, há contundentes razões para que a literatura especializada amplamente majoritária e a pacífica jurisprudência do TCF considerem tal opção não contemplada na área de proteção do Art. 6 II GG: "Também uma aula doméstica, por mais valiosa que seja, não poderia substituir o aprendizado social e cultural da comunidade escolar [...]. Além disso, é legítimo criar, no interesse das chances de desenvolvimento da criança, uma compensação em face da possivelmente unilateral doutrinação pelos pais" (Hufen, 2018: 547).

58. Extraído do "leading case": BVerfGE 24, 119 (150) [*Adoption*].

59. Cf. Hufen (2018: 272). De resto, sobre tais questões bioéticas e o caráter interventivo na liberdade científica e direitos reprodutivos de pessoas desejosas de fazer uso de tais tecnologias, com amplo debate comparativo, v.: Martins (2014).

medida que restrinja o direito de pais à educação dos filhos, em sentido amplo (cognitiva, moral, cidadã, religiosa etc.). Pertence a essa categoria a obrigação escolar e as sanções disciplinares a pais previstas na legislação por violações da obrigação escolar. Também as restrições à escolha de nome potencialmente jocoso para filhos são intervenções estatais.

Mais intensas são intervenções que acarretem separação provisória ou permanente entre pais e filhos mencionada no *limite do limite* do Art. 6 III GG. Essas intervenções que faticamente podem, em prol de um dos pais ou de terceiros tutores, implicar, no limite, uma exclusão geral e definitiva de um dos pais. Tal exclusão é, entretanto, como se analisará mais detidamente a seguir, absolutamente vedada por aquele limite do limite. Também muito onerosa é a intervenção consubstanciada na substituição da anuência de um dos pais com a adoção ou tornar o compartilhamento do poder familiar (guarda compartilhada) dependente da anuência da mãe, sem a possibilidade de revisão judicial.[60]

No mais, a imposição de deveres de convivência com um filho é também uma intervenção no direito parental. Por fim, a criação legal de dificuldades da aquisição da paternidade pelo pai biológico em face do pai legal representa uma intervenção estatal no direito parental do primeiro.[61]

3.3 Justificação constitucional

Como aludido, ao contrário dos direitos fundamentais do Art. 6 I GG, o direito fundamental de pais ao cuidado e à educação dos filhos do Art. 6 II 1 GG foi outorgado com um limite expressamente previsto, uma reserva legal, que por sua vez deve atender a um excepcionalmente (extravagante ao Art. 19 I e II GG) positivado limite do limite do Art. 6 III GG. Esse direito fundamental vem acompanhado de um mandato de fiscalização direcionado a todas as funções estatais, podendo ser, portanto, também entendido como um mandato legislativo (Art. 6 II 2 GG).

Outra peculiaridade do Art. 6 II e III GG é a admissão de limites decorrentes de direito constitucional colidente, além do determinado pela ora aludida reserva legal qualificada do Art. 6 II 2 GG.[62]

60. Cf. Schmidt (2018: 297).

61. Cf., respectivamente BVerfGE 121, 69 e 108, 82. Cf. também Manssen (2018: 139) e, a seguir, **Decisão # 59**.

62. Sobre a regra da alternatividade (um ou outro) de tais limites, v. Dimoulis e Martins (2018: 191-195).

3.3.1. Limites constitucionais: reserva legal qualificada do Art. 6 II 2 GG e direitos constitucionais colidentes

Por exigências do princípio do Estado de direito relativas à previsibilidade e taxatividade de obrigações administrativa e judicialmente exigíveis de particulares, no caso, de titulares dos direitos fundamentais em tela, além do princípio constitucional de prevalência da lei e do vínculo a ela dos titulares das funções administrativo-governamentais e jurisdicionais do Estado (legalidade), o Art. 6 II 2 GG constitui-se em uma reserva legal qualificada, mesmo não tendo sido a lei nele expressamente mencionada. A qualificação é relativa ao único propósito que, nesse ponto,[63] pode ser perseguido pela legislação: o bem-estar do filho (menor).

A regulamentação civil do direito objetivo de guarda é a concretização constitucional dessa reserva legal qualificada por excelência. Ela serve, de fato, àquele propósito predeterminado pelo constituinte e deve ser interpretada e aplicada por todos os órgãos das demais funções estatais, de maneira a se verificar a proporcionalidade de medidas efetivamente adotadas, como meios utilizados, em face do propósito qualificado em tela.

Na avaliação do direito objetivo de guarda em si (controle abstrato) e do controle (revisional-incidental) judicial de sua aplicação, leva-se em consideração o aumento paulatino da capacidade de cognição e a (auto)responsabilidade dos filhos, devendo o Estado promover "a compensação entre o direito parental e os direitos fundamentais em desenvolvimento de filhos adolescentes".[64] Em havendo colisão de interesses, prevalece o interesse do filho.

Assim, a intervenção no direito parental com a atribuição da guarda a um dos pais pode ser justificada com base no bem-estar do filho. Nesse campo, a jurisprudência do TCF foi também se atualizando de acordo com a mutação do conceito de família e com a atualização do entendimento sobre a concorrente garantia da igualdade geral e de gêneros. Por exemplo, até 2003 considerou justificada constitucionalmente a atribuição à mãe da guarda de um filho concebido fora do casamento. Apenas a partir de 2010, não pode ser o pai excluído da guarda apenas porque a mãe não concorda.[65]

Como em tese o bem-estar da criança pode restar comprometido com o registro de um nome esdrúxulo (não, todavia, de nomes que não identifiquem precisamente o gênero), vêm à pauta normas administrativas e sua aplicação, cujos propósitos sejam compatíveis ou idealmente mesmo coincidentes com o propósito constitucionalmente fixado como limite do direito fundamental dos pais.

63. Cf. Kingreen e Poscher (2018: 208 e 216-217).
64. Kingreen e Poscher (2018: 216).
65. Cf. respectivamente BVerfGE 107, 150 (169) e 127, 132 (145 ss.).

Em âmbito de direto constitucional colidente, pode ser trazido à pauta, primeiro, diretamente o Art. 7 I GG, mais especificamente a soberania de ensino titulada pelo Estado, mas vinculada a princípios constitucionais da tolerância e da neutralidade ética, livre, portanto, de qualquer doutrinação.

No âmbito do direito penal aplicável a adolescentes, pode ser trazido à pauta um "mandamento constitucional da proteção de bens jurídico-penais".[66]

Por fim, uma legalmente determinada vacinação de crianças que sirva ao propósito do bem jurídico-constitucional da saúde pública pode ser trazida aqui à pauta, devendo ser submetida, todavia, ao *limite do limite* com a aplicação rigorosa do princípio da proporcionalidade.[67]

3.3.2 Limite ao limite constitucional: Art. 6 III GG e o princípio da proporcionalidade

Como aludido, o Art. 6 III GG exerce um papel *sui generis*. Normalmente, o princípio da proporcionalidade faz as vezes de principal limite do limite, ao lado dos positivados no Art. 19 I e II GG. Tendo em vista as aludidas experiências com o Estado totalitário do Terceiro Reich, que livremente dispunha dos filhos de casais casados ou não, podendo requisitá-los em qualquer idade e tempo, causando separações provisórias, mas também definitivas, em prol apenas dos assim chamados "princípio do povo" e do "guia", o constituinte viu-se obrigado a cunhar um texto normativo suficientemente concreto e contundente para dificultar (sem, contudo, impossibilitar totalmente a separação): "contra a vontade dos responsáveis por sua educação, os filhos poderão ser separados da família somente com base em uma lei".

Não obstante esse teor inicial, não basta uma lei que, se fosse o caso, funcionaria aqui como mais uma *reserva legal simples*. Também não se trata de

66. Assim a decisão do TCF publicada em BVerfGE 107, 104 (119) que foi criticamente abordada por Kingreen e Poscher (2018: 217). Segundo eles, isso convence apenas para "penas juvenis aquém da pena privativa de liberdade", pois, para os citados autores, a execução de uma pena privativa de liberdade como razão de separação compulsória ao lado dos positivados no limite do limite do Art. 6 III GG (a respeito, próximo tópico, no texto) não foi autorizada pelo constituinte: "Antes da chegada da maioridade, o Art. 6 III GG proíbe a convocação [a qualquer serviço "cívico", tal como o serviço militar obrigatório] contra a vontade dos detentores do poder familiar e, para a aplicação de uma pena privativa de liberdade, ele exige a concordância dos detentores do poder familiar, seu fracasso na educação ou o ameaçado abandono decorrente de outros motivos".

67. O propósito da saúde pública é, no caso, "enriquecido" com o propósito mais específico do cuidado e educação dos filhos. Nesse sentido, se os efeitos da vacina forem semelhantes aos efeitos da própria doença a qual visa a prevenir, a intervenção não seria proporcional. Cf. Schmidt (2018: 298 s.). No mais, uma vacinação, quando aplicada coercitivamente, implica uma grave intervenção no direito fundamental à integridade física decorrente do Art. 2 II 1 2ª variante GG. Cf. por todos: Kingreen e Poscher (2018: 127) e Hufen (2018: 229).

uma "simples" ou comum *reserva legal qualificada* porque a oração subordinada condicional seguinte torna clarividente que não se trata de proteger um bem jurídico alheio. Não se trata da proteção de um interesse objetivo (da coletividade) ou de terceiro, como ocorre no caso de reservas legais qualificadas, mas de se reforçar o vínculo do legislador e dos demais órgãos que a interpretam e aplicam ao direito fundamental material previsto no Art. 6 II 1 GG, tal qual fazem o princípio da proporcionalidade e os demais limites dos limites do Art. 19 I e II GG.

Assim, a despeito da autorização legal formal (reserva legal), as crianças poderão ser separadas de seus pais tão somente nas duas únicas hipóteses alternativas de "os responsáveis pela educação falharem" (contundentemente em sua tarefa de educar) ou desde que as crianças estejam, por causa de outras razões, ameaçadas de abandono. Apesar do inevitável uso de vocábulos não tão determinados assim ("falharem", "outras razões", "ameaça de abandono"), a vontade do constituinte é suficientemente clara: a separação pode ser cogitada apenas como *ultima ratio*. Trata-se, jusfundamental-dogmaticamente falando, de uma orientação concreta para a aplicação do segundo subcritério relacional do princípio da proporcionalidade que é o da necessidade. Essa orientação é comparável *mutatis mutandis*, sem ter, é claro, um igual caráter irremediável, ao cuidado do exame da necessidade junto à intervenção no direito fundamental à vida mediante tiro letal perpetrado por autoridade policial, no estrito cumprimento do dever legal, para salvar a vida de uma vítima de ameaça de morte iminente, literalmente.[68]

Esse limite do limite também reduz a margem discricionária do legislador e dos demais órgãos estatais que interpretam e aplicam a legislação ordinária na determinação de propósitos a serem perseguidos. Não basta mais o mero bem-estar (pontual e momentâneo) do filho. Para tal propósito, a medida extrema é, por força do limite do limite positivado, *per se* desproporcional. Propósitos legítimos, potencialmente justificadores da medida extrema, podem ser apenas a recuperação de uma elementar educação totalmente omitida pelos pais e o risco de abandono que seja, de fato, iminente.

Em geral, ambos são claramente verificáveis quando os genitores não revelam, a despeito de uma discordância retórica da separação, de fato, interesse pelo destino do filho, em casos de graves e indubitavelmente comprovadas doenças psíquicas, grave dependência química que comprometa a própria autodeterminação ou se a discordância tiver como comprovada motivação a

68. O princípio (critério) da proporcionalidade em sentido lato – em que há o descarte do terceiro exame da proporcionalidade em sentido estrito, ponderação, em virtude da impossibilidade de sua racionalização jurídica – dispensa, quando corretamente aplicado, a valoração dos bens jurídico-constitucionais em conflito. Cf. Schlink (2001), Martins (2012: 120-155), De Laurentiis (2017) e, mais detalhadamente, Dimoulis e Martins (2018: 245-269).

exploração econômica, física e psíquica dos filhos (exploração da prostituição infantil pelos próprios genitores).

Em muitos casos concretos, porém, há muito mais dificuldade, devendo a cogitação desse limite do limite ser acompanhada por uma aplicação rigorosa do princípio da proporcionalidade. Nesse sentido, tendo em vista especificamente a hipótese qualificada da ameaça de abandono, entre as principais hipóteses de aplicação desse limite do limite, encontra-se a adoção de uma criança contra a vontade de seus pais. "A adoção forçada não separa o filho simplesmente de pais errados para lhes dar aos verdadeiros. Até a separação, são os pais biológicos os únicos pais".[69]

Tendo em vista o elemento típico-normativo de "outras razões", poder-se-ia pensar na possibilidade, em tese, de se justificar uma separação entre pais e filhos com base em uma condenação a uma pena privativa de liberdade. Esse entendimento é considerado incompatível com o Art. 6 III GG: "Antes da chegada da maioridade, o Art. 6 III GG proíbe a convocação [a qualquer serviço cívico, como o militar] contra a vontade dos responsáveis pela educação e, no caso da aplicação de uma pena privativa de liberdade, ele exige a anuência dos responsáveis pela educação, sua falha ou abandono ameaçado por outras razões".[70]

3.3.3 Tarefa de fiscalização pelo Estado do cumprimento do dever fundamental decorrente do Art. 6 II 1 GG determinada no Art. 6 II 2 GG

A tarefa de fiscalização do cumprimento do dever fundamental decorrente do Art. 6 II 1 GG – que foi, como revela seu inequívoco teor, determinada pelo Art. 6 II 2 GG – foi classificada, na discussão germânica, de modo não livre de equívocos ou mal-entendidos, como "limite jusfundamental imanente".[71] Pode-se falar em tal limite imanente a direito fundamental de liberdade negativa ao menos – se tanto – quando o constituinte recorta de uma área da vida social, sobre a qual vige a norma jusfundamental, entre outros, um modo de exercício que, em princípio, seja reservado da possibilidade de intervenção (não justificada constitucionalmente) por órgão estatal, como ocorre notoriamente no caso da liberdade de reunião do Art. 8 I GG.[72] Fazendo o recorte positivo dos comportamentos, no caso do Art. 8 I GG, necessariamente exercidos coletivamente, restam comportamentos que fazem parte da chamada área de regulamentação não prestigiados pela norma jusfundamental definidora de um direito fundamental de *status negativus*.

69. Assim, a muito feliz explicação perpetrada por Kingreen e Poscher (2018: 217).

70. Kingreen e Poscher (2018: 217).

71. Cf. Schmidt (2017: 2787 e 297 s.).

72. Cf., no âmbito da interpretação do correspondente art. 5º, XVI CF, em detalhes: Martins (2017).

Primeiro, não é uma classificação indicada da tarefa constitucionalmente prescrita em comento porque justamente não se trata de restringir já *prima facie* alguma prerrogativa em tese pertinente à área da vida social "regulamentada" (em sentido amplíssimo) pela norma jusfundamental, mas se refere ao dever fundamental previsto paralelamente ao direito fundamental dos pais ao cuidado e à educação dos filhos.

Em segundo lugar, o conceito de "limite imanente" é totalmente incompatível com o efeito determinado pela norma: trata-se de uma obrigação de *fazer*, não da livre discricionariedade desimpedida por ausência de direito de resistência.

Em terceiro lugar, também da perspectiva de sua relação específica com o direito de liberdade, a denominação em comento não é adequada. Por ela, não se tem a exclusão *a priori* do direito de resistência, mas, no máximo, a aludida (tácita) reserva legal qualificada. Tecnicamente, poder-se-ia falar, mais precisamente, em reserva-incumbência legal qualificada, como aquela implícita na determinação de a propriedade "obrigar" ou ter de atender "sua função social".[73] Em ambos os casos, o legislador ordinário está, de um lado, *autorizado* a intervir em prol de um determinado bem-jurídico (em geral constitucional, mas não necessariamente) e, de outro, *obrigado* a perseguir o propósito definido na incumbência ou mandato legislativo implícito na norma constitucional.

O aspecto da reserva legal qualificada já foi analisado. Na perspectiva ou dimensão objetiva do mandato legislativo, mandato a persecução do propósito da imprescindível fiscalização do cumprimento pelos pais e famílias de seus deveres de cuidado e educação de crianças e adolescentes, "assim, em prol também da coletividade",[74] foi concretizado por regras da assistência a crianças e jovens (adolescentes), no Livro VIII., do Código Social ("SGB VIII."), e nas normas do Código Civil sobre a guarda (especialmente: §§ 1626 ss. BGB).

4. Direitos de resistência dos filhos decorrentes do Art. 6 I, 2ª variante GG

No caso do Art. 6 II GG, os filhos são beneficiários do direito fundamental de seus pais ao seu cuidado e à sua educação, mas não são titulares diretos. Apesar da chegada da maioridade ser aceita como um marco estanque para o final do direito educacional dos pais,[75] a área de proteção da família não se fecha aos integrantes da família por conta da entrada na maioridade.[76] Assim, continuam

73. Cf. Martins (2017: 445-461) e Martins (2012: 180 e 197 ss.).
74. Hufen (2018: 275).
75. Cf. entre muitos: Sachs (2017: 438) que enfatiza, com propriedade, o caráter do direito dos pais ser "estruturado unilateralmente". Michael e Morlok (2017: 155-156) explicam o binômio direito/obrigação dos pais em relação aos filhos com o binômio "auto-/heterodeterminação".
76. Cf. Manssen (2018: 139) e Hufen (2018: 270).

protegidas as relações entre pais de filhos maiores e esses. Os filhos podem, em princípio, valer-se do direito fundamental de família em sua dimensão jurídico-subjetiva de resistência contra eventuais determinações legais, administrativas ou judiciais para a saída da casa dos seus pais.

Mais complexa certamente torna-se a situação quando não há anuência dos pais na permanência do filho maior de idade em sua casa. Em tal caso, chocam-se os direitos de liberdade dos pais e o exercício negativo do direito de família, em princípio legítimos após o término do dever fundamental ao cuidado e à educação do filho maior, de um lado, e o direito positivo de família do filho maior, de outro. Por não haver mais dever legal e se tratar então apenas de uma lide entre particulares, sobre a qual incide, em todo caso, no máximo, a chamada eficácia horizontal – ou melhor: de irradiação – dos direitos fundamentais no direito de família, a solução da colisão pelo juiz deverá levar em consideração o impacto nos direitos fundamentais de ambas as categorias de titulares (pais e filhos). Para o propósito da proteção do direito fundamental positivo de família do filho, a intervenção nos direitos fundamentais de personalidade dos pais (Art. 2 I c.c. Art. 1 I GG) seria desproporcional; ao contrário do que seria uma intervenção estatal judicial no direito fundamental positivo do filho: o exercício positivo do direito de família ele poderá exercer com a constituição de uma nova, própria família.

II. Garantias institucionais

Garantias institucionais, também conhecidas como garantias de – ou a – institutos jurídicos, constituem-se em uma categoria de direito fundamental bem distinta de outras categorias, tais como a categoria dos direitos de resistência (ou de defesa) e dos direitos prestacionais.[77] Sua principal característica e condição prévia é a *marca normativa* de sua área de proteção,[78] que as distinguem de direitos de resistência, como é o caso do direito fundamental ao livre desenvolvimento da personalidade ou da liberdade de manifestação do pensamento, uma vez que esses correspondem a liberdades chamadas "naturais"[79] e, por isso, prescindem da interposição legislativa para que possam ser efetivamente exercidos por seus titulares.

Quando se pensa no que há de mais importante na dogmática dos direitos fundamentais, a começar com o vínculo do Primeiro Poder, o Legislativo, constata-se, em âmbito das garantias institucionais em pauta, o *dever do legislador*

77. Cf. a respeito, com vastas referências ao direito comparado alemão, especialmente às lá chamadas "garantias de organização" ou "instituição" (*Einrichtungsgarantien*): Dimoulis e Martins (2018: 71-72).

78. Sobre o conceito: Dimoulis e Martins (2018: 160-162).

79. Sobre o conceito de "liberdades naturais", novamente cf. Dimoulis e Martins (2018: 177 ss.); e, tendo em vista a investigação do conteúdo do direito fundamental de propriedade: Martins (2012: 182-184).

a um *fazer*: à configuração de um instituto jurídico, nos moldes pré-ordenados pelo constituinte.

Questionável é, em sendo o caso, qual seria a extensão da margem de conformação do legislador[80] para atender ao comando constitucional, não o violando por omissão ou atuação positiva incompatível com o parâmetro constitucional na espécie.[81] O texto constitucional apresenta, como mencionado, apenas o ponto de partida da exegese do sentido da norma-parâmetro do exame de constitucionalidade, mas também tem o condão de, conforme seu teor, impor o limite da interpretação pelos destinatários da norma e pelos órgãos judiciais responsáveis pelo controle normativo de constitucionalidade.

1. Princípios estruturais do casamento e o impacto da nova lei civil

Segundo o claro entendimento do TCF exposto na Decisão sobre a constitucionalidade da Lei de União Vital (reservada a pessoas do mesmo sexo): "A própria *Grundgesetz* não contém uma definição do casamento, mas o pressupõe como forma especial de vida humana conjunta. A realização da proteção constitucional carece, nesse ponto, de uma regulamentação jurídica que configure e delimite qual união vital goza da proteção da Constituição como casamento".[82]

Na sequência da fundamentação, o TCF reconhece, como já "canonizado", "uma considerável margem de configuração para determinar forma e conteúdo do casamento". Contudo, o dilema reiteradamente verificado na literatura especializada e na jurisprudência do TCF recai justamente sobre o estabelecimento de critérios para que a configuração do instituto pelo legislador dê-se mediante observância do vínculo específico ao parâmetro constitucional. Ou seja, a despeito da dependência, imprescindibilidade de configuração infraconstitucional, deve-se extrair da garantia institucional, tal qual positivada na norma constitucional, alguns limites à atuaçao legislativa configuradora do instituto jusprivado.

Nesse contexto, o TCF fala em "princípios estruturais essenciais que resultam da conexão do Art. 6 I GG com a forma de vida dada [na sociedade] em conexão com o caráter de liberdade do direito fundamental outorgado e de outras normas constitucionais (cf. BVerfGE 31, 58 [69])".[83] Nesse ponto, o TCF sustenta que, a despeito das transformações sociais e mudanças das configurações jurídicas a

80. A margem discricionária conformadora do legislador tornou-se um conceito bastante central da contemporânea dogmática jusfundamental alemã, tendo sido, desde os anos 2000, publicados trabalhos bastante relevantes sobre a problemática como o de Bumke (2009).

81. Trata-se aqui, novamente, da criação de critérios para se diferenciar uma intervenção legislativa na área de proteção de direito fundamental, carecedora de justificação constitucional e potencialmente inconstitucional, portanto, de uma configuração ou conformação de conteúdo de um direito fundamental pelo legislador. Sobre a diferenciação e consequências jurídico-dogmáticas para o exame, cf. Dimoulis e Martins (2018: 156 ss., 177 ss.).

82. BVerfGE 105, 313 (345) e, a seguir, **Decisão # 58**.

83. BVerfGE 105, 313 (345).

ela ligadas, a garantia constitucional do instituto do casamento implicaria alguns princípios estruturais, mencionados, na seguinte ordem:

a) "União de um homem com uma mulher", com a finalidade da constituição de um vínculo...

b) ...duradouro, fundado na...

c) decisão livre dos nubentes

d) mediante participação do Estado, na qual...

e) ...o homem e a mulher encontrem-se em parceria de direitos,

f) decidindo autonomamente sobre a configuração da vida comum.

Os princípios estruturais b–f continuam reconhecidos na jurisprudência, literatura jurídica e política.

Com efeito, um vínculo a termo nunca foi sequer cogitado como potencialmente estrutural do instituto do casamento. Em verdade, nas primeiras duas décadas de vigência da *Grundgesetz* ele era, inclusive, indissolúvel, o que foi modificado com o reconhecimento dos institutos da separação judicial e do divórcio. Assim, a durabilidade não implica mais *não finitude*. Porém, o propósito dos cônjuges quando do enlace deve ser iniciar um vínculo perene.

Dos demais princípios estruturais, dois deles ligam-se a dois dos principais efeitos da função negativa do casamento: a voluntariedade como proteção contra obrigações de firmar matrimônio e contra a escolha por terceiro da pessoa do cônjuge e a livre escolha sobre a configuração da vida comum do casal.

No mais, do caráter formal-cerimonial do casamento de origem cristã restou a indispensável participação do Estado, não configurando casamento um mero contrato entre duas pessoas. Por fim, outro princípio estrutural objetivo, complementar (e ao mesmo limitador) da livre configuração da vida conjugal do casal é sua igualdade ou parceria de direitos.[84]

O primeiro princípio estrutural mencionado, embora ampla e majoritariamente aceito na literatura jurídica do direito de família e constitucional, deixou de ser há tempos uma unanimidade. A mutação de entendimento social levou o legislador a atender reivindicações de pares do mesmo sexo, primeiro, em 2002, com a Lei de União Vital (Registrada). Em julho de 2017, a Câmara Federal, surpreendentemente,[85] derrogou o § 1353 BGB para o efeito de excluir dos

84. Há certa intersecção e tensão com o efeito do direito de resistência daqueles casais atrelados a sistemas culturais e religiosos patriarcais fundamentalistas. Em face do princípio do dever de neutralidade ética do Estado e à luz do direito fundamental à inviolabilidade da consciência e crença, devem ser medidas as configurações infraconstitucionais desse princípio estrutural.

85. Cf. a notícia publicada na mais conhecida revista semanal alemã "Der Spiegel", edição eletrônica de 01.10.2017, acessível no sítio eletrônico http://www.spiegel.de/panorama/

princípios estruturais do casamento a heterossexualidade dos cônjuges. Os debates legislativos absorveram a discussão jurídica e político-jurídica em torno desse princípio estrutural, marcado por duas posições fundamental e necessariamente antagônicas: a tradicional e a divergente.

Segundo a concepção tradicional, ainda não abandonada pelo TCF,[86] a heterossexualidade é o primeiro princípio estrutural porque assim como no caso dos demais que a ele se seguem, "independentemente da transformação social e das mudanças nela implícitas, manteve [o casamento] sua configuração jurídica e sua marca recebida da *Grundgesetz*", embora nem a possibilidade biológica da reprodução (fertilidade) nem a livre escolha de alguns casais heterossexuais (cada vez mais em maior número) por não ter filhos representariam, segundo essa posição, uma suficiente objeção ao princípio em comento.

Segundo a opinião divergente que logrou impor-se no aludido processo legislativo, a heterossexualidade não poderia ser mais considerada um princípio estrutural inerente ao conceito de casamento. Afirmou-se[87] a preponderância da presença de uma união solidária e leal entre duas pessoas em detrimento de uma dada combinação dos seus gêneros. Nivelaram-se, nesse ponto, os conceitos de casamento e de família, uma diferença que se manteve e como retro descrito ainda se mantém muito cara à dogmática dos direitos fundamentais, tal qual construída pela jurisprudência do TCF em constante diálogo com a literatura jurídica especializada que a acompanha.

Nos debates parlamentares de 38 minutos[88] que precederam, na histórica Reunião da Câmara Federal, à deliberação pela abertura do instituto do casamento

gesellschaft/ehe-fuer-alle-homosexuelle-duerfen-ab-1-oktober-heiraten-a-1170535.html (acesso em: 17.03.2019), sob a epígrafe "A partir de agora o casamento é para todos. A união vital registrada é *passé*, chegou o casamento para todos: a partir de outubro, homossexuais podem casar-se. As perguntas e respostas mais importantes.". No corpo do texto, depreende-se a seguinte passagem explicativa: "[...] Por que depois de décadas de discussões, a lei chegou assim tão de repente? No final de junho, de modo surpreendente a Chanceler Angela Merkel (CDU) abandonou o claro não do CDU nessa questão, dizendo tratar-se de uma decisão de consciência. As demais bancadas na Câmara Federal fizeram então pressão para alcançar rapidamente uma decisão na Câmara Federal. Pouco tempo depois, o Parlamento votou, em uma deliberação aberta e com grande maioria, pela abertura do casamento [a pares homossexuais].".

86. BVerfGE 105, 313 (345) e, a seguir, **Decisão # 58**.

87. Em geral, cf. *Deutscher Bundestag, Stenographischer Bericht*: *Plenarprotokoll* 18/244 (Ata da Reunião Plenária n. 244, da 18ª Legislatura), de 30.06.2017. Recentemente, cf. a detalhada e sistemática exposição tanto da quebra sistêmica quanto de seu controle de controle de constitucionalidade Schaeffer (2018: 394 ss. e 415 ss.).

88. Definido pelo então Presidente da Câmara Federal, Dep. Dr. *Norbert Lammert*, no início da reunião. Cf. *ibid*., p. 25105. Votaram 623 parlamentares. O resultado da deliberação foi: sim: 393; não: 226 (todos da tradicional coligação CDU/CSU) e abstenções: 4. Ao final da ata (Cf. *ibid*., p. 25213-25249), 73 parlamentares, especialmente os vencidos da CDU/CSU (72 contra apenas 1 deputada do SPD que explicou sua razão de votar sim a despeito de

a casais homossexuais, chama a atenção o discurso de um membro da Câmara Federal, Dep. Dr. *Jan-Marco Luczak*, pertencente à bancada do CDU (União Democrática Cristã). Mesmo não desistindo dos valores conservadores[89] que ocupam o papel central na agenda política do CDU, ele apresentou a seguinte síntese do posicionamento político vencedor[90] e do questionamento sobre a necessidade ou não da aprovação prévia de uma emenda constitucional que expressamente tivesse aberto o instituto com uma alteração no teor do Art. 6 I GG:

> "...quando se argumenta que casamentos entre pessoas do mesmo sexo seriam um ataque às famílias, gostaria de contrapor-lhe: não nascerá sequer uma única criança a menos e não se contrairá um único matrimônio entre heterossexuais a menos porque se permitirá também a gays e lésbicas que se casem. Não se retira nada de um apenas porque se possibilita algo ao outro.
>
> [...].
>
> Agora se apresenta naturalmente a questão: precisamos para tanto de uma mudança de nossa Constituição? Pessoalmente, acredito que não seja o caso. Quando reparamos no conceito de casamento jurídico-constitucional no Artigo 6, Parágrafo 1 de nossa *Grundgesetz*, especialmente na dicção da jurisprudência de nosso Tribunal Constitucional Federal, verificamos que esse conceito é aberto. Ele precisa ser colocado no contexto histórico-contemporâneo. Ele tem de ser interpretado com um olhar sobre as regulamentações infraconstitucionais e sobre as compreensões da sociedade."[91]

Na sequência, o deputado fez referência às várias transformações no conceito do casamento. Entre outros, lembrou que, no passado, já fora proibido o casamento entre nobres e burgueses ou entre católicos e protestantes.

Como uma primeira avaliação da constitucionalidade da lei derrogadora do instituto do casamento que o abriu a casais homossexuais, pode-se dizer, em apertada síntese, que, em se tratando, como é o caso, no Art. 6 I GG, de um direito fundamental dependente de configuração legislativa infraconstitucional, o legislador civil valeu-se de sua competência formal e do especial mandato

sua devoção ao catolicismo) consignaram, em consonância com o Art. 31 GOBT (Regimento Interno da Câmara Federal), as razões de seu respectivo voto.

89. Em seu discurso afirmou com toda clareza: "Trata-se de fidelidade, trata-se de constância, trata-se de confiança. Tudo isso são valores profundamente conservadores que merecem reconhecimento, que merecem respeito. Eu não posso entender por que o sexo deva fazer alguma diferença aqui. Eu sou favorável à abertura do casamento, mas não embora eu seja um democrata-cristão, mas justamente porque eu sou um democrata-cristão. Trata-se de valores conservadores, burgueses" (*ibid.*, p. 25112).

90. Nesse caso, compartilhado pelos históricos oponentes partidários à união partidária CDU/CSU: SPD, Partido Verde e Partido "A Esquerda".

91. *Ibid.*, p. 25112.

constitucional material para configurá-lo a partir de sua avaliação discricionária e do respeito ao mandato popular. A afirmação do tradicional (suposto) princípio estrutural não escrito da heterossexualidade, combinado com a ordem de especial proteção do casamento em si, não bastam para a verificação de uma inconstitucionalidade.

Não obstante, a determinação de *especial* proteção implica *a contrario sensu*, necessariamente, que algumas formas de vida conjunta não partilhem de tal proteção, sob pena de o adjetivo "especial" restar indevidamente prejudicado. Eis o principal ponto que poderia ser levantado em eventual proposição de controle abstrato contra a lei derrogadora em pauta em face do Art. 6 I GG.[92] Se, então, fosse provocado, independentemente do dispositivo de sua decisão, o TCF teria de interpretar e discutir o adjetivo "especial" positivado naquele parâmetro jusfundamental. Todavia, como par dicotômico do adjetivo "especial" ("não especial") poderiam ainda vir à tona, logicamente, uniões poligâmicas, como formas de vida conjunta não partícipes da especial proteção jusfundamental.[93]

2. Princípios estruturais da família?

Também a garantia constitucional do instituto da família tem princípios estruturais que não estão à disposição do legislador jusprivatista. Isso significa que, ao contrário de direitos comportamentais, também ele não é logicamente anterior ao Estado no sentido do princípio distributivo do ônus argumentativo, mas é apenas por ele constituído.[94] Por outro lado, isso não significa que o instituto constitucional não careça de proteção perante os órgãos estatais, mais especificamente do Poder Legislativo, o qual, em princípio, detém a competência para sua definição.

Sem embargo do retro exposto, os princípios estruturais do instituto da família que, em tese, devem ser subtraídos da margem configuradora do Estado-legislador são aqui muito mais tênues e fluidos do que ocorre com o instituto do casamento como forma de vida idealmente prescrita pelo constituinte e

92. Especialmente pelos Estados-membros governados pelo CDU e CSU – o último, especialmente no caso de Bayern, ou pela própria bancada do CDU que, no final da 18ª Legislatura, tinha mais do que os necessários 25% de assentos da Câmara Federal. Apesar de muitas cogitações, ninguém o fez até hoje. Sobre os pressupostos da proposição do controle abstrato, v. a nota 191.

93. O que, todavia, em si não impediria a extensão de proteção legislativa a tais uniões, alcunhadas, no vernáculo e na discussão brasileira, de "poliafetivas", pois não se pode deduzir de uma ordem constitucional de proteção, cujo primeiro destinatário é, no caso, o legislador ordinário, uma proibição de proteção. Nesse sentido, também o TCF, na **Decisão # 58** descartou a existência de um assim chamado "mandamento de distanciamento" (*Abstandsgebot*) em relação ao casamento de institutos jurídicos concorrentes a ele.

94. Sobre o princípio distributivo e a anterioridade lógica dos direitos fundamentais, cf. Martins (2012: 29).

concretizada pelo legislador. Na teoria da garantia institucional, não se subtrai do legislador qualquer tipo de mudança, mas os institutos como o de família "devem permanecer intactos na essência".[95] Como se aplica esse princípio "quando a mudança de certo modo de vida surgir do desenvolvimento social e não for imposta pelo Estado como um corpo estranho",[96] especialmente pensando que muito mais do que ocorre com o casamento, tradicionalmente ligado a formas e reconhecimentos jurídicos, o instituto da família corresponde normalmente mais à sua configuração social do que à jurídica. Aqui, mesmo as normas definidoras não são tão indispensáveis como na regulamentação do casamento.

Portanto, a garantia institucional da família permanece dinamicamente mais aberta ao desenvolvimento social, correspondendo aos laços não apenas jurídicos, mas, sobretudo, fáticos, surgidos mais ou menos espontaneamente no decorrer da vida de uma pessoa que pode integrar – concomitantemente ou não – nenhuma, apenas uma ou várias famílias.[97]

No que tange tão somente aos laços jurídicos, ao contrário do casamento, eles são não apenas firmados sem termo final e com intenção permanente, mas também são indissolúveis: não se pode rescindir uma adoção, nem se desvencilhar do direito parental.

Jurídica e faticamente, não se baseia na horizontal relação sinalagmática de lealdade e solidariedade recíprocas, mas em, sobretudo,[98] verticais relações entre responsáveis e dependentes que, com o tempo, podem ou não, inverter-se: possibilidade da assistência de pais por filhos no final da vida daqueles. Em suma, esses são os únicos princípios estruturais certos da garantia institucional da família.

95. Kingreen e Poscher (2018: 217).

96. *Ibid.*

97. Cf. Manssen (2018: 137): "Os institutos casamento e família são, portanto, constitucionalmente desconectados [autônomos e independentes entre si]. Família, no sentido jurídico constitucional, existe também sem casamento". Von Münch e Mager (2014: 182) chegam a colocar em xeque se se trata mesmo, no Art. 6 I 2ª variante GG, de uma garantia institucional, "pois [nela] não se trata, ou no máximo excepcionalmente (adoção) de uma união fundada juridicamente. Assim, uma família não carece de regras jurídicas para sua fundação". Posiciona-se de modo semelhante: Sachs (2017: 431).

98. Não obstante, com o paulatino abandono da tradicional tese implícita, inclusive no Art. 119 I da Constituição da República de Weimar, que enxerga na família a missão de prover o crescimento da nação pela via de altas taxas de natalidade e a ênfase na autodeterminação individual, admite-se cada vez mais a família constituída por relações horizontais como entre irmãos ou amigos que convivam ou por casais hetero ou homossexuais sem filhos (naturais ou adotivos). Representativo da visão tradicional que considera casamento um mero "pré-estágio" da família é, entre outros, Ipsen (2018: 98). Bastante representativa da opinião contrária, inclusiva de toda forma de vida familiar em que a referida verticalidade não é mais critério: Brosius-Gersdorf (2013).

III. Decisão axiológica decorrente do Art. 6 I GG: dever de tutela estatal e direito de proteção

Da dimensão objetiva dos direitos fundamentais decorrem os chamados deveres estatais de tutela de direitos fundamentais (*grundrechtliche staatliche Schutzpflichten*).[99] Seu fundamento constitucional normalmente apontado é o Art. 1 I 2 GG, em sua aplicação conjunta com o direito fundamental (de *status negativus*) vulnerável. Tal direito fundamental vulnerável deve ser protegido contra ameaças provenientes não apenas do Estado, mas, sobretudo, de particulares nas típicas situações de colisão de direitos fundamentais.[100] No caso do Art. 6 I GG, decorre um expresso dever de tutela não baseado, entretanto, nesse sentido estrito, mas na decisão axiológica do constituinte, tal qual positivada no Art. 6 I GG.

Esse foi o sentido dado pelo TCF na Decisão sobre a Lei da União Registrada (entre pessoas do mesmo sexo).[101] No início do tópico sobre o terceiro efeito discutido do direito fundamental de casamento do Art. 6 I GG (após o exame do direito de resistência e da garantia institucional), em que se avalia se o então novel instituto da Lei de União Registrada (LPartG) entre pessoas do mesmo sexo teria violado o Art. 6 I GG, o TCF trouxe à pauta a decisão axiológica em prol do casamento como forma de vida: "c) Todavia, o Art. 6 I GG não se esgota na obrigação de garantir o casamento em sua estrutura essencial, mas ordena uma proteção especial por meio do ordenamento jurídico como decisão axiológica vinculante para todos os âmbitos de todo o direito público e privado relacionados ao casamento e à família (cf. BVerfGE 6, 55 [72]; 55, 114 [126])".[102]

Na sequência, o TCF entendeu o mandamento especial de proteção como vedação de desvantagens em relação a outras formas de vida, quando, no entendimento da jurisprudência mais antiga, defendida pelos dois votos divergentes publicados,[103] o dever de proteção implicaria privilegiar o casamento, com a consequência da vedação de institutos jurídico-familiares concorrentes,

99. Sobre a figura com amplas referências, v. Dimoulis e Martins (2018: 142-148).

100. O aludido Art. 1 I 2 GG refere-se literalmente ao Art. 1 I 1 GG, segundo o qual "A dignidade humana é intocável". Trata-se, no Art. 1 I 2 GG, segundo seu claro teor ("Observá-la e protegê-la é dever de todo o poder estatal") do fundamento de um dever de pró-atividade estatal (protegê-la) em face da dignidade humana, ou seja, não apenas da eficácia negativa ("observá-la") de abster-se de medidas que a afetem.

101. Apesar disso Hufen (2018: 278) afirma, em sentido contrário a BVerfGE 105, 313, e muito genericamente: "faticamente, o que se quer dizer com isso hoje foi assimilado na formulação igualmente ampla e flexível do dever estatal objetivo".

102. BVerfGE 105, 313 (346) e a seguir: **Decisão # 58**.

103. Embora tivessem sido três juízes divergentes: um deles desistiu de revelar sua discordância e de publicar sua opinião segundo o § 30 II 1 BVerfGG. A respeito: Martins (2018-b: 62).

o chamado "mandamento de distanciamento" ou "mandamento de diferença" (*Abstandsgebot*).[104]

Ainda nas palavras do TCF, o "legislador também não violou por meio da criação do novo instituto da união vital registrada o mandamento de fomentar o casamento como forma de vida. A lei não retira do casamento um fomento que ele tenha até então. Ele protege outra união vital e lhe concede direitos e obrigações".[105] Por fim, "nos debates em torno do Art. 6 I GG, teve um papel substancial também a questão da proteção de novas formas de vida [...] até existia consenso sobre colocar casamento e família sob proteção constitucional; entretanto, não se esclareceu o que isso em detalhes significaria para sua relação com outras formas de vida. Em todo caso, não se pode encontrar aqui um embasamento do mandamento de distanciamento".[106]

A retro analisada derrogação do § 1353 BGB tornou prejudicada por ausência de objeto a parte dessa discussão atinente à possível violação da decisão axiológica pela existência de um instituto concorrente que era destinado a pessoas que justamente não podiam se casar, razão pela qual não se constatava uma violação da decisão axiológica. Contudo, a discussão ainda pode ser retomada, caso os legitimados para o controle abstrato propuserem-no em face da lei derrogadora conforme o Art. 93 I n. 2 GG e o § 76 I BVerfGG.

Por uma questão lógica, os críticos da LPartG hoje podem questionar menos o que sobrou ainda da "especial proteção do casamento", uma vez que o instituto concorrente tornou-se pelo menos *pro futuro* totalmente obsoleto. Isso porque as uniões registradas *podem*, a requerimento dos parceiros vitais, como chamados pela LPartG, mas *não precisam,* necessariamente, ser convertidas em casamento. Com efeito, a decisão axiológica existe em prol da garantia institucional. O parâmetro para um eventual questionamento seria, portanto, tão somente a configuração legal do instituto constitucional do casamento que, segundo os críticos, seria incompatível com o último.

Uma vez assimilada como novo princípio estrutural do casamento a indiferença da combinação dos sexos, resta ainda determinar sua especial proteção diante de formas de vida conjugal divergentes, reais ou imagináveis, como os solteiros, a poligamia, as uniões estáveis mono ou polígamas ("poli-amor"), as uniões romântico-sexuais entre ascendentes e descendentes ou colaterais de primeiro grau (irmãos), uniões pactuadas sem participação estatal, pactuadas a termo resolutivo ou, por excelência, rescindíveis como qualquer relação contratual obrigacional.

104. Cf. da discussão especializada, de um lado, anuindo à derivação do referido mandamento a partir da dimensão objetiva do direito fundamental ao casamento: Hufen (2018: 284). Crítico entre outros: Schmidt (2017: 288-291 e 294).

105. BVerfGE 105, 313 (347).

106. BVerfGE 105, 313 (349 s.).

IV. Direito fundamental prestacional e à proteção de mães do Art. 6 IV GG

Como *lex especialis* em face do Art. 3 II GG (igualdade de direitos entre homens e mulheres), o constituinte da *Grundgesetz*, levando em consideração as especiais cargas especificamente biológicas objetivas (insuspeitas) da mulher, quais sejam: as cargas da gravidez, do nascimento e da amamentação de filho, concedeu à mãe o direito à especial proteção e assistência da coletividade.

Em sua aplicação conjunta com o Art. 6 I GG, a garantia do Art. 6 IV GG implica um direito subjetivo à proteção. Esse tem implicações não apenas para a interpretação e aplicação judicial do direito infraconstitucional como um todo (interpretação orientada pelos direitos fundamentais),[107] mas especialmente também para a execução legislativa como cumprimento da proteção. Nessa extensão, revela-se, portanto, como sendo um "mandato legislativo".[108]

V. Direitos especiais de igualdade e vedações de discriminação (Art. 6 I, IV e V GG)

Ao contrário do Art. 6 IV GG, que não contém um expresso mandato legislativo, mas que, sem embargo, é derivado daquele pela literatura especializada e a jurisprudência do TCF, o Art. 6 V GG faz menção expressa à legislação, por intermédio da qual deveriam ser criadas aos filhos concebidos fora do casamento "as mesmas condições que existem para os filhos de pais casados para seu desenvolvimento físico e psíquico e sua colocação na sociedade".

Contudo, o TCF trata-o como um direito imediato ao tratamento igualitário. Do ponto de vista negativo – resistência ao tratamento desigual – isso é procedente. Como historicamente é mesmo disso que se tratou: de desconstituir as graves desvantagens sofridas por filhos concebidos fora do casamento, o imperativo de legislar acabou também por perder seu objeto.[109]

Por sua vez, dadas as suas peculiaridades, no caso do Art. 6 IV GG, a igualdade (material, i.e., de chances e condições competitivas) requer justamente a criação de assimetrias compensatórias perpetradas por tratamentos desiguais na forma

107. Cf. a respeito, v. Martins (2012: 101), Dimoulis e Martins (2018: 123 e 140 s.) e Schlaich e Korioth (2015: 321).

108. Cf. Kingreen e Poscher (2018: 208).

109. Não obstante, Hufen (2018: 281 s.) relata criticamente a demora do legislador em cumprir seu mandato. Segundo ele, apenas em 19.08.1969, o legislador promulgou a lei sobre o estatuto jurídico dos filhos não concebidos no casamento e, apenas no ano 2009, o TCF decidiu que a duração diferente do direito a alimentos viola o Art. 6 V GG, citando BVerfGE 118, 45 (62).

de outorga de vantagens.[110] Semelhantemente, ocorre com o direito fundamental do Art. 6 I GG, especialmente no âmbito jurídico-tributário, trabalhista, social-previdenciário e no direito do funcionalismo público.

Em regra, não se derivam de tais direitos especiais mais direitos subjetivos a prestações específicas que fossem além da resistência contra o tratamento desigual. Exceções são, por exemplo, o direito à criação de oportunidades de visita de cônjuges e filhos a presos preventivamente ou ao adiamento de uma audiência principal em processo penal contra uma grávida.[111]

B. Decisões do TCF

57. BVerfGE 47, 46 (*Sexualkundeunterricht*)

Controle Concreto / Reclamação Constitucional contra Decisão Judicial

21/12/1977

MATÉRIA

O presente controle concreto proposto pelo Tribunal Federal Administrativo (órgão jurídico-revisional de cúpula da Justiça Especial Administrativa) foi julgado conjuntamente com três Reclamações Constitucionais contra Decisões de órgãos judiciais da Justiça Especial Administrativa propostas, respectivamente, por um pai, uma mãe e sua filha, aluna da 5ª série do ensino fundamental. Todos os quatro procedimentos impugnaram direta (controle concreto) ou indiretamente (Reclamações Constitucionais) a constitucionalidade da introdução da disciplina escolar ou **aula de educação sexual** (*Sexualkundenunterricht*) em escolas públicas do ensino fundamental.

O objeto específico do controle concreto proposto pelo Tribunal Federal Administrativo foram dois dispositivos da Lei Orgânica do Ensino Escolar (*Schulverfassungsgesetz*), de 1973, os quais deixavam aos órgãos competentes e especializados da Administração Pública a definição dos objetivos e conteúdos educacionais.

De acordo com recomendações da Conferência dos Ministros da Educação (*KMK – Kultusministerkonferenz*), do ano de 1968, a Secretaria da Educação de *Hamburg* promulgou, no ano de 1970, as diretrizes para a educação sexual nas escolas. Nelas, a educação sexual foi estabelecida como

110. Cf. em geral: Schlink (1984), Poscher (2003) e sua recepção por Martins (2012: 37-43).

111. Exemplos com referência a duas decisões do TCF citados por Kingreen e Poscher (2018: 218).

uma matéria interdisciplinar, como complemento à transmissão curricular ordinária de informações sobre dados da sexualidade e da reprodução humana.

As Reclamações Constitucionais impugnaram decisões judiciais nas quais foram indeferidos os pedidos da aluna de uma escola de *Baden-Württemberg* à não participação na aula de educação sexual.

Com base no Controle Concreto, o TCF declarou nulos os dispositivos das leis escolares de *Hamburg*, na extensão em que eles confiavam à Secretaria da Educação a *competência* para criar diretrizes aplicáveis à introdução da aula de educação sexual.

Já as Reclamações Constitucionais foram julgadas da seguinte maneira: as Reclamações Constitucionais n. 2 (esposa do Reclamante 1) e n. 3 (filha e aluna da disciplina escolar em questão) não foram admitidas a julgamento; no caso da reclamante 2 (esposa), por problema formal na sua representação pelo reclamante 1 e, no caso da reclamante 3 (filha e aluna), por não ter cumprido a condição de esgotamento prévio das vias judiciais ordinárias. Por sua vez, a Reclamação Constitucional n. 1 (do esposo e pai) foi julgada improcedente porque não foi constatada uma violação dos *direitos fundamentais materiais* alegados. Especificamente, o TCF não verificou uma violação do Art. 6 II GG.

EMENTAS

1. A educação sexual individual faz parte, em primeira linha, do direito natural dos pais à educação dos filhos, nos termos do Art. 6 II GG. No entanto, o Estado tem legitimidade, em razão de seu mandato constitucional nas áreas da educação e formação (Art. 7 I GG), para ministrar a educação sexual na escola.

2. A educação sexual na escola deve ser aberta às diversas concepções axiológicas na área e, em geral, observar o direito natural dos pais à educação dos filhos e as convicções religiosas ou ideológicas daqueles, sempre que elas tiverem relevância para o âmbito da sexualidade. A escola deve, em especial, não promover qualquer tentativa de doutrinação dos jovens.

3. Em se observando tais princípios fundamentais, a educação sexual, como matéria interdisciplinar, não depende da anuência dos pais.

4. Os pais têm, porém, um direito à informação tempestiva sobre o conteúdo e a linha didática e metodológica da educação sexual adotada na escola.

5. A reserva legal obriga o próprio legislador a decidir sobre a introdução da educação sexual na escola. Isso não vale para os casos em que apenas são transmitidos conhecimentos sobre fatos biológicos e outros.

Decisão [*Beschluss*] do Primeiro Senado de 21 de dezembro de 1977

– 1 BvL 1/75 BvR 147/75 –

No processo suscitado pelo Exame jurídico-constitucional do § 28 da Lei Escolar de Hamburg de 9 de dezembro de 1966 (GVBl. I, p. 257) e do § 2 I 1 e 2 da Lei de Constituição para o Ensino de Hamburg de 12 de abril de 1973 (GVBl. I, p. 91) – Decisão de Suspensão [do processo originário] e Representação do Tribunal Federal Administrativo de 15 de novembro de 1974 (BVerwG VIII C 8.73) – 1 BvL 1/75 –; II. Nos processos das Reclamações Constitucionais 1.-3. [...].

Dispositivo:

1. O § 28 da Lei Escolar (SchulG) da Cidade Livre e Hanseática de *Hamburg* de 9 de dezembro de 1966 (Diário Hamburguês de Leis e Decretos I, p. 257) e o § 2 Parágrafo 1 Períodos 1 e 2 Lei de Constituição para o Ensino de Hamburg (SchVG) de 12 de abril de 1973 (Diário Hamburguês de Leis e Decretos I, p. 91) eram incompatíveis com a *Grundgesetz* e nulos na extensão em que essas normas deixaram a cargo da autoridade escolar a introdução a uma educação sexual nas escolas segundo as diretrizes para a educação sexual nas escolas da Cidade Livre e Hanseática de Hamburg do ano de 1970.

2. Indefere-se a Reclamação Constitucional dos Reclamantes n. 1; as demais Reclamações Constitucionais não são admitidas.

RAZÕES

A. I.1. – 2.a) – c), 3. a) – c), 4., II.1. – 3.; B. I – II.1.a) – b), 2. a) – b) [...]

C. – I.

[...]

1. a) – c) [...].

2. Parâmetros do exame de constitucionalidade para a resposta das questões constitucionais levantadas nesse contexto são principalmente o Art. 6 II 1 GG (direito dos pais à educação dos filhos), o Art. 7 I GG (mandato do Estado de educação e formação) e o Art. 2 I GG (direito da personalidade do filho).

a) O Art. 6 II GG aponta o cuidado e a educação da criança como "direito natural dos pais e a obrigação que cabe, sobretudo, a eles", cujo cumprimento deve ser fiscalizado pela comunidade estatal. Os pais têm "o direito e o dever de providenciar o cuidado e configurar a educação de seus filhos livremente, segundo suas próprias concepções, resguardado o Art. 7 GG, com primazia sobre outros agentes educacionais. A livre decisão dos pais sobre como eles querem cumprir essa sua responsabilidade é protegida por um direito fundamental contra intervenção do Estado, desde que tais intervenções não estejam cobertas pelo dever de ofício de fiscalização pela comunidade estatal previsto no Art. 6 II 2 GG" (BVerfGE 31, 194 [204 s.] em conexão com as decisões BVerfGE 4, 52 [57]; 7, 320 [323]; 24, 119 [138, 143 s.]).

As recomendações da KMK ["*Kultusministerkonferenz*" – Conferência dos Ministros da Educação] em relação à questão do direito dos pais à educação dos filhos na área sexual definem de forma lapidar: "A educação sexual é, em primeiro lugar, tarefa dos pais". De fato, não faltam razões importantes para sustentar a tese de que a educação individual sexual deve caber principalmente à esfera doméstica, correspondendo ao direito natural dos pais à educação dos filhos nos termos do Art. 6 II GG. A instrução em questões sexuais pode ocorrer de forma mais natural na atmosfera protegida e segura da família [...].

[...].

b) Partindo-se dessa tese, há então de se questionar se o Estado, em geral, pode e, em caso afirmativo, sob quais pressupostos, promover a educação sexual na escola. As recomendações da KMK registram a esse respeito: "A escola é obrigada a colaborar na educação sexual, em razão de sua missão de formação e educação". O mandato do Estado na formação e educação tem seu fundamento constitucional no Art. 7 I GG (cf. BVerfGE 34, 165 [181 s.] – *hessische Förderstufe*). Como o Tribunal Constitucional Federal sustentou (*ibid.*, p. 182), a fiscalização das escolas pelo Estado, estabelecida pelo Art. 7 I GG, abrange, em todo caso, a competência para o planejamento e a organização do ensino escolar com o objetivo de garantir um sistema escolar que ofereça a todos os jovens cidadãos, segundo as suas capacidades, as possibilidades de formação correspondentes à atual vida social. Não faz parte desse âmbito de conformação estatal somente a estruturação organizacional da escola, mas também a fixação do conteúdo dos cursos de formação e dos objetivos escolares. O Estado pode, assim, perseguir seus próprios objetivos educacionais na escola, em princípio independentemente dos pais. A missão geral da escola, relativa à formação e à educação das crianças, não é subordinada, mas se encontra no mesmo patamar do direito de educar dos pais. Uma superioridade absoluta não goza nem o direito dos pais, nem o mandato educacional do Estado. Contrariamente a uma concepção nesse sentido defendida na literatura jurídica [doutrina], a missão de formação e educacional da escola também não é limitada somente à transmissão de conhecimentos. Essa tarefa do Estado, que o Art. 7 I GG pressupõe, tem também, ao contrário, como conteúdo atuar na transformação de cada criança em um membro da sociedade responsável por si mesmo. Por isso, as tarefas da escola dão-se também na área da educação. Mesmo que existam – como retro apresentado – razões para crer que o lugar adequado à educação sexual individual seja o lar, deve-se, entretanto, por outro lado, também considerar que a sexualidade apresenta diversas referências sociais. O comportamento sexual é uma parte do comportamento geral. Assim, não se pode proibir ao Estado que considere a educação sexual como importante elemento da educação universal de um indivíduo jovem. Disso faz parte também proteger e alertar as crianças contra ameaças de cunho sexual.

A partir de todos esses motivos, não se poderá levantar nenhuma objeção fundamental constitucional quando o Estado fizer do tema da sexualidade humana objeto de aula na escola [...].

[...].

c) Também os direitos da criança do Art. 2 I GG são atingidos pela educação sexual na escola.

A *Grundgesetz* colocou a esfera íntima e sexual do indivíduo como parte de sua esfera privada sob a proteção constitucional do Art. 2 I c.c. Art. 1 I GG. Essas prescrições da *Grundgesetz* asseguram ao indivíduo o direito de determinar, por si só, seu modo de pensar em relação ao sexo. Ele pode determinar sua relação com a sexualidade e, em princípio, decidir, por si mesmo, se, sob quais limites e com quais objetivos ele aceitará a influência de terceiros nesse modo de pensar. Se, no entanto, a relação do indivíduo com a sexualidade é protegida constitucionalmente, precisa então caber também a cada jovem esse direito derivado do Art. 2 I c.c. Art. 1 I GG. Sua esfera de intimidade pode ser substancialmente atingida em razão do tipo e do modo pelos quais a educação sexual é ministrada na escola. O adolescente não é apenas objeto da educação familiar e estatal. Ele é, pelo contrário, desde o início e cada vez mais com o avançar da idade, uma personalidade protegida pelo Art. 2 I c.c. Art. 1 I GG. A experiência ensina que particularmente os adolescentes podem ser feridos emocionalmente e ter seu desenvolvimento duramente comprometido por causa de medidas educacionais do campo da sexualidade aplicadas equivocadamente do ponto de vista pedagógico.

3. De tudo isso resulta que a educação sexual na escola encontra-se, em elevada medida, sobre um campo de tensão entre o direito dos pais derivado do Art. 6 II GG, o direito de personalidade da criança [e do adolescente] no sentido do Art. 2 I GG e o mandato do Estado de educação e formação pressuposto no Art. 7 I GG. [...].

[...].

Junto à avaliação jurídica das colisões ocorridas, que resultam da relação de tensão apresentada, deve-se partir do fato de que a educação sexual, em princípio, revela uma maior afinidade com a área de competência dos pais do que com o setor escolar.

a) – b) [...].

II.

O Tribunal Constitucional Federal ocupou-se até o momento, especialmente em três decisões, da reserva legal no campo escolar: BVerfGE 34, 165 [192 s.] – *hessische Förderstufe*; BVerfGE 41, 251 [259 s.] – *Speyer-Kolleg*; BVerfGE 45, 400 [417 s.] – *Neuordnung der gymnasialen Oberstufe in Hessen*. Na decisão

Oberstufenbeschluss (*ibid.*) verificou-se, em síntese, sob menção [expressa] de ambas as decisões anteriormente mencionadas:

O princípio do Estado de direito e o princípio democrático da *Grundgesetz* obrigam o próprio legislador [a delegação a qualquer outro órgão é-lhe proibida] a tomar as decisões essenciais sobre o ensino escolar, não podendo transferi-las à administração escolar [...]. Isso vale especialmente para a esfera jurídica aberta à conformação estatal no campo do exercício de direito fundamental. [...].

[...].

Como um avanço decisivo desta concepção jurídica é de se observar que a reserva legal desligou-se de seu vínculo a fórmulas obsoletas (intervenção na liberdade e propriedade), sendo colocada sobre um novo fundamento a partir de sua função democrática e relativa ao Estado de direito, sobre o qual tanto o conteúdo quanto o alcance desse instituto jurídico podem ser redefinidos. A crítica dirige-se principalmente contra a definição da delimitação das escolhas reservadas ao legislador por meio do conceito "essencial" (cf. *Kisker*, *Verhandlungen des 51. Deutschen Juristentages* – "Debate do 51º Congresso de Juristas Alemães, vol. II, anais M 82; *Priske*, *op. cit.*, p. 677). No 51º Congresso de Juristas Alemães foi dito, no debate (*op. cit.*, M 108 ss. e M 115), que a palavra "essencial" deveria ser entendida, em primeiro lugar, como conceito heurístico e não como contribuição para a dogmatização, como um conceito que expressa, fundamentalmente, tão somente uma trivialidade, a saber: que as coisas realmente importantes de um Estado do tipo democrático e parlamentarista devem ser decididas no Parlamento. Na delimitação realizada no caso particular, deve-se agir com mais cautela, prestando-se atenção e precavendo-se dos riscos da produção demasiado ampla de leis (*Vergesetzlichung*), que poderia trazer consequências desagradáveis justamente para a situação escolar. Se uma medida é essencial e, por isso, precisa permanecer reservada ao próprio Parlamento, ou pelo menos pode ser efetivada com base em uma autorização parlamentar de conteúdo certo e determinado, há de ser respondido, em primeiro lugar e em geral, segundo a *Grundgesetz*. A proteção dos direitos fundamentais apresenta aqui um importante aspecto. A maioria dos dispositivos de direito fundamental prevê, de qualquer forma, que intervenções somente são permitidas se realizadas por meio da lei ou [pelo menos] com base em uma lei. Além disso, a sua garantia por meio da intervenção do Parlamento corresponde, em princípio, à tese tradicional da reserva legal, sem que se deva, entretanto, diferenciar entre intervenções e prestações. No âmbito relevante dos direitos fundamentais, "essencial" significa em regra, portanto, "essencial para a concretização dos direitos fundamentais" (cf. BVerfGE 34, 165 [192] – *hessische Förderstufe*; 40, 237 [248 s.] – *Rechtsschutzverfahren im Strafvollzug*; 41, 251 [260 s.] – *Speyer-Kolleg*).

Também no âmbito escolar, a relevância dos direitos fundamentais tem um papel considerável. As fronteiras entre o mandato do Estado na educação (Art. 7

I GG) e o direito dos pais (Art. 6 II GG), bem como os direitos de personalidade da criança (Art. 2 I GG), são frequentemente permeáveis e dificilmente traçáveis. Sua demarcação tem, para o exercício desses direitos fundamentais, sob vários aspectos, um significado importante. Ela é, por isso, uma tarefa do legislador.

III.

[...]

1. – 4. [...].

5. Isso não significa, porém, que seria prescrito por força constitucional que todas as modalidades de educação sexual, entre elas, por exemplo, aquelas estabelecidas nas diretrizes hamburguesas, deveriam ser regulamentadas por lei formal (cf. BVerfGE 41, 251 [265] – *Speyer-Kolleg*). Pelo contrário, trata-se, em primeiro lugar, de definir com precisão suficiente a missão educacional da escola por meio de uma escolha parlamentar diretiva. Na fixação legal de metas vinculantes e de instruções nelas fundadas para a execução das aulas, a parcimônia é de bom alvitre. Fixações precisam sempre ser examinadas no sentido de se perscrutar se elas deixam um espaço suficiente para a liberdade pedagógica, se ao professor em sala de aula ainda resta a margem de ação de que ele necessita para que possa corresponder à sua responsabilidade pedagógica. Particularidades dos métodos de ensino e aprendizado não podem, por isso, em princípio, estar reservadas à regulamentação legal, principalmente porque na lei tais peculiaridades muito dificilmente serão normatizadas e a conformação das aulas tem de permanecer aberta a adaptações exigidas por situações concretas. [...].

IV.

[...][112]

112. Digno de nota é explicar por que não aparecem nesta decisão os nomes dos juízes que participaram do julgamento. Antes, porém, esclareça-se que, neste tópico IV, o TCF extraiu dos fundamentos as consequências para o julgamento de mérito apenas da Reclamação Constitucional n. 1 (já que as demais não foram admitidas a julgamento). Até a reforma da BVerfGG (Lei Orgânica do TCF), que entrou em vigor em 25.12.1970, nem os nomes dos juízes apareciam ao final nem se publicava se a decisão havia sido unânime e, em caso negativo, a relação entre a maioria e a minoria dos votos. Segundo o vigente § 30 II 2 BVerfGG: “Os Senados em suas Decisões *podem* informar a relação entre os votos” (grifo do autor). Há uma exceção a essa discricionariedade em caso de empate de votos, que tem o efeito de confirmar a constitucionalidade do ato impugnado, mas que, por força do § 15 III 3 BVerfGG, requer a publicação das razões divergentes, no caso, pela inconstitucionalidade do ato impugnado. Cf. Martins (2018-b: 64 s.).

58. BVerfGE 105, 313 (*Lebenspartnerschaftsgesetz*)

Controle Abstrato

17/07/2002

MATÉRIA

Trata-se, na presente Decisão, do processo de controle abstrato de normas proposto por três Governos estaduais (*Bayern*, *Thüringen* e *Sachen*),[113] com fundamento jurídico-processual constitucional no Art. 93 I n. 2 GG e §§ 13 n. 6 e 76 ss. BVerfGG e material (parâmetro jurídico-constitucional) no Art. 6 I, 1ª variante GG, direito fundamental do casamento – mais especificamente: à especial proteção do casamento –, em face da Lei para a Resolução da Discriminação de Pares Homossexuais: Uniões Vitais (LPartDisBG), em sua versão terminológica sintética chamada de **Lei de Uniões Vitais** (LPartG) – *Lebenspartnerschaftsgesetz*, promulgada em dezembro de 2001.[114]

A proposição do controle não obteve êxito, pois o TCF, após realização de audiência (daí se tratar de um *Urteil* e não de uma *Beschluss*)[115] e suas sigilosas deliberações,[116] não verificou uma incompatibilidade da LPartG com o principal parâmetro constitucional ou outros secundários que foram

113. Ou Baviera, Turíngia e Saxônia nas versões traduzidas ao vernáculo. Trata-se de três Estados-membros da federação então governados (Baviera sempre foi) pela chamada "União", isto é, pelos partidos de centro-direita, tradicionalmente coligados, da CDU e CSU (União Democrática Cristã e União Social Cristã), o segundo com forte tradição apenas em Bayern.

114. Uma terceira denominação, dessa vez normalmente restrita ao nome do instituto, é: união vital registrada – *eingetragene Lebenspartnerschaft*. Cf. sua detida análise em face do instituto da união estável entre pessoas do mesmo sexo à luz do direito constitucional positivo brasileiro e da decisão do STF que a reconheceu no julgamento da ADI 4.277 por Martins (2014).

115. Sobre a diferença, v. Martins (2018-b: 65).

116. O chamado sigilo da deliberação (*Beratungsgeheimnis*) tem fulcro no § 30 I BVerfGG, sendo regulamentado no § 25 GOBVerfG. Tem a função de garantir a independência judicial que pode ser sensivelmente afetada com a abertura dos debates à opinião pública. O princípio da transparência e publicidade que é totalmente condizente com o processo legislativo não o é com o controle de normas quanto à sua constitucionalidade que pode resultar em decisões contramajoritárias. Não há nenhum déficit democrático nesse sistema. Pelo contrário, o resultado da deliberação, mas não o processo, deve passar pelo crivo da opinião pública especializada e geral, como em regra ocorre com todas as decisões de impacto macropolítico ou questionáveis do ponto de vista jurídico-dogmático. Esse modelo conhece uma relativização, que é a oportunidade, existente desde a reforma da Lei Orgânica do TCF (BVerfGG), de 1970, de os juízes que não conseguiram convencer a maioria da Corte com seus argumentos publicarem seu respectivo voto divergente após a fundamentação colegiada, que é consignada também pela minoria "vencida". Cf. em minúcias: Pestalozza (1991: 60 e 291). O modelo extremo oposto é o brasileiro que, além de não conhecer tal regra

sendo, no bojo do processo, afirmados por órgãos constitucionais e *amici curiae* que intervieram. Consequentemente, confirmou a constitucionalidade da criação do então novel instituto da união registrada entre pessoas do mesmo sexo com efeitos similares, mas não idênticos, ao casamento, ainda entendido pela jurisprudência consolidada do TCF a partir de seus chamados princípios estruturais, dos quais faz parte a heterossexualidade dos cônjuges.

Antes de seguir com a descrição da matéria (fatos e direito: *Sachverhalt*) julgada nesta decisão, cabe uma breve digressão sobre a relevância e o impacto da decisão no desenvolvimento ulterior da jurisprudência do TCF e no desenvolvimento político-legislativo:

Como retro discutido, o legislador ordinário superou, ao menos enquanto não for apresentada nova proposição de controle,[117] a questão do princípio estrutural da heterossexualidade, tornando, por ora, a LPartG relativamente prejudicada por ausência de objeto no futuro.[118] Não obstante, o estudo da presente decisão é muito relevante não apenas para marcar a evolução histórica da jurisprudência na concretização do Art. 6 I, 1ª variante GG, mas também para entender a profícua relação entre o TCF e a Câmara Federal. Com efeito, antes da criação do instituto, não tinha como se falar em possível violação do direito fundamental à igualdade.[119] A partir de sua criação e confirmação pelo TCF, as persistentes diferenças de tratamento legislativo foram sendo paulatinamente (quando submetidas à verificação pelo TCF) julgadas inconstitucionais.

De acordo com o § 77 BVerfGG, o TCF convidou a se manifestarem os seguintes órgãos constitucionais: Câmara Federal Alemã, o Governo Federal e os Governos Estaduais.

Por sua vez, de acordo com o § 27a BVerfGG, foram convidadas as seguintes organizações na qualidade de terceiros especialistas: a Associação Científica para o Direito de Família, a Confederação de Lésbicas e Gays na Alemanha, a Confederação Alemã da Família e o Grupo de Trabalho Ecumênico Homossexuais e Igreja.[120]

do sigilo de deliberações, promove as conhecidas transmissões ao vivo dos debates com os conhecidos absolutamente inadequados resultados.

117. Ao contrário do que ocorre, sobretudo, com a Reclamação constitucional (contra Ato Normativo, de 1 ano a partir da entrada em vigor do ato impugnado; ou contra decisão judicial de 1 mês, a partir da publicação da mesma), a proposição do controle abstrato não é vinculada a nenhum prazo. Cf. Schlaich e Korioth (2015: 102 e 171 s.).

118. Cf. retro, no texto das "notas introdutórias", sob o **tópico III**.

119. Cf. em detalhes Martins (2014).

120. A abertura de uma oportunidade de "terceiros especialistas" manifestarem-se no processo com a entrega ao TCF de seus respectivos pareceres cabe à discricionariedade do TCF segundo o § 27a BVerfGG. Cf. a respeito, Schlaich e Korioth (2015: 44-45).

Passada a audiência realizada em 9 de abril de 2002, pouco mais de 3 meses depois (em 17.07.2002) o TCF publicou sua decisão não unânime (5 x 3 votos), traduzida a seguir praticamente na íntegra. Após a decisão com fundamentação colegiada assinada pelos 8 juízes participantes do julgamento, cujas deliberações seguem o princípio do sigilo, dois dos três juízes divergentes da maioria optaram por usar sua prerrogativa de publicar as razões de suas divergências[121] que, independentemente de sua potencial relevância para possível mudança de entendimento em decisões futuras, não compõem o corpo da Decisão do TCF.[122]

A estrutura da fundamentação segue o modelo clássico da divisão principal em letras maiúsculas, em que, sob **A**, relata-se todo o ocorrido no processo de natureza objetiva em sentido estrito, especialmente com referência minuciosa, em discurso indireto,[123] das manifestações ouvidas. Sob **B**, pode aparecer a exposição do juízo de admissibilidade quando problemático (caso em que, sob ou a partir de **C**, enfrenta-se o julgamento de mérito). No presente caso, o TCF optou por passar, sob **B**, imediatamente ao exame de mérito iniciado, contudo, com a análise da constitucionalidade formal da LPartG (**B.I**) e, finalmente, da constitucionalidade material (**B.II**).[124]

Em **B.I**, o exame recaiu sobre a verificação da necessidade ou não de anuência do Conselho Federal (representativo dos Estados-membros, composto pelos enviados parlamentares chefes dos executivos estaduais, no contexto do regime parlamentarista de governo federal e estadual): em sede de conclusão do tópico (na verdade sempre apresentada no início, no chamado "estilo de sentença" em oposição ao "estilo de parecer"),[125] o TCF não verificou nenhum vício formal da LPartG.

No que tange ao exame da constitucionalidade material, o TCF subdividiu-o, primeiro, pelos três parâmetros constitucionais jusfundamentais diferentes interpretados e aplicados: o presente Art. 6 I GG (sob **1.**); o Art. 3 III 1 e I GG, dos direitos de igualdade – não discriminação em razão do

121. Inserida na Lei Orgânica do TCF apenas no ano de 1970, como § 30 II 1 BVerfGG. Cf. também, do Regimento Interno do TCF: § 55 GOBVerfG. Cf. a detalhada e diferenciada exposição a respeito do voto divergente por Schlaich e Korioth (2015: 34-38) que, com vastas referências a anuentes e críticos, elencam e discutem as vantagens e desvantagens do instituto.

122. Cf. Martins (2018-b: 62 e 65).

123. O propósito é evitar a mera transcrição das contribuições que não tem o condão de denotar sua real e atenta leitura.

124. No contexto dessa primeira divisão, cf. a interessante exposição de Lepsius (2011: 161, 182-202).

125. Cf. a respeito dessa distinção e sua relevância: Dimoulis e Martins (2018: 271-279).

sexo (**2.**) e igualdade geral; e, de modo diferenciado, em relação aos efeitos especificamente de proteção, o Art. 6 II GG (**3.**).

No que tange ao primeiro, principal parâmetro e ponto de ênfase da fundamentação da Decisão, o TCF subdividiu-o pelos principais efeitos e funções[126] do Art. 6 I GG em: direito de resistência contra intervenções estatais (sob **a**); garantia institucional do casamento (**b**) e decisão axiológica do constituinte em prol do casamento como forma de vida – "especial proteção" (**c**).

Sob **C**, o TCF revelou a relação dos votos. Além da introdutoriamente já mencionada parte da fundamentação relativa ao parâmetro do Art. 6 I GG de 5 x 3 votos; em relação ao Art. 3 I GG (direito fundamental geral de igualdade), foi de 7 x 1 votos; e, no mais, ou seja, referente aos exames dos parâmetros do Art. 3 III 1 GG, do Art. 6 II GG e da constitucionalidade formal da LPartG, a decisão foi unânime.[127]

EMENTAS

1. O pressuposto de uma excepcional admissibilidade da correção de uma deliberação legislativa [promulgação de lei] é sua notória incorreção [erro material]. Essa pode ser deduzida não apenas do texto normativo, mas, especialmente, também mediante a consideração do contexto semântico e das atas das [discussões legislativas] leis.

2. Se o Governo Federal ou a Câmara Federal dividirem uma matéria em diferentes leis, a fim de excluir a possibilidade de o Conselho Federal impedir

126. Cf. a explanação correspondente no texto das "notas introdutórias", respectivamente, nos **tópicos I a III**.

127. Isso também porque, no que tange ao direito fundamental geral de igualdade de casais heterossexuais excluídos da possibilidade de optarem pelo novel instituto, não pôde ser verificada a alegada inconstitucionalidade por conta de suposto prejuízo que teriam sofrido. Contudo, em seu incisivo voto divergente, a Juíza *Haas* enxergou também aqui uma violação do direito fundamental geral de igualdade de outras uniões vitais não correspondentes aos casais heterossexuais, como aquelas constituídas por irmãos adultos que convivam permanentemente. No que se refere ao parâmetro do Art. 3 III 1 GG da vedação da discriminação por gênero, não foi unanimemente constatada uma violação constitucional, pois pelo então novel instituto não se tratava diferentemente homens e mulheres, mas se tratava da combinação entre os gêneros. Pela legislação anterior e pela nova situação jurídica vigente a partir da promulgação da LPartG, homens e mulheres são tratados igualmente, pois ambos apenas podem casar-se com pessoas do gênero diverso. Também unanimemente não se verificou uma violação do poder familiar, especialmente não junto a direitos sucessórios decorrentes das relações de filiação. Cf. a exposição da estrutura da decisão por Martins (2014: 268-270).

regulamentações que, em si, não precisem ser submetidas à reserva de sua anuência, isso não poderá ser impugnado jurídico-constitucionalmente.

3. A introdução do instituto jurídico da união vital registrada para pares do mesmo sexo não viola o Art. 6 I GG. A proteção especial do casamento no Art. 6 I GG não impede o legislador de prever, para a união homossexual, direitos e obrigações que sejam equivalentes ou que se aproximem dos [mesmos direitos e obrigações] do casamento. Não se inflige ao instituto do casamento nenhuma desvantagem por meio de um instituto que se dirige a pessoas que não podem contrair matrimônio entre si.

4. Não viola o Art. 3 I GG o fato de ser o acesso a uma forma jurídica da união vital registrada vedado às uniões vitais não matrimoniais entre pessoas heterossexuais e comunidades de responsabilidade recíproca entre parentes.[128]

Decisão [*Urteil*]

Do Primeiro Senado, de 17 de julho de 2002,

com base na audiência de 9 de abril de 2002

– 1 BvF 1, 2/01 –

No processo do exame jurídico-constitucional da Lei para a Resolução da Discriminação de Uniões Homossexuais: Uniões Vitais, de 16 de fevereiro de 2001 (BGBl I, p. 266), derrogada por meio do artigo 25 do Código Social – Livro Nono – (SGB IX) [...]. *Requerentes:* 1. Governo Estatal de *Sachsen*, representado pelo Ministro-Presidente,[129] [...], 2. Governo do Estado Livre de *Thüringen*, representado pelo Ministro-Presidente, [...] – 1 BvF 1/01 –, II. Requerente: Governo Estatal de Bayern, representado pelo Ministro-Presidente, [...] – 1 BvF 2/01 –.

Dispositivo:

A Lei para Resolução da Discriminação de Uniões Homossexuais: Uniões Vitais, de 16 de fevereiro de 2001 (Diário de Leis Federais I, página 266), na redação dada pela Lei de 11 de dezembro de 2001 (Diário de Leis Federais I, página 3513), é compatível com a *Grundgesetz*.

128. Como é o caso, por exemplo, da união entre irmãos adultos, incluindo especialmente irmãos idosos. Segundo essa ementa e razões apresentadas na fundamentação da decisão, a não abertura do novel instituto da união vital registrada entre pessoas do mesmo sexo a essas uniões não viola o princípio e direito fundamental à igualdade, ambos previstos no Art. 3 I GG.

129. Tradução literal de "*Ministerpräsident*", título que ostenta cada chefe do Poder Executivo estadual. Trata-se, no regime parlamentarista de governo alemão, vigente também na esfera estadual, de um parlamentar (*mutatis mutandis*: "Primeiro Ministro"), membro da respectiva Câmara Legislativa Estadual (*Landestag*).

RAZÕES

A.

Os pedidos de controle de normas têm como objeto a compatibilidade da Lei para Resolução da Discriminação de Pares Homossexuais: Uniões Vitais, de 16 de fevereiro de 2001 (BGBl. I p. 266; a seguir: LPartDisBG), que entrou em vigor em 1° de agosto de 2001 com a *Grundgesetz*.

I.

Objetivo da lei é desconstruir a discriminação de pares homossexuais e lhes abrir a possibilidade de dar à sua relação um enquadramento jurídico. Para essa finalidade, criou-se com a união vital registrada um instituto de direito de família para uma união vital homossexual permanente com muitas consequências jurídicas.

1. No ano 2000 viviam juntos pelo menos 47.000 pares homossexuais na República Federal da Alemanha (vide Eggen, Gleichgeschlechtliche Lebensgemeinschaften, 2. Parte, in: Baden-Württemberg in Wort und Zahl 12/2001, p. 579 ss.). Segundo um estudo de Buba e Vaskovics encomendado pelo Ministério Federal da Justiça, do ano 2000, as expectativas sobre a união, sua duração permanente, sua prontidão de apoio recíproco dos pares homossexuais não se diferenciam substancialmente das mesmas dos pares heterossexuais. Mais da metade dos entrevistados que viviam em união vital homossexual expressaram o desejo de viver em uma união juridicamente vinculante (Buba/Vaskovics, Benachteiligung gleichgeschlechtlich orientierter Personen und Paare, Studie im Auftrag des Bundesministeriums der Justiz, 2000, p. 75 ss., 117 ss.). Aos pares homossexuais é vedado contrair matrimônio.

2. As primeiras iniciativas parlamentares para se chegar a uma regulamentação legal das uniões homossexuais na República Federal remontam até a 11ª Legislatura da Câmara Federal Alemã (cf. a proposta de resolução da bancada DIE GRÜNEN de 18 de maio de 1990, BTDrucks.11/7197). Em 1994, o Parlamento Europeu exigiu dos Estados-membros da União Europeia evitar o tratamento desigual de pessoas de orientação homossexual em suas respectivas normas legais e administrativas e direcionou à Comissão o apelo no sentido de abrir a homossexuais o casamento ou regulamentações equivalentes (cf. Diário Oficial das Comunidades Europeias C 61 de 28 de fevereiro de 1994, p. 40 p.; BTDrucks.12/7069, p. 4). Entrementes, existem em vários países europeus regulamentações sobre as uniões homossexuais (cf. o estudo do Max-Planck-Institut para Direito Privado Internacional e Estrangeiro, org. por Basedow *et alii*, Die Rechtsstellung gleichgeschlechtlicher Lebensgemeinschaften, 2000). Elas vão de uniões nos países escandinavos, que em seus efeitos equivalem ao casamento, até o Pacte civil de solidarite (PACS) na França com sua possibilidade de registro de uniões vitais tanto homo, quanto heterossexuais, que na comparação com o casamento têm menos consequências jurídicas e mais facilmente podem ser desfeitas. Nos Países Baixos, o casamento já é aberto a uniões homossexuais.

Em julho de 2000, as bancadas do SPD e BÜNDNIS 90/DIE GRÜNEN trouxeram ao processo legislativo o projeto de uma Lei para a Resolução da Discriminação de uniões homossexuais: Uniões vitais (BTDrucks. 14/3751). A bancada do FDP apresentou, igualmente, um Projeto-lei (BTDrucks. 14/1259). Depois da primeira leitura de ambos os projetos, envio às Comissões e realização de uma oitiva de especialistas, a Comissão Jurídica, responsável pela redação, recomendou à Câmara Federal, em 8 de novembro de 2000, a recusa do Projeto-lei do FDP e a admissão do projeto das bancadas governamentais, entretanto em uma redação desmembrada em duas leis: primeiro, uma lei que seria a Lei para a Resolução da Discriminação de uniões homossexuais: uniões vitais, com normas sobre a união registrada e as consequências jurídicas substanciais a ela ligadas (LPartDisBG) e, em segundo lugar, uma lei de Complemento da Lei de Uniões Vitais e outras leis (Lei de Complemento à Lei de Uniões Vitais – LPartGErgG), especialmente com normas procedimentais de execução (BTDrucks. 14/4545 com anexos). Na base disso encontrava-se a intenção das bancadas governamentais de dividir o projeto de lei original em uma lei livre da anuência (do Conselho Federal) e outra com a obrigação de anuência. Nesse sentido, deveria se desistir de nomear um órgão administrativo competente para o registro da parceria vital (Atas da Comissão 14/508 [Comissão para Família, Idosos, Mulheres e Jovens] e 14/944 [Comissão para o Trabalho e Ordem Social]). Isso contou com majoritária anuência nas comissões de discussão e também foi reduzido a termo no Relatório da Comissão Jurídica de 9 de novembro de 2000 (BTDrucks. 14/4550) Todavia, no texto do projeto de uma LPartDisBG anexado à Recomendação de Deliberação do Comissão Jurídica não foram correspondentemente modificadas todas as normas. Essa redação foi admitida pela Câmara Federal à LPartDisBG (Protocolo da Plenária 14/131, p. 12629 D) e passou sem modificações para o Conselho Federal, o qual não convocou a Comissão de Conciliação e não verificou a obrigatoriedade de uma anuência dessa lei (Conselho Federal, Protocolo de Plenária, 757. Seção, p. 551 C, D).

Após a informação do Ministério Federal da Justiça sobre dois prováveis erros materiais nos parágrafos 3 e 4 do Art. 1 § 3 LPartDisBG, os presidentes da Câmara Federal e do Conselho Federal concordaram com uma correção das normas impugnadas como erradas. As versões final e promulgada da Lei de 16 de fevereiro de 2001 (BGBl. I p. 266) estavam, então, na redação corrigida. Os pedidos de medida liminar dos Governos do Estado-membro de Bayern e Sachsen contra a entrada em vigor da lei foram indeferidos pelo Tribunal Constitucional Federal (cf. Decisão de 18 de julho de 2001 – 1 BvQ 23/01 e 1 BvQ 26/01 –, NJW 2001, p. 2457).

Entrementes, há em todos os Estados-membros normas de execução sobre a LPartDisBG com dispositivos sobre as competências em questões da parceria vital e correspondentes normas processuais.

A Lei de Complementação da Lei da União Vital foi diante disso admitida pela Câmara Federal, no entanto, até agora não encontrou anuência no Conselho

Federal (BTDrucks. 14/4875). A Comissão Mista convocada pela Câmara Federal (BTDrucks. 14/4878) ainda não deliberou a respeito.

3. A lei impugnada com os pedidos de controle de normas normatiza a fundação e a conclusão de uma parceria vital registrada para casais homossexuais. A parceria vital estabelece-se mediante a conclusão de contrato de duas pessoas do mesmo sexo, embora as declarações aqui necessárias precisem ser feitas diante do órgão competente (Art. 1 § 1 I). Outro pressuposto da fundação da união vital é uma declaração recíproca sobre a situação do patrimônio (Art. 1 § 1 I 4). A partir do requerimento de um ou de ambos os parceiros vitais encerra-se a parceria vital por meio de uma decisão judicial resolutiva (Art. 1 § 15).

Os parceiros vitais são obrigados reciprocamente ao cuidado e apoio, assim como à configuração de uma vida comum. Cada qual, eles são responsáveis pelo outro (Art. 1 § 2). Uma união sexual a lei não pressupõe. As consequências jurídicas da união vital foram parcialmente copiadas do casamento, mas também se afastam dele. Assim, os parceiros são obrigados reciprocamente a prestar alimentos. Isso vale de modo modificado também em caso de viverem separados e depois da resolução da parceria. Os parceiros vitais têm de declarar seu patrimônio, podendo escolher entre uma declaração conjunta compensatória e um contrato que discipline [individualmente] suas relações jurídico-patrimoniais (Art. 1 §§ 6 e 7). Eles podem estabelecer um nome comum (Art. 1 § 3). Cabe ao parceiro vital ou ex-parceiro vital de um dos pais que tenha vivido no mesmo domicílio residencial com a criança por longo período um direito de acesso a ela (Art. 2 n. 12, § 1685 II BGB). Um parceiro vital tem o status de membro da família do outro (Art. 1 § 11). Foi introduzido um direito de herança legal que corresponde ao do cônjuge (Art. 1 § 10). Também do direito social-previdenciário derivam consequências jurídicas junto à constituição de uma parceria vital (Art. 3 §§ 52, 54 e 56). Assim, por exemplo, no seguro saúde legal admite-se o parceiro vital no seguro familiar (Art. 3 § 52 n. 4). No direito dos estrangeiros estendem-se às uniões estáveis homossexuais as [mesmas] normas de direito de família válidas para as uniões de casados (Art. 3 § 11). A LPartDisBG abrange, além disso, o direito do parceiro vital de um detentor solitário de poder familiar sobre uma criança de, com sua concordância, participar de decisões em questões da sua vida cotidiana, o "pequeno poder familiar" (Art. 1 § 9).

A lei impugnada e a lei de complementação ainda não promulgada não preveem uma compensação alimentícia entre os parceiros vitais para o caso da dissolução de sua parceria, nem normas sobre a pensão em caso de morte. Igualmente, permanece excluída a possibilidade de adoção comum de menores. Normas tributárias e social-previdenciárias foram previstas na Lei de Complementação, mas não estão contidas na LPartDisBG.

II.

Com seus requerimentos de controle de normas, a requerente argui a incompatibilidade com a *Grundgesetz* da lei como um todo e alguns de seus dispositivos.

1. A lei seria já formalmente inconstitucional.

a) Por meio de uma divisão arbitrária da versão original da lei contornara-se o direito de anuência do Conselho Federal. A divisão da lei fizera dela [algo como] um torso[130] e levara à sua ininteligibilidade. Normas jurídico-materiais que deveriam estar juntas teriam sido, de modo abusivo, separadas uma da outra. Isso atingira a obrigação criada no Art. 1 § 5 LPartDisBG à prestação alimentícia dos parceiros vitais para os quais, por causa da divisão, faltara uma desoneração tributária. De uma necessária comunhão de ambos os âmbitos normativos resultara não apenas a inconstitucionalidade dessa norma, mas também a obrigatoriedade de ser anuída. No mais, as normas materiais e processuais não seriam separáveis. A LPartDisBG careceria de execução por meio de tabeliaes, pois ela objetivara com suas normas jurídico-materiais uma configuração processual bem determinada. Para sua configuração seriam os Estados-membros determinados amplamente. Por outro lado, teriam sido eles impedidos de [promulgar] próprias leis executórias por causa do Art. 74 I n. 2 GG. Independentemente do fato de a lei de registros públicos regulamentar conclusivamente o direito de estado civil, a LPartDisBG não contivera uma expressa abertura para normas estaduais. De resto, fora trazida à LPartGErgG uma expressão que, segundo o Art. 72 II GG, carecera de uma normatização federal uniforme. Caso se afirmasse, ao contrário do entendimento da requerente, uma competência legislativa dos Estados-membros para as normas de execução, a lei chocar-se-ia também por causa disso contra o Art. 84 I GG, porque ela exigira dos Estados-membros, com base em suas normas jurídico-materiais, a criação de um direito processual uniforme, embora jurídico-constitucionalmente isso não possa ser exigido deles.

A separação de uma lei em uma parte carecedora de anuência e outra não carecedora no transcurso do processo legislativo levara à falta de sentido da obrigatoriedade de anuência de leis. No desenvolvimento subsequente da jurisprudência do Tribunal Constitucional Federal seria uma lei federal carecedora de anuência quando ela não se limitar à regulamentação de questões jurídico-materiais, mas que por causa de sua força determinante não deixar mais aos Estados-membros uma margem discricionária para a configuração autorresponsável do procedimento administrativo. Esse seria o caso da lei impugnada.

130. Trata-se de linguagem figurada. O torso ou tronco embora parte central do corpo humano é absolutamente incompleto pela ausência da cabeça e membros. Logo, trata-se no texto da crítica da incompletude da lei causada pela referida divisão.

b) Além disso, a lei contivera normas que teriam tornado a anuência do Conselho Federal necessária. Isso se referiria à nova regulamentação do Art. 17 a EGBGB (a partir de 1° de janeiro de 2002: Art. 17 b EGBGB; nova redação pelo Art. 10 da Lei de 11 de dezembro de 2001, BGBl. I p. 3513), que com sua alusão ao Art. 10 II EGBGB determinara uma competência de um tabelião e, por isso, seria carecedora de anuência porque atribuiria ao tabelião uma atuação administrativa que seria uma nova jurídica e qualitativamente falando. As novas regulamentações da Lei de Estrangeiros sobre a entrada no país de parceiros vitais dariam agora às normas procedimentais, ainda que elas não tenham sido expressamente derrogadas, substancialmente outro significado e alcance e conduziriam a uma atuação dos órgãos de migração qualitativamente diferente. Enquanto esses órgãos até aqui junto à concessão de autorizações de permanência teriam de incluir o Art. 6 GG em sua ponderação de proporcionalidade, tratar-se-ia, no caso de requerimentos de parceiros vitais, somente da proteção de direito de personalidade garantido pelo Art. 2 I em comento com o Art. 1 I GG.

c) Finalmente, a lei não poderia ter sido corrigida após as redações finais na Câmara Federal e no Conselho Federal. Não representaria um equívoco [meramente] redacional o fato de o Art. 1 § 3 III e IV LPartDisBG, na redação firmada pela Câmara Federal, ainda ter previsto a competência do tabelião para o recebimento das declarações jurídico-legais dos nomes. Decorreria do relatório da Comissão Jurídica que na lei apenas não deveria ser nomeado o órgão que seria o competente para o registro da união vital. Contudo, o Art. 1 § 3 III e IV LPartDisBG não se referira nem ao registro de uma união vital nem à determinação de um nome, mas ao processamento de uniões vitais dissolvidas. No caso, seria pertinente prestar as declarações perante o tabelião porque depois da dissolução da união vital viria à pauta novamente a aplicação da lei federal de registros públicos. A norma seria objeto de debate e recebida pela vontade do legislador. A correção da norma seria por isso inconstitucional e nula. O procedimento de correção chocar-se-ia contra o princípio democrático. A versão da lei publicada não corresponderia à versão aprovada. Isso teria como consequência que, por causa da não perceptibilidade da correção, a norma jurídica não promulgada seria objeto do processo de controle de normas que, com sua atribuição de uma competência aos tabeliães, faria da lei uma lei carecedora de anuência.

2. A lei seria também materialmente inconstitucional.

a) Especialmente não estaria em consonância com a proteção do casamento e da família ordenada segundo o Art. 6 I GG. Não protegeria o mandamento de distanciamento contido nessa norma de direito fundamental que seria derivado, sobretudo, da garantia institucional do Art. 6 I GG e da proteção do casamento e família como uma norma principiológica axiológica. Já a denominação da lei teria deixado reconhecer que com ela deveria ser alcançada uma equiparação da união vital com o casamento. A LPartDisBG introduzira um instituto de direito de família configurado com amplos efeitos matrimoniais para pares homossexuais e violara assim o Art. 6 I GG, o qual impedira ao legislador de modificar substancialmente as relações jurídico-pessoais do casamento e família e que proíbe que o direito de família seja firmado de igual modo para o casamento e uma união vital homossexual.

O casamento seria protegido como elemento vital da ordem estatal para a garantia das condições do cuidado e educação dos filhos no interesse de pais e filhos, mas também da comunidade estatal. Por meio de uma nivelação, ele teria sua especial proteção roubada se fossem criados institutos paralelos para outras comunidades vitais que equivalessem ao casamento. O Art. 6 I GG determinara que as relações jurídico-familiares e pessoais dos sexos deveriam ser ordenadas segundo o parâmetro do casamento, na medida em que se trate de uma comunidade vital permanente. O mandato constitucional ordenara respeitar e fomentar a unidade e autorresponsabilidade do casamento. Isso teria efeitos diretos para o âmbito geral do direito público e privado. No caso, o Art. 6 I 1 GG proibira não somente de abrir o casamento também para comunidades vitais homossexuais, como também de colocar ao lado do casamento um instituto que, sem uma necessidade material, empreste elementos estruturais do casamento, uma vez que isso representaria contornar a proibição. A ordem de especial proteção do Art. 6 I GG exigiria um claro distanciamento entre a forma jurídica do casamento e de outra união vital. O casamento gozaria de uma proteção exclusivista. Outras parcerias a *Grundgesetz* protegeria apenas em geral, mas não com uma proteção institucional especial. Essa diferença embasaria um mandamento de diferenciação e uma proibição de imitação para a configuração jurídica de outras parcerias. Elas não poderiam ser configuradas segundo o modelo do casamento, produzir uma cópia fiel do casamento ou receber normas que marcariam o núcleo do direito matrimonial. Esse mandamento seria violado por meio de uma aproximação ampla da união vital registrada ao casamento. Diferenças aparentes do direito matrimonial que a lei contivera revelaram-se, observando-se mais proximamente, como iguais ao casamento. Algumas diferenças reais em relação ao casamento que a lei contém não permitem por sua vez reconhecer um conceito autônomo. A intenção do legislador com a LPartGErgG de copiar o casamento tornara-se ainda mais clara com as regras previstas na LPartDisBG. Esse é o caso especialmente de normas tributárias que corresponderiam, em seu efeito, à uma limitada partição tributária de cônjuges.[131]

b) O Art. 6 I GG teria sido também violado porque, com a falta de uma correspondente norma, a união vital não seria impedimento do casamento. Com isso, a lei admitira uma união vital registrada paralela ao casamento, embora os vínculos obrigacionais na união registrada sejam incompatíveis com aqueles do casamento. Aqui estaria presente um grave comprometimento do casamento.

131. Sobre esse benefício tributário do "*Ehegattensplitting*", cf. a decisão do TCF trazida no **volume 1**: Martins (2016-a: 276 ss.).

c) No mais, a lei interviera com a introdução de um "pequeno poder familiar" pelo Art. 1 § 9 no direito familiar da parte não detentora do poder familiar. Violaria também o Art. 14 I GG porque restringira sem motivo suficientemente relevante a liberdade testamentária do parceiro vital por meio de uma legítima do parceiro vital sobrevivente, o que não pode ser justificado apenas com a garantia econômica do parceiro sobrevivente. De resto, a lei violara o Art. 3 I GG. Embora boas razões recomendassem um enquadramento jurídico comparável para outras comunidades vitais desejadas permanentemente e para cuidado recíproco, não encontrariam essas outras parcerias dignas de proteção uma consideração jurídica na lei. Por fim, a lei não contivera normas tributárias, embora a obrigação alimentícia criada na lei guarde uma indissolúvel relação com sua consideração tributária.

III.

Para se manifestarem sobre o processo receberam oportunidade a Câmara Federal Alemã, o Governo Federal, os Governos Estaduais, a Associação Científica para o Direito de Família, a Confederação de Lésbicas e Gays na Alemanha, a Confederação Alemã da Família, assim como o Grupo de Trabalho Ecumênico Homossexuais e Igreja. Dessa oportunidade valeram-se a Câmara Federal Alemã, o Governo Federal, o Senado da Cidade-Estado Livre e Hanseática de Hamburg, o Governo Estadual de *Schleswig-Holstein*, a Confederação de Lésbicas e Gays na Alemanha, assim como o Grupo de Trabalho Ecumênico Homossexuais e Igreja e complementaram com aprofundamentos sua [respectiva] posição com exceção do Senado da Cidade-Estado Livre e Hanseática de Hamburg e do Grupo de Trabalho Ecumênico Homossexuais e Igreja.

1. O Governo Federal considera a LPartDisBG compatível com a *Grundgesetz*. Para se contrapor à ainda existente discriminação política e social de parceiros homossexuais, a lei criara estruturas jurídicas que resultariam de necessidades independentes do sexo intensivamente vividas por relações de dois parceiros e da necessidade de proteção do parceiro mais fraco. Com isso, ela não copiara o casamento, mas estaria extraindo uma consequência da dada realidade vital. Paralelos com o direito matrimonial terminam quando relações matrimoniais não encontram correspondência em relações homossexuais, especialmente em face de filhos comuns dos cônjuges. Com a união vital registrada não se exerce nenhuma pressão sedutora. De acordo com o seguro estágio da ciência medicinal sexual não seria possível nem se educar nem se seduzir para a homossexualidade, pelo contrário, ela surgiria de uma forte predisposição biológica.

a) A LPartDisBG não determinara a execução administrativa além da medida permitida constitucionalmente como o comprovara a variada configuração das regulamentações executivas estaduais aprovadas nesse meio tempo. O projeto-lei poderia ter sido [como de fato foi] dividido. Enquanto a jurisprudência do TCF permanecer consolidada, no sentido de a obrigatoriedade de anuência de apenas uma norma tornar a lei com um todo carente de anuência, seria o legislador impedido de dividir projetos de lei com o objetivo de traçar os limites de competência constitucionalmente prescritos entre a Câmara e o Conselho Federal. De outro modo, o direito de anuência do Conselho Federal seria estendido faticamente a todos os projetos legislativos. A divisão não seria nem abusiva nem arbitrária. Somente quando um amplo consenso não pôde ser alcançado para o projeto geral de reforma, procedeu-se à divisão. O legislador seria justamente obrigado a responder a correspondentes desenvolvimentos políticos durante o processo legislativo. Não existiria obrigação de regulamentar os direitos alimentícios e a desoneração tributária em uma única lei.

Também alguns dispositivos da lei não ensejariam a obrigatoriedade de anuência. Assim, o Art. 3 § 16 n. 10 LPartDisBG regulamentaria tão somente a competência de tribunais alemães. O Art. 3 § 25 LPartDisBG não teria criado uma [nova, específica] competência do tabelião, mas a teria confiado aos [já] competentes órgãos no sentido de uma clássica equivalência [aos registros tradicionais]. Pelo Art. 3 § 6 LPartDisBG estender-se-ia somente uma competência existente dos tabeliães aos casos do nome [comum] da união e conduziria, assim, apenas a uma modificação meramente quantitativa de competências já existentes. As regulamentações do direito de estrangeiros da lei igualmente não teriam imposto aos Estados-membros novas tarefas que fossem diferentes qualitativamente do que já existe. Ponderações segundo o Art. 2 I e Art. 1 I GG também já seriam necessárias no direito de estrangeiros.

O Art. 1 § III e IV LPartDisBG estaria aberto ao procedimento de correção. Por meio de tradução equivocada da Deliberação da Comissão Jurídica da Câmara Federal, essa norma teria sido promulgada com a nomeação do tabelião, embora os deputados tivessem partido da concepção de que a repartição competente seria definida apenas na lei complementar. De resto, erros no processo legislativo seriam – em todo caso junto a falhas evidentes – idôneos a provocar a nulidade da lei. Contudo, tais falhas não estariam presentes.

A lei seria também executável. Os Estados-membros possuiriam a competência necessária para a regulamentação em âmbito de registros públicos e seriam factualmente capazes de criar normas procedimentais adequadas, o que teriam demonstrado as regulamentações entrementes aprovadas. A LPartDisBG criara um novo âmbito antes desconhecido do registro público para o qual a União ainda não fizera uso de sua competência legislativa concorrente derivada do Art. 74 I, n. 2 GG. O Art. 72 II GG não conteria uma obrigação de promulgar direito federal, mas impusera o contrário disso.

b) A lei seria constitucional também materialmente. Ela encontrar-se-ia em harmonia com o Art. 2 I e Art. 1 I GG e seria direcionada a um fortalecimento da responsabilidade recíproca e confiável condução da vida para pares homossexuais. Semelhanças com regulamentações de direito matrimonial resultariam da natureza da matéria de uma intensa relação de duas pessoas intencionada para toda a vida.

A lei não teria violado o Art. 6 I GG, que admitiria outros institutos para o fortalecimento da responsabilidade e que não conteria um mandamento de discriminação em face de pessoas que, por causa de sua orientação sexual, não poderiam contrair um matrimônio. À questão fundamental do Art. 6 I GG, de assegurar necessidades humanas básicas segundo a proximidade e confiança, corresponderia criar também para parceiros homossexuais regulamentações adequadas que possibilitem a eles dar às suas relações uma base jurídica. A LPartDisBG observara o valor jurídico e social do casamento e da família. Sua concepção axiológica inabalada já se expressa no desejo pelos interessados parceiros homossexuais de um instituto jurídico comparável. Na extensão em que regras jurídico-matrimoniais possam ser, em face de sua questão fundamental, aplicadas a uniões vitais homossexuais, o casamento representa um modelo social por excelência. A ideia geral de casamento e família não seria atingida por meio disso [da criação de um novel instituto].

Poderia restar em aberto se o Art. 6 I GG contém um mandamento de diferenciação ou distanciamento. Algumas correspondências ou paralelos com o matrimônio em todo caso não conduziriam à violação de tal mandamento. A configuração da união vital na lei não se diferenciaria marcantemente do casamento. Assim, uma união vital existente não impediria a contração de matrimônio que, segundo um correto entendimento, levaria à dissolução *ipso iure* da união vital. Déficits de fundamentação levariam à nulidade da união vital. A união vital registrada pressupõe declarações sobre o estado do patrimônio. A lei não conteria normas sobre a condução da vida doméstica dos parceiros e não os obrigaria a levar em consideração o respectivamente outro na escolha e exercício de uma atividade econômica. Apenas se permite aos parceiros determinar um nome comum. Uma adoção comum ou uma adoção de padastro/madrasta não estão abertas a parceiros vitais. Em âmbito do direito alimentício, ficaria cada parceiro dependente da própria atividade econômica. Essas e outras diferenças comprovam que a união vital registrada não é uma cópia do casamento.

Uma vez que a união vital registrada seria reservada a pessoas do mesmo sexo, ela não representa uma violação do Art. 3 III GG porque não se conecta ao sexo a escolha do parceiro. Não se violaria o Art. 3 I GG porque, para as uniões vitais heterossexuais, está aberto o casamento. Outros tipos de uniões vitais diferenciar-se-iam em face da configuração da vida de modo intenso das uniões vitais registradas.

A lei protegeria a justiça tributária. Os fatos alimentícios criados pela lei seriam dedutíveis do imposto de renda como ônus especiais. Por fim, também o direito de herança estendido aos parceiros seria compatível com o Art. 14 I GG. O direito da parte legítima encontra hoje sua legitimidade na obrigação social de assegurar alimentos do atingido para além da morte. O legislador estaria autorizado a assegurar uma mínima participação adequada a membros próximos da família.

2. a) Segundo o entendimento da Câmara Federal Alemã os pedidos de controle de norma são improcedentes.

aa) Seus argumentos sobre a inconstitucionalidade formal correspondem em sua essência aos do Governo Federal. A divisão da lei não teria sido arbitrária. A lei seria executável. Ela não conteria normas carecedoras de anuência segundo o Art. 84 GG.

Também quanto à constitucionalidade material em face do Art. 3 I e III GG, assim como do Art. 14 I GG, os argumentos correspondem aos do Governo Federal.

bb) Sobre a constitucionalidade da lei em face do Art. 6 I GG, a Câmara Federal discorre que não haveria nada que indicasse uma violação do mandamento de diferenciação e distanciamento derivado do mandamento especial de proteção do Art. 6 I GG. Para a avaliação constitucional da LPartDisBG, a função de resistência do Art. 6 I GG não desempenharia nenhum papel, uma vez que a lei não tocaria no casamento, não atingiria a liberdade de contrair matrimônio, não influenciaria a vida conjunta matrimonial e também não teria criado novos impedimentos matrimoniais. Igualmente, a garantia institucional não seria atingida. A teoria das garantias institucionais seria uma teoria de direito fundamental que, sob a *Grundgesetz*, normatizou juridicamente o domínio político de modo abrangente, não tem uma função ou apenas ainda uma função restrita. No caso de uma norma constitucional como garantia de instituição, tratar-se-ia sempre de um âmbito normativo por ela compreendido, não de outros suportes fáticos encontrados fora de seu programa normativo. Nesse sentido, ela comportar-se-ia neutra diante da consolidação de outros institutos, desde que esses mesmos não tangenciem o instituto protegido jusfundamentalmente. Isso vale também para o Art. 6 I GG, que tão somente contém a obrigação do legislador de assegurar ao casamento uma providência normativa básica para possibilitar o uso do direito fundamental. O Art. 6 I GG asseguraria o casamento, mas não sua exclusividade. Uma vez que a LPartDisBG deixara intocável o direito vigente para o casamento, o instituto do casamento não teria sido aqui tangenciado.

Também em sua função como norma fundamental axiológica não fora atingido o Art. 6 I GG por meio da LPartDisBG. Os dispositivos legais não teriam discriminado o casamento. O mandamento de fomento não teria sido violado. Da especial proteção segundo o Art. 6 I GG não poderia resultar que o casamento, por princípio e sempre, tivesse de ser tratado diferentemente em comparação a outras uniões vitais. Ele proíbe apenas que o específico enquadramento jurídico-matrimonial seja transplantado a outras uniões vitais, mas, ao contrário, não que regras sejam comparadas, conectando-se a fatores reais como à vida conjunta ou à afinidade emocional, sobre cuja proteção terceiros baseiem-se na vida econômica ou que se estendam os ônus até então restritos ao casamento a outras uniões vitais, como ocorrera no caso da LPartDisBG de um modo não impugnável constitucionalmente.

b) Na audiência, manifestaram-se os deputados da Câmara Federal von Renesse (SPD), Geis (CDU/CSU), Beck (BÜNDNIS 90/DIE GRÜNEN) e Braun (FDP). Na ocasião, o Deputado Geis defendeu uma posição divergente da posição da Câmara Federal.

3. A Cidade-Estado Livre e Hanseática de Hamburg cita na fundamentação de seu entendimento, segundo o qual os pedidos de controle de norma seriam improcedentes, o parecer do Governo Federal. Certa alusão da LPartDisBG a figuras jurídicas do casamento não significa uma equiparação da união vital com o casamento, mas seria apenas um meio técnico-jurídico para o propósito. Com a tese de um mandamento de distanciamento, a requerente teria invertido o Art. 6 I GG, para além de sua proteção, em um direito de resistência contra projetos vitais diferentes e teria deixado os direitos fundamentais de homossexuais totalmente desconsiderados. O Art. 6 I GG não conteria, todavia, um mandamento para assegurar uma condição pior [infligíveis] a uniões vitais não matrimoniais em relação ao casamento. Mesmo se a norma jusfundamental atribuísse ao casamento, como tipo de vida conjunta de parceiros, uma exclusividade mais ampla possível, para dificultar uma migração para outras formas de vida, não resultaria disso nada sobre a regulação de uniões homossexuais. [O fato é que] pessoas com orientação homossexual não estariam podendo contrair matrimônio com seus desejados parceiros.

4. Também o Governo Estadual de *Schleswig-Holstein* juntou-se ao parecer do Governo Federal. Especialmente, não poderia ser reconhecida uma violação Art. 6 I GG. A característica essencial de garantias institucionais seria, de um lado, conectar-se a estruturas já existentes. Porém, de outro, também permanecer aberto ao desenvolvimento porque a realidade seria um tema de seu programa regulamentar. O modo como se configurara a regulamentação das relações patrimoniais de parceiros vitais praticamente não teria atingido o núcleo de ordenamento da garantia do instituto do casamento, ao contrário, sua concretização, no respectivo contexto histórico. Estaria na liberdade de conformação do legislador mudar para modelos normativos ou não mais deixá-los reservados somente ao casamento. Do Art. 6 I GG não se derivaria uma vedação de reprodução que, em última instância, levaria ao risco de o legislador ter de, apesar de estarem presentes situações de interesses iguais ou comparáveis de fatos da vida carecedores de normatização, regulamentar de maneira diferente possivelmente de modo apenas irracional só porque o conceito em si adequado tivesse sido realizado no direito matrimonial e de família. Isso poderia produzir o perigo de conclusões irracionais.

5. A Confederação de Lésbicas e Gays entende que a lei teria sido aprovada de modo formal e materialmente constitucional. Uniões homossexuais teriam um direito constitucional à segurança jurídica decorrente do Art. 2 I e Art. 3 I GG. Seria inconstitucional que até então não tivesse havido proteção institucional para elas. Apenas o novo instituto jurídico possibilitaria às uniões vitais homossexuais conseguirem segurança jurídica. Ele não interviria no Art. 6 I GG.

Todavia, não se anuíra ao entendimento de que uma união vital tornar-se-ia ineficaz quando da contração de um matrimônio. Seria inaceitável atribuir a prevalência da liberdade matrimonial de um dos parceiros vitais sobre a confiança do outro em um vínculo permanente. Ao contrário, dever-se-ia enxergar na fundação da união vital uma desistência do direito fundamental em relação à liberdade matrimonial. O Art. 6 I GG, como norma axiológica fundamental, não determinara segundo seu teor um tratamento desigual de uniões vitais homossexuais. Que o casamento seja visto como célula germinativa do Estado, isso [por si] não poderia fundamentar sua cogente prerrogativa. Também casamentos sem filhos gozariam da proteção do Art. 6 I GG. Na extensão em que essa norma jusfundamental protegeria o casamento como comunidade de responsabilidade e solidariedade recíprocas, a qual desonera a sociedade e tem um efeito estabilizador sobre os parceiros, esse aspecto está presente de modo igual nas uniões vitais homossexuais. Atividades estatais para o fomento de famílias não restariam limitadas pelo instituto da união vital registrada. Não se poderia depreender Art. 6 I GG uma missão de combate a outros fenômenos sociais. Mudanças relevantes não seriam esperadas pela LPartDisBG, que teria deixado as normas do direito matrimonial intocadas. De resto, diferenciar-se-ia a configuração da união vital de diversas maneiras do direito matrimonial. Também outras violações de direitos fundamentais não seriam reconhecíveis

6. O Grupo de Trabalho Homossexuais e Igreja refere-se aos argumentos da Confederação de Lésbicas Gays. Na avaliação da predisposição homossexual haveria uma mutação na Igreja que não pode deixar de ser notada. Em algumas Igrejas Estaduais Protestantes já seria permitida a benção de pares homossexuais como atividade eclesiástica. Os pareceres oficiais da Igreja Católica Romana seriam ambíguos. De um lado, declarara-se que pessoas homossexuais deveriam ser abordadas com respeito, de outro lado seria recusado um reconhecimento de uniões no âmbito estatal e eclesiástico. Entretanto, teriam levado conclusões de imparcial pesquisa humano-científica para uma nova visão da homossexualidade na Igreja Católica. As consequências disso foram até agora, contudo, seguidas apenas por organizações católicas leigas, nas quais o reconhecimento de uniões vitais homossexuais não é mais enxergado como uma violação da ordem jurídica cristã ocidental, mas como uma necessidade de reconhecimento dela derivada de tais uniões vitais.

B.

Os pedidos são improcedentes. A Lei para a Resolução da Discriminação de Uniões Homossexuais: Uniões Vitais (LPartDisBG) é compatível com a *Grundgesetz*.

I.

A lei foi constituída em conformidade com a Constituição. Ela não precisava da anuência do Conselho Federal.

1. A lei não contém dispositivos que, de acordo com o Art. 84 I GG, careçam de [da referida] anuência.

a) A exigência de anuência do Art. 84 I GG deve assegurar a decisão fundamental da Constituição sobre a competência administrativa dos Estados-membros em prol da construção estatal federativa e impedir que se produzam deslocamentos na estrutura federativa no bojo da legislação ordinária em desconsideração de reflexões do Conselho Federal (cf. BVerfGE 37, 363 [379 ss.]; 55, 274 [319]; 75, 108 [150]). Partindo-se desse propósito do Art. 84 I GG, uma lei não se torna carente de anuência já porque tangencia os Estados-membros em sua competência executiva, na medida em que enseja ou encerra sua atuação administrativa em um âmbito específico. Pelo contrário, a exigência de uma anuência do Conselho Federal pressupõe uma regulamentação legislativa federal sobre uma instituição ou processo de órgãos estaduais (cf. BVerfGE 75, 108 [150]). Uma normatização de instituição não estará presente apenas quando uma lei federal prescrever novos órgãos estaduais, mas também quando ela determinar o círculo de tarefa mais detalhado de um órgão estadual. O processo dos órgãos estaduais será, ao contrário, normatizado, quando a lei de modo vinculante determinar o tipo e o modo, assim como a forma da execução de uma lei federal. Esse será também o caso quando normas jurídico-materiais da lei não apenas convocarem os órgãos administrativos para a ação, como ao mesmo tempo fixarem uma determinada atuação administrativa no aspecto processual (cf. BVerfGE 55, 274 [321]; 75, 108 [152]).

b) Com base nessa medida, as normas da LPartDisBG apresentadas pela requerente não contêm regras do processo administrativo no sentido do Art. 84 I GG.

aa) O Art. 1 § 1 I LPartDisBG determina apenas os pressupostos jurídico-materiais para a instituição de uma união vital. Uma determinação legal federal da ação administrativa junto ao registro de uniões vitais não acontece por meio de norma. Ela até exige que para a instituição de uniões vitais devam ser prestadas declarações necessárias diante do órgão, deixa, contudo, em aberto, quais os órgãos seriam competentes para o recebimento das declarações. Também o processo para a prestação das declarações recíprocas não está regulamentado. Não se prevê nem se determina um procedimento de inscrição especial de como deva ser configurada a atuação dos competentes órgãos na constituição de uma união vital. Prescrições formais sobre a prestação das declarações de particulares, como, por exemplo, contém o Art. 1 § 1 I 1 LPartDisBG, não são regulamentações do processo administrativo no sentido do Art. 84 I GG. Os Estados-membros usaram sua margem discricionária e, entrementes, criaram, nas determinações executivas por eles promulgadas, diferentes competências de órgãos estaduais que devem orientar sua ação administrativa junto ao registro de uniões vitais segundo os respectivos dados jurídico-estaduais.

bb) Com o Art. 3 § 25 LPartDisBG não se cria nenhuma competência de um órgão administrativo estadual. No entanto, o Art. 17a (agora Art. 17b EGBGB), recém-introduzido com essa norma na EGBGB, que determina para uniões registradas a aplicação do direito parâmetro, por meio de seu parágrafo 2, período 1, traz a norma do Art. 10 II EGBGB para correspondente aplicação. Segundo seu período 1, os cônjuges podem perante o tabelião escolher o nome [do casal] a ser usado no momento ou após a contração do matrimônio. A referência não determina, entretanto, obrigatoriamente a competência do tabelião também para a recepção das declarações sobre a escolha do nome de parceiros vitais. Desse pano de fundo que a própria LPartDisBG deixou em aberto – qual órgão deveria ser competente para a constituição de uniões vitais registradas – deve ser a ordem para uma tão somente correspondente aplicação do Art. 10 II EGBGB entendida como fazendo referência ao conteúdo jurídico-material do Art. 10 II 1 EGBGB, mas não, contudo, que por essa via tenha sido criada uma regulamentação de competência.

cc) Igualmente não atribui o Art. 3 § 6 LPartDisBG aos órgãos dos tabeliães nova competência, mas estende suas competências já existentes a mais um círculo de pessoas, quando ele, complementando o § 2, período 1, da Lei de Mudança de Nome de Minorias, estende a mudança do nome de nascimento de uma pessoa sob os pressupostos do § 1 dessa lei – ou seja, mediante declaração perante o tabelião – agora não apenas no caso de correspondente declaração do cônjuge sobre o nome do casal, mas também sobre os nomes dos parceiros, desde que o parceiro concorde com a mudança do nome mediante declaração perante o tabelião. Com isso, não se procede a uma mudança do conteúdo da tarefa do tabelião (cf. BVerfGE 75, 108 [151]).

dd) Que os órgãos de migração [...]. A tarefa dos órgãos administrativos imigratórios recebem por isso um crescimento quantitativo, mas não outro conteúdo. A obrigatoriedade de anuência não pode de modo algum basear-se no fato de que os órgãos imigratórios teriam agora de orientar suas considerações discricionárias, no caso das uniões vitais, não como nos casos de casamento apenas no Art. 6 I GG, mas no Art. 2 I em conexão com Art. 1 I GG. No exercício da discricionariedade a eles aberta devem os órgãos sempre observar os direitos fundamentais dos atingidos, pouco importando quais direitos fundamentais eles possam avocar.

ee) Por fim, também o Art. 3 § 16 n. 10 LPartDisBG não provoca a obrigatoriedade de anuência da lei segundo o Art. 84 I GG. Mediante a nova regra do § 661 III n. 1 alínea b ZPO determina-se a competência internacional de tribunais alemães segundo o § 606 a ZPO também para o caso de a união vital ter sido constituída por tabelião alemão. Essa norma não atribui ao tabelião uma tarefa, mas segundo seu teor vincula a competência de tribunais alemães em assuntos de uniões vitais ao pressuposto de ter um tabelião alemão atuado junto à constituição da união vital. Ela regulamenta com isso o processo judicial para o qual o Art. 84 I GG não é pertinente (cf. BVerfGE 14, 197 [219]). Um imaginável tratamento desigual de parceiros vitais não justificado racionalmente, cuja união por causa das diferentes normas de competência não tenha sido constituída por um tabelião, mas por outro órgão competente, poderia ser evitado por uma interpretação conforme a Constituição do § 661 III n. 1 alínea b ZPO.

2. Uma obrigatoriedade de anuência da LPartDisBG também não resulta do fato de que, no Art. 1, § 3, III e IV, competências do oficial do registro civil tenham sido conhecidas antes da conclusão e publicação da lei. Essa [presente] versão da lei foi corrigida de maneira irrepreensível do ponto de vista constitucional.

a) Ainda que a *Grundgesetz* não contenha normas sobre a correção de deliberações legislativas, isso é justificado pelas exigências de uma legislação funcionalmente capaz, coerentemente com a práxis estatal tradicional de poder corrigir erros de impressão contidos na deliberação legislativa e outros claros erros sem nova provocação dos corpos legiferantes, como isso é detalhadamente regulamentado no § 61 do Regimento Interno Comum dos Ministérios Federais (GGO), assim como em detalhes no § 122 III do Regimento Interno da Câmara Federal (cf. BVerfGE 48, 1 [18]).

Entretanto, por causa do direito que cabe aos órgãos legislativos de observância e proteção da competência que somente a ele cabe, de determinar o conteúdo de leis, a correção de deliberações legislativas fora do processo deliberativo dos Art. 76 ss. GG é permitida apenas dentro de estritos limites. Parâmetro para tal delimitação em detalhes e para a admissibilidade extraordinária da correção de uma deliberação legislativa é a sua notória incorreção. No caso, uma clara incorreção pode resultar não apenas do texto normativo, mas especialmente também da consideração do contexto semântico e dos protocolos da [discussão legislativa da] lei. Decisivo é que a correção não comprometa o conteúdo material juridicamente relevante da norma e, com isso, sua identidade (cf. BVerfGE 48, 1 [18 s.]).

b) Com a fixação desses parâmetros, a correção feita do Art. 1 § 3 III e IV LPartDisBG não ultrapassou o limite do constitucionalmente permitido.

aa) A notória incorreção da redação do Art. 1 § 3 III e IV LPartDisBG deliberada pelos órgãos legislativos resulta da clara contradição entre, de um lado, o texto legal que – com base no parecer consultivo da Comissão Jurídica de 8 de novembro de 2000 (BTDrucks. 14/4545), fora a base, na Câmara Federal, de sua redação deliberativa em segunda e terceira leituras da lei, assim como do processo no Conselho Federal – e de outro, a fundamentação dessa norma pela Comissão Jurídica em seu relatório de 9 de novembro de 2000 (BTDrucks. 14/4550), os quais, de igual modo, representaram a base para a discussão e redação final dos órgãos legiferantes.

No começo de novembro de 2000, as bancadas do SPD e BÜNDNIS 90/DIE GRÜNEN apresentaram na Comissão Jurídica responsável pela redação, assim como nas Comissões partícipes da discussão para Família, Idosos, Mulheres e Juventude (Ata da Comissão 14/508) e na Comissão de Trabalho e Ordem Social (Ata da Comissão 14/944) um pedido de emenda do projeto-lei que previa emendas, igualmente como em outros dispositivos, especialmente no Art. 1 § 1 do projeto, também em todos os parágrafos do Art. 1 § 3, no sentido de suprimir o nome do tabelião como órgão competente para o recebimento de declarações e vincular a eficácia de declarações sobre o nome da união vital à prestação perante o órgão competente. Esse pedido foi a base da redação final das Comissões e contou com anuência majoritária. O parecer final enviado à Câmara Federal da Comissão Jurídica continha, todavia, tendo em vista o Art. 1 § 3 do projeto, apenas mudanças correspondentes dos parágrafos 1 e 2, enquanto para os parágrafos 3 e 4 recomendou-se a aceitação da redação não modificada, que tinha contido ainda a nomeação do tabelião. No relatório da Comissão Jurídica igualmente enviado à Câmara Federal, citado no parecer final, foi ao contrário como um todo discorrido que as mudanças lá recomendadas seriam normas que seguiram à mudança do Art. 1 § 1 I LPartDisBG. Referiu-se sua fundamentação expressamente. Ela continha a declaração de que, no projeto, desistira-se da nomeação de um órgão que devesse ser competente para o registro da união vital.

Essa fundamentação do Art. 1 § 3 LPartDisBG contraria a redação de seus parágrafos 3 e 4 e mostra, na análise conjunta com sua gênese, a notória incorreção do texto desses parágrafos. A contradição encontrada entre texto e fundamentação também foi parar nas redações finais da Câmara Federal e do Conselho Federal. Por conta do parecer final da Comissão Jurídica da Câmara Federal, ambos até colocaram a redação textual não modificada como base de suas deliberações. Contudo, a redação final surgiu sob a premissa de que a modificação do Art. 1 § 1 do projeto tivesse sido procedida; segundo o projeto-lei dever-se-ia ter desistido totalmente da nomeação de um órgão competente.

bb) Em consonância com processo previsto no § 61 II GGO, a redação textual corrigida, e assim promulgada, do Art. 1 § 3 III e IV LPartDisBG corresponde à vontade do legislador trazida na lei.

Quando o Art. 1 § 1 LPartDisBG, que criou o instituto da união vital registrada e normatiza os pressupostos essenciais para o surgimento dessa união de pessoas, desiste no texto e na fundamentação de uma determinação do órgão que seria competente para o registro da união vital registrada e quando essa desistência encontra sua aplicação completa não apenas nos dispositivos legais subsequentes, mas também nos dois primeiros parágrafos do Art. 1 § 3 LPartDisBG que será feita apenas pelo órgão competente, expressa-se com isso que o legislador quis deixar aos Estados-membros quais os órgãos que ele determinará como competentes para questões de união vital. A isso corresponde que, quando da redação corrigida e publicada do Art. 1 § 3 III e IV LPartDisBG, agora recebida no texto em que se baseou a redação final da Comissão Jurídica, desiste-se completamente de decidir sobre perante quem as declarações jurídicas relativas ao nome dos parceiros vitais devam ser prestadas.

cc) De resto, isso é confirmado pelos pareceres sobre o procedimento de correção. Neles, expressou-se unanimemente que, na lei, não se pretendeu chegar a nenhuma decisão sobre a competência de um determinado órgão para questões de união vital. A sugestão da correção do Art. 1 § 3 III e IV LPartDisBG veio da secretaria da Comissão Jurídica sob menção de um correspondente erro de transcrição na composição do parecer final. No mais, o Ministério Federal da Justiça comunicou o erro na transcrição das deliberações redigidas na Comissão Jurídica para o parecer final tanto ao Presidente da Câmara Federal quanto ao Presidente do Conselho Federal, julgou isso como um erro [material] notório e introduziu o procedimento de correção de acordo com o § 61 II GGO. No curso desse processo ocuparam-se disso também os líderes das bancadas na Comissão Jurídica. Na audiência, o Deputado Beck (BÜNDNIS 90/DIE GRÜNEN) expôs sem contestação dos presentes Deputados von Renesse (SPD), Geis (CDU/CSU) e Braun (FDP) que os interlocutores de todas as bancadas teriam concordado com a correção. Com o comunicado de 7 e 12 de dezembro de 2000 aquiesceram à correção os presidentes da Câmara Federal e do Conselho Federal.

3. A divisão do projeto-lei, inicialmente apresentado pelas bancadas governamentais, para a Resolução da Discriminação de uniões homossexuais: Uniões vitais (BTDrucks. 14/3751), no curso do processo legislativo com parecer da Comissão Jurídica da Câmara Federal na lei com mesmo nome a ser aqui examinada com suas regulamentações materiais sobre a união vital registrada e em um projeto-lei especialmente com regras processuais executórias (BTDrucks. 14/4545 e 14/4550 com anexos) não viola a Constituição. Sobretudo não provoca a ocorrida divisão a obrigatoriedade de anuência da LPartDisBG.

a) A Câmara Federal não é impedida constitucionalmente no exercício de sua liberdade legislativa de regulamentar um projeto legislativo em mais de uma lei. Ela pode, como ocorreu aqui, também ainda no curso do processo legislativo, resumir os dispositivos jurídico-materiais por ela desejados em uma [única] lei, contra o que cabe ao Conselho Federal apenas um direito de objeção, e pode prever outra lei, inclusive uma lei carecedora de anuência, para os dispositivos que devam regulamentar o processo administrativo nos Estados-membros, como ocorre não raramente na práxis (cf. BVerfGE 34, 9 [28]; 37, 363 [382]).

A possibilidade de a Câmara Federal, com a divisão de uma matéria legislativa em duas ou mais leis, limitar o direito de anuência do Conselho Federal a uma parte da regulamentação intencionada decorre de seu direito à legiferação. Com tal divisão nem se restringe de modo inadmissível o direito dos Estados-membros de participarem da legislação da União, nem se promove uma transferência dos pesos constitucionais confiados à Câmara e ao Conselho Federal no processo legislativo.

aa) No âmbito da legislação concorrente, da qual faz parte, segundo o Art. 74 I, n. 2 GG, também o campo dos registros públicos, ao qual [por sua vez] também pertence a união vital registrada como um novo estado civil, os Estados-membros têm, segundo o Art. 72 I GG, a autorização para legislar, enquanto e na extensão em que a União não fizer uso de sua competência legislativa mediante lei.

Isso assegura aos Estados sua competência originária para legislar, na perspectiva quantitativa e qualitativa, sempre que o legislador federal não tiver tomado nenhuma iniciativa de regulamentação legal. Entretanto, quando ele fizer uso, sob os pressupostos do Art. 72 II GG, de sua competência legislativa, o Conselho Federal apenas participa junto à legislação federal. Assim, segundo a *Grundgesetz*, a exigência de uma anuência do Conselho Federal a uma lei é a exceção (cf. BVerfGE 37, 363 [381]). Entre outros passa no crivo do Art. 84 I GG quando a lei, exclusivamente ou ao lado de outros dispositivos, contiver regras sobre a criação de órgãos ou o procedimento administrativo e, assim, intervier na competência dos Estados-membros do Art. 83 GG de executar, em interesse próprio, leis federais e aqui tomar as correspondentes medidas legislativas estaduais. A anuência do Conselho Federal a uma lei desse tipo deve levar em consideração que por meio de lei federal ordinária não se retirará dos Estados-membros, contra a vontade majoritária do Conselho Federal, a competência legislativa para o procedimento administrativo. Esse efeito de bloqueio assegura-lhes influir no conteúdo de leis federais como um todo. Com efeito, a obrigatoriedade de uma anuência do Conselho Federal estende-se segundo a jurisprudência do TCF sobre toda a lei como unidade técnico-legislativa, portanto, também sobre normas em si não carentes de anuência (cf. BVerfGE 8, 274 [294]; 37, 363 [381]; 55, 274 [319]). Se se deve manter essa jurisprudência em face da crítica exarada na literatura (cf. por exemplo: Lücke in: Sachs, Grundgesetz, Kommentar, 2. ed. 1999, Art. 77 n. 15; Maurer, Staatsrecht I, 2. ed. 2001, § 17 n. 74 ss.) não precisa ser decidido no presente caso, pois o legislador não escolheu esse caminho.

Ao contrário, se em uma lei o legislador federal desistir de regulamentações jurídico-processuais-administrativas, isso corresponde ao modelo da divisão constitucional de competências entre União e Estados segundo o Art. 83 e Art. 84 GG. Contra tal lei, o Conselho Federal tem, em conformidade com o Art. 77 III GG, tão somente um direito de objeção; uma objeção pode ser rejeitada segundo o Art. 77 IV GG.

bb) Nada diferente vale para o caso em que o legislador federal, ao lado de uma fixação de normas jurídico-materiais, também queira fixar normas sobre sua aplicação no processo administrativo dos Estados, embora no contexto não junte ambos os complexos normativos em uma única lei, mas os divida em leis respectivamente independentes. Quando, por meio do direito de anuência do Conselho Federal, somente a lei na qual esteja contida a parte jurídico-processual for compreendida, isso não provoca uma transferência das competências fixadas na *Grundgesetz* em prejuízo dos Estados. De fato, ao Conselho Federal cabe um direito de anuência a respeito de regulamentações jurídico-materiais federais – com exceção dos casos especiais previstos na *Grundgesetz* – apenas quando o legislador federal intervier no âmbito de competências dos Estados segundo os Art. 83 ss. GG. Não obstante, tal intervenção não ocorre já por meio da lei processual autônoma separada do conteúdo de regulamentação jurídico-material.

A divisão impede que se acrescente ao Conselho Federal, por meio do tratamento conjunto de regras jurídico-materiais e processuais em uma lei, um direito de anuência também em face de dispositivos jurídico-materiais. Ela assegura igualmente que a Câmara Federal possa regulamentar as matérias que lhe foram confiadas sem anuência, sem ficar dependente de uma anuência do Conselho Federal. Quando a Câmara Federal seguir tal procedimento, estará orientando a configuração de sua legislação justamente na divisão de competências constitucionais entre União e Estados. Os Estados não sofrem, como o demonstra o presente caso, uma perda de competência. Entrementes, eles criaram as necessárias regras processuais em sua própria competência para a execução da LPartDisBG.

b) Se à autorização dispositiva da Câmara Federal em face da divisão de uma matéria jurídica em mais de uma lei no caso particular são traçados limites e, em caso afirmativo, quando tais seriam ultrapassados, pode restar aqui em aberto (cf. BVerfGE 24, 184 [199 s.]; 77, 84 [103]). Não é arbitrária a decisão do legislador federal de juntar em uma lei as regras não carecedoras de anuência para o novo instituto da união vital registrada e, separadamente, tornar os dispositivos de anuência obrigatória conteúdo de outra lei.

aa) Uma motivação atribuída à Câmara Federal de apenas ter promovido a divisão da matéria legal em duas leis para inviabilizar a possibilidade de o Conselho Federal impedir também as regulamentações jurídico-materiais intencionadas mediante recusa de anuência não torna arbitrário esse modo de proceder. Sob o até aqui aceito pressuposto de que uma lei já seria então como um todo carecedora de anuência quando ela contiver apenas um dispositivo carecedor de anuência (cf. BVerfGE 8, 274 [294]; 55, 274 [319]), essa divisão é uma opção legítima para se contrapor a uma extensão que extrapole a carência de anuência de leis e possibilitar ao Parlamento a realização de seu plano legislativo. Deduzir de tal motivação do legislador um caráter abusivo de seu modo de agir poderia, em última instância, obrigar a Câmara Federal a decidir sobre as regulamentações processuais sempre ela mesma e junto com o direito material. Isso até possibilitaria, de um lado, ao Conselho Federal exercer sua influência também sobre o direito material de modo mais forte, mas, por outro lado, sutilmente retiraria dos Estados-membros competências legislativas em casos nos quais por força constitucional haja competências originais. Tal proceder, não pelo contrário a divisão da matéria jurídica em duas leis, poderia resultar em uma transferência paulatina de competências da *Grundgesetz*, que o Art. 84 I GG justamente pretende evitar.

bb) As regulamentações jurídico-materiais contidas na LPartDisBG também não representam, ao contrário do entendimento da requerente, uma "lei-torso".[132] Elas são em si inteligíveis e suficientemente taxativas. Elas configuram a situação jurídica de tal sorte que os atingidos possam orientar seu comportamento. Sobretudo,

132. Cf. retro, nota 130.

não havia para o legislador uma necessidade de regulamentar o direito alimentício para os parceiros vitais e a consideração tributária de prestações alimentícias nela baseada em uma única lei. Também o direito alimentar dos cônjuges sempre foi configurado separadamente de seu tratamento tributário nas leis tributárias.

Finalmente, a lei é também executável. Isso se confirmou inequivocamente por meio das várias regulamentações de execução dos Estados-membros.

II.

A LPartDisBG é também materialmente constitucional.

1. Ela é compatível com o Art. 6 I GG. A criação do novo instituto da união vital registrada para pares homossexuais e sua configuração jurídica não violam nem a liberdade matrimonial garantida no Art. 6 I GG nem a lá determinada garantia institucional. A união vital registrada também é compatível com o Art. 6 I GG em sua característica de norma de decisão axiológica.

a) Como direito fundamental o Art. 6 I GG protege a liberdade de firmar um matrimônio com um parceiro escolhido pelo próprio titular (cf. BVerfGE 31, 58 [67]; 76, 1 [42]). Esse direito a um acesso desimpedido ao casamento não é atingido pela LPartDisBG.

aa) Cada pessoa capaz para casar-se tem o acesso ao casamento também após a introdução da união vital registrada pela LPartDisBG. No entanto, pode ser o casamento firmado apenas com parceiro do sexo respectivamente outro, porque nele está implícito como característica essencial a diferença dos gêneros dos parceiros (cf. BVerfGE 10, 59 [66]) e apenas com isso relaciona-se o direito à liberdade matrimonial. Aos pares homossexuais permanece o casamento fechado também depois da LPartDisBG. A eles está aberto para um permanente vínculo como instituto jurídico apenas a união vital registrada.

Igualmente, a lei não influencia direta ou indiretamente a liberdade de pares heterossexuais de firmarem um casamento. Como para eles mantém-se fechada a união vital registrada, eles não poderiam ser desestimulados a firmar matrimônio por meio desse instituto.

bb) O acesso ao casamento não se restringe por meio da LPartDisBG. Uma união vital já firmada não impede segundo a lei a contração do matrimônio. A LPartDisBG não estatui para esse caso um expresso impedimento matrimonial. Porém, junto a tal constelação o tabelião deve examinar se existe a vontade séria do parceiro como pressuposto para casar-se e não realizar o enlace matrimonial quando faltar tal vontade (§ 1310 I 2 c.c. § 1314 II, n. 5 BGB).

No entanto, o legislador deixou em aberto se um enlace matrimonial no caso da existência de uma união vital registrada teria consequências para a existência subsequente da união vital e, em caso afirmativo, quais seriam. A resposta dessas questões fica em última instância deixada à jurisprudência.

Essa lacuna contida na lei pode ser fechada conforme a Constituição apenas mediante observância da proteção que cabe ao casamento segundo o Art. 6 I GG. Assim, deve ser observado que o casamento como forma de uma relação a dois estrita entre homem e mulher identifica uma exclusividade pessoal. Essa característica essencial do casamento poderia ser perdida se fosse permitido a um dos dois cônjuges manter uma união vital também permanente com outro parceiro. A proteção do casamento derivada do Art. 6 I GG ordena que ao lado do casamento nenhuma outra união jurídico-vinculante do cônjuge seja admitida, ponto do qual partiu o próprio legislador no Art. 1 § 1 II LPartDisBG.

Por esse motivo, sugere-se na literatura jurídico-científica que a possibilidade não vedada pela LPartDisBG de casar-se [mesmo] existindo união vital seja vinculada à consequência jurídica de o enlace matrimonial dissolver a união vital *ipso iure* que assim não teria mais existência jurídica (cf. Schwab, FamRZ 2001, p. 385 [389]). Isso seria um caminho para fechar a existente lacuna legal de modo compatível com o Art. 6 I GG. Essa solução até afeta de modo mais intenso o outro parceiro do que no caso de uma resolução no sentido do Art. 1 § 15 LPartDisBG, mas ela ainda é aceitável em face da garantia do Art. 6 I GG.

Poder-se-ia, contudo, cumprir o mandamento de proteger o casamento como uma forma de vida entre um homem e uma mulher também ao fazer a entrada em um casamento depender de não existir, ou que não mais exista, uma união vital. Tal impedimento matrimonial restringiria a garantia de liberdade decorrente do Art. 6 I GG de modo não inadmissível [admissível, portanto], porque ele encontraria sua razão material justamente na essência e na forma do casamento (cf. BVerfGE 36, 146 [163]). Igualmente como um casamento existente impede a contração de um novo matrimônio (§ 1306 BGB), a fim de não ameaçar a relação de dois do casamento, corresponde à proteção do casamento deixá-lo acessível apenas àqueles que não se vincularam juridicamente de outro modo em uma união. Essa possibilidade, de deixar a ordenada proteção chegar ao casamento, ordenaria proteção de confiança, no mais, àquele que, com uma união vital registrada, tenha escolhido uma forma de vida a qual o legislador agora disponibilizou como juridicamente vinculante e como uma comunidade de responsabilidade firmada permanentemente. Para eles, assegurou-se que sua união não poderia ser terminada já solitariamente pela decisão unilateral do outro parceiro a querer contrair matrimônio. Uma proibição de contrair matrimônio no caso da existência de uma união vital até seria, em princípio, materialmente justificada. Ela limitaria, entretanto, a liberdade de enlace matrimonial. Se a presente lei possibilita também nessa extensão um fechamento judicial de lacuna não deve ser decidido aqui. Quando se consideram as profundas consequências que a dissolução ou término de uma união vital registrada traz para a vida pessoal, assim como para a situação econômica dos atingidos individualmente considerados que, conforme a construção jurídica que se escolheu para se excluir a possibilidade de um paralelismo entre casamento e união vital, podem ser muito diferentes, seria plausível que o próprio legislador determinasse se uma união vital existente impediria a contração de um matrimônio ou se um enlace matrimonial implicaria a dissolução de uma união vital existente.

b) O mandamento constitucional do Art. 6 I GG de oferecer e proteger o casamento como forma de vida (garantia institucional, cf. BVerfGE 10, 59 [66 s.]; 31, 58 [69 s.]; 80, 81 [92]) não foi desrespeitado pelo legislador com a criação da união vital registrada por meio da LPartDisBG. O objeto de regulamentação da lei não é o casamento.

aa) A própria *Grundgesetz* não contém uma definição do casamento, mas o pressupõe como forma especial de vida humana conjunta. A realização da proteção constitucional carece nesse ponto de uma regulamentação jurídica que configure e delimite qual união vital goza da proteção da Constituição como casamento. O legislador tem no caso uma considerável margem de configuração para determinar forma e conteúdo do casamento (cf. BVerfGE 31, 58 [70]; 36, 146 [162]; 81, 1 [6 s.]). A *Grundgesetz* garante o instituto do casamento não abstratamente, mas na configuração correspondente respectivamente aos entendimentos dominantes que encontraram na regulamentação legal sua expressão decisiva (cf. BVerfGE 31, 58 [82 s.]). Não obstante, o legislador tem de observar, na conformação do casamento, os princípios estruturais essenciais que resultam da conexão do Art. 6 I GG com a forma de vida dada [na sociedade] em conexão com o caráter de liberdade do direito fundamental outorgado e de outras normas constitucionais (cf. BVerfGE 31, 58 [69]). Faz parte do conteúdo do casamento – como ele se mantém independentemente da transformação social e das mudanças de sua configuração jurídica a ela ligadas e como ele recebeu da *Grundgesetz* sua marca – que ele é uma união entre um homem e uma mulher para a constituição de uma união duradoura, fundada na decisão livre mediante participação do Estado (cf. BVerfGE 10, 59 [66]; 29, 166 [176]; 62, 323 [330]), na qual o homem e a mulher estão um para o outro em parceria com igualdade de direitos (cf. BVerfGE 37, 217 [249 ss.]; 103, 89 [101]), e que podem decidir livremente sobre a configuração da vida comum (cf. BVerfGE 39, 169 [183]; 48, 327 [338]; 66, 84 [94]).

bb) Essa proteção não se aplica ao instituto da união vital registrada. A igualdade de gênero dos parceiros distingue-o do casamento no sentido do Art. 6 I GG. O instituto reconhece direitos aos pares homossexuais. Desse modo, o legislador leva em consideração o Art. 2 I e o Art. 3 I e III GG, na medida em que ajuda essas pessoas junto a um melhor desenvolvimento de sua personalidade e desconstrói discriminações.

cc) O próprio casamento como instituto não é atingido em seus princípios constitucionais estruturais e em sua configuração pelo legislador da LPartDisBG. Seu fundamento jurídico não passou por uma mudança. Todas as regulamentações que dão ao casamento enquadramento jurídico e configuram o instituto com consequências jurídicas continuam existindo como antes (cf. BVerfG, Decisão de 18 de julho de 2001 – 1 BvQ 23/01 e 1 BvQ 26/01 –, NJW 2001, p. 2457 s.). Da garantia institucional não se pode depreender uma proibição de abrir a pares homossexuais a possibilidade de uma união de configuração jurídica semelhante justamente porque ela não se refere ao casamento.

c) Todavia, o Art. 6 I GG não se esgota na obrigação de garantir o casamento em sua estrutura essencial, mas ordena uma proteção especial por meio do ordenamento jurídico como decisão axiológica vinculante para todo o âmbito de todo o direito público e privado relacionado ao casamento e à família (cf. BVerfGE 6, 55 [72]; 55, 114 [126]). Para satisfazer esse mandato de proteção, é, sobretudo, tarefa do Estado de, por um lado, deixar de fazer tudo que prejudique ou de alguma forma atinja o casamento e, por outro lado, fomentá-lo por medidas idôneas (cf. BVerfGE 6, 55 [76]; 28, 104 [113]; 53, 224 [248]; 76, 1 [41]; 80, 81 [92 s.]; 99, 216 [231 s.]). Com a LPartDisBG, o legislador não o violou.

aa) O casamento não é prejudicado nem afetado pela LPartDisBG.

A especial proteção que cabe ao casamento por força do Art. 6 I GG proíbe que ele seja desprestigiado como um todo diante de outras formas de vida (cf. BVerfGE 6, 55 [76]; 13, 290 [298 s.]; 28, 324 [356]; 67, 186 [195 s.]; 87, 234 [256 ss.]; 99, 216 [232 s.]).

(1) Isso não acontece pelo fato de a LPartDisBG abrir aos pares homossexuais a possibilidade de iniciar uma união vital registrada com direitos e obrigações que se aproximam daquelas do casamento. O legislador até aplicou ao novo instituto da união vital registrada em vários âmbitos as regulamentações do direito matrimonial. Por meio disso, contudo, o casamento ou os cônjuges não foram deixados em uma situação pior do que a anterior e não a prejudicou em relação à união vital ou aos parceiros vitais. Não há ameaças ao instituto do casamento provenientes de um instituto que se dirige a pessoas que não podem contrair uma com a outra um matrimônio.

(2) Uma violação pela LPartDisBG da proibição de desvantagem também não pode ser encontrada no fato de o legislador não ter com essa lei ao mesmo tempo emendado a Lei Federal de Ajuda Social, que prescreve também no caso de parceiros vitais uma observância recíproca da renda e patrimônio junto ao exame da carência como pressuposto para a outorga de ajuda social.

Com isso, no direito [objetivo] de ajuda social, os cônjuges até são tratados como uma unidade econômica, mas não expressamente os parceiros vitais. No caso dos cônjuges, isso pode levar à redução ou à falta dos [próprios] pressupostos do direito de ajuda social por causa da cumulação das rendas a ser feita, enquanto parceiros vitais sem cumulação de renda poderiam usufruir de um percentual não reduzido de ajuda social. Não obstante, uma desvantagem aqui implícita de cônjuges não seria efetivada pela LPartDisBG, mas pela falta de correspondentes regulamentações na Lei Federal de Ajuda Social. A LPartDisBG justamente não privilegia os parceiros vitais quanto à obrigação recíproca alimentar em face de cônjuges. Se no direito de ajuda social não se aplicam as correspondentes consequências jurídicas, pode ocorrer nela uma violação da proibição de desvantagem derivada do Art. 6 I GG, mas não pelos dispositivos da LPartDisBG que são solitariamente objeto do [presente] Controle Abstrato de Normas.

bb) O legislador também não violou por meio da criação do novo instituto da união vital registrada o mandamento de fomentar o casamento como forma de vida. A lei não retira do casamento um fomento que ele tinha até então. Ela protege outra união vital e lhe concede direitos e obrigações.

cc) Não se proíbe ao legislador por conta da proteção constitucional do casamento decorrente do Art. 6 I GG o favorecimento dessa forma de vida diante de outras (cf. BVerfGE 6, 55 [76]). Contudo, da permissão de privilegiar o casamento diante de outras formas de vida como cumprimento e configuração de seu mandato de fomento não se pode derivar um mandamento contido no Art. 6 I GG de criar desvantagens para outras formas de vida diante do casamento. Isso é o que ignora a Juíza Haas em sua opinião divergente quando ela entende o mandamento de fomento do Art. 6 I GG como um mandamento de criação de desvantagens para outras formas de vida. O Art. 6 I GG privilegia o casamento apenas por meio de uma proteção constitucional que lhe cabe e obriga o legislador a fomentá-lo com meios idôneos. Entretanto, não se pode derivar daqui um mandamento de criar desvantagens para outras formas de vida. Sob nenhuma perspectiva, diminui-se a extensão da proteção jurídica e do fomento do casamento quando o ordenamento jurídico reconhece também outras formas de vida que não possam concorrer com o casamento em sua qualidade de união de parceiros heterossexuais. Não se consegue fundamentar constitucionalmente derivar da especial proteção do casamento que essas outras uniões vitais devam ser configuradas em [mantendo-se] distância em relação ao casamento e ser acompanhadas de direitos mais restritos. O mandato de proteção e de fomento do legislador ordena, no entanto, tomar medidas no sentido de que o casamento possa cumprir a função que lhe cabe constitucionalmente.

(1) Quando o Art. 6 I GG coloca o casamento sob especial proteção, está presente uma especificidade no fato de somente o casamento como instituto ao lado da família ter essa proteção constitucional, mas não outras formas de vida. O casamento não pode ser extinto sem emenda constitucional ou ser modificado em seus princípios estruturais essenciais (nesse sentido já: von Mangoldt, in: Ausschuss für Grundsatzfragen des Parlamentarischen Rates, in: Der Parlamentarische Rat 1948-1949, Akten und Protokolle, Volume 5/II, 1993, revisado por Pikart/Werner, p. 826). Existe apenas para ele um mandato constitucional de fomento. Extrair da especificidade da proteção um significado que vá além disso, no sentido de ter de ser o casamento sempre mais protegido do que outras uniões vitais também em termos quantitativos (assim, em conclusão: Badura, in: Maunz/Dürig, Grundgesetz, Art. 6 I n. 56 [Atualizado até agosto de 2000]; Burgi, in: Der Staat, Band 39, 2000, p. 487 ss.; Krings, ZRP 2000, p. 409 ss.; Pauly, NJW 1997, p.

1955 s.; Scholz/Uhle, NJW 2001, p. 393 s.; Tettinger, in: Essener Gespräche zum Thema Staat und Kirche, volume 35, 2001, p. 140) não pode ser embasado nem no teor da norma de direito fundamental nem na sua gênese.

O Art. 6 I GG sofreu, nas discussões no Conselho Parlamentar, muitas alterações textuais. Frequentemente a formulação variou entre uma proteção e uma especial proteção (cf. Conselho Parlamentar, Comissão Principal, Ata da 21ª Sessão, p. 239; Ata da 2ª Sessão da Comissão de Princípios, in: O Conselho Parlamentar 1948-1949, *ibid.*, Volume 5/II, 1993, p. 910 [935]; Ata da 43ª Sessão da Comissão Principal, p. 545 [554 s.]; Parecer da Comissão de Redação na versão da 2ª Leitura da Comissão Principal, p. 121; Conselho Parlamentar, Comissão Principal, Ata da 57ª Sessão, p. 743 s.). Não se pode, entretanto, extrair dos debates que essas mudanças textuais ocorreram porque ao casamento e família deveria caber ora mais, ora menos proteção. Pelo contrário, há claros indícios de que essas modificações foram ensejadas apenas por respectivas impressões linguísticas [estilísticas]. Assim, opinou von Mangoldt a respeito da sugestão da Associação Linguística Alemã de riscar a palavra "especial" e escolher a formulação "casamento e família... estão sob proteção da Constituição" que isso seria materialmente exatamente o mesmo, mas melhor na forma (O Conselho Parlamentar 1948-1949, volume 5/II, *ibid.*).

Nos debates em torno do Art. 6 I GG teve um papel substancial também a questão da proteção de novas formas de vida (cf. a respeito os discursos de Helene Weber, in: Ata da 21ª Sessão da Comissão Principal, p. 240, e de Elisabeth Selbert, in: Ata da 43ª Comissão Principal, p. 552 s.). Especialmente o argumento segundo o qual a especial proteção da família excluiria a igualdade de tratamento de filhos tidos fora do casamento no Art. 6 V GG (cf. Weber e Süsterhenn in: Ata da 21ª Sessão da Comissão Principal, p. 242 s.) não foi bem-sucedido. Quando von Mangoldt, como relator, observou em seu Relatório Escrito sobre o Art. 6 I GG que essa norma de direito fundamental seria pouco mais do que uma declaração junto à qual não se poderia realmente vislumbrar quais os efeitos como direito imediatamente vigente ela teria (Anexo ao Relatório estenográfico da 9ª Sessão do Conselho Parlamentar, p. 6), isso reflete que até existia consenso sobre colocar casamento e família sobre proteção constitucional, entretanto não se esclareceu o que isso em detalhes significaria para sua relação com outras formas de vida. Em todo caso, não se pode encontrar aqui um embasamento do mandamento de distanciamento.

(2) O Art. 6 I GG protege o casamento na forma como ele foi respectivamente mantido pelo legislador mediante não alteração de seus princípios fundamentais essenciais (cf. BVerfGE 31, 58 [82 s.]). Como uma união vivida por pessoas, ele é um âmbito de liberdade e ao mesmo tempo parte da sociedade não sendo imune às suas transformações. A tais transformações o legislador pode reagir para adequar a conformação do casamento às mutantes necessidades. Assim, modifica-se ao mesmo tempo a relação do casamento com outras formas de vida conjunta das pessoas. O mesmo vale quando o legislador não reconfigura o casamento, mas regulamenta outras formas de união de vidas. Assim, as formas de vida não se encontram entre si em uma distância rígida, mas em uma relação. Ao mesmo tempo, elas podem, pela respectiva configuração, não apenas diferenciar-se ou equiparar-se em termos de direitos e obrigações que se lhes foram atribuídos, como também em sua função e em face do círculo de pessoas que os acessem. Destarte, não pode a proteção que cabe ao casamento como instituto ser separada dos destinatários normativos para os quais o casamento como forma de vida protegida deva ser reservada.

(3) O dever do Estado de fomento deve orientar-se pelo propósito de proteção do Art. 6 I GG. Caso o legislador contribuísse ele mesmo por meio da positivação de norma para que o casamento diminuísse sua função, teria ele violado o mandamento de fomento do Art. 6 I GG. Tal perigo poderia estar presente se o legislador criasse outro instituto com a mesma função em concorrência ao casamento e o previsto, por exemplo, com os mesmos direitos e obrigações mais restritas, de tal modo que ambos os institutos fossem intercambiáveis. Tal intercambialidade não resulta, contudo, da criação da união vital registrada. Ela não pode concorrer com o casamento já porque o público-alvo ao qual se orienta o instituto não toca aquele do casamento. Por causa dessa diferença, a união vital registrada também não é um casamento com etiqueta errada, como isso foi entendido nos dois votos minoritários, mas um *aliud* em relação ao casamento. Não é o seu título que fundamenta seu tipo diferente, mas a circunstância de que, na união vital registrada, podem vincular-se não homem e mulher, mas dois parceiros do mesmo sexo. Em sua totalidade, os princípios estruturais que caracterizam o casamento dão a ele a forma e a exclusividade, com as quais ele goza de proteção constitucional como instituto. Não obstante, o Art. 6 I GG não reserva alguns desses elementos estruturais tão somente para o casamento. Ele não proíbe o legislador de oferecer formas jurídicas para uma vida conjunta duradoura também para outras constelações de pessoas além da conexão de homem e mulher. Por meio dessa característica da durabilidade, tais relações jurídicas não se transformam em casamento. De resto, também não é reconhecível que elas possam causar danos ao sistema desse instituto.

2. A LPartDisBG não viola nem a especial proibição de discriminação do Art. 3 III 1 GG nem o princípio geral de igualdade do Art. 3 I GG.

a) Não há uma desvantagem por causa do sexo no sentido Art. 3 III 1 GG de pares heterossexuais porque a lei abre a união vital registrada apenas a pares homossexuais (Art. 1 § 1 I LPartDisBG).

A lei não conecta direitos e obrigações ao sexo de uma pessoa, mas conecta à *combinação* dos sexos de um vínculo de pessoas que implica o acesso à união vital [grifo do autor]. Ela atribui direitos e obrigações a pessoas que tenham esse vínculo. Igualmente como o casamento com sua limitação à relação a dois entre homem e mulher não discrimina pares homossexuais por causa de seu sexo, a união vital não prejudica pares heterossexuais por causa de seu sexo. Homens e mulheres são sempre tratados igualmente. Eles podem contrair um matrimônio com uma pessoa do outro sexo, mas não com outro de seu sexo. Eles podem fundar uma união vital com uma pessoa de seu próprio sexo, mas não com uma do outro.

b) Não viola o Art. 3 I GG, o fato de uniões vitais de pessoas de sexos diferentes não casadas e uniões de responsabilidade recíproca de parentes não terem acesso à forma jurídica da união vital registrada.

O Art. 3 I GG proíbe tratar desigualmente grupos de destinatários na comparação com outros destinatários normativos embora entre ambos os grupos não haja diferenças de tal tipo e importância que poderiam justificar um tratamento desigual (cf. BVerfGE 55, 72 [88]; 84, 348 [359]; 101, 239 [269]; jurispr. pacífica). Tais diferenças não existem, entretanto, entre pares homossexuais e outras uniões [de pessoas encontradas na sociedade].

aa) A união vital registrada possibilita aos pares homossexuais colocarem sua união de vidas sobre uma base juridicamente reconhecida e vincularem-se na responsabilidade recíproca permanentemente, o que até então lhes era vedado, pois não podiam contrair casamento. Por sua vez, o interesse dos pares heterossexuais de se unirem de modo juridicamente vinculante, permanentemente, até é na avaliação dos atingidos igualmente relevante como dos pares homossexuais e na essência também semelhante a ele (cf. Buba/Vaskovics, *ibid.*, p. 16, 245 ss.). Contudo, ao contrário dos pares homossexuais, está para eles aberto o casamento. A diferença de que de uma relação de dois, de homem e mulher, ligados permanentemente possam surgir filhos comuns e, ao contrário, não de uma parceria homossexual, justifica recomendar o casamento a pares heterossexuais quando eles queiram dar à sua união vital uma vinculatividade jurídica permanente. Por causa disso eles não sofrem desvantagens.

bb) Também na relação de uniões homossexuais com outras uniões de responsabilidade recíproca de irmãos ou de outros parentes existem diferenças que justificam o tratamento diverso. A começar pela exclusividade da união vital registrada, a qual não admite ao seu lado outra relação do mesmo tipo, enquanto uniões de responsabilidade recíproca de irmãos ou de outros parentes frequentemente sejam ligadas a outras relações comparáveis e também exista, ao seu lado, outro vínculo por casamento ou parceria. Uniões de responsabilidade recíproca de parentes contam, além disso, em certa medida, com uma garantia que aos pares homossexuais foi aberta tão somente pela união vital. Desse modo, existem, na relação de parentes, direitos de recusa a prestar testemunho, direitos sucessórios e em parte também direitos à legítima assim como sua vantagem tributária.

cc) Ao legislador não se veda em geral abrir a pares heterossexuais ou a outras uniões de responsabilidade novas possibilidades de dar à sua relação uma forma jurídica [desde] que ele, no caso, evite uma intercambialidade da respectiva forma jurídica com o casamento. Não obstante, inexiste um mandamento constitucional de criar tais possibilidades.

3. Também os dispositivos contidos na lei sobre direito previdenciário e sucessório de parceiros vitais, assim como sobre direito alimentício, não podem ser impugnados jurídico-constitucionalmente.

a) aa) Reconhece-se ao parceiro vital de um detentor solitário de poder familiar, presente sua anuência, segundo o Art. 1 § 9 LPartDisBG, a autorização para participar de decisões em questões da vida cotidiana do filho desde que ele viva com aquele. Ao mesmo tempo, tem um poder familiar emergencial para o caso do bem-estar da criança tornar uma ação necessária em caso de perigo da demora. O mesmo vale agora também para o cônjuge de um dos pais, [que seja o] titular do poder familiar, que não seja – ele próprio – um dos pais (Art. 2 n. 13 LPartDisBG: § 1687 b BGB). O legislador não intervém, com a constituição desse "pequeno poder familiar" ao parceiro vital, no direito de um dos pais que não seja titular do poder familiar decorrente do Art. 6 II GG.

O Art. 6 II 1 GG protege o cuidado e educação dos filhos como direito natural dos pais e precipuamente como obrigação que lhes cabe. Assim, a área de proteção do direito dos pais abrange por princípio também a decisão sobre quem tem contato com o filho e, por meio de transferência de decisões de autorização, a quem se concederá a tomada de influência sobre a educação do filho. No entanto, o direito de pais carece da configuração pelo legislador (cf. BVerfGE 84, 168 [180]). Cabe ao legislador atribuir a cada um dos pais certos direitos e obrigações quando os pressupostos para um exercício conjunto da responsabilidade parental faltarem (cf. BVerfGE 92, 158 [178 s.]), ou confiar aos tribunais a decisão sobre a qual dos pais será entregue no caso particular o poder familiar.

O Art. 1 § 9 LPartDisBG conecta-se a tal constelação do poder familiar singular de um dos pais. Não é o "pequeno poder familiar" que se deriva do poder familiar solitário de um dos pais que vivem em união vital que retira do outro pai [ou mãe] não titular seu poder familiar, mas os dispositivos do direito de família que não lhe atribuem o poder familiar, ou as decisões de tribunais de família que não entregam a ele, mas ao outro pai, a responsabilidade solitária [poder familiar solitário sobre o filho]. Caso falte a ele o poder familiar de toda forma, não pode mais um dos pais tangenciar seus direitos, quando terceiros que vivam com o filho em anuência com os pais solitariamente titulares do poder familiar assumirem parcialmente uma responsabilidade paternal conjunta.

bb) Não representa uma violação do princípio geral da igualdade do Art. 3 I GG o fato de o legislador ter criado com o "pequeno pátrio poder" uma nova autorização de responsabilidade paternal no quadro de uma união vital duradoura jurídico-vinculante, como do casamento ou da união vital registrada para cônjuges e parceiros vitais, de um dos pais titular do poder familiar, que não seja ele próprio um dos pais. Por meio da regulamentação não são desfavorecidos de modo injustificado pais não detentores do poder familiar que não vivam com o titular do poder familiar em uma união juridicamente consolidada. A eles são abertas outras possibilidades jurídicas, de conseguir o poder familiar, sobre seu filho solitariamente ou juntamente com o outro pai [/outra mãe]. Se por outros motivos não deveria ser aberto um "pequeno poder familiar" a um dos pais não titular do poder familiar não carece ser aqui decidido.

b) aa) O Art. 1 § 10 VI LPartDisBG, que atribui ao parceiro viúvo uma parte legítima, não viola a liberdade testamentária protegida pelo Art. 14 I GG. A liberdade testamentária é um direito do testador de ordenar em vida uma transmissão divergente da sequência sucessória legal de seu patrimônio (cf. BVerfGE 58, 377 [398]; 99, 341 [350 s.]). Nesse caso, deixa-se ao legislador determinar conteúdo e limites do direito de herança. Ele tem de, junto à configuração mais detalhada, manter o conteúdo básico da garantia constitucional do Art. 14 I GG, assegurar a harmonia com outras normas constitucionais e, sobretudo, observar o princípio da proporcionalidade e o mandamento de igualdade (cf. BVerfGE 67, 329 [340]). Não se vislumbra que a regulamentação legal sobre o direito da legítima do parceiro vital viúvo ultrapasse esse limite, independentemente de um esclarecimento genérico, de quais limites constitucionais impõem-se ao direito da legítima.

O direito de herança e o direito à legítima do parceiro vital são parte constitutiva do instituto jurídico da união vital registrada que impõe aos parceiros direitos e obrigações recíprocas em seu vínculo de uma vida inteira. Com a declaração de querer iniciar uma união vital obrigam-se os parceiros vitais ao cuidado e apoio recíprocos, assim como à garantia de alimentos. Essa obrigação à ampla providência recíproca justifica-se igualmente, assim como no caso de cônjuges, ao assegurar ao parceiro vital, com o direito à legítima também depois da morte, uma base econômica a partir do patrimônio do parceiro vital falecido.

bb) O Art. 14 I GG também não é violado porque mediante o direito de herança e à legítima do parceiro vital diminui-se a herança de outros titulares do mesmo direito. Mesmo se o Art. 6 I GG contivesse o mandamento constitucional de conceder ao próximo parente uma participação mínima economicamente adequada e, nessa extensão, aquele parente desse modo beneficiado gozasse como herdeiro da proteção jusfundamental do Art. 14 I GG, o que aqui também pode restar em aberto (cf. BVerfGE 91, 346 [359 s.]), não se diria com isso nada sobre o valor ou a parte que caiba ao herdeiro do espólio. Isso determina somente a regulamentação legal da atribuição, que tem de ser configurada corretamente para ficar em harmonia com a garantia do direito de herança (cf. BVerfGE 91, 346 [360, 362]).

Com o direito de herança e à legítima do parceiro vital viúvo não se retira o direito de herança dos até então parentes titulares do direito do parceiro vital falecido. Apenas se inclui no círculo dos titulares do direito de herança mais um titular do direito que deve ser considerado na divisão do espólio. Para os parentes titulares do direito de herança do testador não se configura a situação de modo diferente do presente no caso de ter o testador deixado uma esposa ou um esposo e não um parceiro vital. Nessa configuração não está presente um tratamento incorreto dos demais titulares do direito de herança.

c) O fato de a intenção jurídico-tributária de renda implícita na LPartDisBG em seu ônus alimentar fundado no Art. 1 §§ 5, 12 e 16 para os parceiros vitais por causa de sua recepção no projeto da LPartGErgG ainda não poder ser imposta, porque essa lei ainda não foi até agora promulgada, não tem como consequência a inconstitucionalidade dos dispositivos jurídico-alimentares da LPartDisBG.

O ônus econômico das obrigações é para os contribuintes até uma circunstância especial e inevitável que reduz a capacidade funcional cuja inobservância pode violar o Art. 3 I GG (cf. BVerfGE 68, 143 [152 s.]; 82, 60 [86 s.]). Pela criação das obrigações alimentares para parceiros vitais não surgiu, contudo, uma situação jurídica que deixe esse ônus desconsiderado do ponto de vista jurídico-tributário de renda. Segundo o § 33 a EStG, abate-se do imposto de renda, mediante requerimento, gastos que exsurjam para um contribuinte com os alimentos de uma pessoa legalmente titular em face dele do direito alimentício no nível de uma soma fixa para o respectivo ano-calendário. Uma vez que o direito a alimentos de um parceiro vital esteja legalmente estatuído, ele deve ser considerado para diminuição do imposto de renda segundo o § 33 a EStG como um ônus extraordinário. Se essa consideração é suficiente também na comparação com o tratamento jurídico-tributário de cônjuges, não é uma questão pertinente à LPartDisBG. Ela deveria ser esclarecida mediante exame constitucional das regulamentações jurídico-tributárias de renda que não estão compreendidas nos [presentes] pedidos de Controle Normativo.

C.

A Decisão foi tomada em face da compatibilidade da LPartDisBG com o Art. 6 I GG com 5 votos a 3; em face da compatibilidade com o Art. 3 I GG, com 7 votos a 1; de resto, foi unânime.

Papier, *Jaeger*, *Haas*, Hömig, *Steiner*, *Hohmann-Dennhardt*, *Hoffmann-Riem*, *Bryde*.

Opinião divergente do Juiz Papier sobre a Decisão [*Urteil*] do Primeiro Senado de 17 de julho de 2002

– 1 BvF 1, 2/01 –

Eu não posso concordar com os argumentos da maioria no Senado, especialmente em face da garantia institucional do casamento ancorada no Art. 6 I GG e as consequências dela resultantes.

O Art. 6 I GG coloca o casamento sob especial proteção do ordenamento jurídico. Segundo a pacífica jurisprudência do TCF esse dispositivo constitucional contém – como também admite a maioria no Senado – tanto um direito fundamental à proteção em face de intervenções do Estado quanto uma garantia institucional e uma norma fundamental axiológica (cf. BVerfGE 31, 58 [67]; 62, 323 [329]). Mesmo sendo o casamento como comunidade vital entre homem e mulher dependente de uma regulamentação infraconstitucional, isso não abre de modo algum para o legislador ordinário a autorização ilimitada para configurar o casamento segundo os entendimentos respectivamente, real ou supostamente dominantes (cf. BVerfGE 6, 55 [82]; 9, 237 [242 s.]; 15, 328 [332]). Pelo contrário, as regulamentações jurídico-ordinárias devem ser – independentemente de uma margem discricionária a ser reconhecida ao legislador – medidas junto ao Art. 6 I GG como uma norma dirigente superior que contém ela mesma os princípios fundamentais (cf. BVerfGE 10, 59 [66]; 24, 104 [109]; 31, 58 [69 s.]). Nesse sentido, cada regulamentação infraconstitucional tem de observar os princípios essenciais que determinam o instituto do casamento (cf. BVerfGE 31, 58 [69]). Faz parte desses princípios estruturais garantidos pelo Art. 6 I GG, que são retirados do poder de disposição do legislador, que o casamento é um vínculo de um homem e uma mulher com uma união vital abrangente em princípio indissolúvel (cf. BVerfGE 62, 323 [330]). Isso reconhece também a maioria no Senado que a heterossexualidade dos cônjuges faz parte das características constitutivas do casamento, de tal modo que o legislador na consequência estaria impedido de infraconstitucionalmente compreender sob o casamento também a parceria de duas pessoas do mesmo sexo. Diante dessa conjuntura, não é compreensível que apenas outro nome para a criada nova forma jurídica da união vital devesse poder justificar que a garantia institucional do Art. 6 I GG não fosse considerada parâmetro. Isso porque o instituto do casamento é garantido no Art. 6 I não apenas segundo o nome, mas em suas características estruturais constitutivas, contra disposições arbitrárias do legislador. Quando o legislador cria, ainda que com outro nome, uma união configurada formal-juridicamente entre duas pessoas do mesmo sexo, que de resto corresponde ao casamento em direitos e obrigações, ele não observa, destarte, um princípio estrutural essencial que lhe é prescrito pelo Art. 6 I GG. É um equívoco supor que justamente por causa do afastamento de um princípio estrutural essencial a garantia institucional constitucional não se aplica como parâmetro. Em se aplicando esse parâmetro constitucional, dever-se-ia demonstrar em detalhes na Decisão que a garantia institucional ancorada constitucionalmente não seria tangenciada em seus princípios estruturais essenciais.

Na medida em que na Decisão parte-se da tese de que a garantia institucional não teria sido atingida apenas porque as normas que regem o casamento não sofreram nenhuma mudança pela LPartDisBG, ela se baseia na ignorância da essência de uma garantia institucional. Essa não tem em primeira linha como escopo a resistência de intervenções injustificadas em prejuízo do casamento – nesse ponto é predominantemente pertinente a função de direito de resistência do Art. 6 I GG –; o sentido da garantia institucional é, ao contrário, vincular o legislador junto à configuração do casamento a certos princípios estruturais, dos quais participa também a heterossexualidade dos parceiros. Assim, ele está impedido de introduzir, [ainda que] com outro nome, para pares homossexuais um instituto que, de resto, corresponde ao instituto do casamento. Se isso ocorreu ou não com a LPartDisBG, a Decisão da maioria no Senado que sustenta a [presente] Decisão deixou de apresentar, justamente porque ela deixa de fora do exame os efeitos constitucionais específicos da garantia institucional. Ao contrário, ela não apresenta nenhum limite a uma equiparação substancial com o casamento.

Papier.

Opinião divergente da Juíza Haas sobre a Decisão [*Urteil*] do Primeiro Senado de 17 de julho de 2002

– 1 BvF 1, 2/01 –

1. Eu concordo com a maioria no Senado que em princípio não se possa pensar em nada contra a criação de uma forma jurídica da união vital registrada para pares homossexuais por força constitucional. Desse modo, pode qualquer pessoa (com algumas exceções legalmente regulamentadas) registrar sua união com um parceiro do mesmo sexo, sem que entre eles uma relação homossexual exista ou seja intencionada. No entanto, a criação da forma jurídica da união vital registrada não foi ordenada por força constitucional.

2. A fundamentação da maioria no Senado da constitucionalidade da configuração concreta da forma jurídica da união vital registrada não me possibilita, entretanto, concordar com a decisão em suas partes essenciais de fundamentação.

a) A decisão não contempla especialmente o significado da garantia institucional do Art. 6 I GG.

Ela não considera na extensão necessária o significado e o modo de eficácia da garantia institucional do casamento. Em face disso a maioria no Senado deveria ter examinado se a forma jurídica da união vital registrada foi configurada pelo legislador de modo comparável ao casamento e porque isso não implica um problema jurídico-constitucional à luz da garantia constitucional.

O Art. 6 I GG coloca o casamento sob especial proteção do ordenamento jurídico. Segundo a jurisprudência pacífica do TCF esse dispositivo constitucional – assim como também admite a maioria no Senado – contém uma garantia institucional, uma norma fundamental axiológica, assim como um direito fundamental de proteção contra intervenções do Estado (cf. BVerfGE 31, 58 [67]; 62, 323 [329]).

O Art. 6 I GG assegura como garantia institucional a existência de uma instituição de direito privado do casamento e da família; ela disponibiliza o enquadramento jurídico de uma ordem vital (BVerfGE 6, 55 [72]), na qual homem e mulher encontram-se na união vital do casamento e que eles podem continuar desenvolvendo no sentido da comunidade familiar. Por causa dessa potencial filiação no casamento, que promete à comunidade de pais e filhos estabilidade, colocou o constituinte casamento e família sob proteção da Constituição. Por causa do significado do casamento para a família e sociedade, o Art. 6 I GG contém, em sua marca como norma fundamental axiológica, além disso, também um mandamento de fomento direcionado ao Estado (BVerfGE 6, 55 [76]; jurispr. pacífica), o qual marcou a configuração e ulterior desenvolvimento do casamento pelo legislador. O fomento ordenado constitucionalmente significa, ao contrário do entendimento da maioria no Senado, mais do que apenas impedir desvantagens ao casamento. Fomento significa atenção positiva para além do normal e com isso, portanto, privilegiar o casamento. O mandamento de fomento do Art. 6 I GG não se pode cumprir assim por meio de simples desvantagem infligidas a outras uniões vitais; o mandamento de fomento em prol do casamento justamente não representa, portanto, um mandamento de desvantagem infligíveis a terceiros.

Como garantia institucional, o Art. 6 I GG vincula o legislador – para além dos direitos de resistência dos titulares de direito fundamental – junto à configuração de regulamentações infraconstitucionais. O legislador é obrigado a observar os essenciais princípios estruturais que definem o casamento (cf. BVerfGE 31, 58 [69]). Pertence aos princípios estruturais essenciais do instituto do casamento a heterossexualidade dos parceiros.

Se o instituto do casamento goza da proteção ou, como consta da Constituição, da "especial" proteção do ordenamento jurídico, é em suma irrelevante nesse contexto. Já o mandamento expresso de proteção que comparativamente encontra-se na Constituição tão somente no Art. 1 I 2 GG em relação à dignidade humana, indica o elevado valor que o constituinte atribui ao casamento e à família. Nenhuma outra união jurídica, nenhuma união de pessoas, mesmo que baseada em uma permanente assistência mútua, protege-se como instituto de modo comparável por força constitucional.

A maioria no Senado não atenta para esse significado da garantia institucional quando ela apenas sustenta que o casamento não sofre danos com a criação de uma união vital registrada. A garantia institucional não tem como propósito em primeira linha a resistência contra intervenções injustificadas em prejuízo do casamento – nesse ponto prevalece a função de direito de resistência do Art. 6 I GG –; o sentido da garantia institucional é, pelo contrário, vincular o legislador a princípios estruturais fundamentais junto à configuração do casamento, aos quais pertence – também na opinião da maioria no Senado – a heterossexualidade dos parceiros. O mandamento constitucional de que apenas parceiros heterossexuais podem contrair matrimônio é contrariado quando se coloca ao seu lado um instituto para pares do mesmo sexo, cuja configuração corresponde às formas encontradas para o casamento na aplicação do mandamento constitucional de fomento. O nome pouco importa. Com efeito, o instituto do casamento garantido no Art. 6 I GG é protegido não apenas no que tange ao nome, mas também em suas características estruturais constitutivas contra disposições aleatórias do legislador. O legislador não pode furtar-se às exigências do Art. 6 I GG ao evitar o nome "casamento". Se o legislador cria, sem ter motivos justificados em face do instituto do casamento, a forma jurídica de uma parceria entre pessoas do mesmo sexo que, de resto, em direitos e obrigações corresponde àqueles do casamento, ele não observa, por isso, um princípio estrutural essencial, prescrito justamente pelo Art. 6 I GG. A maioria no Senado ignora-o na medida em que afirma que não se aplica a garantia institucional como parâmetro justamente por desviar-se de um princípio estrutural essencial.

Por isso, a maioria no Senado teria de ter examinado se a forma jurídica da união vital registrada tem um conteúdo regulamentar que seja comparável ao do instituto do casamento. Isso não poderia ser harmonizado com o Art. 6 I GG porque faltam à união vital os elementos que marcam o casamento, sua exclusividade limitada ao vínculo de homem e mulher, justificadores de seu especial fomento. Isso porque ela não objetiva um filho próprio, não conduz à responsabilidade parental e, desse modo, não contribui para a viabilidade futura do Estado e da sociedade.

b) O entendimento da maioria no Senado segundo qual o Art. 3 III GG não seria violado porque se conecta ao vínculo de duas pessoas e não ao sexo, pouco convence. Com efeito, o pressuposto para contrair uma união vital registrada com determinados parceiros é a pertinência ao seu sexo. Portanto, conecta-se naturalmente à pertinência ao sexo para a possibilidade do registro de uma relação de duas pessoas. Nesse ponto, seria desejável que o Senado tivesse produzido mais explicações além na sintética fundamentação.

c) As exposições da maioria no Senado sobre a constitucionalidade da exclusão da contração de uma união vital registrada por irmãos e parentes em linha direta (Art. 1 § 1 II n. 2 e 3 LPartDisBG) não são idôneas a fundamentar em sua generalidade o entendimento da maioria no Senado de que o Art. 3 I GG não teria sido violado.

(1) A começar pelo parâmetro aplicado pela maioria no Senado [que] é impreciso. No exame do tratamento desigual de grupos de pessoas, o legislador submete-se, segundo a jurisprudência pacífica, a um estrito vínculo (cf. BVerfGE 55, 72 [88]; 88, 87 [96]), que será tão mais estrito quanto mais características relativas à pessoa aproximarem-se daquelas elencadas no Art. 3 III GG e quão mais intensamente o tratamento desigual de pessoas puder atingir desfavoravelmente seu exercício de liberdades protegidas jusfundamentalmente (cf. BVerfGE 60, 123 [134]; 82, 126 [146]; 88, 87 [96]). Como no caso da discussão incompleta do parâmetro, falta também uma discussão dos grupos comparados; uma falha que produz efeitos sobre o exame.

(2) Ao parâmetro encurtado corresponde a curta argumentação da maioria no Senado. Sobre sua base não são reconhecíveis quais as diferenças existem entre os parceiros em uma união vital registrada e em uma união vital existente entre irmãos ou parentes que sejam de tal relevância que possam justificar o tratamento desigual dos círculos de pessoas.

Assim parte-se para a fundamentação da exclusão da contração de uma união vital registrada por parentes da exclusividade da união vital registrada; contudo não se fundamenta ou se discute mais detalhadamente essa "exclusividade". Isso não pode ser derivado nem do dispositivo sobre a contração da união vital registrada nem do contexto normativo.

Que parentes "frequentemente" já são vinculados, em outro lugar, em um casamento ou uma união vital registrada, ao que a maioria no Senado faz referência, é irrelevante nesse contexto, pois isso já se considera pelos impedimentos de fundação de uma união segundo o Art. 1 § 1 II n. 1 ou 4 LPartDisBG.

Portanto, porque solteiros e parentes em linha direta e irmãos de outro modo não vinculados por uma união não poderiam satisfazer o princípio da "exclusividade" postulado pela maioria no Senado não resulta da fundamentação da Decisão.

Por meio de uma argumentação abstrata, a maioria no Senado contorna uma discussão com os grupos comparáveis realmente relevantes. Esses compõem-se de irmãos e parentes em linha direta que, de algum modo, vivam juntos, e que têm sua necessidade de regulamentação jurídica comparável com o de outras parcerias, às quais agora se abre a forma jurídica da união vital registrada porque eles administram conjuntamente um domicílio, contam um do outro em situações de necessidade, aparecem nos negócios jurídicos conjuntamente ou respectivamente em nome do outro e são relacionados emocionalmente precipuamente com a mesma confiança como nas outras relações duradouras.

Na medida em que a maioria no Senado satisfaz-se em referir que as uniões de responsabilidade de parentes pelo direito vigente já "(receberam) em certa perspectiva uma segurança que é aberta aos pares homossexuais apenas com a união vital", revela já essa formulação que se mantém totalmente no âmbito do desvinculado e aproximado e que falta à maioria no Senado um parâmetro concreto para o exame da igualdade. Permanecem obscuras quais as circunstâncias deveriam ser relevantes para a comparação e qual medida de diferença é necessária para justificar um tratamento desigual de uniões vitais entre parentes e entre não parentes. Também o conceito de "segurança" introduzido nesse ponto não foi mais precisamente definido. A referência que então se segue sobre os "direitos de se recusar a prestar testemunho existentes na relação entre parentes, os direitos sucessórios e em parte também os direitos à legítima, assim como seu favorecimento tributário", é, diante de tal falta de diferenciação, incorreta e, no mais, incompleta. Isso se revela, por exemplo, no seguinte: Irmãos têm mesmo até um direito de recusa a prestar testemunho, por exemplo, segundo o § 52 I n. 3 StPO. Contudo, irmãos têm apenas um limitado direito de herança (pais e filhos têm precedência: § 1924 I, § 1930 I BGB e § 1925 I e 2 BGB) e nenhum direito à legítima (§ 2303 I e 2 BGB). Sobretudo, os efeitos jurídicos da união vital registrada não são restritos ao direito sucessório e à regulamentação de direitos de recusa a prestar testemunho, mas atingem muitos âmbitos jurídicos. Uma característica essencial da união vital é, por exemplo, a obrigação alimentícia, que não existe entre irmãos (§ 1601 BGB). Irmãos também não são admitidos no seguro familiar (§ 10 I SGB V); no mais, eles não podem decidir sobre sua situação patrimonial (Art. 1 § 6 LPartDisBG) e eles não recebem um "pequeno poder familiar" como [o previsto] no Art. 1 § 9 LPartDisBG.

Por causa de seu restrito exame, a maioria no Senado não logrou analisar a matéria suficientemente à luz do Art. 3 I GG. Por isso, não se reconhece que entre uniões de responsabilidade de irmãos e parentes respectivamente do mesmo sexo e outras uniões vitais, às quais a forma jurídica da união vital registrada encontra-se aberta, existam diferenças de tal monta a justificar a negativa de uma comparável necessidade de regulamentação de suas relações para os dois primeiros citados grupos de pessoas, vedando-lhes a contração de uma união vital registrada.

Haas.

59. BVerfGE 108, 82 (*Biologischer Vater*)

Reclamação Constitucional contra Decisão Judicial

09/04/2003

MATÉRIA

Nesta decisão, o TCF dedicou-se à interpretação de normas de direito de família em face do Art. 6 II 1 GG, tendo em vista a verificação da extensão de direitos e obrigações do **pai biológico** (*Biologischer Vater*).

No caso, decidiu conjuntamente duas Reclamações Constitucionais movidas por pais biológicos contra decisões judiciais do Superior Tribunal de *Köln* (Reclamações 1 e 2), do Tribunal Estadual de *Köln* (Reclamação 1) e dos Juízos de Primeira Instância de *Köln* (Reclamação 1) e de *Leverkusen* (Reclamação 2).

Desse modo devidamente provocado, o TCF reconheceu a incompatibilidade parcial de normas do Código Civil (BGB), especificamente dos §§ 1685 e 1600 BGB, em face, respectivamente, dos parâmetros do Art. 6 I 2ª variante GG (família) e do Art. 6 II 1 GG (direito parental).

Consequentemente, anulou as decisões judiciais impugnadas, devolvendo-as aos órgãos judicantes de origem para nova decisão das lides.

No mais, devido à relevância para um dos casos originários e ao ensejo dele decorrente ou prejudicialidade para o julgamento ulterior de uma das lides dos processos originários devolvidas aos seus juízes naturais conforme descrito a seguir, o TCF pronunciou-se também sobre a constitucionalidade de um dispositivo revogado pelo legislador civil em 1° de julho de 1998, o § 1711 a.F. ("redação antiga, revogada").

Nos tribunais competentes em razão da matéria (instanciais ou *Fachgerichte*),[133] os Reclamantes requeriam, com diferentes fundamentos, respectivamente, o reconhecimento judicial do direito ao convívio com seu filho, cujo pai legal era, em um caso, o marido da mãe do filho e, no outro caso, um terceiro. Os pedidos foram julgados improcedentes e consequentemente indeferidos com fundamento nos dois primeiros dispositivos anteriormente mencionados do Código Civil alemão.

No processo originário relativo à Reclamação Constitucional n. 1 tratava-se do pai, então autor de uma ação, com pedido de garantia do direito de visita (convívio) do filho. O filho nasceu, entretanto, na constância do matrimônio da mãe com outro homem. Não obstante, a paternidade foi indubitavelmente confirmada em 1990 por pesquisa de grupos sanguíneos. O Reclamante havia se separado da mãe aproximadamente 4 meses antes do nascimento. Alguns meses após o parto, retomou com ela uma relação que findou, definitivamente, em 1992. Marido e mulher, que viviam separados até então, retomaram depois disso a vida conjugal e familiar. Desde 1993, o Reclamante não tivera mais contato com seu filho, apesar de várias tentativas de aproximação que, segundo a avaliação da mãe, teriam o objetivo de levar seu marido a impugnar a legitimidade do filho e abalar a estrutura familiar. O Juízo de Primeira Instância não apenas indeferiu seu pedido, mas o proibiu de aproximar-se da criança. O imediato agravo ao Tribunal Estadual de *Köln* não foi provido, tendo sido a sentença de primeira instância por ele corroborada com os mesmos fundamentos daquela. O Superior Tribunal Estadual de *Köln* não admitiu seu agravo do não provimento do agravo.

133. A denominação ocupa papel central na dogmática processual constitucional, pois distingue o juiz natural das lides ordinárias do juiz natural de questões constitucionais, o qual, no controle de constitucionalidade, atua em um contexto de processo objetivo que é o TCF. A definição do alcance ou da densidade da revisão de decisões judiciais pelo TCF, especialmente no âmbito da Reclamação Constitucional contra Decisão Judicial, é tarefa das mais complexas, sendo os esforços de delimitação subsumidos sob a epígrafe do "direito constitucional específico". Cf. em geral, no vernáculo: Martins (2018-b: 30 ss. e 76) e o estudo temático de Martins (2019).

Por sua vez, no processo originário relativo à Reclamação Constitucional n. 2 tratava-se de um palestino com cidadania israelense. Primeiro, ele tentou reconhecer extrajudicialmente a paternidade de uma criança nascida em novembro de 1998. A mãe discordou. Alegando que ele teria tido uma relação com a mãe desde 1991 – de resto, que a criança havia sido planejada, seu nome árabe escolhido conjuntamente e a criança teria seus traços físicos –, ajuizou a *ação de reconhecimento da paternidade* em face da criança que foi por ela contestada, *nela* devidamente representada pela mãe. O novo parceiro vital da mãe reconheceu validamente a paternidade da criança em outubro de 2000. Na sequência, o ora Reclamante requereu subsidiariamente a declaração negativa de paternidade do outro homem. A esse pedido opunha-se, entretanto, o § 1600 I BGB, que continha um rol taxativo de legitimados para impugnar a paternidade, contemplando apenas: o pai cuja paternidade fora identificada segundo o § 1592,[134] a mãe e o filho. Por essa razão, a ação foi recusada pelo juízo de primeira instância e o recurso de apelação não foi conhecido.

Analisando sistematicamente as Reclamações Constitucionais quanto aos seus respectivos parâmetros e objetos específicos indiretos (normas do BGB aplicadas pelas Decisões imediatamente atacadas) tem-se que, na primeira, o § 1685 BGB, que disciplina o direito ao convívio foi medido com base no parâmetro do direito fundamental de família do Art. 6 I 2ª variante GG. Esse tem seus limites constitucionais fixados pelo mesmo direito fundamental da mãe e filho, pelo direito fundamental ao poder familiar do Art. 6 II 1 GG do marido e pai legal do filho, mas, sobretudo, pelo Art. 6 II 2 GG com a retro descrita implícita reserva legal qualificada (ou reserva incumbência).

Para a apreciação constitucional da intervenção estatal implícita na aplicação e na própria interpretação do § 1685 BGB foi necessário resolver, primeiro, a questão prejudicial da compatibilidade abstrata e de sua interpretação e aplicação pelos tribunais cíveis do até 1° de julho de 1998 vigente § 1711 II BGB. Na segunda Reclamação Constitucional, tinha-se como objeto o § 1600 BGB, que, por seu teor taxativo, excluía sem exceções o suposto pai biológico da possibilidade de impugnar a paternidade do pai legal, medido com base no direito fundamental do Reclamante decorrente diretamente do específico (em comparação ao genérico do direito fundamental de família) Art. 6 II 1 GG. Como limites justificadores da

134. O § 1592 BGB, segundo dispositivo do título sobre ascendência após o § 1591 BGB ("A mãe de uma criança é a mulher que a pariu"), contém 3 hipóteses de constituição de paternidade: "O pai de uma criança é o homem: 1. Que seja casado com a mãe no momento do nascimento, 2. Que reconheceu a paternidade ou 3. Cuja paternidade [...] tenha sido verificada judicialmente".

intervenção estatal legislativa viriam à pauta o mesmo direito do pai legal, os direitos fundamentais de família do Art. 6 I 2ª variante GG de mãe e filho e, novamente, o Art. 6 II 2 GG.

Apesar de verificada a inconstitucionalidade, o TCF não declarou nulos os dispositivos ou mesmo as partes deles consideradas inconstitucionais em face dos mencionados parâmetros. Fazendo uso de sua consolidada jurisprudência, valeu-se da modalidade de dispositivo da mera anulação pró-futuro, dando um prazo de pouco mais de 12 meses para o legislador derrogar os dispositivos declarados parcialmente inconstitucionais.[135]

Mesmo sem ter havido audiência, daí tratar-se de uma *Beschluss*, houve, a partir de convites do TCF, muitas intervenções mediante manifestações por memoriais escritos de órgãos estatais e de organizações sociais, como sempre minuciosamente reproduzidos (no caso: sob o ponto **A.III**) em discurso indireto pelo TCF, nomeadamente dos seguintes: a Corte Federal de Justiça, a Associação Científica para o Direito de Família, a União das Juristas Alemãs, o Instituto Alemão para Assistência à Juventude e Direito de Família, a Federação de Mães e Pais Solteiros, a União Alemã de Proteção de Crianças e a União Pais [Homens] para Filhos.

Na fundamentação, o TCF basicamente considerou que a exclusão *sem exceções* do pai biológico do direito ao convívio familiar e de coparticipação no cuidado e educação de seu filho representa intervenção estatal legislativa (no caso, confirmada judicialmente) não justificada porque violadora da vedação de excesso implícita no princípio da proporcionalidade – entre o meio interventivo e o específico propósito autorizado[136] para tais intervenções estatais: o bem-estar do filho menor.

Como consequência da Decisão, o legislador derrogou os §§ 1600 e 1685 BGB. No primeiro caso, o § 1600 BGB, que legitimava à impugnação da paternidade apenas o próprio pai legal, a mãe e o filho, foi derrogado com a adição do suposto pai biológico no novo § 1600 I, n. 2 BGB: "O homem que declara sob juramento ter mantido relações sexuais com a mãe da criança durante o período da concepção". Os dois parágrafos seguintes (§ 1600 II e III BGB) criam regras hermenêuticas bem específicas: "A impugnação segundo o parágrafo 1, n. 2 pressupõe que não haja relação social-familiar entre a criança e seu pai no sentido do parágrafo 1, n. 1 [pai legal], ou não

135. Sobre tais variantes de dispositivo, chamadas, no direito brasileiro, de modulações de efeitos da declaração de inconstitucionalidade: Schlaich e Korioth (2015: 288-324) e Martins (2018-b: 66-70).

136. Caso de uma reserva legal qualificada, ainda que tácita. Cf. retro **I.3.3.1** e, em geral, sobre a figura da reserva legal qualificada (tácita): Dimoulis e Martins (2018: 180) e, em relação ao correspondente papel jusfundamental dogmático da "função social da propriedade": Martins (2012: 197-199) e mais detida e precisamente: Martins (2016-b).

tenha havido à época de sua morte e que o autor seja o pai natural da criança" e "Existe uma relação social-familiar no sentido do parágrafo 2, quando o pai, na acepção do parágrafo 1, n. 1, no lapso temporal relevante, assume ou tiver efetivamente assumido a responsabilidade pela criança. Estará em regra presente a assunção de real responsabilidade quando o pai, na acepção do parágrafo 1, n. 1, for casado com a mãe da criança ou tiver vivido com a criança na mesma casa por longo período de tempo".

No segundo caso do § 1685 BGB, manteve-se seu parágrafo 1 (§ 1685 I): "Avós e irmãos têm o direito de convívio com a criança se ele servir ao bem-estar da criança". Alterado foi o anterior, taxativo parágrafo 2 que tinha o seguinte teor: "O mesmo aplica-se ao cônjuge ou ex-cônjuge, bem como ao parceiro vital ou ex-parceiro vital de um dos pais que viveu na mesma casa com a criança por longos períodos e a pessoa, em cujas casas a criança esteve sob cuidados familiares por longos períodos de tempo". No novo vigente teor, o legislador optou por manter uma versão não expressamente inclusiva do pai biológico, porém, aberta a ele por via da interpretação e subsunção concreta de fatos apurados (deixando, portanto, certa margem decisória à discricionariedade judicial): "O mesmo aplica-se às pessoas referência próximas da criança se eles assumirem ou tiverem assumido real responsabilidade pela criança (relação social-familiar). Uma assunção de real responsabilidade estará em regra presente, quando a pessoa tiver vivido na mesma casa com a criança por um longo período de tempo".

EMENTAS

1. O Art. 6 II 1 GG protege o pai natural não legal (o assim chamado pai biológico) em seu interesse de adquirir o status jurídico de pai. Deve ser a ele, jurídico-constitucionalmente, aberta a possibilidade de conseguir a posição de pai legal, quando a isso não se contraponha a proteção de uma relação familiar entre o filho e seus pais legais.

2. Também o pai biológico constitui com seu filho uma família protegida pelo Art. 6 I GG, desde que entre ele e o filho exista [de fato] uma relação social-familiar. A proteção de direito fundamental abrange também o interesse na manutenção dessa relação. Viola o Art. 6 I GG excluir o pai biológico, assim conectado com o filho, do seu convívio até mesmo na hipótese em que tal convívio sirva ao bem-estar do filho.

3. Sobre a constitucionalidade dos §§ 1600, 1685 BGB, § 1711 II BGB a.F.

Decisão [*Beschluss*] do Primeiro Senado, de 9 de abril de 2003

– 1 BvR 1493/96, 1 BvR 1724/01 –

Nos processos das Reclamações Constitucionais

1. Do Sr. L. ... – [...] contra a) Decisão do Superior Tribunal de *Köln* de 14 de junho de 1996 [...], b) do Tribunal Estadual de *Köln* de 5 de setembro de 1995 [...], c) do Juízo de primeira instância de *Köln* de 25 de janeiro de 1994 [...].

2. Do Sr. A.-K. ... – [...] contra a) Decisão do Superior Tribunal de *Köln* de 30 de agosto de 2001 [...], b) do Juízo de primeira instância de *Leverkusen* de 28 de fevereiro de 2001 [...].

Dispositivo:

I. 1. O § 1685 do Código Civil, na redação da Lei de Reforma do Direito da Filiação (Lei de Reforma do Direito da Filiação – KindRG),[137] de 16 de dezembro de 1997 (Diário de Leis Federais I, página 2942), não é compatível com o Artigo 6, Parágrafo 1 da *Grundgesetz*, na extensão em que ele não inclui, no círculo dos legitimados ao convívio, o pai natural, mas não legal, de um filho, mesmo quando entre ele e o filho exista ou tenha existido uma relação familiar-social.

2. Convoca-se o legislador a promulgar até 30 de abril de 2004 uma regulamentação compatível com a Constituição. Até a nova regulamentação legal devem ser suspensos os processos judiciais, na extensão em que sua [respectiva] decisão dependa da constitucionalidade do § 1685 do Código Civil.

3. A Decisão do Superior Tribunal Estadual de *Köln*, de 14 de junho de 1996 – 16 Wx 105/96 –, a Decisão do Tribunal de *Köln*, de 5 de setembro de 1995 – 1 T 657/94 – e a decisão do Juízo de Primeira Instância de *Köln*, de 25 de janeiro de 1994 – 52 X 138/93 – violam o direito fundamental do Reclamante decorrente do Artigo 6, Parágrafo 1 da *Grundgesetz*. Anulam-se as Decisões. Devolve-se a matéria ao Juízo de Primeira Instância de *Köln*.

4. A República Federal da Alemanha deve ressarcir o Reclamante por suas custas processuais necessárias.

II. 1. O § 1600 do Código Civil, na redação da Lei de Reforma do Direito da Filiação (Lei de Reforma do Direito da Filiação – KindRG), de 16 de dezembro de 1997 (Diário de Leis Federais I, página 2942), não é compatível com o Artigo 6, Parágrafo 2, Período 1 da *Grundgesetz*, na extensão em que ele, sem exceções,

137. Explica-se a aparente redundância: no original, aparece entre parêntesis o nome da lei em sua forma sintético-compacta: *Kindschaftsrechtsreformgesetz*, ao passo que fora dos parêntesis aparece o nome da mesma lei em sua forma analítica, qual seja, *Gesetz zur Reform des Kindschaftsrechts*.

excluir o pai natural, porém não legal, de uma criança da [legitimidade ativa para] impugnação do reconhecimento da paternidade.

2. Concede-se ao legislador prazo para promulgar uma regulamentação compatível com a Constituição até 30 de abril de 2004. Até a nova regulamentação legal devem permanecer suspensos os processos judiciais, na extensão em que sua [respectiva] decisão dependa da constitucionalidade do § 1600 do Código Civil.

3. A Decisão do Superior Tribunal Estadual de *Köln*, de 30 de agosto de 2001 – 14 UF 119/01 – e a Decisão do Juízo de Primeira Instância de Leverkusen, de 28 de fevereiro de 2001 – 30 (33) F 223/00 – violam o direito fundamental do Reclamante decorrente do Artigo 6, Parágrafo 2, Período 1 da *Grundgesetz*. Anulam-se as decisões. Devolve-se a matéria ao Juízo de Primeira Instância de Leverkusen.

4. A República Federal da Alemanha deve ressarcir o Reclamante por suas custas processuais necessárias.

RAZÕES

A.

As Reclamações Constitucionais relacionam-se à posição jurídica do (suposto) pai natural, mas não legal, de uma criança (assim chamado pai biológico). Trata-se especialmente da questão de saber se ele goza da proteção do Art. 6 II 1 e 1 GG e se se pode fundamentar aqui um direito de impugnação da paternidade legal para a verificação de sua própria paternidade e ao convívio com a criança.

I. 1. – 2. a) – b); II. 1. a – b), 2. a) – b); III. 1. – 7. [...].

B.

As Reclamações Constitucionais são admitidas. [...].

[...]

C.

As Reclamações Constitucionais são procedentes.

O § 1600 BGB é incompatível com o Art. 6 II 1 GG, na extensão em que ele exclui, sem exceções, o pai natural de da impugnação da paternidade reconhecida para seu filho com vistas à obtenção da própria paternidade legal (**I.**). A regulamentação do convívio no § 1711 II BGB a.F. era compatível com a *Grundgesetz* (**II.**), não fora, todavia, aplicada nas decisões impugnadas em consonância com o Art. 6 I GG (**III. 1**). Por sua vez, o § 1685 BGB não se harmoniza com Art. 6 I GG, na extensão em que exclui o pai natural, que tem uma relação social-familiar com seu filho, também do seu convívio quando esse convívio servir ao bem-estar da criança (**IV.**).

I.

1. Também o pai natural, mas não legal, está protegido pelo Art. 6 II 1 GG. Não obstante, ser pai natural de uma criança ainda não faz dele um titular do direito dos pais decorrente do Art. 6 II 1 GG. Mas a norma jusfundamental protege o pai natural em seu interesse de conseguir a posição jurídica de pai da criança. Essa proteção não lhe transfere um direito, em todo caso prevalentemente sobre o pai legal, de obter a posição de pai. A ele dever ser, contudo, dada a possibilidade de conseguir a posição de pai legal, desde que isso não obstaculize a proteção de uma relação familiar entre o filho e seus pais legais e verifique-se que ele seja o pai natural da criança.

a) Segundo o Art. 6 II 1 GG, o cuidado e educação dos filhos são direito e obrigação dos pais. O conceito de pais abrange, segundo o uso da língua, também os pais naturais de uma criança, independentemente do estado familiar dos pais e da proximidade da relação entre eles e a criança (cf. BVerfGE 92, 158 [177 s.]). Quando o Art. 6 II 1 GG fala em direito natural dos pais expressa-se aqui, por um lado, que esse direito não é concedido pelo Estado, mas reconhecido por ele como um dado (cf. BVerfGE 59, 360 [376]). Por outro lado, isso esclarece que aqueles que dão a vida a um filho estão naturalmente, em princípio, prontos e chamados a receber a responsabilidade para com seu cuidado e educação (cf. BVerfGE 24, 119 [150]). Por isso, o legislador está autorizado a orientar a atribuição da posição jurídica de pais pela ascendência [biológica] do filho (cf. BVerfGE 79, 256 [267]).

b) O legislador não está, todavia, obrigado a fazer depender o reconhecimento jurídico da paternidade sempre do exame de quem no caso particular o filho provém [geneticamente]. Em face da proteção de relações sociais familiares do Art. 6 I GG e da proteção da esfera íntima do Art. 2 I GG é suficiente presumir a partir de certas circunstâncias fáticas e situações sociais a origem de um filho e, com base nessa presunção, proceder a atribuição da posição jurídica de pais, quando isso em regra levar à coincidência entre paternidade natural e legal (cf. BVerfGE 79, 256 [267]). Assim, presume-se desde há muito não apenas em nossa cultura jurídica que, por causa da relação iniciada com o casamento, o esposo da mãe também seja o pai natural de seu filho e apoia-se aqui a paternidade legal do esposo. O mesmo vale quando um homem, em declarada anuência da mãe de um filho concebido fora do casamento por meio do reconhecimento da paternidade, expressar, de modo juridicamente vinculante, a vontade de assumir a responsabilidade paternal. Consequência dessas regulamentações que não podem ser impugnadas constitucionalmente é que, no caso particular, ao contrário da presunção legal, a paternidade natural e legal podem não coincidir. O filho tem então dois pais que podem avocar sua paternidade protegida pelo Art. 6 II 1 GG.

2. A proteção do Art. 6 II 1 GG não pressupõe a paternidade legal. O homem, do qual provém um filho, é pai do filho também quando ele não for reconhecido como tal pelo ordenamento jurídico. Mais do que essa paternidade baseada na origem genética, o Art. 6 II 1 GG não pressupõe para a inclusão de pais em sua área de proteção. Entretanto, tão somente isso ainda não faz do pai biológico ao lado do pai legal um titular do direito de pais do Art. 6 II 1 GG.

a) Titulares do direito parental segundo o Art. 6 II 1 GG podem ser para um filho apenas uma mãe e um pai.

aa) O Art. 6 II 1 GG correlaciona o filho aos [seus] pais. No caso, já da circunstância de que um filho possa ser proveniente apenas de um par de pais pode-se concluir que o constituinte também quis atribuir a um par de pais o direito parental. Esse direito baseia-se na atribuição pela qual ao mesmo tempo ele recebe sua direção: é um direito que cabe a cada parte parental, mas que corresponde ao direito de igual valor da outra parte [genitora ou responsável] (cf. BVerfGE 99, 145 [164]) e que se baseia no filho em prol de cujo bem-estar deve ser ele exercido (cf. BVerfGE 75, 201 [218 s.]). A responsabilidade para com o filho, que o Art. 6 II 1 GG com isso concede aos pais, obrigando-os a ela, carece por sua vez de uma clara atribuição também do papel de pais que deve ser assumido, a fim de que ele possa ser exercido no interesse do filho. As relações familiares, nas quais um filho nasce podem até mudar com o tempo e, assim, também as pessoas-referência masculina e feminina para o filho. No entanto, para o seu desenvolvimento ao lado da origem [genética] e da qualidade da relação com suas respectivas pessoas-referência, têm o saber e a certeza sobre a quem ele pertence um significado fulcral, de qual família ele faz parte e quem como mãe e pai carrega a responsabilidade por ele. Somente isso cria a segurança pessoal e jurídica para a criança, a lhe ser assegurada pela norma jusfundamental a respeito do direito parental.

bb) O Art. 6 II 1 GG exclui um direito parental sem que haja titularidade de obrigações em face da criança. Com o direito de pais vincula-se, desde o início, como sua parte constitutiva essencial, a obrigação de cuidado e educação do filho (cf. BVerfGE 24, 119 [143]; 52, 223 [235]; 61, 358 [372]). Quem reclama para si o direito parental não pode apenas exigir direitos em face do filho, mas tem de carregar também as obrigações. Assim, também o direito de convívio corresponde a uma parte da responsabilidade parental. Se, no entanto, o direito parental do Art. 6 II 1 GG concede direitos apenas junto com as obrigações, pode ser titular desse direito apenas quem ao mesmo tempo carregar a responsabilidade parental, independentemente de ser a paternidade somente fundada na origem genética ou na atribuição jurídica (cf. BVerfGE 56, 363 [381 ss.]; 75, 201 [218 s.]; 79, 203 [210]; 80, 286 [295]).

cc) Uma concomitância de dois pais [masculinos], aos quais com a mãe cabe respectivamente a mesma responsabilidade parental atribuída jusfundamentalmente em relação ao filho, não corresponde à responsabilidade parental que está na base do Art. 6 II 1 GG. Também a transformação das relações vitais familiares não obriga que uma criança seja submetida à responsabilidade parental de dois pais [masculinos]. Que a paternidade natural possa não coincidir com a legal não é um fenômeno novo que pudesse ser explicado pela mudança de estruturas familiares. Pelo contrário, encontra sua causa na tradição jurídica de presumir a paternidade com base em determinados fatos sociais, embasar a atribuição jurídica do filho e então, apenas no caso particular, verificar a paternidade natural como base para a legal quando a presunção legal não vier mais ao caso. Mesmo que pudesse ocorrer que pais naturais no caso de uma não coincidência entre paternidade natural e legal em maior número reconheçam sua paternidade e queiram estar em uma relação com seu filho, ainda não seria tal desenvolvimento, por si só, um motivo para reconhecer o pai natural ao lado do legal como titular do direito parental do Art. 6 II 1 GG.

Quando o Art. 6 II 1 GG deixa a responsabilidade sobre o filho precipuamente aos pais, baseia-se na consideração de que eles no exercício conjunto dessa responsabilidade em regra zelam da melhor forma possível pelos interesses do filho (cf. BVerfGE 103, 89 [108]). Tal consideração não pode, entretanto, ser aplicada a uma união composta por dois pais e uma mãe, junto à qual não está presente a presunção de que um exercício conjunto da responsabilidade parental serviria aos interesses do bem-estar do filho da melhor forma possível. Pelo contrário, com tal constelação, construir-se-iam, em certo sentido, conflitos de papeis e litígios de competência entre os pais, os quais poderiam exercer uma influência negativa sobre o desenvolvimento da criança. Em todo caso, não seria garantida uma realização efetiva da responsabilidade parental no interesse da criança. Ao mesmo tempo surgiria a dificuldade de fixar a responsabilidade parental de modo pessoal, a fim de possibilitar o atendimento da tarefa do aparelho de Estado para a proteção do bem-estar da criança de fiscalizar o exercício do direito parental. O conteúdo do direito parental determina limites à sua titularidade.

b) O pai legal de uma criança, que assume por ela responsabilidade parental, é titular do direito parental do Art. 6 II 1 GG e não perde esse direito, assim como a posição a ele ligada como pai, somente porque surge outro homem como pai natural da criança (cf. BVerfGE 24, 119 [136]). A determinação legal da paternidade é constitutiva para a possibilidade de alguém, na qualidade de parte parental, assumir, por excelência, a ampla responsabilidade sobre o filho. Ela abre o acesso da responsabilidade parental e é pressuposto para a percepção da posição parental protegida jusfundamentalmente. Apenas a decadência da posição como pai legal dispensa-o da titularidade do direito parental e da própria responsabilidade sobre a criança.

c) Também a paternidade natural carece do reconhecimento jurídico para que dela se possa fazer valer o direito parental. Se ela corresponder à presunção legal, ela recebe por isso sua vinculatividade jurídica. Se este não for o caso, não se vislumbra, sem mais, quem seja, no lugar do pai legal, o pai natural da criança. Se o pai natural não tiver interesse em assumir a responsabilidade parental sobre a criança, passa a ser visível e adquire relevância para estranhos a circunstância de que a criança provém dele e não do pai legal, apenas e somente quando a paternidade legal for impugnada por alguém para tanto legitimado e como consequência disso forem feitas verificações sobre a paternidade. Porém, também quando um homem reconhece ser, ao lado do pai legal, o pai natural de uma criança, com tal reconhecimento apenas não está nem determinado que isso de fato seja verdadeiro nem se pode derivar disso que ele também esteja pronto para assumir, no lugar do pai legal, a responsabilidade parental sobre a criança. Não se pode, entretanto, basear-se em tais incertezas uma titularidade de direito fundamental ligada com direitos e deveres em face de uma criança. Por isso, para poder entrar nessa posição como pai natural no lugar do pai legal, pressupõe-se a verificação ou confirmação da paternidade natural com o objetivo da assunção juridicamente vinculante da responsabilidade parental.

3. O Art. 6 II 1 GG protege o interesse do pai natural de uma criança de tomar também a posição jurídica de pai.

a) Tendo em vista fundamentação e conteúdo de relações familiares, a configuração legal deve ser orientada pelo [reconhecimento de] que em regra aos pais naturais de uma criança também deve ser confiada a posição jurídica de pais. No entanto, se no caso particular os pais naturais e legais de uma criança não coincidirem, veda-se, primeiro, ao pai natural que assuma responsabilidade sobre seu filho. Não obstante, isso não o deixa desprotegido como parte parental.

O mandamento contido no Art. 6 II 1 GG de alcançar de preferência uma coincidência entre paternidade natural e legal exige também naqueles casos de dúvida a respeito da paternidade a abertura de um processo, no qual a paternidade deverá ser examinada e, em caso afirmativo, o direito parental ser reordenado. Nesse ponto, o Art. 6 II 1 GG garante ao pai biológico em princípio também um acesso jurídico-processual ao direito paternal.

b) Isso vale também para aquele que, por causa de certos fatos e aspectos, possa partir de sua paternidade natural em relação a uma criança, mas que até então não conseguiu prová-lo por falta de cooperação da mãe. Se lhe fosse vedada a possibilidade de fazer examinar e verificar sua paternidade como pressuposto de um acesso à paternidade legal, permaneceria a ele bloqueado o acesso à titularidade do direito fundamental, mesmo que ele seja, de fato, o pai natural da criança. Isso contrariaria a vontade do Art. 6 II 1 GG de criar possibilidades para o pai natural de também juridicamente ocupar a posição de pai. O exame e verificação da paternidade é, por isso, parte da garantia constitucional do Art. 6 II 1 GG.

c) Contudo, é abrangido por essa proteção que o Art. 6 II 1 GG garante ao pai biológico apenas o acesso a um processo para poder assumir também juridicamente a posição de pai. O desejo de obter apenas o conhecimento e certeza sobre a origem genética de uma criança não pode se basear no Art. 6 II 1 GG, porque falta a ele a relação com a responsabilidade parental. Igualmente como o direito da criança ao conhecimento da própria origem é fundada em seu direito de personalidade (cf. BVerfGE 79, 256 [268 ss.]), também o desejo de um homem apenas saber se uma criança seja seu descendente relaciona-se com sua autocompreensão e com a possibilidade de, como indivíduo, não se relacionar com outros apenas socialmente, mas também genealogicamente e, assim, com seu direito protegido pelo Art. 2 I em conexão com o Art. 1 I GG. Se assiste um direito subjetivo também para ele decorrente do direito de personalidade a ter esclarecida judicialmente a origem genética de uma criança pode aqui restar em aberto, pois em nenhum dos casos a serem decididos trata-se solitariamente desse esclarecimento. Um direito subjetivo ao reconhecimento da paternidade legal não decorre do direito de personalidade.

4. Do Art. 6 II 1 GG não se depreende que a paternidade natural sempre deva se impor sobre a paternidade legal. A norma jusfundamental não garante o direito que ao pai natural seja atribuída em todos os casos em face do pai legal a paternidade e com isso que este seja deposto de sua posição de pai. Certo é que o Art. 6 II 1 GG parte de uma paternidade natural fundada na concepção, mas para além dessa classificação da relação pais-filho submete à sua proteção uma ampla relação de responsabilidade de pais em face de seus filhos carecedores de cuidado e educação. Pressuposto para isso, correspondentemente ao direito parental de poder carregar a responsabilidade sobre a criança, é nesse ponto também a ligação social e pessoal entre pais e filho (cf. BVerfGE 56, 363 [382]; 61, 358 [372]; 103, 89 [107]). A origem assim como a união de responsabilidade social-familiar compõem, de igual modo, o conteúdo do Art. 6 II 1 GG. Contemplar ambas deve ser buscado pelo legislador. Quando eles não coincidirem na realidade, a norma de direito fundamental não prescreve uma rígida valoração sobre a qual das duas características que devem compor a parentalidade deve ser concedida a prevalência e não determina, nesse ponto, uma relação hierárquica entre a parentalidade biológica e a social. Pelo contrário, o legislador deve, em tais casos de decisão sobre a quem deve ser atribuído um filho, considerar ambos os interesses e ponderá-los entre si. Ele pode, ao lado da origem genética, também atribuir relevância a [outros] fatos jurídicos e sociais (cf. BVerfGE 92, 158 [178]).

5. Em princípio, não se deve impugnar constitucionalmente que o legislador tenha dado prevalência aos interesses da criança e de seus pais legais na manutenção de uma associação familiar social em relação ao interesse do pai natural de ser reconhecido também juridicamente como pai e que o pai natural tenha sido, desse modo, excluído da possibilidade de impugnar a paternidade legal no § 1600 BGB. Se o pai natural e legal não coincidirem carece-se da determinação de a qual dos dois a parentalidade em face da criança deva ser confiada. Com essa decisão atinge-se não apenas o interesse do pai natural, mas também os interesses dos pais legais e, especialmente, o interesse da criança.

a) O legislador destacou como fundamento para que ao pai natural nesse caso permanecesse fechado o acesso à paternidade legal e não fosse concedido a ele um direito de impugnação especialmente a proteção da família social (cf. BTDrucks. 13/4899, p. 58). Também o Art. 6 I GG estende sua proteção à família social como uma duradoura comunidade de responsabilidade de pais e filhos (cf. BVerfGE 80, 81 [90]; 99, 216 [231 s.]). A relação familiar entre os pais legais e o filho pode ser comprometida em seu sistema social e existência quando outro exigir para si a paternidade legal. Protegê-la contra isso é uma razão importante, na qual deve ser medida a exclusão do pai biológico da impugnação da paternidade jurídica existente no sentido do § 1600 BGB (cf. BVerfGE 38, 241 [255]).

Ao mesmo tempo, devem ser considerados os interesses de cada membro da associação familiar. Uma vez que o direito parental cabe aos pais conjuntamente, o direito da mãe corresponde ao do pai. Se ocorrer uma troca da posição do pai contra a vontade dela, a mãe passa a ter de, agora [indo] além da existente associação familiar social, compartilhar o direito parental com um homem, na qualidade de pai de seu filho, com o qual ela não (mais) esteja em uma relação social. Para o pai legal significaria uma troca da paternidade legal a perda de sua posição jurídica em face do filho protegida pelo Art. 6 II 1 GG, embora ele tenha assumido para si a responsabilidade e, em vida conjunta com a mãe e o filho, também continue, de fato, sustentando-o, mas sem poder participar de decisões sobre seu destino. Por fim, o filho perde seu pai [que teve] até então e precisa acostumar-se a um novo, também se permanecer na associação familiar existente. O câmbio jurídico até levaria a uma correspondência entre paternidade natural e legal, mas destruiria ao mesmo tempo a paternidade legal e social e poderia também levar à perda do status de um filho tido no casamento. Isso exige da criança uma nova orientação que pode fazê-la cair em conflitos. Uma criança tem até de também aguentar tal mudança se sua mãe ou seu pai legal até então impugne a paternidade. Porém, nesse caso, ocorre não apenas ao nível jurídico uma mudança da associação social pais-filho, mas a convivência da família social torna-se em si ameaçada e não apenas mediante aquele que avoca para si a paternidade.

Essa mudança também não é comparável àqueles casos em que a criança após a separação e divórcio de seus pais legais mude para constelações familiares nas quais ela tenha de viver junto com novos pais (padrasto ou madrasta). Ela tem aqui de se adaptar com um novo contexto social. Como segurança e constância permanece a ela, contudo, sua atribuição a seus pais legais. Ao contrário, no caso de impugnação bem-sucedida da paternidade legal pelo pai natural, modificar-se-ia a atribuição da criança, mesmo quando a associação familiar social até então não esteja em si ameaçada, mas tenha sido exposta a uma ameaça apenas quando da impugnação.

Não obstante, pode ocorrer também no interesse da criança não apenas conhecer seu pai natural, mas também recebê-lo como pai juridicamente atribuído. A esse interesse serve o direito de impugnação do próprio filho. Pode aqui deixar de ser examinado se a configuração desse direito considera suficientemente a posição protegida jusfundamentalmente da criança (cf. Wanitzek, FPR [Familie,

Partnerschaft, Recht] 2002, p. 390 [392]), pois isso não faz diferença para um direito de impugnação do pai natural. Conflitos de interesse entre o filho e seus pais legais detentores de poder familiar a respeito de uma impugnação da paternidade legal não devem ser resolvidos com a concessão, à parte parental biológica, da autorização para promover a impugnação em representação do interesse do filho. Pelo contrário, a criança deve ser colocada em uma situação de, em caso afirmativo, com a ajuda de terceiros formular seus próprios interesses e aplicá-los em ações jurídicas (cf. BVerfGE 72, 122 [134]; 99, 145 [157]).

b) Em contraposição, encontra-se o interesse legítimo do pai biológico não apenas de tomar conhecimento de sua paternidade natural como também de, como pai, buscar reconhecimento jurídico e estar em uma relação jurídica com seu filho. Contudo, uma nova atribuição jurídica do filho não levaria ao surgimento de uma nova família, como base de um efeito conjunto profícuo dos pais no exercício de sua responsabilidade em face do filho, em seu interesse. Em vez disso, a coesão da associação familiar até então existente, na qual vive a criança, restaria comprometida por meio da dissolução das relações jurídicas de seus membros. Da divergência da atribuição jurídica e relação familiar-social poderiam surgir conflitos que, de um lado, ameaçariam uma educação da criança para seu bem-estar e, por outro lado, dificultariam uma nova orientação à criança sobre a quem ela pertenceria. Isso justifica que o legislador no § 1600 BGB em princípio não tenha concedido ao pai natural uma possibilidade de impugnar a paternidade legal, preservando, assim, o interesse da manutenção de uma comunhão familiar existente entre a criança e seus pais legais.

6. O § 1600 BGB é, no entanto, incompatível com o Art. 6 II 1 GG, na extensão em que ele denega ao pai biológico um direito de impugnar a paternidade legal também quando os pais legais não constituam com a criança uma família social a ser protegida segundo o Art. 6 I GG.

a) Se sem ser o pai natural da criança, um homem reconhecer a paternidade, embora não viva junto com a mãe e a criança, sendo tão somente um [assim chamado] "pai número", não há razão suficiente para vetar ao pai natural ser reconhecido também juridicamente como pai e passar a ser então responsável. Também os interesses de mãe e criança não são se opõem a isso.

Caso não exista uma relação familiar-social com o pai legal, sobre cuja segurança o interesse da mãe poderia se basear, fica em jogo apenas seu interesse de não querer compartilhar com o pai natural o direito parental. Todavia, esse interesse não é protegido pelo Art. 6 II 1 GG, que não torna a posição parental independente da vontade da outra parte parental, mas dependente tão somente da circunstância da suposta e real parentalidade. Para a criança significaria a impugnação pelo pai natural e sua atribuição para o [novo] pai uma mudança, pela qual, no entanto, seu bem-estar não seria essencialmente atingido, desde que entre a criança e o pai legal não exista uma relação surgida na vida conjunta que pudesse ser atingida. Por outro lado, a criança receberia agora uma atribuição jurídica que, em regra, mesmo que não lhe propiciasse uma vida conjunta familiar com as duas partes parentais, faria com que sua paternidade legal coincidisse com sua origem.

b) Uma mudança da posição jurídica da paternidade até corresponde ao interesse da criança na manutenção de relações pessoais quando ela já de fato tiver construído uma relação pai-filho justamente com seu pai natural que queira tornar-se também pai legal, enquanto ela não viver com seu pai legal e sua mãe em uma unidade familiar. Sob tais pressupostos, vedar a possibilidade ao pai biológico que esteja pronto para assumir a responsabilidade parental por seu filho de também juridicamente entrar na posição parental não se justifica aqui por nenhuma razão relevante e viola o direito do pai biológico decorrente do Art. 6 II 1 GG de abrir a ele, no quadro de um processo judicial, o acesso à titularidade de direito fundamental do direito parental.

c) A exclusão do pai biológico da possibilidade de, no caso de relações familiares inexistentes entre o pai legal e o filho, ter acesso à posição de pai jurídico, também não pode ser fundamentada com a referência à presença de uma relação social digna de proteção que restaria então ameaçada.

Até se pode deduzir com a existência de um casamento tipicamente uma vida conjunta familiar dos pais vinculados pelo casamento com a criança. Contudo, não se pode deduzir de um reconhecimento da paternidade efetivado com a anuência da mãe uma vida conjunta familiar entre a mãe, o filho e o pai legal.

Os números estatísticos comprovam que crianças que nasceram fora do casamento ainda muito mais frequentemente vivem somente com um dos pais (maioria com a mãe). Assim viviam 821.000 filhos menores no ano de 2001 junto com ambos os pais contra 2,12 milhões de filhos que moravam juntos com apenas um deles (cf. Statistisches Bundesamt 2002, Leben und Arbeiten in Deutschland, Ergebnisse des Mikrozensus 2001, p. 29, 65). Em apenas 36% dos casos pesquisados por Vaskovics *et alii* havia depois do nascimento de um filho concebido fora do casamento uma união vital entre os pais. Por sua vez, em bem mais de 80% dos casos chegou-se a um reconhecimento espontâneo da paternidade, ou seja, não em uma verificação judicial da paternidade natural e, destarte, da paternidade legal (cf. Vaskovics/Rost/Rupp, Lebenslage nichtehelicher Kinder, Rechtstatsächliche Untersuchung zu Lebenslagen und Entwicklungsverläufen nichtehelicher Kinder, 1997, p. 62, 160). Com isso, em mais da metade dos casos foi dado um reconhecimento da paternidade sem que os pais da criança tenham vivido juntos. Para uma hipótese tipificadora que, no caso da presença de um reconhecimento de paternidade, em regra, também esteja presente uma relação social digna de proteção entre pai, mãe e filho, esses números não dão base.

Um reconhecimento de paternidade em geral não é dado de maneira leviana, pois para aquele que se reconhece é ao menos ligado o fato de ter de participar dos alimentos do filho e ser tratado como pai da criança em âmbito jurídico patrimonial e sucessório. Também podem existir, apesar de precária relação familiar com a mãe e filho, motivações para reconhecer a paternidade de um filho, mesmo quando o que reconhece não esteja ele mesmo certo de ser o pai da criança. Em estando presente em tais casos um reconhecimento de paternidade, pode ser enfrentado o perigo de mãe e filho serem confrontados com um processo de impugnação com meios mais brandos do que a total exclusão da possibilidade de impugnação pelo pai natural. Assim pode ser, por exemplo, preliminarmente exigida plausibilidade da paternidade e ser ligada a determinados pressupostos. Também prazos ajudam a limitar esse risco.

II.

O [não mais vigente] § 1711 II BGB a.F., segundo o qual o Tribunal de Curatela podia abrir ao pai um convívio pessoal com o filho quando tal convívio servisse ao bem-estar do filho, não violava o Art. 6 I GG.

1. Também o pai natural, mas não legal, de uma criança constitui-se com essa uma família que se encontra sob a proteção do Art. 6 I GG quando entre ele e a criança existir uma relação social que se baseie no fato de ele ter sido responsável pela criança pelo menos por um tempo. O Art. 6 I GG protege o pai natural tanto quanto a criança em seu interesse na manutenção dessa relação familiar-social e, assim, em uma convivência recíproca. Viola o Art. 6 I GG excluir o pai natural, que seja desse modo conectado ao seu filho, do convívio com ele também quando ele servir ao bem-estar da criança.

a) O Art. 6 I GG protege a família como união de pais com filhos. No caso, não é relevante se os filhos provenham geneticamente dos pais e se eles tenham nascido dentro ou fora do casamento (cf. BVerfGE 10, 59 [66]; 18, 97 [105 s.]; 79, 256 [267]). Família é a comunidade vital e educacional fática entre filhos e pais que são por eles responsáveis. Se uma criança morar com ambos os pais, eles constituem conjuntamente uma família. Se isso não for o caso, ambos os pais são, no entanto, responsáveis de fato pela criança e esta tem duas famílias que são protegidas pelo Art. 6 I GG: a família com a mãe e com o pai (cf. BVerfGE 45, 104 [123]).

b) Se o pai natural, mas não legal, for de fato responsável por seu filho, e daí surgir uma relação social entre ele e o filho, ambos constituem uma família que é compreendida pela proteção do Art. 6 I GG, independentemente da falta de um status jurídico como pai ou de outras relações familiares.

Não obstante, tal família pode ter sua base retirada por causa da ausência de relação jurídica entre o pai e o filho em qualquer tempo. Enquanto o pai legal, mesmo quando ele não (mais) viver com o filho e não tiver o poder familiar, pode, todavia, assumir em relação ao filho, jurídica e faticamente, responsabilidade, baseia-se a relação familiar entre o pai natural e seu filho apenas sobre sua disposição a assumir responsabilidade sobre o filho. A possibilidade fática de fazê-lo cai por terra quando os pais detentores do poder familiar não mais o permitirem.

c) Com o surgimento da impossibilidade de continuar agindo responsavelmente em relação à criança não se desconstitui a proteção do Art. 6 I GG para a família criada entre o pai biológico e seu filho.

Nem o Art. 6 II 1 GG nem o Art. 6 I GG concedem ao pai natural, mas não legal, um direito ao prosseguimento de sua ação responsável em face da criança. Também na ausência dessa possibilidade permanece existente, no entanto, a conexão pessoal surgida entre o pai biológico e seu filho que, no mais, ainda se sustenta por meio do vínculo parental entre pai e filho. O interesse do pai biológico até então conectado familiarmente com o filho assim como igualmente o interesse de seu filho na manutenção dessa relação recíproca protegem-se pelo Art. 6 I GG no efeito continuado que antes teve sua união de responsabilidade familiar.

d) Dessa proteção continuada decorre um direito do pai biológico ao convívio com seu filho, em todo caso quando ele servir ao bem-estar dele.

aa) Para poder manter uma relação precisam aqueles entre os quais a relação existe ter a possibilidade de manter contato pessoal e se comunicar. Isso vale especialmente para a relação pais-filho. A separação de uma criança da pessoa referência parental retira-lhe uma significativa extensão em termos de orientação e atinge sua autoconfiança e autoconsciência (cf. Goldstein/Freud/Solnit, Jenseits des Kindeswohls, 1974/1991, p. 33 ss.; BVerfGE 75, 201 [219]). Por causa de sua especial sensação de tempo, rapidamente parece à criança que tal separação seja definitiva. Somente paulatinamente ela aprende que pessoas que partem também podem voltar (cf. Heilmann, Kindliches Zeitempfinden und Verfahrensrecht, 1998, p. 26). A fim de poder saber aqui que a relação existente não chegou ao seu fim pela separação, ou seja, que a parte parental não se afastou dela, a criança precisa do contato pessoal com certa regularidade, ou seja, do convívio com aquela.

bb) Por outro lado, a criança pode, por meio de um novo contexto familiar, no qual foi inserida, cair em conflito entre a velha e a nova relação. Aqui poderia um prosseguimento de contatos de convívio produzir o efeito de que a criança estaria exposta novamente a problemas de orientação, que mais ameaçam do que fomentam seu desenvolvimento (cf. Klußmann/Stötzel, Das Kind im Rechtsstreit der Erwachsenen, 1995, p. 223).

cc) O Art. 6 I GG protege a relação entre o filho e sua parte parental, não o membro individual da família em si (cf. BVerfGE 78, 38 [49]). A norma jusfundamental somente pode entregar ao indivíduo um direito que corresponda ao interesse do outro membro da família com ele vinculado e que sirva à proteção da relação familiar. Portanto, um direito do pai biológico ao convívio com seu filho para manutenção da relação social existente entre eles existe apenas na extensão em que isso servir ao bem-estar da criança.

2. Medido com base nisso, o § 1711 II BGB a.F. era compatível com o Art. 6 I GG.

Sob consideração da proteção que essa norma de direito fundamental concede à relação familiar entre o pai biológico e seu filho, poderia ser o § 1711 II BGB a.F. interpretado conforme a Constituição no sentido de que também o pai natural, mas não legal, que tenha (tido) uma relação familiar-social com seu filho, poderia receber por meio de uma decisão judicial a autorização para o convívio com esse filho, desde que tal convívio sirva ao seu bem-estar.

a) Deve-se até partir do fato de o legislador ter querido dizer com a criação do § 1711 BGB a.F., com o uso do conceito de pai, o pai legal de um filho concebido fora do casamento. Mas isso não exclui uma interpretação extensiva mediante inclusão do pai natural. Parece claro que o legislador naquele tempo não tenha pensado que um pai natural, mas não legal, tenha uma relação com o filho e procure mantê-la, mas foi admitido que o genitor de um filho concebido fora do casamento frequentemente não tenha próprio interesse em seu filho (cf. BVerfGE 38, 241 [252] sobre a impugnação da legitimidade matrimonial de filho – *Ehelichkeit*). Não se pode assim imputar ao legislador que, com o § 1711 II BGB a.F., tenha querido expressamente excluir o pai natural, ao contrário do pai legal de um filho nascido fora do casamento, do exame judicial de um direito de convívio com seu filho. O teor e a gênese da norma não impedem, portanto, sua interpretação conforme a Constituição.

b) Sentido e propósito da regulamentação à época também não se opõem à sua interpretação conforme a Constituição. O § 1711 II BGB a.F. ligou o convívio do pai de um filho nascido fora do casamento ao pressuposto de que isso tivesse de servir ao bem-estar da criança. Enquanto o bem-estar do filho era a diretriz decisiva para a abertura de um acesso a ele, o status jurídico do pai em relação ao seu filho ficava em segundo plano. Com efeito, para a avaliação de se um acesso serve ao bem-estar do filho não importa a relação jurídica, mas a relação de fato com seu pai. À inclusão do pai biológico no conceito de pai do § 1711 II BGB a.F. também não pode ser contraposto o argumento de que o legislador teria querido excluir o pai biológico do convívio para garantir ao filho uma clara atribuição ao seu pai. Porque um exame judicial do caso particular fora aberto junto ao parâmetro do bem-estar da criança, teriam de ser consideradas todas as circunstâncias sociais, bem como familiares e vínculos da criança junto à decisão em cada caso particular. Também aqui era decisivo não o status jurídico do pai, mas o sistema de relações sociais concretas nas quais se encontrava a criança.

III.

As decisões judiciais baseadas no § 1600 BGB e § 1711 II BGB a.F. não são compatíveis com a *Grundgesetz*.

1. O Reclamante no processo 1 BvR 1493/96 não teve seu direito decorrente do Art. 6 II 1 GG violado. As decisões violam, contudo, seu direito à proteção de sua relação familiar-social com seu filho decorrente do Art. 6 I GG.

a) O Reclamante, que é pai natural de uma criança, não deseja ser determinado também como pai legal. A paternidade natural não tem como efeito que o Reclamante seja titular do direito parental ao lado do mesmo direito do pai legal. Portanto, essa norma jusfundamental não pode lhe transferir um direito ao convívio com seu filho. O direito de convívio parental é parte da responsabilidade parental e cabe apenas a quem seja titular dele com seus direitos e obrigações.

b) Ao contrário, o Art. 6 I não foi suficientemente observado. O § 1711 II BGB a.F., sobre o qual se basearam os tribunais em suas decisões impugnadas, até é – mediante interpretação conforme a Constituição – compatível com a *Grundgesetz*. Porém, os tribunais ignoraram em suas decisões a proteção do Reclamante decorrente do Art. 6 I GG. Eles não atribuíram importância ao fato de o Reclamante, como pai natural da criança, ter assumido durante um longo período de tempo também o papel [social] de pai de seu filho biológico, tendo com ele construído uma relação. Por isso, não examinaram se o § 1711 II BGB a.F. seria passível de uma interpretação conforme a Constituição. Uma vez que os tribunais declararam a norma como aplicável [ao caso] do Reclamante, restou também [indevidamente] não examinado se o convívio do Reclamante com seu filho seria condizente com seu bem-estar. Portanto, os tribunais não corresponderam em suas decisões à proteção da qual se beneficia também uma existente relação familiar do pai natural com seu filho por meio do Art. 6 I GG.

2. No processo 1 BvR 1724/01, as decisões atacadas com a Reclamação Constitucional violam o direito do Reclamante decorrente do Art. 6 II 1 GG. Elas baseiam-se no § 1600 BGB que, de modo inconstitucional, exclui sem exceções o pai natural, mas não legal, de um filho da impugnação [da possibilidade processual] da paternidade.

a) As decisões foram até prolatadas no quadro de um processo de verificação de paternidade e embasam-se, nesse ponto também, sobre o § 1600 d I BGB, que exclui uma verificação de paternidade enquanto houver outro homem como pai da criança. Contudo, os tribunais também examinaram em suas decisões se o Reclamante poderia impugnar a paternidade reconhecida por outro homem e responderam-no negativamente com fulcro no § 1600 BGB de cuja constitucionalidade eles partiram.

b) O Reclamante deseja a verificação de sua paternidade para poder assumir a posição legal de pai da criança nascida em 1998. Existem indícios suficientes para supor que ele possa ser o pai natural da criança. A criança tem um nome árabe. Segundo informações do Reclamante, ele escolheu com a mãe o nome do filho, morou com ela nos primeiros meses de vida do filho e com ela dele cuidou. A criança seria semelhante [fisicamente] ao Reclamante. A mãe contesta essas informações tão somente com [um simples] não-saber. Depois de outro homem ter declarado o reconhecimento da paternidade no decorrer do processo de verificação de paternidade com anuência da mãe, o Reclamante foi impedido por força do § 1600 BGB de impugnar a paternidade legal a fim de poder ser ele mesmo reconhecido como pai da criança, embora o homem reconhecido como pai da criança não more com ela e sua mãe. Sua exclusão da possibilidade de impugnação segundo o § 1600 BGB não é, portanto, justificada pela proteção da família segundo o Art. 6 I GG e viola o direito do Reclamante decorrente do Art. 6 II 1 GG de, na qualidade de pai natural, poder fazer verificar sua paternidade legal.

IV.

O § 1685 BGB não é compatível com Art. 6 I GG na extensão em que ele não inclui no círculo dos legitimados ao convívio o pai natural, mas não legal, de uma criança também no caso em que entre ele e a criança exista ou tenha existido uma relação social-familiar.

1. A circunstância de que o § 1711 II BGB a.F. tenha sido revogado mediante a Lei de Reforma do Direito Filial torna necessário que o TCF avalie a constitucionalidade também do novo direito a ser aplicado pelos tribunais sobre o convívio com uma criança. De outro modo, não poderia ser assegurado que os tribunais, no processo 1 BvR 1493/96, pudessem tomar decisões sobre o direito de convívio que correspondesse à Constituição.

a) Quando decisões judiciais são impugnadas com a Reclamação Constitucional e o TCF chega à conclusão de que as decisões violam um direito fundamental do Reclamante, elas devem ser anuladas segundo o § 95 II BVerfGG. Caso a norma que embasou as decisões já tenha sido revogada, basta em regra a verificação de que as decisões tenham violado um determinado direito fundamental do Reclamante. Mas isso não vem ao caso quando o pedido formulado no processo originário ainda não tenha sido resolvido. Então tem de ser a matéria devolvida ao tribunal competente para uma nova decisão. Isso pressupõe, todavia, que o tribunal ao qual se devolve a matéria possa [em geral, com efeito,] chegar a uma nova decisão que respeite os direitos fundamentais do Reclamante. Isso não é possível quando os tribunais, com base no pedido formulado pelo Reclamante, não possam produzir um estado compatível com a Constituição. Esse é o presente caso.

b) O § 1711 II BGB a.F., cuja interpretação pelos tribunais no processo 1 BvR 1493/96 em suas decisões impugnadas ignorou a proteção do Reclamante decorrente do Art. 6 I GG, foi revogado pela Lei de Reforma do Direito Filial. No caso da anulação dessas decisões por meio do TCF e da devolução da matéria ao competente tribunal, não pode ser mais aplicada essa norma junto ao exame do direito de convívio requerido pelo Reclamante. Não obstante, o direito judicialmente requerido pelo Reclamante ao convívio com o seu filho não caducou pela passagem do lapso temporal. O convívio não concretizado até aqui não pode ser *a posteriori* recuperado, mas poderia ser concedido para o futuro. A criança nascida em 1989 está ainda distante da maioridade de tal modo que sua entrada [na maioridade] não tem o condão de fazer caducar um direito ao convívio. Nesse ponto, os tribunais teriam de, ao aplicar o novo direito, examinar se ao Reclamante deve ser concedido um direito ao convívio com seu filho.

c) Para tanto, é decisivo saber se o novo direito concede ou continua denegando aos pais naturais, mas não legais, um direito de convívio. No primeiro caso, o TCF teria de tão somente verificar que as decisões impugnadas seriam inconstitucionais na ignorância da proteção jusfundamental do Art. 6 I GG junto à interpretação do § 1711 II BGB a.F. Se, no entanto, continuar sendo excluído, de modo inconstitucional, um direito ao convívio do pai natural, tal verificação não basta para abrir ao Reclamante uma via para ele poder ver contemplado seu direito. Também a anulação de decisões não adiantaria quando os tribunais tiverem de agora, em seu novo processo decisório, aplicar o novo direito. Por meio desse direito estariam impedidos de chegar a uma decisão que estivesse em harmonia com a Constituição. Eles teriam então de, justamente na matéria devolvida imediatamente, mais uma vez, representar ao TCF para decisão sobre a constitucionalidade da nova regulamentação legal.[138] Para, de um lado, poder determinar o conteúdo da decisão a ser tomada e, por outro lado, impedir que somente por meio de um proceder jurídico-processual perpetue-se um estado inconstitucional, o TCF deve em tais casos examinar também o novo direito a ser aplicado pelos tribunais quanto à sua constitucionalidade.

2. O § 1685 BGB não é, em sua total extensão, compatível com o Art. 6 I GG.

a) Com a Lei de Reforma do Direito de Filiação, o direito de convívio passou por uma transformação fundamental. No caso do direito de convívio parental que se regulamenta no § 1684 BGB, não se diferencia mais entre filhos nascidos no casamento e fora do casamento. No mais, o § 1685 BGB abriu também a outras pessoas-referência para a criança um direito de convívio. Ambas as normas não incluem o pai natural expressamente no círculo dos legitimados ao convívio.

b) Nem o § 1684 BGB nem o § 1685 BGB podem ser interpretados de tal modo que também ao pai natural de uma criança seja concedido um direito ao convívio.

aa) Segundo o § 1684 I BGB, cada parte parental tem um direito, mas também uma obrigação de convívio com a criança. A norma relaciona-se com a responsabilidade parental, tornando a precisa [bem definida, taxativa] no caso do convívio com a criança como um direito vinculado à obrigação. Porém, podem ser obrigados ao convívio com a criança apenas aqueles que têm a responsabilidade parental. Quem detiver esse status será legitimado e obrigado ao convívio com a

138. Segundo o Art. 100 I GG (Controle Concreto), uma vez que nenhum dos tribunais cíveis originários têm a chamada competência de descarte normativo. Cf. a respeito Martins (2018-b: 15 s.).

criança. Isso exclui a possibilidade de subsumir também o pai biológico de uma criança que justamente não assume a posição de pai legal sob o conceito de pai do § 1684 I BGB.

bb) Com o § 1685 BGB, o legislador concedeu agora também a avós, irmãos, padrastos e madrastas e pais cuidadores, presentes determinados pressupostos, o direito de convívio com a criança. Razão de atribuição aqui é a relação dessas pessoas com a criança que então fundamenta um direito de convívio quando isso servir ao seu bem-estar (cf. BTDrucks. 13/4899, P. 106 s.). As exigências contidas no § 1685 BGB àqueles aos quais é aberto o direito de convívio podem ser cumpridas pelo pai natural, mas não legal, de uma criança se a criança tiver uma relação pessoal com ele. Além disso, ele é vinculado à criança por laços genéticos, assim como avós e irmãos.

Não obstante, é vedado interpretar o § 1685 BGB de tal modo que também o pai biológico seja compreendido pelo círculo de pessoas nomeado no Parágrafo 1 ou Parágrafo 2 da norma. Independentemente de ele não constar expressamente no rol, o legislador expressou claramente que o direito de convívio deve ser restrito àquelas pessoas de referência que a norma expressamente nomeia e às quais o legislador supõe serem típica e especialmente próximas da criança. Ele fundamentou essa limitação com a necessidade de impedir um forte alargamento de disputas de convívio (cf. BTDrucks. 13/4899, *op. cit.*). Isso veda estender ao pai natural o círculo de pessoas nomeado no § 1685 BGB pela via da interpretação conforme a Constituição.

D. – I.

1. Por isso, o § 1685 BGB deve ser, nessa extensão, declarado incompatível com o Art. 6 I GG.

Uma declaração de nulidade não vem ao caso porque não é o conteúdo regulamentar da norma, mas a insuficiente inclusão nessa norma também do pai biológico que tenha uma relação social com seu filho no círculo dos nomeados legitimados ao convívio que se choca contra o Art. 6 I GG (cf. BVerfGE 90, 263 [276]). O legislador deve tornar a situação jurídica compatível com a Constituição até o dia 30 de abril de 2004. Na extensão da incompatibilidade, a norma não pode mais ser aplicada pelos tribunais (cf. BVerfGE 82, 126 [155]; 84, 168 [187]).

2. A violação do Art. 6 II 1 GG verificada tem como consequência que o § 1600 BGB na extensão de sua inconstitucionalidade deve ser declarado como incompatível com esse direito fundamental. Uma declaração de nulidade não vem ao caso também aqui porque a violação da Constituição está na omissão do legislador de incluir o pai biológico sob os pressupostos elencados no círculo dos legitimados para impugnação [da paternidade]. O legislador deve tornar a situação jurídica compatível com a Constituição até o dia 30 de abril de 2004. No caso, ele tem de assegurar, nas determinações de prazos para o exercício do direito de impugnação, que também os pais biológicos, aos quais até agora a impugnação não fora possível, possam fazer uso do direito de impugnação.

II.

As decisões impugnadas devem ser anuladas (§ 95 II BVerfGG). As matérias serão devolvidas aos Juízos de primeira instância. O processo deve ser suspenso até a nova regulamentação pelo legislador.

III.

As decisões sobre as custas baseiam-se no § 34 a II BVerfGG.

Papier, *Jaeger*, *Haas*, Hömig, *Steiner*, *Hohmann-Dennhardt*, *Hoffmann-Riem*, *Brayde*.

 # 60. BVerfGE 136, 382 (*Großeltern*)

Reclamação Constitucional contra Decisão Judicial

24/06/2014

MATÉRIA

A Reclamante requereu sem sucesso, primeiro, no juízo de primeira instância de *Aachen* e, segundo, via Recurso de Revisão[139] não provido, o direito de ser indicada como tutora e cuidadora complementar de sua segunda neta, nascida em 2008.

A primeira neta, nascida em 2001, foi confiada à Reclamante pela mãe, sua filha, que saíra de casa após o nascimento dessa primeira filha. Um ano depois, a filha da Reclamante voltou a morar com ela. Lá ficou até após o nascimento de sua segunda filha, quando, em agosto de 2011, mudou-se para morar com um namorado, levando consigo a filha mais nova, então com três anos de idade. Depois de apenas duas semanas, a mãe separou-se desse e mudou-se para a residência de outro namorado, novamente levando consigo a filha. Por sua vez, a filha mais velha permaneceu voluntariamente na casa da avó. Considerando o comportamento de sua filha ameaçador ao bem-estar das netas, a Reclamante procurou a "Secretaria da Juventude"

139. Pelo qual apenas se revisa a interpretação e aplicação do direito, não mais fatos (*mutatis mutandis* como o recurso especial perante o STJ brasileiro). Uma panorâmica sobre o sistema jurisdicional e recursal alemão no vernáculo oferece Martins (2004).

(*mutatis mutandis:* juizado de menores). Em setembro do mesmo ano de 2011, a neta mais nova, então com três anos de idade, foi entregue, com anuência da mãe, a uma família cuidadora provisória.

O juízo de família retirou da mãe, como medida cautelar, a guarda de suas duas filhas. A filha mais nova foi confiada, em dezembro daquele mesmo ano de 2011, a uma família residente no norte da Alemanha, onde viveu pelo menos até a data da presente Decisão do TCF.

No processo principal de conhecimento, a avó requeria a guarda e tutela de ambas as netas. Especialistas ouvidos e a própria mãe consideravam melhor para a filha mais nova a permanência com a família cuidadora, com a qual ela já ia criando laços, especialmente tendo em vista a idade. No início de 2013, o juízo de família confirmou a retirada da guarda da mãe, confiando à avó a guarda apenas da neta mais velha. No caso da neta mais nova, o juízo concluiu que a nomeação da avó como tutora não correspondia ao bem-estar da criança.

Inconformada, ajuizou uma reclamação ordinária perante o Superior Tribunal Estadual que não foi conhecida (inadmitida a julgamento de mérito), pois, segundo a interpretação daquela Corte dada ao § 59 FamFG, aplicável ao caso, a avó não seria parte legítima, embora por força constitucional segundo o § 1779 II 2 BGB os avós devessem ser, em geral, considerados na escolha de tutor. Contudo, não decorreria do dispositivo, segundo a interpretação do Superior Tribunal Estadual, nenhuma pretensão jurídico-subjetiva.

Com sua Reclamação Constitucional, a Reclamante arguiu violação, primeiro, de seus direitos fundamentais materiais decorrentes do Art. 2 I e Art. 6 I GG c.c. Art. 8 EMRK.[140] Em segundo plano, arguiu uma violação de suas garantias constitucionais processuais decorrentes do Art. 101 I 2 e do Art. 19 IV GG, uma vez que os tribunais não teriam se ocupado suficientemente da constitucionalidade do § 59 FamFG.[141]

O TCF admitiu a julgamento a Reclamação Constitucional, fundamentando-o sob **B.I**, mas a julgou no mérito improcedente (**B.II**).

Na fundamentação, o TCF descartou, de plano [sob **B.II.1.a)aa)**], a possibilidade de violação do direito fundamental de pais do Art. 6 II 1 GG (e consequentemente da aplicabilidade do "limite do limite" do Art. 6 III

140. Ou seja, dois direitos fundamentais: o direito fundamental subsidiário ao livre desenvolvimento da personalidade – a respeito v. Martins (2016-a: 49 ss.) e o direito fundamental em tela em sua aplicação conjunta com o correspondente na Convenção Europeia de Direitos Humanos, o Art. 8 EMRK.

141. Sobre tais garantias constitucionais processuais, cf. no **presente volume**, os **Cap. 15 e 16**.

GG)[142] a ser exercido por **avós** (*Großeltern*) que ainda não tenham sido nomeados como tutores.

Por sua vez, no que tange ao parâmetro mais genérico do direito fundamental de família, do Art. 6 I GG, o TCF reconheceu, em suma, a abertura da área de proteção do Art. 6 I GG à "grande família" intergeracional, especialmente no caso da presença de vínculos fáticos existentes entre os integrantes da unidade familiar. Consequentemente, reconheceu o caráter de intervenção presente nas decisões judiciais da primeira instância e recursal que interpretaram e aplicaram os dispositivos legais retro mencionados. Não obstante, o TCF diferenciou entre os graus de intensidade de intervenções nos direitos de família dos pais daqueles presentes no caso de avós, preparando o exame da justificação constitucional das intervenções com base na implícita reserva legal qualificada do Art. 6 II 2 GG.[143]

No último estágio do exame, o TCF considerou, com base nos dados empíricos levantados na instrução do procedimento pelo juízo de família, justificada a intervenção no direito fundamental de família da Reclamante decorrente do Art. 6 I GG, por representar um meio proporcional em face do propósito qualificado do bem-estar da criança, sua neta.

EMENTAS

1. A proteção da família segundo o Art. 6 I GG abrange os vínculos familiares entre parentes próximos, especialmente entre avós e seu neto.

2. A proteção de direito fundamental abrange o direito de parentes próximos a serem considerados quando da decisão sobre a escolha de um tutor ou curador complementar. Cabe a eles uma precedência [para a nomeação como tutor ou curador em tela] em face de não parentes, desde que não estejam presentes reconhecimentos concretos, no caso particular, [os quais indiquem] que o bem-estar da criança seja mais bem servido por meio da escolha de um terceiro.

3. O Tribunal Constitucional Federal examina se, na eleição segundo os princípios gerais correspondentes ao § 1779 BGB, podem ser reconhecidos equívocos de interpretação que sejam relativos a uma compreensão por excelência equivocada do significado do direito fundamental de parentes próximos.

142. Cf. as explicações aduzidas nas "notas introdutórias" ao presente capítulo: **tópico I.3.**, especialmente: **I.3.3.2.**
143. Idem: todo o tópico **I.3.3.**

Decisão [*Beschluss*] do Primeiro Senado, de 24 de junho de 2014,

– 1 BvR 2926/13 –

No processo da Reclamação Constitucional da Sra. B... [...] contra: a) a Decisão do Superior Tribunal Estadual de *Köln*, de 19 de setembro de 2013 – 10 UF 16/13 –, b) a Decisão do Juízo de Primeira Instância de Aachen, de 3 de janeiro de 2013 – 229 F 74/11 – *e* o pedido de concessão da ajuda de custas processuais e designação de um advogado [dativo].

Dispositivo:

1. Indefere-se o pedido de concessão de ajuda nas custas processuais e designação de um advogado [dativo].

2. Indefere-se a Reclamação Constitucional.

RAZÕES

A.

Objeto da Reclamação Constitucional é a questão sobre em que extensão os avós têm seu [respectivo] interesse protegido de ser indicados como tutores e cuidadores complementares de seu neto.

I. 1. – 4.; II. – III. [...].

B.

A admitida Reclamação Constitucional não é procedente.

I.

A Reclamação Constitucional é admitida. Especialmente tem a Reclamante um interesse processual. Como avó, ela pode afirmar, com sua Reclamação Constitucional, que o Juízo de família, na escolha do tutor para sua neta, não teria considerado suficientemente sua relação parental próxima, protegida pelo Art. 6 I GG.

II.

A Reclamação Constitucional não é, todavia, procedente.

1. As decisões não violam os direitos fundamentais da Reclamante protegidos pelo Art. 6 GG.

a) A Reclamante tem, como avó, um direito protegido jusfundamentalmente a ser considerado no momento da escolha de um tutor ou cuidador complementar para sua neta [que fora] separada da mãe.

aa) Contudo, a Reclamante não pode, ela mesma, avocar o direito fundamental parental do Art. 6 II 1 GG. A proteção desse direito fundamental cabe fundamentalmente apenas aos pais de uma criança. Porque a Reclamante aqui não foi escolhida como tutora, mas ainda deseja essa posição, sua situação também não é comparável com a de avós que já foram indicados como tutores e que cuidem e eduquem seu neto no lugar dos pais (a respeito: BVerfGE 34, 165 [200]).

bb) A Reclamante também não pode, como avó, avocar que pais (1) e filho (2) no caso de separação da criança dos pais tenham um direito assegurado jusfundamentalmente a que [os mesmos] sejam considerados parentes próximos junto à escolha de tutores ou cuidadores complementares.

(1) A consideração preferida de avós até pode ser ordenada constitucionalmente pelo direito fundamental dos pais protegido pelo Art. 6 II 1 e III GG. O direito parental apresenta elevadas exigências à separação de uma criança dos pais (jurispr. pacífica; cf. por último em detalhes: BVerfG, Decisão da 1. Câmara do Primeiro Senado de 24 de março de 2014 – 1 BvR 160/14 –, juris, n. 27 ss.). O princípio da proporcionalidade que entre outros obriga à escolha de meios mais brandos entre meios igualmente adequados (necessidade), ordena, nesse contexto, especialmente, trazer à pauta parentes próximos que sejam idôneos para a assunção de responsabilidade como tutores ou cuidadores complementares (jurispr. pacífica; cf. por último: BVerfG, Decisão da 2. Câmara do Primeiro Senado de 8 de março de 2012 – 1 BvR 206/12 –, FamRZ 2012, P. 938 [939 s.]).

Quando os pais desejam a nomeação de parente para a tutoria e cuidado complementar e inclusão do filho no próprio ambiente doméstico, isso representa, na perspectiva parental, um meio menos intenso em face da transmissão da responsabilidade jurídica e cuidado fático do filho a pessoas estranhas à família. A permanência da criança na associação familiar mais abrangente cria, sob certas circunstâncias, normalmente, pressupostos mais benéficos para a atenção parental continuada da criança, a qual também depois da separação é protegida pelo direito parental ao cuidado e à educação (Art. 6 II 1 GG). No mais, se a atenção parental for mantida, isso facilitará adiante um retorno do filho aos seus pais. Considerar parentes na escolha de um tutor ou cuidador complementar significa, por isso, levar em consideração também a obrigação do Estado de fomentar a devolução da criança entregue a uma relação de cuidado, [que é] por princípio limitada no tempo, aos pais originais (cf. BVerfGE 75, 201 [219]; 79, 51 [60]).

(2) Também o direito fundamental da criança à garantia de cuidado e educação parental (Art. 2 I c.c. Art. 6 II 1 GG; cf. BVerfGE 133, 59 [73 ss.]) ordena que, junto à escolha de um tutor ou cuidador complementar, sejam considerados parentes próximos, desde que isso favoreça a manutenção do vínculo com os pais e se isso ocorrer no interesse da criança.

(3) Um direito fundamental dos avós decorrente do Art. 6 II 1 GG, sobre o qual poderia embasar a Reclamante sua Reclamação Constitucional, não decorre disso.

Em regra, até resultam, na práxis, dos citados direitos dos pais e do filho boas chances para avós serem, a partir do desejo dos pais e da criança, nomeados para a tutoria e cuidados complementares do neto. Contudo, trata-se, no caso, de meros reflexos jurídicos dos direitos fundamentais dos pais e da criança que não fundamentam uma proteção jusfundamental própria dos interesses subjetivos de avós.

cc) À Reclamante cabe, ao invés disso, como avó, um direito próprio decorrente do Art. 6 I GG a ser considerado junto à escolha de um tutor ou cuidador complementar.

(1) Segundo o Art. 6 I GG, a proteção da família abrange vínculos familiares entre avós e seu neto. O Art. 6 I GG protege a família primeiro como uma comunidade vital e educacional fática dos filhos e seus pais. Na vida conjunta dos pais com seus filhos em crescimento desenvolve-se a comunidade familiar porque o desenvolvimento físico e intelectual dos filhos, por excelência carecedores de proteção, encontra na família e na educação parental uma base essencial (cf. BVerfGE 80, 81 [90]; 133, 59 [82]). A proteção do direito fundamental de família vai, contudo, além do propósito de assegurar um âmbito pessoal especial das possibilidades de desenvolvimento infantil. Ele objetiva em geral a proteção de vínculos familiares específicos (cf. BVerfGE 133, 59 [82 s.] com mais referências), como tais também podem existir entre membros adultos da família (cf. BVerfGE 80, 81 [91] com mais referências) e também – ainda que em regra com menos intensidade – para além de mais gerações entre os membros de uma grande família. Vínculos familiares são, no autoentendimento do indivíduo, em regra muito importantes e frequentemente têm, na vida cotidiana dos membros da família, uma relevância prática especial. Eles mostram-se com um dado do destino e podem ser marcados por proximidade especial e afeição, por consciência de responsabilidade e prontidão para a assistência (cf. BVerfGE 57, 170 [178]; 112, 332 [352]). Não por último, foi por causa dessa própria posição de destaque, que se dá em regra a vínculos familiares junto ao desenvolvimento da personalidade, que o mandamento outorgado no Art. 2 I GG da observância da liberdade de desenvolvimento no âmbito privado via garantia da família (Art. 6 I GG) sofreu um especial fortalecimento (cf. BVerfGE 57, 170 [178] com mais ref.) que protege a vida familiar e abre com isso ao indivíduo chances de viver uma vida consoante aos seus vínculos familiares.

Vínculos familiares intensos não aparecem apenas na relação entre crianças em crescimento e seus pais, mas também são possíveis entre membros da grande família intergeracional. Afeição especial e proximidade, responsabilidade familiar um para com o outro, consideração e prontidão à assistência podem surgir especialmente na relação entre netos e avós, mas também entre parentes próximos na linha colateral. Quando, de fato, existirem entre parentes próximos vínculos rigorosos marcados pela vinculatividade familiar, serão esses compreendidos pela proteção do Art. 6 I GG (cf. Jarass, in: Jarass/Pieroth, GG, 12. ed. 2012, Art. 6 n. 10; Kingreen, in: Jura 1997, p. 401 [402]; Pirson, in: Bonner Kommentar, v. 2,

Art. 6 I, n. 21 [Agosto de 1976]; Robbers, in: v. Mangoldt/Klein/Starck, GG, v. 1, 6. ed. 2010, Art. 6 I n. 88 com mais ref.; Uhle, in: Epping/Hillgruber, GG, 2. ed. 2013, Art. 6 n. 14; igualmente: EGMR, Decisão de 13 de junho de 1979 – Marckx – NJW 1979, p. 2449, n. 45 sobre a proteção da "vida familiar" no sentido do Art. 8 EMRK. Divergentemente: Burgi, in: Friauf/Höfling, GG, v. 1, Art. 6 n. 20 [abril de 2002]; von Coelln, in: Sachs, GG, 6. ed. 2011, Art. 6 n. 17. Na extensão em que na Decisão do Senado de 31 de maio de 1978, BVerfGE 48, 327 [339] pode ter sido trilhado caminho diferente, o Senado [agora, nesta Decisão] não se pauta nele). Nada indica que o Art. 6 I GG quisesse excepcionar as relações entre avós e neto da proteção da família. Pelo contrário, o teor do Art. 6 III GG, que expressamente protege contra a separação da criança da "família", revela que o constituinte sob família tenha entendido mais do que a união da criança com seus pais. Deve-se considerar junto à determinação da intensidade de proteção e à concretização dos conteúdos de proteção do Art. 6 I GG a diminuição da proximidade familiar dos membros da família entre si (cf. Robbers, *op. cit.*, n. 89; Uhle, *op. cit.*, n. 14; Brosius-Gersdorf, in: Dreier, GG, 3. ed. 2013, Art. 6, n. 112).

(2) A proteção jusfundamental de relações familiares entre parentes próximos além da relação pais-filho abrange seu direito de serem considerados junto à decisão sobre a escolha de um tutor ou cuidador complementar, desde que de fato exista um vínculo familiar rigoroso com a criança. A tutela e curatela possibilita aos parentes ficarem com a criança e, em própria responsabilidade, cuidarem dela e educarem-na. Desse modo, podem prosseguir com seu vínculo familiar com a criança e cumprir sua responsabilidade de parente. Aos avós e a outros parentes próximos confere-se, destarte, uma prerrogativa junto à escolha do tutor ou do cuidador complementar em face de pessoas não parentes, desde que no caso particular não existam reconhecimentos concretos segundo os quais o bem-estar da criança, que é determinante para a escolha (cf. BVerfGE 75, 201 [218]; 68, 176 [188] sobre a relação dos interesses da criança em relação aos interesses dos pais), restaria mais bem protegido pela escolha de um terceiro.

b) As decisões impugnadas satisfazem as exigências do Art. 6 I GG sobre a consideração de parentes próximos na escolha de um tutor.

aa) A Reclamante pode avocar o direito protegido pelo Art. 6 I GG de ser considerada na decisão sobre a escolha de um tutor porque deve-se supor que de fato haja um vínculo vigoroso com sua neta ou, em todo caso, tenha havido antes da mudança da criança para a família cuidadora. Ela viveu com sua neta no mesmo domicílio durante seus primeiros anos de vida.

bb) O TCF examina aqui a interpretação e aplicação do direito infraconstitucional pelos tribunais competentes em razão da matéria segundo princípios gerais. Nesse sentido, no caso particular, a configuração do processo, a verificação e a análise dos fatos, assim como a interpretação e aplicação de regulamentações que não tenham problemas de constitucionalidade são assuntos dos competentes tribunais e retiradas da revisão pelo TCF. Cabe a ele tão somente investigar se, na decisão impugnada, podem ser identificados erros de interpretação que se baseiem em uma compreensão fundamentalmente errada do significado de um direito fundamental ou do conteúdo de sua área de proteção (cf. BVerfGE 72, 122 [138]; jurispr. pacífica).

É certo que algo diferente vale quando uma criança for separada de seus pais contra sua vontade. Em decisões judiciais que retirem de pais o direito familiar com o propósito de separar a criança de seus pais, existe por causa da importância material da afetação dos direitos fundamentais de pais e filhos o ensejo para ir além do alcance de um exame básico (cf. BVerfGE 72, 122 [138]; jurispr. pacífica). Sobretudo examina o TCF se o órgão jurisdicional de família convenceu-se, de modo compreensível, que existe uma ameaça persistente ao bem-estar da criança e esse seria evitável por meio da separação de seus pais, mas não por medidas menos intervenientes. No caso, por causa do peso especial da intervenção, o controle jurisdicional-constitucional pode excepcionalmente estender-se a alguns erros pontuais de interpretação (cf. BVerfGE 60, 79 [91]), assim como a erros claros [ocorrentes] na verificação e análise dos fatos [por órgão(s) jurisdicional(is) de família].[144]

Esse rigoroso controle jurisdicional-constitucional refere-se, contudo, à proteção dos direitos fundamentais dos pais e do filho, aos quais, no caso da separação, cabe, segundo os Art. 6 II 1 e III GG (pais) e Art. 2 I em conexão com Art. 6 II 1 e III GG (filho), uma especial proteção constitucional (cf. BVerfGE 60, 79 [89]; 79, 51 [60]). No exame jurisdicional-constitucional da escolha judicial do tutor ou do cuidador complementar quanto à sua compatibilidade com os direitos fundamentais de parentes próximos, não existe, ao contrário, um ensejo para esse rigoroso controle jurisdicional-constitucional. Parentes não contam, no seu desejo de serem nomeados como tutores da criança separada dos pais, com a [mesma] especial proteção constitucional destinada à relação pais-filhos. No quadro do § 1779 BGB, a intensidade da intervenção de uma decisão de escolha contra parentes [dispostos e desejosos da assunção da tutela e cuidado] em regra fica aquém [da intensidade] da separação do filho de seus pais.

cc) As decisões impugnadas não ignoraram o alcance dos interesses da Reclamante protegidos pelo Art. 6 I GG. O Juízo de família partiu da especial posição da Reclamante na escolha do tutor e não condicionou sua nomeação a exigências exageradas. Especialmente, não supôs que a Reclamante deveria somente então ser escolhida quando estivesse o bem-estar da criança, na comparação com a ma-

144. Trata-se aqui de um claro exemplo de como o TCF procede na argumentação para restringir o alcance e a intensidade de seu exame ao chamado "direito constitucional específico". Sobre essa figura das mais complexas e cheias de consequências no processo constitucional e na inibição do que seria um nocivo processo de constitucionalização total do ordenamento jurídico: Schlaich e Korioth (2015: 201-202). Cf. também seu uso para a interpretação dos fundamentos e alcance do art. 102, §3° CF: Martins (2019).

nutenção na família cuidadora, mais bem servido. O Juízo de família chegou, ao contrário, com ponderações compreensíveis, à conclusão de que o bem-estar da criança estaria mais bem servido com a permanência na família cuidadora do que o seria na mudança para a Reclamante.

2. A Reclamante não teve seus direitos fundamentais violados pelo fato de que lhe permaneceu vedada a possibilidade de reclamação [ordinária] segundo o § 59 FamFG.

a) O legislador não é por força constitucional obrigado por um direito à garantia de acesso à Justiça nem pelo Art. 101 I GG a disponibilizar a parentes próximos uma medida judicial contra a escolha do tutor pelo tribunal. [...].

b) Também a interpretação do § 59 I FamFG pelo Superior Tribunal Estadual, segundo a qual a Reclamante, como avó, não teria aqui uma legitimidade ativa [para propor] uma reclamação, não viola o direito fundamental da Reclamante à garantia da via jurisdicional ou em seu direito igual a direito fundamental ao juiz natural.[145]

Com o mandamento de proteção jurídica efetiva, garantida no âmbito do processo civil pelo Art. 2 I GG em conexão com o princípio do Estado de direito (Art. 20 III GG) (cf. BVerfGE 93, 99 [107]), será então incompatível uma interpretação e aplicação dos pressupostos de admissão de uma medida judicial quando ela não puder ser racionalmente justificada e, assim, revelar-se arbitrária e dificultar, de modo inexigível, o acesso à próxima instância (cf. BVerfGE 125, 104 [137]; 134, 106 [118, n. 34]; jurispr. pacífica). A decisão de um tribunal em não admitir um recurso judicial violaria a garantia do juiz natural do Art. 101 I 2 GG se na base dela estivesse uma interpretação ou aplicação arbitrária do direito processual (cf. BVerfG, Decisão da 2. Câmara do Primeiro Senado, de 21 de março de 2012 – 1 BvR 2365/11 –, NJW 2012, P. 1715, com mais ref.).

Que o Superior Tribunal Estadual tenha, nesse ponto, interpretado os pressupostos do § 59 I FamFG de modo arbitrário, não foi demonstrado, nem é, de resto, vislumbrável. Segundo o § 59 I FamFG, cabe a reclamação àquele que, por causa da decisão, tenha tido seus direitos atingidos. A decisão de escolha [do tutor / curador] segundo o § 1779 BGB até tangencia o direito fundamental da Reclamante, como avó, decorrente do Art. 6 I GG. Também levando isso em consideração, no sentido do § 1779 III 1 BGB, deveria ter sido ela em princípio ouvida junto à escolha do tutor pelo Juízo de família. Todavia, o Superior Tribunal Estadual aderiu à jurisprudência da Corte Federal de Justiça que, no prosseguimento de sua jurisprudência anterior sobre o § 20 I, § 57 I, n. 9 FGG, considera que também pelo § 59 I FamFG não se concede a avós a autorização para a [o interesse processual de agir na] reclamação em processos que tenham

145. Sobre a garantia ao juiz natural, v. no presente volume, as notas introdutórias e **Decisões # 70 e 71 do Cap. 16**.

como objeto a nomeação de um tutor ou cuidador complementar para seu neto (cf. BGH, Decisão de 2 de fevereiro de 2011 – XII ZB 214/09 –, juris; Decisão de 26 de junho de 2013 – XII ZB 31/13 -, juris). Essa interpretação do § 59 I FamFG não é arbitrária. Ela baseia-se em uma plausível interpretação sistemática (cf. BGH, Decisão de 26 de junho de 2013 – XII ZB 31/13 -, juris, n. 16) e leva em consideração o legítimo objetivo do legislador em manter reduzido o círculo de legitimados à reclamação, a fim de viabilizar uma conclusão rápida do processo judicial, o que no processo judicial de [de constituição do] poder familiar tem uma especial importância (cf. BGH, Decisão de 26 de junho de 2013 – XII ZB 31/13 –, juris, n. 14; Decisão de 2 de fevereiro de 2011 – XII ZB 214/09 –, juris, n. 10).

III.

Por falta de perspectivas de êxito da Reclamação Constitucional, teve de ser indeferido o pedido de concessão de ajuda nas custas processuais e designação de um advogado em correspondente aplicação do § 114 ZPO (cf. BVerfGE 1, 109 [110ss.]).

IV.

Esta Decisão foi tomada, no ponto **II.2.**, com 7 votos a 1; de resto, foi unânime.

Kirchhof, *Gaier*, *Eichberger*, *Schluckebier*, *Masing*, *Paulus*, *Baer* e *Britz*.

Capítulo 14
Liberdade de associação (Art. 9 GG)

Artigo 9 [Liberdade de associação e de coalizão sindical]

(1) Todos os alemães têm o direito de constituir associações e sociedades.

(2) São proibidas associações cujos propósitos ou cuja atividade sejam contrários às leis penais ou que se orientem contra a ordem constitucional ou a ideia do entendimento entre os povos.

(3) [1] É garantido a todas as pessoas e profissões o direito de constituir associações em prol da manutenção e do fomento das condições de trabalho e econômicas. [2] Acordos que limitem ou busquem impedir esse direito são nulos; as medidas com esse fim são ilícitas. [3] As medidas concernentes aos Artigos 12a, 35 II e III, Artigo 87a IV e Artigo 91 não podem dirigir-se contra disputas trabalhistas que ocorram em prol da manutenção e fomento das condições de trabalho e econômicas de associações no sentido do período 1.[146]

A. Notas introdutórias

No Art. 9 GG, foi, em princípio, outorgado um direito fundamental clássico, de *status negativus* ou *status libertatis* (resistência contra intervenções estatais), também em princípio, coletivo: o direito fundamental à liberdade de associação. Porém, a unanimidade dos autores trata como *lex specialis* a associação mencionada no seu 3º parágrafo (Art. 9 III GG), chamada comumente de "liberdade de coalizão". No vernáculo, poder-se-ia chamá-la simplesmente de

146. Referência ao primeiro período desse terceiro parágrafo: Art. 9 III 1 (por extenso: artigo 9, parágrafo 3, período 1). Sobre a forma de citação de dispositivos normativos constitucionais e legais alemães, v. no **volume 1** da presente obra: Martins (2016-a: 21 s.).

liberdade de associação sindical,[147] o que denota a clara relação de generalidade versus especificidade encontrada nesse subsistema normativo.

Alguns autores chegam a tratar de ambas em seções totalmente diversas por entenderem que a liberdade de associação do Art. 9 I GG subsuma-se sob a categoria dos direitos de comunicação, enquanto a liberdade de coalizão faria parte do grupo de direitos econômicos.[148] Contudo, a maioria trata o Art. 9 GG como um conjunto composto pela liberdade geral do Art. 9 I GG e o caso específico do Art. 9 III GG que, como a seleção de decisões do presente capítulo revela, ocupou mais o TCF do que a liberdade geral do Art. 9 I GG.[149]

I. Liberdade (geral) de associação: Art. 9 I GG

1. Área de proteção

1.1 Introdução: marca normativa da área de proteção do Art. 9 GG

Ao lado de direitos fundamentais de liberdade em sentido amplo, englobando o desenvolvimento da personalidade e um status jurídico, tais como o direito de propriedade, o direito ao nome e demais elementos identificadores do estado civil de uma pessoa, o direito de casamento, de família e de herança, também a liberdade de associação tem uma marca normativa proeminente. De sua área de proteção, não participam apenas comportamentos exercidos individual ou coletivamente, mas uma configuração jurídica infraconstitucional mínima capaz de viabilizar, *em parte*, seu exercício. Frisou-se o caráter parcial porque, ao contrário dos demais direitos de marca normativa mencionados, a liberdade de associação pode ser exercida também por grupos não constituídos por uma personalidade jurídica, caso em que ela aproxima-se da liberdade de reunião.[150]

Por isso, o primeiro passo para a identificação do alcance do que é protegido é a definição legal de associação e de outras entidades congêneres igualmente protegidas pela norma do Art. 9 GG.

147. Porém, do lado dos empregadores, na Alemanha, fala-se como se verá adiante em federação, união, confederação ou congêneres (cf. a seguir, nota 151).

148. Cf., sobretudo, Hufen (2018: 411 ss., 515-525): liberdade de associação como último capítulo da seção IV "Direitos fundamentais de comunicação" e Hufen (2018: 615 ss., 668-683): liberdade de coalizão como um dos capítulos da Seção VI, intitulada: "A liberdade da atividade profissional e econômica". Cf. no mesmo sentido: Von Münch e Mager (2014: 299-304 e 337-344) e Ipsen (2018: 166-173 e 197-203).

149. Nesse sentido, mesmo às vezes dedicando capítulos à parte para a liberdade de coalizão, cf. Manssen (2018: 163-168 e 167-172), Kluth (2017: 216-219 e 219-222), Schmidt (2018: 335-357), Michael e Morlok (2017: 168-181), Sachs (2017: 487-508) e Pieper (2012: 188-202).

150. Que não tem nenhuma marca normativa, apenas comportamental. Cf. com amplas referências à literatura especializada germânica e jurisprudência para a interpretação do Art. 5°, XVI CF: Martins (2017: 452-454).

1.2 Conceito de associação

A definição foi dada pelo legislador específico na chamada "Lei de Federações" (*Vereinsgesetz*, na abreviação usual *VereinsG*).[151] Segundo o § 2 I VereinsG, os conceitos de federação e de sociedade são definidos em sentido amplo como "associação em que espontaneamente se junta uma pluralidade de pessoas físicas ou jurídicas em prol de um propósito comum".

Essa definição legal bem esclarece também o objeto protegido, que é entendido no sentido mais amplo e maximizador possível da liberdade associativa. Federação e sociedade são apenas dois exemplos de uma gama muito mais diversa da liberdade individual para juntar-se em prol de uma causa: pensando nas contemporâneas tecnologias, a liberdade vai desde a iniciativa de criar um grupo virtual para a persecução de um propósito específico (desde que cumpram os pré-requisitos expostos a seguir) até as mais complexas confederações de âmbito nacional ou até de alcance internacional.

São três os pré-requisitos indispensáveis ao conceito de associação:[152]

a) Voluntariedade: uma associação compulsória afeta a chamada liberdade negativa de associação (mais a seguir). Porém, associações de direito público de entrada compulsória não fazem parte da área de proteção da liberdade de associação, não podendo os titulares do direito fundamental exercerem *positivamente* a liberdade de associação, ou seja, associarem-se a elas, senão em virtude de determinações legais aqui não mensuráveis, portanto, no parâmetro jusfundamental em pauta.

b) Propósito comum: livremente determinado pelos membros da associação, pode recair sobre diversos setores da vida social (arte, esporte, política, filantropia etc.). Assim como ocorre com o papel do propósito comum na liberdade de reunião do Art. 8 I GG; ao lado do compartilhamento do objetivo principal, pode haver ideias diferentes quanto aos objetivos secundários da associação.[153]

c) Mínima estabilidade cronológica e organizacional da junção de pelo menos duas pessoas físicas ou jurídicas que estará presente quando a constituição coletiva da vontade seguir regras escritas ou não escritas. Segundo esse critério, ficam excluídas, entre outras, a pessoa jurídica unipessoal, as fundações e os meros carteis formados por grupos de interesses.

151. As traduções ao vernáculo podem variar (associação, federação etc.) sem grandes consequências jurídico-terminológicas, pois a lei trata, por exemplo, "*Verein*" e "*Vereinigung*" como sinônimos. Cf. Kingreen e Poscher (2018: 236).

152. Cf. sobre esses pré-requisitos a exposição de Kingreen e Poscher (2018: 237 s.).

153. Cf. Martins (2017).

1.3 Exercício individual

O exercício individual da liberdade lastreada no Art. 9 I GG corresponde à autonomia associativa que abrange a liberdade de constituir com outros uma associação, fixando sua forma jurídica, nome, propósitos, momento de criação e toda sua organização interna definida por regras estabelecidas com critérios livremente pactuados pelos associados.

No mais, positivamente, abrange a liberdade para entrar em uma já constituída associação, a atuação com e na associação e a permanência. Negativamente, assegura o seu oposto: a não entrada ou a saída de uma associação quando se tratar de uma associação regida pelo direito privado.

Polêmica é a jurisprudência do TCF,[154] segundo a qual, no caso de associações regidas pelo direito público, a área de proteção não abarcaria essa possibilidade de exercício negativo. O argumento aqui é que se o indivíduo não pode apenas por vontade sua (e dos demais associados de acordo com as regras firmadas nos estatutos da associação) integrar-se a uma associação de direito público senão em virtude de lei, também não poderia dela afastar-se igualmente se não presentes os pressupostos legais. Essa dedução por inversão (*argumentum e contrario* ou *a contrario sensu*) é falaciosa, pois ignora justamente o caráter de resistência do Art. 9 I GG perante o legislador e torna inócuo o direito fundamental do Art. 9 I GG nesse contexto.[155]

1.4 Exercício coletivo

O exercício coletivo do Art. 9 III GG diz respeito à titularidade pela própria pessoa jurídica. A jurisprudência pacífica do TCF admite-o em parte, restringindo-o ao núcleo da existência e da atividade da associação.[156] Uma parcela da literatura especializada apresenta importantes complementos àquela, especialmente referindo-se ao Art. 19 III GG que "de modo definitivo e especialmente"[157] regulamenta em que medida a pessoa jurídica pode exercer um direito fundamental. Aqui, a construção de um direito fundamental duplo, individual e coletivo, não se condiz com o Art. 19 III GG.

O problema não está na liberdade de associação coletiva, vale dizer das pessoas jurídicas, para dentro: sua auto-organização e autodeterminação para sua criação normativa vinculantes dos seus membros. Ao contrário, o problema está na atuação da associação para fora.[158] Como antes aludido, o TCF fala na proteção

154. Cf. com as referências e discordância de Hufen (2018: 517 s.).

155. Cf. Kingreen e Poscher (2018: 238): "Ao contrário, trata-se, nesse ponto, da clássica função de direito fundamental: a resistência contra um ato de coerção estatal".

156. Cf. BVerfGE 80, 244 (253).

157. Kingreen e Poscher (2018: 238).

158. Cf. Kingreen e Poscher (2018: 240).

de um âmbito nuclear, tal como o direito a usar o nome e sua autoexposição (construção autodeterminada de reputação e imagem).[159] Para além de tal núcleo, faz mais sentido aplicar o Art. 19 III GG respectivamente em conjunto com o direito fundamental específico correspondente à atividade desempenhada.

2. Intervenções estatais

Preliminarmente, há de se referir, aqui novamente, à diferença entre leis interventoras e configuradoras, definidoras de conteúdo.

À última categoria pertencem as regras de classificação de tipos de associação, pois elas não dificultam o exercício da liberdade em pauta, mas, pelo contrário, facilitam-no. Exemplos de leis interventoras podem ser aquelas leis que proíbam a fundação de certas associações, controles preventivos determinados em lei, especialmente um sistema de concessão pressuposto da criação da associação.

Também são intervenções os atos administrativos e as decisões judiciais que tenham por efeito final o impedimento da entrada ou permanência em uma associação. O efeito final aludido decorre da aplicação de lei interventora ou efeito decorrente de interpretação de aplicação do direito ordinário, especialmente pelo Judiciário. Alternativamente, pode tratar-se, na intervenção, como visto sob a epígrafe da área de proteção, do oposto àqueles – entrada ou permanência forçada como afetação da liberdade negativa. No mais, mencionem-se a imposição de barreiras para campanhas de publicidade em prol da entrada de novos membros e, por fim, a mais onerosa de todas: a proibição de uma associação em si.[160]

3. Justificação constitucional

3.1 Limites constitucionais

O Art. 9 II GG não contém uma expressa reserva legal, mas, tal qual explicado no caso anteriormente analisado a respeito do limite ao direito fundamental dos pais ao cuidado e à educação dos filhos do Art. 6 II 1 GG, implícito no Art. 6 II 2 GG, aqui também há uma implícita reserva legal qualificada no Art. 9 II GG. Isso porque esse dispositivo proíbe a associações que persigam – e que o revelem por concreta atividade – três propósitos taxativamente mencionados: violação da lei penal, orientação contra a ordem constitucional ou orientação contra a ideia do entendimento entre os povos.

Não se trata, como com razão admite a opinião dominante na literatura especializada,[161] de uma exclusão *a priori* da área de proteção, como no caso da

159. Cf. BVerfGE 30, 227 (241) e 84, 372 (378) também citadas por Kingreen e Poscher (*ibid.*, p. 241).
160. Cf., por todos, a detalhada explanação de Sachs (2017: 496 s.).
161. Cf. com referências: Kingreen e Poscher (2018: 242).

exclusão de reuniões não pacíficas ou armadas da área de proteção da liberdade de reunião do Art. 8 I GG. Com fulcro no princípio do Estado de direito, chegou-se à conclusão da necessidade de regras procedimentais e de competência para uma proibição de uma associação.[162]

Trata-se, de fato, de um caso essencialmente diferente daquele que é caracterizado pela exclusão de um tipo de comportamento da área de proteção da liberdade de reunião, pois naquele caso o espírito radical-agressivo-beligerante e o porte de armas de reunidos são verificáveis de plano. Aqui se tem um direito de todo modo bem mais marcado por normas. Com efeito, a liberdade de associação, ao contrário do que ocorre naquela hipótese da exclusão de certos comportamentos da proteção da liberdade de reunião, poderia tornar-se, em determinados casos, ou inócua às investidas de órgãos constituídos, os quais poderiam de maneira leviana, porque ideologicamente orientada, taxar (especialmente as associações de posições políticas desafetas) de preencherem um dos três requisitos para a proibição. Eles serão tratados sob a próxima epígrafe do limite do limite que é o exame da proporcionalidade de medidas em face de cada propósito nelas, respectivamente, implícito.

3.2 Proporcionalidade de intervenções baseadas no Art. 9 II GG

Como verificado, tem-se uma reserva legal qualificada pelos três propósitos, cuja persecução pode justificar uma intervenção na área de proteção, desde que proporcional, ou seja, não violadora da vedação de excesso.[163] A seguir, descrevem-se tais propósitos para que a respectiva aplicação do princípio da proporcionalidade possa ser viabilizada.

3.2.1 Leis penais

Trata-se de leis penais gerais contra as quais a associação estaria se chocando. Como leis penais gerais entendem-se aquelas não direcionadas especificamente à criminalização de associações, ou seja, que não tenham como escopo a criminalização de concretas e determinadas categorias de associações. Isso representaria um direito penal especial, tal qual ocorre na dogmática das leis gerais como limites dos direitos fundamentais de comunicação do Art. 5 I GG.[164] Como afirmam Kingreen e Poscher (2018: 242): "se não se fizer essa restrição a leis penais extraordinárias, o Art. 9 I GG fica à disposição do legislador". Em

162. Cf. *ibid.*
163. Sobre a identificação aqui perpetrada entre vedação de excesso e proporcionalidade em sentido lato: Dimoulis e Martins (2018: 195-197 e 245-255).
164. Cf. a respeito, no **volume 2** da presente obra: Martins (2018-a: 91-95 e 111-119).

outras palavras: o Art. 9 I GG não vincularia, em desconformidade com o Art. 1 III GG, o legislador.[165]

Presente a tipicidade e demais condições para o sancionamento penal, a aplicação da pena será em regra proporcional, uma vez tratar-se, então, do único meio adequado ao alcance do propósito da defesa dos bens jurídicos protegidos pela legislação penal.

3.2.2 Ordem constitucional

Na interpretação sistemática com outros dispositivos da *Grundgesetz* com esse escopo, tais como o Art. 18, 1 GG (destituição de direito fundamental) e o Art. 21 II 2 GG (proibição de partido político), o conceito corresponde à "ordem liberal democrática"; não à simples "ordem jurídica constitucional" ou constitucionalmente compatível do limite à liberdade geral de ação do Art. 2 I GG.[166]

Trata-se aqui, portanto, da proteção das regras elementares à defesa do Estado de direito e da democracia, no contexto de normas da *Grundgesetz* que se ocupam de municiar a democracia contra erosões iniciadas por pessoas e organizações que a combatam de modo sistemático e agressivo.[167]

O princípio da proporcionalidade reveste-se aqui da necessária instrução processual com regras procedimentais muito rigorosas. Questionável é, sobretudo, se o comportamento de alguns dos membros (minoria) de uma associação poderia bastar para uma proibição, ou seja, se tal comportamento de alguns poderia ser atribuído à associação como um todo. Nesse caso, deve-se avaliar se tais comportamentos são tolerados pela maioria ou por ela aceitos sem expressas contestações.[168]

Unanimemente,[169] defende-se que críticas a instituições democráticas manifestadas por associações de certo modo "suspeitas" não bastam, por mais

165. Cf., no entanto: §§ 121, 129, 129a, 250 I n. 2, 253 IV e 284 II StGB que tipificam ou qualificam condutas já tipificadas praticadas em associação, respectivamente: i. rebelião de prisioneiros; ii. formação de associações criminosas, iii. formação de associações terroristas; iv. roubo qualificado; v. coação qualificada e vi. promoção não autorizada de jogos de azar: Esse direito penal especial que atinge as associações somente não é problemático "enquanto o dispositivo penal mirar na especial periculosidade do exercício conjunto, independentemente de encontrar-se por trás dele uma associação" [Kingreen e Poscher (2018: 243)].

166. Cf. Kingreen e Poscher (2017: 243). Vide ainda a introdução a essa dogmática do Art. 2 I GG e o limite da "ordem jurídica constitucional", com amplas referências, no **volume 1** da presente obra: Martins (2016-a: 49-51) e as principais decisões do TCF (*ibid.*, p. 51 ss.).

167. Cf. Hufen (2018: 521).

168. Cf. em detalhes: Schmidt (2017: 343 e 344 s.).

169. Cf. por todos: Michael e Morlok (2017: 331): "a organização e o feixe de crítica comunitária ao Direito e à Política não podem ser reprimidos".

contundentes que sejam. Apenas como *ultima ratio* poderá ser proibida uma associação com base nesse propósito e limite da reserva legal qualificada.

3.2.3 Entendimento entre os povos

Mutatis mutandis ocorre com a avaliação da conduta de associações e/ou seus membros em face do entendimento entre os povos que é, segundo entendimento geral, comprometido quando por elas for propagada a inferioridade de raças, povos ou nações.

3.3 Outros direitos constitucionais colidentes e proporcionalidade de intervenções neles baseadas

Além das implícitas reservas legais qualificadas descritas, os exercícios da liberdade de associação de titulares diferentes podem chocar-se entre si, além de o direito individual poder chocar-se com o direito coletivo de liberdade, de titularidade da pessoa jurídica.

Pautando-se em uma interpretação expansiva da área de proteção do Art. 9 I GG, vêm à pauta também choques com outros bens jurídico-constitucionais tal como, por exemplo, uma associação de presidiários que desenvolva técnicas de fuga choca-se com a capacidade funcional e reconhecimento constitucional da instituição da execução penal deduzido do Art. 103 II e III e Art. 104 GG.

II. Liberdade de associação sindical (liberdade de coalizão): Art. 9 III GG

A liberdade de associação sindical chamada em alemão de liberdade de coalizão porque o termo "sindicato" ("*Gewerkschaft*") é reservado às categorias de empregados, aplicado, portanto, em sentido tradicional estrito é o parâmetro constitucional específico que tutela uma categoria especial de associação em oposição à tutela geral da mesma liberdade garantida jusfundamentalmente pelo Art. 9 I GG. Por sua vez, correspondentes ao uso da expressão "sindicatos" de empregadores (no vernáculo e direito brasileiro) são os termos "uniões", "federações" e "confederações". Ambas as categorias de sindicato e suas correspondentes do lado de empregadores pertencem ao gênero das coalizões (*Koalitionen*) que é, como aludido, um tipo especial de associação. Ela é identificável, precipuamente, por seu propósito conforme a discussão a seguir.

1. Conteúdo e alcance do direito de resistência

1.1 Área de proteção

Como no caso da liberdade geral de associação, também aqui se parte do conceito de coalizão. Com efeito, trata-se de um direito fundamental, cuja área de proteção tem, em grande parte, uma marca normativa (ou "cunho" normativo).

1.1.1 Conceito de coalizão

O conceito de coalizão, como caso específico de associação, foi marcado, no próprio Art. 9 III GG, a partir do propósito ao qual deve necessariamente servir uma coalizão, qual seja, do propósito da "proteção e fomento das condições do trabalho e econômicas". No mais, deve tratar-se também de uma associação.

As condições do trabalho dizem respeito a condições da relação de emprego como salário, jornada, férias, proteção contra demissões etc. As condições econômicas dizem respeito a "condições sociopolíticas e econômicas como, por exemplo, medidas de combate ao desemprego, introdução de novas tecnologias e questões conjunturais. Ambos os objetivos devem ser perseguidos juntos, isto é, não apenas alternativamente".[170]Além desse propósito identificador, reconhece-se que, por conta do contexto no qual estão inseridas as coalizões, qual seja, nas disputas trabalhistas coletivas, o conceito abrange a discriminação (liberdade) de/contra membros que sejam adversários, com a exclusão de empregados ou de empregadores a depender de em qual classe de "adversário social"[171] classifica-se uma determinada coalizão. No mais, o conceito implica a independência econômica em relação a adversários. Por fim, abrange a criação de uma rede de membros que, numericamente, ultrapasse os limites da empresa individual.

Esses pressupostos marcam a preparação de uma coalizão a negociações das convenções coletivas do trabalho (*Tarifverträge*) de ambos os lados: dos empregadores e dos empregados.

1.1.2 Exercício individual

Igualmente como na liberdade geral de associação, a liberdade de coalizão pode ser, primeiro, exercida individualmente. Em conformidade com esse modo protegido de exercício do direito fundamental em tela, empregadores e empregados podem ligar-se a outros de sua classe para criarem uma coalizão. Todos os comportamentos atinentes à área de proteção da liberdade individual de associação sintetizados na autonomia associativa são compreendidos aqui também, especialmente a liberdade negativa, ou seja, a liberdade contra a obrigação de se integrar em uma federação de empregadores, de um lado, ou de um sindicato, de outro. Especialmente, protegem-se as condutas individuais relativas especificamente ao propósito da associação que, como anteriormente exposto, define-a como coalizão.

170. Kingreen e Poscher (2018: 239).

171. Fala-se, nesse contexto, no binômio "liberdade de/independência em face do adversário", ou seja, a exclusão de membros da classe adversária e de quaisquer influências provenientes do campo adversário. Cf., por exemplo: Sachs (2017: 501).

1.1.3 Exercício coletivo

Segundo a opinião dominante e jurisprudência do TCF,[172] protege-se o exercício coletivo da liberdade do Art. 9 III 1 GG, ou seja, reconhece-se a titularidade específica da pessoa jurídica não apenas para o exercício de outros direitos fundamentais conforme o Art. 19 III 1 GG, mas especificamente para o exercício da liberdade de coalizão.

Especificamente, protege-se a existência da coalizão para a persecução de seu especial propósito definido no Art. 9 III GG. Uma vez que aqui o propósito da associação conecta-se claramente à preparação para a luta trabalhista de empregadores e empregados, previamente às negociações coletivas das condições de trabalho e econômicas, o TCF desistiu de sua restrição a um âmbito nuclear da liberdade.[173]

Nesse sentido, protegidas são a publicidade da coalizão, o direito de representação judicial de seus membros, a manutenção da disciplina da associação em prol dos seus objetivos de luta trabalhista, a participação na cogestão empresarial e preparação e execução de medidas, *em princípio*, legítimas de luta trabalhista, nomeadamente, do lado dos empregados: greve, boicote, bloqueios e ocupações de instalações.[174] Por sua vez, do lado dos empregadores, representam, igualmente, medidas em princípio legítimas de luta trabalhista: a demissão, o impedimento planejado da execução de funções infligido a uma pluralidade de empregados, a demissão defensiva com efeitos suspensivos da relação de emprego, a interrupção do pagamento de salários e a "alteração contratual em massa" (do alemão *Massenänderungskündigung*), ou seja, a alteração unilateral de centrais cláusulas relevantes da relação contratual de trabalho.[175]

1.2 Peculiaridade: Eficácia horizontal direta prescrita no Art. 9 III 2 GG

Antes de se apresentarem os casos mais comuns de intervenções estatais que devem passar pelo exame de justificação constitucional a partir da aplicação proporcional de um limite para não serem consideradas inconstitucionais em face do Art. 9 III GG, cabe destacar que se trata aqui, excepcionalmente, de fato,

172. Cf., por exemplo, com amplas referências: Kingreen e Poscher (2018: 240).

173. Cf. a guinada em: BVerfGE 93, 352 (358) – Mitgliederwerbung (publicidade por membros), de 1979. Cf. também: Manssen (2018: 170), Kluth (2017: 220) e Hufen (2018: 670).

174. Cf. com ressalvas aos dois últimos meios citados: Schmidt (2018: 352 s.). Também ressalvadas da proteção ou relativizadas (presunção de justificação da intervenção) são as seguintes espécies de greves: as greves "solidárias", as não organizadas por sindicatos e executadas conforme um plano por eles traçado ("greves selvagens") e as chamadas greves "políticas", entendidas como tais aquelas que visam a pressionar o Parlamento por uma desejada legiferação (cf. *ibid.*).

175. Cf. Schmidt (2018: 353).

do único caso, entre os direitos fundamentais de *status negativus*, de um direito fundamental com eficácia horizontal direta.[176] Com efeito, o teor do Art. 9 III 2 GG não deixa margem para dúvidas: "acordos que restrinjam o direto fundamental lastreado no Art. 9 III 1 GG são nulos de pleno direito".

Por isso, também a seguir fala-se, do mesmo modo excepcionalmente, não apenas em intervenções estatais, mas também nas intervenções perpetradas pelo adversário social.

2. Intervenções estatais e pelo adversário social

Intervenções estatais perpetradas pelo Estado podem ocorrer, como anteriormente descrito, na liberdade de associação e na liberdade de coalizão individual ou coletiva.

Na primeira, são típicas intervenções, primeiro, pelo adversário social: o impedimento pelo empregador da entrada ou permanência em um sindicato (nulidade de qualquer cláusula de contrato individual de trabalho nesse sentido); coerção para saída ou entrada de sindicado pela via do tratamento desigual baseado na ligação ou não do empregado a um determinado sindicato. Pelo outro lado, cláusulas pactuadas em convenções coletivas que obriguem o empregador a empregar ou a manter no emprego apenas empregados organizados ou a remuneração diferenciada a depender do pertencimento ou não de empregados a uma organização.[177]

Por sua vez, representam típicas intervenções estatais na maioria dos casos: atribuição de tarefas à coalizão de direito público de inscrição compulsória (câmaras de profissionais liberais) e a restrição à demissão como medida de luta trabalhista do empregador.[178]

3. Justificação constitucional

3.1 Limites constitucionais

A discussão na literatura especializada recai sobre se o limite do Art. 9 II GG aplica-se ao presente direito fundamental que veio positivado após aquele, no Art. 9 III GG. Trata-se de uma discussão semelhante à discussão sobre a inaplicabilidade, baseada em argumentos sistemáticos, dos limites às liberdades

176. Da muito vasta literatura especializada, cf. Hufen (2018: 674), no entanto, com a ressalva "quando se tratar da liberdade de coalizão negativa dos membros". Mais amplamente, ou seja, englobando a liberdade positiva, mas destacando a conclusão inversa de que os direitos fundamentais elencados do Art. 1 ao 19 GG têm eficácia direta apenas perante os órgãos estatais: von Coelln (2013: 178). Opinião minoritária divergente defende Ipsen (2018: 201) para quem se trata de uma "norma juscivilista especial com nível constitucional".

177. Cf. por todos: Schmidt (2018: 354).

178. Cf. Kingreen e Poscher (2018: 241 s.).

de comunicação do Art. 5 I GG previstos no Art. 5 II GG aos direitos fundamentais outorgados no Art. 5 III GG.[179] Como lá, aqui também seria um erro sistemático essa transposição do limite: lá não havia nenhuma relação de generalidade e especificidade entre o Art. 5 I e Art. 5 III GG, como há aqui. Mas, em sendo o Art. 9 III 1 GG *lex specialis* em relação ao Art. 9 I GG, a objeção sistemática pode ser levantada e não refutada para o presente caso: um direito com proteção específica justamente não se submete aos limites previstos a um direito com proteção genérica.[180]

Contudo, a discussão teve seu significado com toda propriedade impugnado: associações que persigam os propósitos vedados pelo Art. 9 II GG simplesmente não são, por definição, coalizões no sentido do Art. 9 III 1 GG.[181]

Resta, portanto, como possível limite apenas o direito constitucional de colisão.

3.2 Direito constitucional de colisão e proporcionalidade de intervenções

Também aqui pode haver colisão entre o exercício por titulares diferentes do mesmo direito fundamental do Art. 9 III 1 GG (individual versus coletivo ou de pessoas jurídicas distintas). O TCF e o Tribunal Federal do Trabalho reconhecem o papel do legislador configurador a solucionar abstratamente conflitos e o papel do chamado direito judicial. O exercício de tais tentativas de harmonização entre direitos fundamentais nos planos abstrato-legislativo e concreto-jurisdicional implica em regra intervenções em pelo menos uma das posições jusfundamentais colidentes. Tais intervenções como sempre são revisáveis (e devem sê-lo de fato) pelo exame de sua respectiva proporcionalidade.[182]

Outros bens jurídicos de dignidade constitucional podem vir à pauta, tais como a garantia da capacidade funcional de setores estratégicos da providência estatal (segurança pública, prevenção e combate a incêndios, garantia operacional de hospitais etc.) que têm o condão de justificar intervenções no direito de greve de funcionários públicos que, por sua vez, faz parte de sua liberdade de coalizão. Uma exclusão geral e abstrata do direito de greve no funcionalismo público é considerada, na jurisprudência do Tribunal Federal Administrativo, uma intervenção estatal desproporcional em prol da concretização do Art. 33 V GG que positivou os princípios tradicionais do funcionalismo público. Ao contrário, o TCF desde há muito considera-a justificada.[183]

179. Cf. as explicações no **volume 2** da presente obra: Martins (2018-a: 91-95 e 222-225).

180. V. sobre essa regra, com exemplos: Dimoulis e Martins (2018: 92, 200 e 268).

181. Cf. Kingreen e Poscher (2017: 238).

182. Cf. os vários exemplos de Schmidt (2018: 354-357) e a seguir, **Decisão # 63.**

183. Cf. BVerfGE 44, 249. Discordam, nesse ponto, do TCF: Kingreen e Poscher (2018: 244 s.). Com fundamento na falta de incidência do modelo da convenção coletiva,

3.3 Limite do limite do Art. 9 III 3 GG

O teor do dispositivo tem natureza de limite dos limites, sendo autoexplicativo: as medidas excepcionais para as espécies de estado de defesa previstas nos Art. 12a; 35 II e III; 87a IV e 91 GG não podem dirigir-se "contra disputas trabalhistas que ocorram em prol da manutenção e fomento das condições de trabalho e econômicas de associações no sentido do período 1".

III. Concorrências

Os direitos fundamentais do Art. 9 I e III 1 GG têm, em sua qualidade de *lex specialis* em relação ao Art. 4 I c.c. Art. 140 c.c. Art. 137 V da Constituição de Weimar (WRV), aplicação apenas subsidiária, sendo em regra afastada como parâmetro. Trata-se de um caso da chamada "concorrência aparente"[184] resolvida a priori pela aplicação da norma específica.

Em relação ao partido político, embora seu status seja definido pelo Art. 21 GG, tem de se avocar para ele a proteção do Art. 9 I GG. Isso porque, como a definição do status constitucional do partido político encontra-se fora do catálogo de direitos fundamentais,[185] ou seja, por ser impossível depreender do Art. 21 GG uma posição jurídico-subjetiva, no caso, um direito público-subjetivo como é por excelência todo direito fundamental, somente na sua qualidade de associação subsumível sob a proteção do Art. 9 I GG, poderá o partido político subjetivar sua qualificação estritamente objetiva do Art. 21 GG. Consequentemente, somente assim terá ele o interesse processual para propositura da Reclamação Constitucional.

De resto, o Art. 9 GG é *lex specialis* em face dos direitos fundamentais de personalidade e de liberdade geral de ação do Art. 2 I GG.

mas legislativo, Schmidt (2018: 354) sustenta que não há direito de greve aos funcionários públicos. No mais, como mais exemplos de direito constitucional colidente as **Decisões # 64 e 66.**

184. Sobre o conceito: Dimoulis e Martins (2018: 200-202).

185. Não representa sequer um dos chamados "direitos iguais a direitos fundamentais". A respeito, v. referências adiante, à nota 189.

B. Decisões do TCF

61. BVerfGE 19, 303 (*Dortmunder Hauptbahnhof*)

Reclamação Constitucional contra Decisão Judicial

30/11/1965

MATÉRIA

A Reclamação Constitucional volta-se contra uma decisão da Câmara Disciplinar Federal. Proposta por um funcionário público que trabalha na Empresa Ferroviária Federal Alemã (*Deutscher Bundesbahn*), na **Estação Ferroviária Central de *Dortmund*** (*Dortmunder Hauptbahnhof*), que sofreu uma sanção disciplinar por ter realizado propaganda para seu sindicato por ocasião da eleição de colegas de profissão para um órgão representativo dentro da empresa.

O Reclamante alegou violação de seu direito fundamental à liberdade de coalizão, derivado do Art. 9 III GG.

O TCF julgou a Reclamação Constitucional procedente porque a Câmara Disciplinar Federal, em sua interpretação das normas disciplinares, teria ignorado o alcance do Art. 9 III GG. O TCF anulou a decisão da Câmara Disciplinar Federal e devolveu-lhe os autos para uma nova decisão.

EMENTAS

1. O Art. 9 III GG assegura aos integrantes de uma associação profissional o direito de participar da sua atividade constitucionalmente protegida.

2. O Art. 9 III GG protege o núcleo da atividade de associação profissional nos órgãos representativos dos empregados.

3. A propaganda sindical antes de eleições para o Conselho dos Empregados [no caso: funcionários públicos] é constitucionalmente protegida, dentro de certos limites, também no local e no horário de trabalho.

Decisão [*Beschluss*] do Segundo Senado de 30 de novembro de 1965

– 2 BvR 54/62 –

No processo da Reclamação Constitucional do fiscal de empresa [...] contra a Decisão da Câmara Federal Disciplinar de Dortmund de 17 de maio de 1961 - XI BK 4/61 -

Dispositivo:

A medida disciplinar aplicada ao Reclamante pelo diretor de pessoal da Estação Central de Dortmund de 25 de abril de 1960 e a Decisão da Câmara Federal Disciplinar XI – *Dortmund* – de 17 de maio de 1961 violam do direito fundamental do Reclamante do Artigo 9 Parágrafo 3 da *Grundgesetz*. Elas são anuladas.

A matéria será devolvida à Câmara Federal Disciplinar XI – *Dortmund* –.

RAZÕES

A. – I.

1. O Reclamante é servidor público, precisamente, guarda da Empresa Ferroviária Federal Alemã (*Deutscher Bundesbahn*), [lotado] na Estação Ferroviária Central de *Dortmund*. Ele é integrante do Sindicato dos Ferroviários da Alemanha. Na disputa eleitoral para a eleição de representantes dos empregados, ele distribuiu, nos dias 15 e 16 de fevereiro de 1960, fora do seu expediente, dentro da Estação Ferroviária Central de *Dortmund*, folhetos desse sindicato, nos quais se criticava a política de remuneração dos servidores da Federação Alemã de Servidores. Essa política teria [segundo o folheto], no meio dos esforços por [melhores] salários, declarado levianamente [sua] desistência [da campanha por aumento salarial]. Os servidores ferroviários federais deveriam, então, eleger os candidatos do Sindicato dos Ferroviários da Alemanha e negar confiança aos candidatos do Sindicato dos Servidores e dos Aspirantes a Servidores Ferroviários Federais na Federação Alemã de Servidores (futuramente: Sindicato dos Servidores Ferroviários Federais Alemães). O Reclamante entregou ao guarda E..., que pertence ao Sindicato dos Servidores Ferroviários Federais Alemães, lotado no portão principal, um dos folhetos com os dizeres "Veja como a sua associação trabalha". E... entregou o folheto ao Inspetor de Ferrovias Federais W..., presidente local de seu sindicato. HW... encontrava-se em uma inspeção de rotina; ele abordou o Reclamante e o avisou que a distribuição de folhetos não seria permitida pelas normas disciplinares do serviço público.

O Reclamante foi penalizado por meio de medida disciplinar aplicada pelo diretor da Estação Ferroviária Central de *Dortmund*, em 25 de abril de 1960, com uma multa de 5 marcos alemães, pois teria desrespeitado o § 7 II 1 do "instrução normativa geral para os Servidores das Ferrovias Federais", editada pela Resolução de 11 de novembro de 1954 da Administração Central das Ferrovias Federais, edição de 1958 – ADAB. Esse dispositivo tem como teor:

> *"O desempenho do trabalho não pode ser afetado por objeções pessoais, especialmente por aquelas de cunho político, religioso, ou relativas a sindicatos."*

2. [...].

II. – III. [...]

B. – I.

A Reclamação Constitucional é conhecida e improcedente.

1. [...].

2. O Art. 9 III GG garante às associações profissionais e a seus integrantes o direito de atuar na área da representação de empregados. Dessa garantia faz parte também a propaganda realizada antes da eleição para o Conselho de Empregados no local de trabalho.

a) O Art. 9 III GG protege não apenas o direito de qualquer pessoa e de todas as profissões, inclusive dos servidores públicos, de fundar associações profissionais, mas também da associação como tal e seu direito de perseguir, por meio de atividade especificamente relacionada a ela, as finalidades apontadas no Art. 9 III GG, quais sejam: proteger e fomentar as condições de trabalho e econômicas (BVerfGE 4, 96 [101 s., 106]; 17, 319 [333]; 18, 18 [26]). O Art. 9 III GG assegura ao indivíduo também o direito de participar da atividade específica da associação profissional, no âmbito que é protegido constitucionalmente para ela (cf. BVerfGE 17, 319 [333] e *Wengler*, Die Kampfmaßnahme im Arbeitsrecht, 1960, p. 47 s., bem como § 91 BBG).

b) O direito fundamental de liberdade de associação profissional somente pode proteger aquelas atividades de uma associação que sirvam aos propósitos apontados no Art. 9 III GG.

[...].

Se a atividade dos Conselhos de Empregados serve principalmente à proteção e ao fomento das condições de trabalho e se a atividade dos sindicatos de representação dos empregados é reconhecida expressamente na lei por meio da atribuição de competências ou é pressuposta como imprescindível para uma eficaz representação de empregados, então também a atividade dos sindicatos na entidade representativa dos empregados serve à proteção e ao fomento das condições de trabalho. A isso não se contrapõe que os sindicatos procurem ter influência, não direta, mas indiretamente – por meio dos conselhos de pessoal e sua eleição –, nas condições de trabalho. O Art. 9 III GG não diferencia se as entidades se engajam na proteção e no fomento das condições de trabalho e econômicas direta ou indiretamente.

c) O Art. 9 III GG garante às associações profissionais o direito de determinar as condições de trabalho e econômicas por meio de convenções coletivas de trabalho (BVerfGE 4, 96 [106]; 18, 18 [26]). É controvertido se a garantia constitucional do Art. 9 III GG também protege atividades de associações que mantenham e fomentem, de outro modo que não por meio de celebração de convenções coletivas, as condições de trabalho e econômicas (neste sentido: *Schnorr*, RdA 1955, p. 3 [9]; *Nipperdey*, in: Hueck-Nipperdey, Lehrbuch des Arbeitsrechts, Tomo 2, 6ª ed., 1957 p. 112; em sentido contrário: *Nikisch*, Arbeitsrecht, Tomo II, 2ª ed., 1959, p. 58; *Dietz*, in: Die Grundrechte, Tomo III/1, p. 417 [462]; *Werner Weber*, in: Göttinger Festschrift für das Oberlandesgericht Celle, 1961, p. 239 [246, 249]). O Tribunal Constitucional Federal ainda deixou em aberto a questão quanto [à tutela constitucional] às atividades da associação profissional no órgão representativo dos empregados, na decisão de 14 de abril de 1964 (BVerfGE 17, 319 [333]). Essa questão deve, em face da área em pauta, ser respondida afirmativamente.

(1) A área de atividade das associações profissionais tutelada pelo direito fundamental da liberdade de associação pode ser determinada somente pela prescrição especial do Art. 9 III GG; nesse contexto, o Art. 2 I GG não vem à pauta (cf. BVerfGE 6, 32 [37]; 9, 73 [77]; outras referências: *Nipperdey*, *op. cit.*, p. 108 ss.; BAG, JZ 1964, 373 [374]). Na determinação do alcance do Art. 9 III GG, deve-se, contudo, atentar para a evolução histórica (cf. BVerfGE 4, 96 [101 s., 106, 108]; 18, 18 [28 ss.]).

[...].

(2) – (3) [...].

[...]. A liberdade de associação profissional teria seu sentido, historicamente desenvolvido, roubado, se a atividade das associações junto ao órgão representativo dos empregados não fosse protegida pelo Art. 9 III GG (cf. BVerfGE 4, 96 [102, 106]).

d) Se a atividade das associações profissionais nos órgãos representativos de empregados subsumir-se à área protegida pelo Art. 9 III GG, então deve ser protegida pela Constituição, em princípio, também a atividade de propaganda das associações profissionais [no caso: trabalhistas, sindicatos] antes das eleições para o conselho dos empregados. Faz parte das tarefas dos conselhos de empregados manter e fomentar as condições de trabalho. Observando-se isso, deve ser garantido às associações profissionais que exerçam uma influência na eleição dos conselhos de empregados, para a persecução de seus propósitos delineados no Art. 9 III GG (cf. supra: b)) [...].

[...]. Uma disputa eleitoral para as eleições de conselhos de empregados que seja compatível com o sentido de tais eleições não pode ser conduzida na frente da porta do local ou fora do local de trabalho, na esfera privada dos eleitores. Por isso, em princípio também a propaganda sindical antes das eleições do Conselho de Empregados no local e no horário de trabalho é protegida constitucionalmente.

O sentido de tal disputa eleitoral também restaria perdido se se proibisse a uma associação profissional ou a seus integrantes o exercício de crítica às entidades concorrentes. Sem manifestações de opiniões divergentes, uma disputa eleitoral é inimaginável. É inevitável e precisa ser aceito que os integrantes de outros sindicatos reajam a tais manifestações de forma negativa.

e) São, contudo, tarefas do legislador a configuração e a consecução de uma disciplina normativa mais pormenorizada do direito dos sindicatos de atuarem na representação de empregados. Aqui não ocorre nada diferente do que já ocorre com o poder de produzir convenções coletivas garantido pelo Art. 9 III GG (cf. BVerfGE 4, 96 [107 ss.; 18, 18 [27]). O legislador, ao regulamentar de maneira mais pormenorizada, pode levar em consideração tanto as tarefas do serviço público e sua diferenciação das atividades trabalhistas privadas, quanto as especificidades de cada ramo do serviço público (BVerfGE 17, 319 [334]). Sem se atingir o Art. 9 III GG, pode-se, portanto, determinar que não serão permitidas aquelas atividades de entidades trabalhistas no âmbito da entidade representativa dos empregados que prejudicarem o exercício do trabalho, o cumprimento das tarefas e as obrigações trabalhistas, bem como a ordem no local de trabalho. Igualmente, é permitido, por exemplo, prescrever a certas pessoas - como ao diretor de um departamento, a outros servidores, dependendo de suas funções, ou a integrantes dos órgãos representativos dos empregados – limitações de sua atividade de propaganda sindical antes das eleições do Conselho dos Empregados. Pode restar aqui em aberto até onde podem ir tais limitações. O Art. 9 III GG protege também, junto à representação trabalhista, apenas um núcleo da atividade de associação profissional (cf. BVerfGE 4, 96 [106, 108]; 17, 319 [333 s.]; 18, 18 [27]). Esse núcleo será atingido e o Art. 9 III GG violado se antes das eleições do Conselho de Empregados forem impostas à propaganda limitações que não forem exigidas pela própria matéria e que, portanto, não forem necessárias à garantia do sentido e propósito de eleições livres para o Conselho de Empregados (cf. também § 21 PersVG), para o cumprimento das tarefas trabalhistas, para a ordem no local de trabalho ou para o bem-estar dos empregados (cf. BVerfGE 18, 18 [27]). Assim, uma proibição geral de propaganda sindical antes das eleições do Conselho de Empregados no local de trabalho não é justificada.

3. O direito fundamental de liberdade de associação profissional a todos garantido, e [em face de] a todas as profissões, também cabe aos servidores públicos (cf. § 91 BBG). Resta, entretanto, avaliar se tal direito fundamental poderia ser limitado em face do Reclamante, como servidor, além da medida em outros casos permitida, e se foi [de fato] limitado. Tais limitações amplas do direito fundamental poderiam ser justificadas pelo Art. 33 V GG (cf. *Ule*, Öffentlicher Dienst, in: Bettermann – Nipperdey, Die Grundrechte, Tomo IV/2, p. 537 [615 ss.] com referências). Uma proibição geral de atividade [sindical] dos servidores públicos na associação profissional não compartilha, contudo, dos tradicionais princípios do funcionalismo público, não sendo também exigida, pelo sentido e propósito, investidura pública. Segundo o Art. 33 V GG, apenas são permitidas aquelas limitações de direito fundamental que são exigidas pelo sentido e propósito da concreta relação funcional e de lealdade do servidor público (§ 2 BBG). Não se vislumbra em que medida poderiam ser derivadas da investidura de função pública do Reclamante, um guarda da Empresa Ferroviária Federal, tais limitações para sua atividade de propaganda sindical (cf. também Bayerischer

Dienststrafhof, Zeitschrift für Beamtenrecht, 1962, 396, [397]).

II.

Conclui-se que uma proibição geral de atividade de propaganda sindical no local de trabalho antes das eleições do Conselho de Empregados que se direcione contra outras associações profissionais não pode, por excelência, ser imposta a um servidor público, sem que o Art. 9 III GG reste violado. O Art. 9 III GG, entretanto, também será violado quando um tribunal depreender de um dispositivo normativo geral, que tomado em si mesmo esteja em consonância com o direito fundamental, tal proibição por meio de sua interpretação. Isso, contudo, é o que fez a Câmara Disciplinar Federal: sua decisão baseia-se em uma interpretação que não compreende o alcance do Art. 9 III GG. A decisão da Câmara e a medida disciplinar por ela confirmada devem ser, portanto, anuladas. [...].

62. BVerfGE 50, 290 (*Mitbestimmungsgesetz*)

Controle Concreto / Reclamação Constitucional contra Decisão Judicial

01/03/1979

MATÉRIA

Trata-se de uma Decisão (*Urteil*) do TCF que definiu, em suas quase 100 páginas (BVerfGE 50, 290 – 381), o direito dos empregados à cogestão (*Mitbestimmung*) da empresa, ao confirmar a constitucionalidade da lei que criara tal direito (**Lei de Cogestão de Empresas:** *Mitbestimmungsgesetz – MitbestG*), promulgada em 4 de maio de 1976.

A lei em pauta derrogou os dispositivos sobre a representação dos empregados nos conselhos de fiscalização, ampliando-a, em seu § 7, de um terço para a metade nas empresas com mais de 2000 empregados e organizadas como sociedades anônimas, em comandita ou de responsabilidade limitada. Atingida foi, sobretudo, a gigante indústria metalúrgica alemã.

Contra os dispositivos mais polêmicos da lei, que iam de encontro aos interesses das empresas e dos empregadores (além do já mencionado § 7, o § 27, que definia as regras da eleição do presidente e vice-presidente do conselho – maioria qualificada de dois terços –, o § 29 I, que definia maioria simples para as decisões do Conselho, o § 31 e o § 33), várias empresas e entidades representativas dos empregadores ajuizaram Reclamações Constitucionais.

Em geral, as Reclamantes entendiam que a lei feria vários de seus direitos fundamentais, a saber: os direitos fundamentais do Art. 14 I 1, Art.

9 I, Art. 12 I, Art. 2 I e Art. 9 III GG.[186] Algumas Reclamações dirigiam-se contra decisões judiciais que já estavam aplicando os dispositivos da nova lei. Também foi julgada conjuntamente uma Representação Judicial (Controle Concreto) proposta por decisão (*Vorlagebeschluss*), de 10 de abril de 1978, de autoria do Tribunal Estadual de *Hamburg*.

O TCF considerou presentes os pressupostos e condições de todas as Reclamações Constitucionais e da proposição do Controle Concreto. Contudo, todas as Reclamações foram julgadas improcedentes. Por fim, a partir do Controle Concreto proposto, o TCF confirmou a constitucionalidade dos §§ 7, 31 *MitbestG*.[187]

EMENTAS

A ampliada participação dos empregados na gestão da empresa, segundo a Lei de Participação (*Mitbestimmungsgesetz*), de 4 de maio de 1976, é segundo a Decisão em comento compatível com os direitos fundamentais das sociedades, dos acionistas e das associações dos empregadores.

Decisão [*Urteil*] do Primeiro Senado de 1º de março de 1979 com base na audiência de 28, 29 e 30 de novembro e 1º de dezembro de 1978

– 1 BvR 532, 533/77, 419/78 e BvL 21/78 –

Nos processos I. da Reclamação Constitucional das empresas 1. B. Braun Melsungen Sociedade Anônima ... 2. Bayer Sociedade Anônima ... 3. Daimler-Benz Sociedade Anônima ... 4. Hoechst Sociedade Anônima... 5.-6. [...] 7. Robert Bosch Sociedade Civil de Responsabilidade Limitada... 8.-9. [...] ;II. da Reclamação Constitucional das associações de empregadores 1.-29. [...]; III. da Reclamação Constitucional da Associação Civil Alemã sem Fins Lucrativos de Investidores em Ações ... contra a) a Decisão do Superior Tribunal Estadual de *Düsseldorf* de 8 de março de 1978 ... b) a Decisão do Tribunal Estadual de *Düsseldorf* de 28 de junho de 1977 ... c) (indiretamente) contra o § 7 I, § 27 I, §

186. Trata-se, além dos aqui tratados direitos fundamentais do Art. 9 I e 9 III GG, de dois outros direitos fundamentais de relevância econômica que são a liberdade profissional e empresarial (de livre iniciativa), do art. 12 I GG e o direito fundamental de propriedade, do Art. 14 I 1 GG. No mais, arguiu-se o direito fundamental ao livre desenvolvimento da personalidade, do Art. 2 I GG, que, como já explicado, tem caráter subsidiário em relação aos demais. Sobre o último, v. novamente Martins (2016-a: 49 ss.). Os dois primeiros serão objeto do **volume 4** da presente obra.

187. Poderia tê-lo feito, porém, também apenas com o julgamento das Reclamações Constitucionais também consideradas instrumentos de controle de normas no bojo de um processo constitucional objetivo, ainda que provocado por titulares de direitos fundamentais supostamente atingidos por atos estatais.

29 II e § 31 IV da Lei de Participação de Empregados (*Mitbestimmungsgesetz – MitBestG*) de 14 de maio de 1976 ... IV. por causa do exame jurídico-constitucional (Art. 100 I 1 GG) do § 7 I e II 2 c.c. § 31 da Lei de Participação de Empregados (*Mitbestimmungsgesetz – MitBestG*) de 14 de maio de 1976 ... – Decisão de Suspensão [do processo originário] e Representação do Tribunal Estadual de *Hamburg* de 10 de abril de 1978 ...

Dispositivo:

I. Indeferem-se as Reclamações Constitucionais.

II. O § 7 Parágrafos 1 e 2 em conexão com o § 31 Lei de Participação de Empregados (*Mitbestimmungsgesetz – MitBestG*) de 4 de maio de 1976 (Diário de Leis Federais I, p. 1153) é compatível com a *Grundgesetz*.

RAZÕES:

A.I.1. – 3., II.1.a) – c), 2.a) – c) [...].

3. a)aa) – cc), b)aa) – cc) [...].

c) As Reclamações Constitucionais e a Decisão de Representação Judicial (*Vorlagebeschluss*) do Tribunal Estadual consideram unanimemente que a Lei de Participação na Gestão da Empresa é incompatível com a liberdade de associação profissional garantida no Art. 9 III GG. Esse direito fundamental garantiria o instituto da autonomia de Convenção Coletiva como tal e seus pressupostos: a livre formação, a liberdade e a independência, em relação às partes contrárias das associações, não apenas dos empregados, mas também dos empregadores [...]. O Art. 9 III GG teria sido violado em seu núcleo pela lei de participação [na gestão da empresa], pois a lei promoveria uma influência do acionista opositor nas confederaçoes de empregadores, com o fim de comprometer a existência e a atividade das associações de empregadores – especialmente sua capacidade e disposição para a disputa trabalhista (*Arbeitskampf*) [disputa com os sindicatos em torno das condições de trabalho e econômicas] – e, no geral, retirando a função do garantido sistema de convenção coletiva.

d) – e) [...].

III.1.a) – b), 2.a)aa) – cc), b)aa) – cc), c) – e); IV. [...]

B.

I.1. – 3., II.1. – 2., III. – IV. [...]

C.

I.1.a)aa) – bb), b) – c), 3. aa) – dd), 2.a) – c); II.1 – 2.,

III.1. a) – b)aa) – cc), c), 2.a) – b)aa) – cc), 3.a)aa) – bb), c) [...]

IV.

Os §§ 7, 27 e 31 MitbestG são compatíveis com o Art. 9 III GG.

1. O Art. 9 III GG não faz parte dos [assim chamados] direitos fundamentais "clássicos". A liberdade de associação profissional surgiu apenas sob as condições do moderno trabalho industrial que se desenvolveu no séc. XIX. [...].

Como o teor do Art. 9 III GG e o desenvolvimento histórico demonstram, a liberdade de associação profissional é, em primeiro lugar, um direito de liberdade [individual, subjetivo]. Ela garante a liberdade de fundar associações para o fomento das condições de trabalho e econômicas e a liberdade da persecução coletiva desse fim (BVerfGE 4, 96 [106]; 38, 386 [393]). São os próprios envolvidos na relação que devem determinar sobre ambos, de maneira responsável e em princípio livre da influência estatal. Elementos da garantia são a liberdade de constituição e de associação, a liberdade de retirada e de permanecer distante, bem como a proteção da associação como tal (BVerfGE 4, 96 [101 s.]; 19, 303 [312, 319]; 28, 295 [304]) e seu direito de perseguir, por meio de atividade especificamente adequada à associação, os fins apontados no Art. 9 III GG (BVerfGE 19, 303 [312] com outras referências; 28, 295 [304]).

A isso diz respeito a celebração de convenções coletivas de trabalho, por meio das quais as associações, por sua própria responsabilidade e essencialmente sem influência estatal, regulam especialmente as condições salariais e outras condições materiais de trabalho em uma área em que o Estado retirou, em grande escala, sua competência de regulação (BVerfGE 44, 322 [340] com outras referências). Nesse caso, a liberdade de associação profissional serve a uma ordenação razoável das relações sociais do trabalho (BVerfGE 4, 96 [107]; cf. também BVerfGE 18, 18 [27]). Como parte nas convenções coletivas de trabalho, as associações profissionais devem ser livremente constituídas, livres das partes contrárias e organizadas com uma base que ultrapasse os limites da empresa (BVerfGE 18, 18 [28]), além de serem, segundo sua estrutura, suficientemente independentes para defender de maneira duradoura os interesses de seus associados no âmbito do direito do trabalho e do direito da seguridade social (BVerfGE 4, 96 [107]; 18, 18 [28]) e para reconhecer o direito vigente das convenções coletivas como vinculante para elas. (BVerfGE, *ibid.*). O Art. 9 III GG deixa às associações, em princípio, a escolha dos meios que elas considerem adequados para a consecução de seus objetivos (BVerfGE 18, 18 [29 ss., principalmente: p. 32]).

Mais ainda que a liberdade de associação geral garantida no Art. 9 I GG (*Vereinigungsfreiheit*), a liberdade de associação profissional (*Koalitionsfreiheit*) necessita, desde o início, de configuração legal. Ela não consiste apenas na criação dos institutos jurídicos e nos complexos normativos necessários ao exercício das liberdades garantidas por norma de direito fundamental. O significado e o grande número dos interesses referentes à atividade das associações profissionais – a saber, na área da ordem econômica e social – fazem necessárias, pelo contrário, diversas regulamentações legais, as quais também podem impor limites à [própria] liberdade de associação. Isso ocorre tanto mais quanto mais for o objeto de garantia relacionado a mutantes condições econômicas e sociais, as quais necessitam, mais do que ocorre com outros direitos de liberdade, de maior espaço para modificações e desenvolvimentos.

Nesse sentido, o Tribunal Constitucional Federal, em jurisprudência consolidada, firmou o entendimento de que o Art. 9 III GG protege a liberdade de associação apenas em seu núcleo (BVerfGE 19, 303 [321 s.] com outras referências; 28, 295 [304]; 38, 281 [305]; 38, 386 [393]): o direito fundamental não confere às pessoas e às associações protegidas uma área de ação de conteúdo ilimitado e ilimitável de dignidade constitucional (BVerfGE 38, 386 [393]). Ao contrário, é tarefa do legislador determinar o alcance da liberdade de associação profissional, de forma que ele formule singularmente e regule mais detidamente os direitos das associações. Nessa tarefa, ele pode levar em consideração as exigências especiais do caso a ser regulado. No entanto, somente devem ser impostas ao direito de atividade das associações profissionais as limitações que forem necessárias, por sua natureza, à proteção de outros bens jurídicos. Regras que não forem justificadas dessa forma violam o conteúdo nuclear da atividade das associações profissionais protegido pelo Art. 9 III GG (BVerfGE 19, 303 [321 s.]; 28, 295 [306]).

Isso também vale para a garantia da autonomia das convenções coletivas. Ela é totalmente geral; não comporta a forma especial que manteve o sistema de convenções coletivas na lei válida ao tempo da entrada em vigor da *Grundgesetz*. Deixa ao legislador uma ampla margem de ação para configuração (BVerfGE 20, 312 [317]) e, assim, cria a possibilidade de que os pressupostos da capacidade para a convenção coletiva combinem com a respectiva realidade social de tal sorte a viabilizar às associações profissionais que cumpram sua tarefa (BVerfGE, *ibid.*, p. 318). Todavia, o direito fundamental de liberdade de associação profissional proíbe que se faça a capacidade para a convenção coletiva depender de circunstâncias que não são exigidas em virtude da própria matéria, ou seja, em virtude de uma tarefa que permaneça no interesse geral de ordem e apaziguamento das relações sociais do trabalho (BVerfGE 18, 18 [27]). O legislador não está impedido, nesse sentido, de proceder a um aperfeiçoamento do sistema de convenções coletivas. Sua competência normatizadora encontra seus limites no núcleo protegido constitucionalmente da liberdade de associação, ou seja, na garantia de um sistema de convenções coletivas regulado e protegido legalmente, cujas partes devam ser associações profissionais formadas livremente na acepção do Art. 9 III GG (BVerfGE 4, 96 [108]; cf. também BVerfGE 38, 281 [305 s.]).

2. Os §§ 7, 27, 29 e 31 da Lei de Participação [na gestão da empresa] não intervêm no núcleo da liberdade de associação profissional protegida pelo Art. 9 III GG. Esses dispositivos deixam intocadas a liberdade de constituição e de associar-se, bem como a garantia de que a atividade da associação profissional é livre do Estado. Eles acrescentam, não de maneira inconstitucional, uma forma mais ampla de fomento às condições de trabalho e econômicas ao sistema de convenções coletivas. Não limitam indevidamente o princípio da independência em relação à parte contrária. Também não se pode pressupor que conduzirão a uma incapacidade funcional da autonomia de convenções coletivas.

a) A liberdade de formar associações e a liberdade de a elas se associar, de delas se retirar ou de se permanecer delas distante não são tocadas pelas prescrições atacadas. Isso também vale para as associações de empregadores [...].

[...]. A questão da compatibilidade das regras atacadas e *sub examine* com o Art. 9 III GG pode, portanto, referir-se apenas à garantia que contém o direito fundamental em relação ao sistema de convenções coletivas.

b) Isso resta mantido – juridicamente inalterado. Quando a lei de participação, ao lado do sistema de convenções coletivas, ou seja, como mais uma forma de fomento das condições de trabalho e econômicas, alarga a participação na gestão da empresa, ela não contraria, por isso, o Art. 9 III GG.

O direito fundamental não contém, como demonstrado, nenhuma garantia da existência do sistema de convenções coletivas e do sistema de disputa trabalhista em sua configuração concreta atual. Também não se pode interpretar que o Art. 9 III GG garanta um sistema de convenções coletivas como a forma *única* do fomento das condições de trabalho e econômicas. Isso entraria em contradição com o pensamento e o desenvolvimento histórico da liberdade de associação profissional, que são de fundamental significado para a interpretação.

aa) Como direito de liberdade, o Art. 9 III GG quer garantir, no espaço de liberdade em face da regulação estatal, que os próprios envolvidos possam autonomamente determinar como eles querem fomentar as condições de trabalho e econômicas. Não se deve admitir que isso somente seria possível por meio das convenções coletivas, principalmente porque tal solução redundaria na limitação da liberdade garantida. Pelo contrário, a relevante ordem e o relevante apaziguamento das relações sociais de trabalho, dos quais se trata no Art. 9 III GG, podem ser buscados de diversos modos: não apenas pelas configurações que, como o sistema de convenções coletivas, são determinadas por meio de elementos fundamentais da oposição de interesses, do conflito e da disputa. Outrossim, mediante aquelas que colocam como pontos centrais da discussão o acordo e a cooperação, muito embora não excluam os conflitos e a necessidade de suas respectivas soluções. Também esse segundo modo parece servir precisamente à tarefa do apaziguamento.

bb) – cc) [...].

c) Nesse sentido, antes de tudo, precisa ser verificado se com a conjugação de uma participação alargada na gestão da empresa com o sistema de convenções coletivas resta suficientemente garantida a independência das partes da convenção coletiva, no sentido de que elas sejam, conforme sua estrutura total, suficientemente independentes em relação às respectivas partes contrárias, a fim de defenderem os interesses de seus associados permanente e eficientemente nos âmbitos do direito do trabalho e da seguridade social (BVerfGE 4, 96 [107]; 18, 18 [28]).

[...].

Não se pode determinar com certeza se e em que medida a Lei de Participação expõe as associações dos empregadores a uma influência dos sindicatos ou da parte dos empregados em geral. Tal influência não é de nenhuma forma evidente na observância da normatização jurídica; ela não pode ser também, contudo, totalmente evitada. A limitação da independência em face da parte contrária das associações dos empregadores, que pode resultar da referida exposição, não intervém, entretanto, no núcleo do Art. 9 III GG.

aa) A exigência de independência das associações dos empregadores serve, sobretudo, aos interesses de suas empresas associadas. Os integrantes dos órgãos de defesa das empresas associadas também são vinculados a esses mesmos interesses, pois eles têm de salvaguardar suas funções no interesse da empresa, a despeito de eventuais conflitos pessoais ou de conflitos de interesse (cf. § 93 AktG, § 43 GmbHG, § 34 GenG). É o que também vale para os diretores de trabalho, previstos na Lei de Participação na Gestão da Empresa, em seu § 33. A ordem jurídica fornece meios de sancionar um descumprimento desse dever. Algo correlato deve valer para as tarefas que caibam aos associados dos órgãos representativos no âmbito do sistema de convenções coletivas. Nesse sentido, deve-se pressupor, para o exame de constitucionalidade, que os representantes das empresas cogeridas por representantes da classe dos empregados nas associações de empregadores e seus grêmios comportem-se conforme esse dever jurídico que os proíbe de salvaguardar interesses da parte contrária. Junto ao exame de constitucionalidade, não se pode partir de um comportamento ilícito dos envolvidos. No entanto, no caso concreto pode ser ambígua a definição do que corresponde a esse dever jurídico. No mais, não se pode excluir o fato de serem as diferentes opiniões sobre esse tema determinadas por visões e pensamentos marcados, entre outras, necessariamente também pela biografia e experiências de vida dos envolvidos e, nesse sentido, podem aproximar-se do lado dos acionistas ou do lado dos empregados.

bb) [...]. Mesmo em se observando o maior peso da empresa cogerida nas associações dos empregadores, enfraquecer-se-á muito a influência partida de empresas-membros do lado dos trabalhadores e sindicatos nas associações de empregadores e, a partir dessas, nas confederações de associações de empregadores. Por fim, não se pode olvidar que também empresas não cogeridas por representantes de empregados pertencem às associações de empregadores. Assim, a intensidade de uma possível influência dos empregados nas associações de empregadores e suas confederações pode restar muito menor que a influência exercida pelos empregados nas empresas cogeridas por seus representantes.

Também se deve atentar para o fato de que está nas mãos das associações dos empregadores a possibilidade de enfraquecer ou eliminar influências provenientes do lado dos empregados ou dos sindicatos por meio do seu direito estatutário.

cc) Aqui, uma ainda remanescente influência não coloca em xeque, em princípio, a independência das associações de empregadores em face da parte contrária, sendo, portanto, compatível com o Art. 9 III GG.

[...].

d) aa) – bb) [...].

V. 1. a) – b), 2. – 3. [...].

Dr. *Benda*, Dr. *Haager*, Dr. *Böhmer*, Dr. *Simon*, Dr. *Faller*, Dr. *Hesse*, Dr. *Katzenstein*, Dr. *Niemeyer*.

63. BVerfGE 84, 212 (*Aussperrung*)

Controle Concreto / Reclamação Constitucional contra Decisão Judicial

26/06/1991

MATÉRIA

A Reclamante, uma indústria do setor gráfico, seguindo decisão da associação profissional de empregadores da qual faz parte, resolveu, com outros empregadores, dispensar 130.000 empregados da indústria gráfica. A **dispensa** (*Aussperrung*) com efeito suspensivo da relação trabalhista é, do lado do empregador, o meio de disputa trabalhista coletiva equivalente à greve dos empregados.

Trata-se de um meio de disputa, cuja legitimidade jurídica, além de não ser regulamentada, também é bastante polêmica: seus críticos afirmam que ela compromete justamente a paridade negocial que a greve visa a alcançar entre as partes do dissídio coletivo. A disputa trabalhista coletiva, ocorrida no ano de 1978 e que deu ensejo ao processo originário, deu-se em torno das cláusulas da Convenção Coletiva sobre a Introdução e Aplicação de Sistemas Informatizados de Produção de Texto que fatalmente custariam, poucos anos depois, milhares de empregos nesse setor econômico.

O Tribunal Federal do Trabalho (BAG) deu provimento a um Recurso de Revisão interposto por ex-empregados da Reclamante, condenando-a ao pagamento de determinadas verbas rescisórias, fundamentadas na ilegalidade do uso do meio de disputa coletiva da dispensa. O BAG considerou, sobretudo, desproporcional o uso desse instrumento que, em tese, seria legítimo para garantir a autonomia coletiva junto à celebração de acordos coletivos porque apenas 4.300 empregados do setor aderiram à greve parcial, comprometendo muito menos a produção do que a dispensa dos 130.000 empregados.

Em sua Reclamação Constitucional, a Reclamante alegou violação de seus direitos fundamentais derivados dos Art. 2 I c.c. Art. 20 II e III, Art. 3 I, Art. 5 I 2, Art. 9 III, Art. 14 I 1 e Art. 109 II GG.[188] O TCF não admitiu a Reclamação Constitucional em face do Art. 109 II GG, por ele não ser um direito fundamental nem um "direito igual a direito fundamental".[189] De resto, admitiu a Reclamação Constitucional, reconhecendo, entretanto, uma intervenção apenas na área de proteção do Art. 9 III GG. Consequentemente, julgou que o meio utilizado da dispensa faz parte da área de proteção do seu direito fundamental à liberdade de coalizão decorrente do Art. 9 III GG. Porém, considerou a intervenção justificada (partindo da falta de proporcionalidade da medida adotada pela coalizão dos empregadores)[190] e, por conseguinte, julgou improcedente a Reclamação Constitucional.

EMENTAS

1. A liberdade de associação profissional (Art. 9 III GG) vale para empregados e empregadores. Ela protege também as associações profissionais em sua existência e sua atuação em prol da salvaguarda e fomento das condições de trabalho e econômicas. Quando a consecução da finalidade da associação profissional depender do emprego de determinados meios, tais meios também serão abrangidos pela proteção do direito fundamental.

188. Ou seja, foram aqui arguidas violações também da liberdade de imprensa (Art. 5 I 2 GG) e do direito fundamental geral (princípio da) à igualdade (Art. 3 I GG, a respeito, v. Martins [2016-a: 221 ss.]). O Art. 20 II e III GG consagra dois princípios da RFA, respectivamente, o princípio democrático e o vínculo das três funções estatais aos direitos fundamentais. Na aparente estratégia da Reclamante, a alegação da aplicação conjunta com o Art. 2 I GG visa a fortalecer a área de proteção do direito geral de personalidade protegido por aquele direito fundamental subsidiário.

189. Sobre o conceito adotado pela unanimidade da literatura especializada e jurisprudência do TCF para as normas constitucionais localizadas fora do catálogo de direitos fundamentais do Art. 1-19 GG que, no entanto, material e também formalmente, outorgam posições jurídico-subjetivas absolutamente compatíveis com o conceito de direito fundamental, podendo ser defendidas pela Reclamação Constitucional, segundo o Art. 93 I n. 4a GG, tais como os chamados direitos fundamentais judiciais dos Art. 101, 103 e 104 GG, v. com riqueza de detalhes e uma lista completa: Sachs (2017: 16 s.) V., no presente volume, os direitos tratados nos **Capítulos 15 a 19**.

190. Contudo, ao solucionar a lide ao nível infraconstitucional, tecnicamente falando, é o juiz que intervém. V., em geral, a síntese do argumento em Martins (2018-b: 48 s.).

2. Também os instrumentos da disputa entre capital e trabalho [*Arbeitskampfmaßnahmen* – próprios de ambas as partes] orientados à celebração de convenções coletivas de trabalho constituem-se em meios protegidos pelo Art. 9 III GG. Esses serão abrangidos pela liberdade de associação profissional na medida de sua necessidade geral para se assegurar a autonomia junto a convenções coletivas do trabalho [autonomia privada coletiva]. A proteção compreende, em todo caso, sob certas circunstâncias, dispensas de empregados com efeito suspensivo [da relação trabalhista] que sirvam à produção da paridade negocial, como resistência contra greve parcial ou de [toda uma] categoria *(Schwerpunktstreik).*

3. A liberdade de associação profissional pode ser limitada para a proteção de direitos fundamentais de terceiros e de outros direitos dotados de dignidade constitucional. Além disso, ela necessita de configuração pela ordem jurídica naqueles casos em que o relacionamento das partes da convenção coletiva for atingido.

4. Uma limitação dos instrumentos da disputa entre capital e trabalho que tenham como fim a produção de um equilíbrio negocial junto a discussões em torno das cláusulas da convenção coletiva do trabalho (paridade negocial) é compatível com o Art. 9 III GG. Dispensas do trabalho [com efeito suspensivo da relação trabalhista] usadas na resistência contra greves limitadas parciais ou de toda uma categoria podem, portanto, ser restringidas segundo aspectos da proporcionalidade.

5. O Tribunal Federal do Trabalho não violou a Constituição (Art. 9 III, Art. 20 III GG) por ter desenvolvido os princípios decisórios do direito processual trabalhista sem ter se apoiado em um sistema legal de regras.

Decisão [*Beschluss*] do Primeiro Senado de 26 de junho de 1991

– 1 BvR779/85 –

Nos processos da Reclamação Constitucional da ... Ltda, [...] – contra a Decisão do Tribunal Federal do Trabalho de 12 de março de 1985 – 1 AZR 636/82 –.

Dispositivo:

Indefere-se a Reclamação Constitucional.

RAZÕES:

A Reclamação Constitucional dirige-se contra a decisão do Tribunal Federal do Trabalho que julgou ilegal a decisão de dispensa de empregados tomada por entidades representativas da classe dos empregadores participantes da disputa trabalhista coletiva (*Arbeitskampf*), decisão essa que fora seguida [executada] pela Reclamante.

I. – II.1. – 2.; III.1 – 5.; IV. [...]

B. [...]

C.

A Reclamação Constitucional é improcedente. [...].

I.

O Art. 9 III GG não foi violado. A decisão impugnada intervém, de fato, na liberdade de associação profissional da Reclamante. Contudo, a intervenção é compatível com a Constituição.

1. a) [...].

Consoante o Art. 9 III GG, a liberdade de associação profissional vale para todas as pessoas e profissões. Embora historicamente circunscrita aos empregados e por eles conquistada, ela não é formulada como um direito fundamental dos empregados, mas também assiste, igualmente, aos empregadores. Nesse sentido, a *Grundgesetz* encontra-se na esteira das regras da Constituição de Weimar (Art. 165). O direito fundamental também não se limita à liberdade do indivíduo de fundar uma associação, de a ela associar-se, dela permanecer distante ou dela retirar-se. Pelo contrário, ele protege também a própria associação profissional, em sua existência, sua configuração organizacional e sua atuação, contanto que ela consista exatamente na salvaguarda e fomento das condições de trabalho e econômicas. Ainda que isso não esteja, em oposição à Constituição de Weimar, expressamente disposto [a proteção da associação profissional em si], ela decorre da entrada do propósito da associação na área de proteção do direito fundamental (cf. BVerfGE 4, 96 [101 s.]; 50, 290 [367]).

Um propósito essencial das associações profissionais protegidas pelo Art. 9 III GG é a celebração de convenções coletivas do trabalho. Nesse ponto, segundo a vontade da *Grundgesetz*, as associações devem ser livres (cf. BVerfGE 44, 322 [341], com outras referências; 50, 290 [367]). A escolha do meio por elas considerado adequado para a consecução desse propósito é deixada, por princípio, às associações profissionais pelo Art. 9 III GG (cf. BVerfGE 18, 18 [29 ss.]; 50, 290 [368]). Quando a consecução do propósito da associação depender do emprego de meio determinado, então tal meio também será englobado pela proteção do direito fundamental.

Também os instrumentos da disputa entre capital e trabalho orientados à celebração de convenções coletivas de trabalho constituem-se em meios protegidos pelo Art. 9 III GG. Esses serão abrangidos pela liberdade de associação profissional, na medida de sua necessidade geral para se assegurar a autonomia junto a convenções coletivas do trabalho. Nesse sentido também dispõe o Art. 9 III 3 GG. Se a dispensa [com efeito suspensivo da relação trabalhista] faz ou não parte dos meios protegidos de disputa, o Tribunal Constitucional Federal, bem como, igualmente, o Tribunal Federal do Trabalho – também na decisão atacada – até agora deixou em aberto (cf. BVerfGE 38, 386 [394]; BAGE 48, 195 [203]). O Tribunal Federal do Trabalho, no entanto, considera a dispensa como defesa com efeito suspensivo, em sua característica de reação a greves parciais, diante das circunstâncias econômicas [hoje] existentes, como um meio imprescindível à manutenção de uma efetiva autonomia junto às convenções coletivas. Isso não pode ser objetado constitucionalmente.

A questão sobre em que extensão a dispensa é, em geral, protegida, não necessita, constitucionalmente falando, de uma decisão definitiva. A proteção compreende, em todo caso, dispensas do tipo aqui controverso, as quais são utilizadas, com efeito suspensivo, na defesa contra greves parciais ou de categorias, para a produção de paridade na negociação. Tais dispensas nem sempre comprometem a consecução da paridade negocial intencionada pelo reconhecimento do direito de greve novamente às custas dos empregados. Sob que pressupostos e em que abrangência pode uma associação profissional empregar esse meio protegido constitucionalmente não é, assim como na greve, uma questão da área de proteção, mas de conformação do direito fundamental pela ordem jurídica.

b) [...].

c) A decisão impugnada limita a possibilidade da Reclamante de participar, como reação a uma greve parcial dos sindicatos, da realização de uma dispensa defensiva com efeito de suspensão [das relações trabalhistas envolvidas]. Nesse ponto, há uma limitação à sua liberdade protegida pelo Art. 9 III GG, de atuar de acordo com [as diretrizes da] associação profissional. Essa limitação, contudo, não pode ser contestada do ponto de vista constitucional.

2. O Tribunal Federal do Trabalho do Trabalho não violou a liberdade de associação da Reclamante ao ter ele mesmo desenvolvido os princípios decisórios sem poder amparar-se em um sistema legal de regras.

a) O Tribunal Federal do Trabalho não estava impedido de proceder ao limite jurídico do direito de dispensa da Reclamante porquanto isso seria [supostamente] tarefa tão somente do legislador. A teoria desenvolvida pelo Tribunal Constitucional Federal, segundo a qual o próprio legislador deve tomar todas as decisões essenciais em áreas normativas básicas (teoria da essencialidade, cf. BVerfGE 49, 89 [126 s.], com outras referências), vale para a relação entre Estado e cidadãos. Em face de intervenções na esfera de liberdade relativa a direitos fundamentais, o Estado sujeita-se à reserva legal. Ele somente pode agir em áreas amplas se for autorizado para tanto por uma lei promulgada pelo Parlamento. O alcance desse princípio é determinado mais concretamente pela jurisprudência sobre a teoria da essencialidade.

No caso em pauta, trata-se, contudo, da relação de titulares de direito fundamental que se encontram no mesmo patamar. De fato, asseverou o Tribunal Constitucional Federal várias vezes que é "tarefa do legislador" conformar mais pormenorizadamente a liberdade de associação profissional (BVerfGE 50, 290 [368 s.]; 57, 220 [245 ss.]; crítico em relação ao dever de regulamentação:

Jörn Ipsen, DVBI, 1984, p. 1102 [1105]). Disso não decorrem, entretanto, consequências para a decisão de lides entre associações profissionais. Os tribunais devem, quando os dados legais forem insuficientes, derivar o direito material a partir dos métodos reconhecidos de interpretação jurídica, que são paradigmáticos para a presente relação jurídica. Isso também vale para a situação na qual uma regulamentação legal, em virtude da presença de um dever estatal de tutela (*Schutzpflicht*) constitucional, seria necessária (cf. BVerfGE 81, 242 [256]). Apenas assim podem os tribunais cumprir o dever a eles imposto pela *Grundgesetz* de decidir com coerência cada litígio trazido à sua apreciação.

b) – c) [...].

3. A decisão impugnada também não conflita, em seu conteúdo, com o Art. 9 III GG.

a) O direito fundamental de liberdade de associação profissional é garantido sem reserva legal. Mas isso não significa que toda limitação seja *ab initio* impossível. Uma limitação pode ser justificada a partir de direitos fundamentais de terceiros e por outros direitos dotados de dignidade constitucional (cf. p. ex. BVerfGE 28, 243 [260 ss.]; 30, 173 [193]; 57, 70 [98 f]; jurisprudência consolidada). Além disso, a liberdade de associação profissional necessita de conformação pela ordem jurídica, naqueles casos em que o relacionamento das partes da convenção coletiva for atingido; ambas usufruem da proteção do Art. 9 III GG. Não é necessário aprofundar sobre se o legislador tem competências de regulação que se estendem para a proteção de outros bens jurídicos (cf. BVerfGE 28, 295 [306]). As limitações ao direito de dispensar previstas na decisão impugnada podem ser justificadas já com a proteção dos direitos fundamentais opostos dos trabalhadores e das suas organizações a partir do Art. 9 III GG.

O caso não enseja a determinação concreta dos limites de um intocável "núcleo" da liberdade de associação profissional (cf. BVerfGE 4, 96 [106]; 17, 319 [333 s.]; 38, 386 [393]; 58, 233 [247]). Certamente faz parte do referido núcleo a faculdade de negociação de ambos os oponentes e, assim, também dos empregadores junto a discussões de convenções coletivas de trabalho. Não obstante, essa foi tão pouco questionada pela decisão impugnada quanto também não o fora sua faculdade de promoção de uma disputa trabalhista eficaz. A limitação de seu direito de dispensar imposta à Reclamante nem viola o conteúdo essencial da liberdade de associação profissional (Art. 19 II GG) nem intervém no direito fundamental de maneira desproporcional (cf. BVerfGE 55, 159 [165]).

b) Na medida em que o próprio Tribunal Federal do Trabalho desenvolveu os critérios pelos quais mediu os conflituosos instrumentos de disputa trabalhista, resta ao Tribunal Constitucional Federal examinar se o legislador também poderia ter promulgado tais critérios sem violação de direitos fundamentais da Reclamante (cf. BVerfGE 59, 231 [256 s.]). Esse limite é respeitado quando a faculdade de negociação dos empregadores nas discussões de convenções coletivas do trabalho, incluindo a capacidade de conduzir uma disputa trabalhista eficaz, permanecer protegida e sua atuação, pautada em decisão da associação profissional, não for mais limitada do que exige a proteção de direitos fundamentais conflitantes dos empregados. Com base nesse critério, a decisão atacada é aprovada no exame de constitucionalidade.

aa) Não se pode afastar por [suposto] vício constitucional a concepção fundamental do Tribunal Federal do Trabalho, segundo a qual instrumentos de disputa trabalhista serviriam à consecução de um balanceamento de forças de negociação nas discussões de acordos coletivos de trabalho (paridade de negociação), devendo ser mensuradas segundo esse propósito. Por esse princípio, limita-se o emprego de instrumentos de disputa trabalhista tão somente na medida em que, por meio deles, não deva surgir preponderância [de um dos lados] nas negociações dos acordos coletivos. Tal limitação é compatível com o Art. 9 III GG. A autonomia de acordos coletivos [autonomia privada coletiva] é aplicada para contrabalançar a hipossuficiência estrutural dos trabalhadores individuais na celebração de contratos de trabalho por meio de ação coletiva e, assim, possibilitar uma negociação o mais balanceada possível dos salários e das condições de trabalho. Toda vez que disputas trabalhistas conduzirem a um desbalanceamento, a capacidade funcional da autonomia dos acordos coletivos [autonomia privada coletiva] será afetada.

Os questionamentos levantados pela Reclamante contra o princípio da paridade de negociação não convencem. A faculdade dos empregadores de conduzirem uma disputa trabalhista eficaz não pode ser prejudicada por um ordenamento da disputa trabalhista que se oriente pelo fim da consecução de uma paridade de negociação das partes do acordo coletivo. Contanto que os empregadores não sejam impedidos de se valerem dos meios de disputa necessários para a consecução dessa paridade, a liberdade de associação profissional não é violada. Essa liberdade pode ser configurada de tal sorte que uma preponderância negocial seja evitada na medida do possível. O Art. 9 III GG não garante a faculdade ilimitada de uso de todas as formas imagináveis de disputa.

[...].

bb) – dd) [...].

c) Também na aplicação dos princípios desenvolvidos por ele, o Tribunal Federal do Trabalho não ignorou fundamentalmente a liberdade de associação profissional da Reclamante. A decisão pela dispensa atingiu cerca de 130.000 empregados contra cerca de 4.300 grevistas. Assim, a relação algébrica corresponde a aproximadamente 30 a 1. Por dia de utilização do meio de disputa promovida pelos empregadores teria se perdido mais do que duas vezes e meia de dias de trabalho em razão da dispensa do que até então ocorrera em duas semanas de greves do [promovidas pelo] sindicato. O Tribunal Federal do Trabalho pôde valer-se desse dado para classificar a decisão pela dispensa como ilícita, sem que, por essa avaliação, a atuação coerente da Reclamante com a sua associação profissional fosse limitada de modo desproporcional.

II.

[...]

Herzog, Henschel, Seidl, Grimm, Söllner, Dieterich, Kühling, Seibert

64. BVerfGE 92, 365 (*Kurzarbeitergeld*)

Controle Abstrato / Reclamação Constitucional contra Ato Normativo

04/06/1995

MATÉRIA

Os Governos dos Estados-membros *Nordrhein-Westfallen, Saarland* e das Cidades-Estados *Hamburg* e *Bremen* (também unidades da federação tal como os *Länder* ou Estados-membros) em conjunto com o membro da Câmara Federal, Dr. *Hans-Jochen Vogel*, além de outros 201 membros propuseram o Controle Abstrato em face do novo § 116 III 1 da Lei de Fomento ao Trabalho (*Arbeitsförderungsgesetz – AFG*).[191]

Também o Sindicato da Indústria Metalúrgica propôs uma Reclamação Constitucional diretamente contra o mesmo dispositivo, alegando violação de seu direito fundamental decorrente do Art. 9 III GG.

Pelo novo dispositivo do § 116 III 1 AFG, o Instituto Federal para o Trabalho – um órgão da Administração Pública direta, competente, entre outros, para o pagamento do seguro desemprego, ajuda ao desempregado, consultoria trabalhista e também para o pagamento de **salário por jornada parcial** (*Kurzarbeitergeld*) que, além da base contratual, pode ser unilateralmente imposta pelo empregador como medida para se evitar demissões em massa – poderia suspender o pagamento do *Kurzarbeitergeld* também naquelas regiões não atingidas pela greve.

O TCF decidiu por *Urteil* que o novo § 116 III 1 da Lei de Fomento não viola a *Grundgesetz*, julgando conjuntamente improcedentes o controle abstrato e a Reclamação Constitucional proposta pela associação sindical.

EMENTAS

1. O § 116 III 1 da Lei de Fomento ao Trabalho (*Arbeitsförderungsgesetz*) é compatível com a *Grundgesetz*. Se surgirem, em consequência dessa regulamentação, desigualdades estruturais das partes da convenção coletiva do trabalho que não mais permitam uma negociação balanceada das condições de

191. Para a propositura do controle abstrato são legitimados apenas os órgãos constitucionais mencionados no Art. 93 I n. 2 GG c.c. § 76 I BVerfGG: Governo Federal, os Governos Estaduais e pelo menos ¼ da Câmara Federal. Cf. em detalhes: Schlaich e Korioth (2015: 95 s.).

trabalho e econômicas e que não possam ser compensadas pela jurisprudência, o legislador deve tomar medidas para a proteção da autonomia nas convenções coletivas de trabalho.

2. O direito fundamental da liberdade de associação profissional necessita de conformação pela ordem jurídica quando tiver por objeto a relação entre titulares de interesses conflitantes. Nessa tarefa, cabe ao legislador uma ampla margem de ação [poder discricionário]. Assiste-lhe uma prerrogativa de avaliação sobre se a paridade entre as partes no acordo coletivo de trabalho está sendo comprometida e quais efeitos tem um regulamento na relação de forças.

Decisão [*Urteil*] do Primeiro Senado de 4 de julho de 1995

com base na audiência de 4 de abril de 1995

– 1 BvF 2/86 e 1, 2, 3, 4/97 e 1 BvR 1421/86 –

Nos processos I. sobre os pedidos de verificação que o Art. 1, n. 3b da Lei de Garantia da Neutralidade do instituto Federal do Trabalho junto a disputas trabalhistas [coletivas] de 15 de maio de 1986 (BGBl. I, p. 740) não é compatível com a *Grundgesetz*, *Requerente:* 1. Governo Estadual de *Nordrhein-Westfalen*, representado pelo Ministro-Presidente, [...], 2. Dr. Hans-Jochen Vogel e mais 201 membros da Câmara Federal Alemã, [...], 3. Governo de *Saarland*, representado pelo Ministro-Presidente, [...], 4. Senado da Cidade Livre e Hanseática de *Hamburg*, representado pela Secretaria da Justiça, [...], 5. Senado da Cidade Livre e Hanseática de *Bremen*, representado pelo Presidente, [...]; II. da Reclamação Constitucional do Sindicato da Indústria Metalúrgica, representado por sua diretoria, [...] – contra o § 116 III 1, n. 2 e 2 assim como VI da Lei de Fomento ao Trabalho na redação da dada pela Lei de Garantia da Neutralidade do Instituto Federal do Trabalho junto a disputas trabalhistas [coletivas] de 15 de maio de 1986 (BGBl. I, p. 740) – 1 BvR 1421/86 –.

Dispositivo:

O § 116 Parágrafo 3 Período 1 Número 2 e Parágrafo 6 da Lei de Fomento ao Trabalho na redação dada pela Lei de Garantia da Neutralidade do Instituto Federal do Trabalho junto a disputas trabalhistas [coletivas] de 15 de maio de 1986 (Diário de Leis Federais I, Página 740) é compatível com a *Grundgesetz*. O § 116 Parágrafo 3 Período 2 dessa Lei é compatível com a *Grundgesetz*, atendidas as condições [apresentadas nas] das Razões [da presente Decisão do TCF, a seguir].

Indeferem-se as Reclamações Constitucionais.

RAZÕES:

A.

Os pedidos de Controle de [constitucionalidade das] Normas e a Reclamação Constitucional voltam-se contra a reforma da Lei de Fomento ao Trabalho sobre a Garantia de Prestações do Instituto Federal para o Trabalho durante uma disputa trabalhista [greve].

I.

1. As prescrições submetidas ao exame regulamentam sob quais pressupostos as prestações de substituição salarial (em geral o pagamento de trabalho por jornada parcial) serão pagas, em disputas trabalhistas limitadas regionalmente, aos empregados do mesmo setor em outros distritos das convenções coletivas de trabalho, quando eles, transitoriamente, não estiverem trabalhando em virtude de medidas de disputas trabalhistas. O § 116 III AFG prescreve a suspensão dessas pretensões jurídicas quando, em face de tais empregados, levantar-se uma exigência de modo e alcance iguais e o resultado da disputa trabalhista, conforme todas as estimativas, for adotado em seu distrito ("princípio da participação"). Os parágrafos 5 e 6 contêm regras processuais complementares.

a) Com base na situação jurídica anterior à promulgação da regra ora em exame, pagaram-se, junto a várias disputas trabalhistas das quais a Reclamante participou, os salários [correspondentes] de trabalhadores em regime de período parcial em distritos onde não havia disputas. O legislador vislumbrou, no caso, uma violação da neutralidade do Instituto Federal para o Trabalho nas disputas trabalhistas.

[...].

b) [...].

2.a) – b), 3. a) – b), 4.a) – c) [...]

II.1 – 2., III.1.a) – b), 2.a) – d), IV.1. – 6., V.1.a) – d), 2. – 3.a) – c), 4. – 5.a) – b) [...]

B. I. – II. [...]

C.

Os pedidos de Controle de Normas e a Reclamação Constitucional são improcedentes. O regulamento submetido ao exame não viola direito fundamental da Reclamante, em todo caso não de sua liberdade de associação profissional e, de resto, é também compatível com a *Grundgesetz*. É o que vale, contudo, parcialmente, somente a partir de uma interpretação conforme a Constituição.

I.

O Art. 9 III GG não é violado pelo § 116 III 1, n. 2 AFG em sua redação dada pela Lei de Neutralidade. A regulamentação até atinge a liberdade de associação profissional dos sindicatos. No entanto, ela respeita os limites que são impostos à competência de conformação do legislador em decorrência da Constituição.

1. a) O direito fundamental do Art. 9 III GG é, em primeiro plano, um direito de liberdade. Ele garante ao indivíduo a liberdade de formar associações profissionais para o fomento das condições de trabalho e econômicas e de perseguir coletivamente esse propósito. Os envolvidos devem poder dispor sobre isso de maneira, por princípio, livre da influência estatal, de forma autônoma e responsável. Com isso, protege-se, no entanto, também o direito das próprias associações de perseguirem, por meio de uma atuação específica e coerente com a associação profissional, os propósitos arrolados no Art. 9 III GG (cf. BVerfGE 50, 290 [367], com mais referências). A escolha do meio que as associações profissionais consideram adequado para o alcance desse propósito é deixada fundamentalmente a seu critério pelo Art. 9 III GG. O direito fundamental protege, como atuação coerente com a associação profissional, também instrumentos [ou meios] de disputas trabalhistas destinados à celebração de convenções coletivas de trabalho [isto é, como instrumento de pressão utilizado pouco antes de tais celebrações].

Tais instrumentos são, em todo caso, abrangidos pela liberdade de associação profissional, quando necessários para assegurar a autonomia nos acordos coletivos de trabalho (cf. BVerfGE 84, 212 [224 s.]). Também a greve constitui-se em tal instrumento (cf. BVerfGE 88, 103 [114]).

b) O direito fundamental de liberdade de associação profissional carece de conformação pelo ordenamento jurídico quando tiver por objeto as relações entre titulares de interesses conflitantes. Ambas as partes na convenção coletiva de trabalho usufruem da proteção do Art. 9 III GG da mesma forma. No entanto, no exercício de tal proteção apresentam-se como oponentes recíprocos. Elas também são protegidas da tomada de influência estatal quando empregam, para a solução de suas diferenças de interesse, armas com efeitos sobre o [respectivo] oponente e a coletividade. Essa proteção demanda regras de coordenação que garantam que as posições jurídicas que se inter-relacionarem possam coexistir, apesar de suas diferenças. A possibilidade do emprego de armas trabalhistas pressupõe condições jurídicas gerais que assegurem que o sentido e o propósito desse direito de liberdade, bem como o seu respaldo na ordem constitucional, permaneçam salvaguardados (cf. BVerfGE 88, 103 [115]).

Ao realizar essa conformação, o legislador tem uma ampla margem de ação. A *Grundgesetz* não lhe prescreve como devem ser delimitadas as posições jurídicas de direito fundamental em conflito no caso concreto. Ela também não exige nenhuma otimização das condições da disputa. Em princípio, cabe às próprias partes do acordo coletivo adequar seus instrumentos [armas] de disputa às mutantes circunstâncias, a fim de permanecerem fortes em face do oponente, atingindo-se balanceadas celebrações de convenção coletiva do trabalho. Por outro lado, o legislador também não está impedido de alterar as condições das disputas trabalhistas, seja isso em virtude do bem comum ou para recuperar a paridade perdida (cf. BVerfGE 84, 212 [228 s.]).

c) A margem de ação de conformação do legislador encontra seus limites no conteúdo objetivo do Art. 9 III GG. A autonomia de convenções coletivas do trabalho tem de ser preservada como uma área em que as partes do acordo coletivo possam disciplinar seus interesses de maneira fundamentalmente responsável e sem influência estatal (cf. BVerfGE 50, 290 [367]). Sua capacidade funcional não pode ser ameaçada.

As associações profissionais devem poder cumprir seu propósito reconhecido constitucionalmente de proteger e fomentar as condições de trabalho e econômicas, especialmente por meio da celebração de convenções coletivas do trabalho. O sistema de convenção coletiva de trabalho tem o intuito de compensar a hipossuficiência estrutural do empregado individual na celebração de contratos de trabalho por meio de uma ação coletiva e, assim, possibilitar uma negociação mais balanceada possível dos salários e das condições de trabalho. A autonomia da convenção coletiva do trabalho [autonomia privada coletiva] é, por conseguinte, realizável apenas se houver entre as partes da convenção coletiva um balanceamento aproximado – paridade – de forças (cf. BVerfGE 84, 212 [229]). Será, portanto, incompatível com o Art. 9 III GG uma regulamentação, quando ela tiver como consequência fazer com que a capacidade de negociação de uma das partes do acordo coletivo do trabalho, inclusive sua capacidade de conduzir uma disputa trabalhista eficaz, não seja mais protegida para as discussões do acordo e se sua atuação consoante à [política da] associação profissional for mais limitada do que o necessário para a compensação de ambas as posições jurídicas de direito fundamental (cf. BVerfGE 84, 212 [228 s.]).

Do Art. 9 III GG não se podem depreender parâmetros concretos segundo os quais o balanceamento de forças das partes do acordo coletivo de trabalho possa ser avaliado [...].

[...].

d) Na avaliação da questão sobre se a regulamentação retira dos sindicatos a capacidade de conduzir uma disputa trabalhista eficaz, deve-se partir da avaliação feita pelo legislador. As forças de disputa de uma associação de empregados dependem de uma quantidade praticamente não mais manejável de fatores, cujos efeitos são difíceis de ser estimados. Nem tão reconhecíveis são, além disso, as possibilidades que estariam à disposição de um sindicato de adequar-se a circunstâncias modificadas por meio de tipos especiais de condução da disputa trabalhista. Em tal situação, o legislador tem a responsabilidade política de realizar uma apreensão e avaliação corretas dos fatores decisivos. O Tribunal Constitucional Federal não pode substituí-lo [o diagnóstico da situação feito pelo legislador] por sua própria estimativa. A fronteira para a inconstitucionalidade será, então, somente ultrapassada se restar claramente reconhecível que ele apresentou uma estimativa errada ou que a medida atacada *ab initio* levou à turbação de um então existente balanceamento de forças ou tornou uma disparidade ainda mais forte.

e) Uma estimativa da qual o legislador parte, em princípio de modo não problemático, para a regulamentação relevante de disputas trabalhistas, pode posteriormente revelar-se incorreta. Presunções originais plausíveis podem restar refutadas pelos acontecimentos seguintes, expectativas inteiramente fundamentadas podem ser frustradas em face de complexos efeitos. Destarte, pode haver, a despeito de uma regulamentação inicialmente permitida constitucionalmente, um comprometimento duradouro da capacidade funcional da autonomia das convenções coletivas do trabalho. Esse desenvolvimento necessita de uma correção, na medida em que revela [a possibilidade de] a ocorrência de disparidades estruturais que não mais permitam uma negociação balanceada das condições de trabalho e econômicas e que não possam ser compensadas em vista dos limites da jurisprudência. O legislador é obrigado, então, a tomar medidas em prol da proteção da liberdade de associação profissional (cf. BVerfGE 25, 1 [13]; 49, 89 [130]; 50, 290 [335]).

2. A regulamentação impugnada, quando avaliada a partir dos parâmetros expostos, passa no exame de constitucionalidade.

a) O princípio de regulamentação adotado pelo legislador está em conformidade com o Art. 9 III GG. Ele chegou a essa regulamentação porque acreditou que, com o pagamento da verba de trabalho em período parcial, intervir-se-ia nas disputas trabalhistas em favor dos sindicatos, aumentando com isso sua força de disputa de modo inadmissível. A neutralidade do Instituto Federal para o Trabalho seria vulnerada pelo pagamento da [referida] verba aos empregados de fora do distrito onde se dá a disputa trabalhista se eles fossem participar, segundo todos os prognósticos, do resultado [positivo] da disputa trabalhista. A nova regulamentação parte do princípio de que o risco da inadimplência do salário em disputas trabalhistas deve ser suportado por aqueles empregados que, pessoalmente, não participaram da disputa trabalhista, mas que são, (quase) da mesma forma, interessados no sucesso dos empregados em greve, porque o sucesso presumivelmente também os favorece.

Isso não revela quaisquer problemas constitucionais. A participação é um critério evidente para a transferência do risco de inadimplência do salário do seguro-desemprego para os trabalhadores cujos interesses estão em consonância, em grande parte, com os de seus colegas envolvidos diretamente na disputa trabalhista. É plausível utilizar essa concordância de interesses como fundamento da suspensão do salário de trabalhadores em período parcial.

b) Tendo em vista os fatos ocorridos, o legislador partiu da presunção de que seria facilmente possível à Reclamante, em virtude da grande interdependência da produção na indústria metalúrgica, desencadear, por meio de greves, em um único distrito da convenção coletiva de trabalho, um processo de comprometimento duradouro da produção em outros distritos.

Essa presunção não foi questionada pela Reclamante, sendo, além disso, comprovada pela disputa trabalhista de 1984. Por meio desse modo de condução de disputa, exerce-se forte pressão no lado dos empregadores. Os empregadores que são afetados pelos efeitos remotos e suas associações regionais tentarão fazer com que os empregadores diretamente atingidos pela disputa e suas organizações cedam [às pressões do sindicato], uma vez que eles estão expostos aos encargos econômicos derivados das suspensões da produção. Suficientemente plausível é, igualmente, a presunção de que a pressão interna sobre o sindicato, realizada por aqueles empregados que sofreram a "dispensa fria" [consubstanciada] no pagamento do salário do trabalho em período parcial restaria enfraquecida.

c) Não se pode contestar a estimativa de avaliação do legislador de que, na formulação mais antiga do § 116 AFG, na interpretação feita pelos tribunais previdenciários em face do risco salarial, teria ocorrido uma suspensão da paridade. O legislador chega a avaliações desse tipo de casos complexos coerentemente com a sua responsabilidade política de proteção do bem comum.

Não há elementos suficientes a demonstrar que a capacidade funcional da autonomia da convenção coletiva de trabalho esteja sendo afetada pela regulamentação em exame de forma a justificar os questionamentos constitucionais da Reclamante e dos autores [dos pedidos de Controle Abstrato de Normas].

aa) – bb) [...].

cc) [...].

Assim, tanto do ponto de vista fático quanto jurídico, é incerto saber se a regulamentação impugnada conduzirá, em futuras disputas trabalhistas, a uma disparidade tal de forças na disputa entre as partes da convenção coletiva de trabalho de tal sorte a ser apta a tornar impossíveis negociações de base mais balanceadas possíveis. Se isso ocorrer, o legislador será obrigado a tomar as devidas medidas para a proteção da autonomia na convenção coletiva de trabalho. Enquanto isso não ocorrer, permanece como tarefa dos tribunais interpretar e aplicar as regras vigentes à luz do Art. 9 III GG.

II.1. – 2.a) – b), III.1. – 2., IV.1. – 2., V.– VI.1. – 2. a) – b), 3. [...]

Henschel, Seidl, Grimm, Söllner, Kühling, Seibert, Jaeger, Haas.

65. BVerfGE 100, 214 (*Gewerkschaftsausschluss*)

Reclamação Constitucional contra Decisão Judicial

24/02/1999

MATÉRIA

A Reclamação Constitucional foi movida por uma associação sindical contra decisões judiciais cíveis que anularam medidas disciplinares previstas em seus estatutos, nomeadamente: **expulsão do sindicato**

(*Gewerkschaftsausschluss*) e proibição de funções infligida a alguns de seus membros.

Nos fatos que ensejaram a lide do processo de conhecimento originário, tratava-se de uma eleição de empregados do ramo da metalurgia para comporem o Conselho (de Cogestão) Empresarial. Além dos empregados eleitores e potenciais candidatos, os sindicatos representados em uma empresa podem sugerir nomes de acordo com o § 14 V da Lei da Constituição da Empresa (BetrVG).

Por seu § 20 I e II BetrVG, regulamenta-se a proteção do direito eletivo da seguinte forma:

(1) Ninguém pode impedir a eleição ao Conselho (de Cogestão) Empresarial. Especialmente, não pode ser nenhum empregado cerceado no exercício de seu direito eleitoral ativo ou passivo.

(2) Ninguém pode influenciar a eleição ao Conselho (de Cogestão) Empresarial mediante aplicação ou ameaça de desvantagens ou mediante garantia ou promessa de vantagens.

A vedação de tomada de influência do parágrafo 2 vale também aos sindicatos representados na empresa.

Nove empregados de uma fábrica de automóveis, todos eles membros da Reclamante, foram autores da ação originária movida perante a Reclamante. Seis deles eram membros no Conselho (de Cogestão) da Empresa.

No ano de 1990, por causa de divergências com a política da Reclamante em face do empregador, eles recusaram-se a se candidatar novamente ao Conselho (de Cogestão) Empresarial e requereram da Reclamante a autorização para apresentar uma segunda lista de candidatos. Indeferido o pedido, eles compuseram com os demais três autores da ação originária uma lista de candidatos, a chapa eleitoral dos "metalúrgicos alternativos", para a qual começaram a fazer uma intensa campanha eleitoral.

Depois da observância de um procedimento previsto em seu estatuto, a diretoria da Reclamante decidiu expulsar quatro dos seis Conselheiros e sancionar os outros dois com uma proibição do exercício de funções sindicais até 30 de abril 1994.

As ações movidas contra essas medidas da associação sindical foram julgadas procedentes em todas as instâncias. Reconheceram uma violação do retro transcrito § 20 II BetrVG, constatando a ineficácia das medidas tomadas pela Reclamante por força do § 134 BGB. No mais, constataram restrições aos direitos de sugerir candidatos do § 14 V BetrVG e eleitoral passivo do § 8 I BetrVG. Por fim, a Corte Federal de Justiça não admitiu a julgamento a revisão interposta pela Reclamante.

Esgotadas as instâncias ordinárias, a Reclamante ajuizou a Reclamação Constitucional contra Decisão Judicial alegando, em suma, uma violação de sua liberdade de coalizão sindical com fulcro no Art. 9 III GG, concretizada por sua atuação condizente com a coalizão (seu estatuto) também no âmbito da Constituição da Empresa, precisamente, da participação no seu Conselho (de Cogestão) Empresarial. As expulsões e proibições do exercício de função por prazo determinado não representariam, no seu entendimento, uma tomada de influência nas eleições, mas, ao contrário, o exercício coletivo do seu direito fundamental. A Reclamante não teria de aceitar uma concorrente lista (chapa) de candidatos.

Na fundamentação de seu *julgamento de procedência*, o TCF descreveu e concretizou detidamente a autonomia associativa, da qual fazem parte, de modo bastante relevante, a solidariedade sindical e a coesão interna. A interpretação e aplicação do § 20 I e II BetrVG pela Justiça Comum cível violou o direito fundamental da Reclamante decorrente do Art. 9 III GG.

EMENTA

Da questão sobre se o § 20 II da Lei de Constituição de Empresas proíbe a um sindicato a expulsão de membros que se candidatem, nas eleições ao Conselho Empresarial, em uma chapa concorrente.[192]

Decisão [*Beschluss*] do Primeiro Senado, de 24 de fevereiro de 1999

– 1 BvR 123/93 –

No processo da Reclamação Constitucional do Sindicato da Indústria Metalúrgica da República Federal da Alemanha, representado por meio da diretoria, [...] contra: a) a Decisão da Corte Federal de Justiça, de 10 de janeiro de 1994 – II ZR 17/93 –, b) a Decisão do Superior Tribunal Estadual de *Frankfurt am Main*, de 15 de dezembro de 1992 – 11 U 58/92 –, c) a Decisão do Tribunal Estadual de *Frankfurt am Main*, de 21 de maio de 1992 – 2/20 O 234/91 –.

192. A formulação dessa ementa é *sui generis* por não mencionar diretamente um ato estatal como objeto do exame de constitucionalidade. Aparentemente tem-se apenas o parâmetro legal a ser interpretado e como objeto a decisão de um sindicato pela expulsão de membros. A razão principal é que, como visto [cf. retro, **tópico A.II.1.2**], o Art. 9 III 2 GG é o único direito fundamental junto ao qual se reconhece eficácia horizontal direta, o que faz com a norma infraconstitucional tenha esse caráter ambivalente de parâmetro e objeto do controle ao mesmo tempo.

Dispositivo:

A Decisão da Corte Federal de Justiça, de 10 de janeiro de 1994 – II ZR 17/93 –, a Decisão do Superior Tribunal Estadual de *Frankfurt am Main*, de 15 de dezembro de 1992 – 11 U 58/92 – e a Decisão do Tribunal Estadual de *Frankfurt am Main*, de 21 de maio de 1992 – 2/20 O 234/91 –, violam o direito fundamental da Reclamante decorrente do Artigo 9, Parágrafo 3, Período 1 da *Grundgesetz*. Anulam-se as decisões. Devolve-se a matéria ao Tribunal Estadual.

A República Federal da Alemanha e o Estado-membro de *Hessen* devem ressarcir a Reclamante, cada um pela metade, por suas custas processuais necessárias.

RAZÕES

A.

A Reclamação Constitucional ocupa-se da questão sobre se um sindicato pode expulsar membros que, nas eleições para o Conselho da Empresa, candidataram-se em uma lista concorrente.

I.

O sindicato, autor da Reclamação Constitucional, volta-se contra decisões judiciais civis pelas quais foi verificada a ineficácia de medidas [aprovadas pela] da associação (expulsões e proibições de funções). As sanções foram aplicadas contra membros da Reclamante que, nas eleições para o Conselho da Empresa, candidataram-se em uma lista que concorria com a lista apresentada pela Reclamante.

1. – 3. [...].

II.

[...]

III.

A respeito da Reclamação Constitucional manifestaram-se o Gabinete da Chefia de Governo de *Hessen*, a Corte Federal de Justiça e a União de Sindicatos Alemães (DGB), a União dos Sindicatos Cristãos da Alemanha e os autores.

1. – 5 [...].

B. – I.

A Reclamação Constitucional é admitida. É certo que a proibição de função prolatada diante dos autores 3), 4), 7), 8) e 9) está entrementes prejudicada por decorrência do tempo. A Reclamante tem, contudo, um interesse de tutela judicial também na suspensão das decisões impugnadas. Sua autoridade de associação permanece em todo caso afetada. No mais, ela tem interesse no esclarecimento da situação jurídico-constitucional para [seu uso no] o caso de repetição.

II.

A Reclamação Constitucional é procedente. A Reclamante teve sua liberdade de coalizão sindical violada pelas decisões atacadas (Art. 9 III GG).

1. O Art. 9 III GG garante a todos o direito de criar associações para o fomento das condições de trabalho e econômicas. A garantia jurídico-individual prossegue, segundo a consolidada jurisprudência do TCF, em um direito de liberdade das coalizões. Esse protege sua existência e sua organização, o processo de formação da vontade e a direção de seus negócios. Protegidos são, além disso, a autodeterminação das coalizões sobre a ordem interna, assim como suas atividades e propósitos do fomento das condições do trabalho e econômicas de seus membros (cf. BVerfGE 50, 290 [373]; 84, 212 [224]; 93, 352 [357]; 94, 268 [282 s.]). Da área de proteção do Art. 9 III GG fazem parte, assim, também as medidas para a manutenção de sua coesão interna e externa. Essa proteção não é limitada desde o início ao âmbito nuclear da atuação consoante à coalizão, mas se estende por todos os modos de comportamento específicos de coalizão (cf. BVerfGE 93, 352 [358 ss.]).

Na medida em que as decisões impugnadas tenham impedido a Reclamante de manter sua coesão interna por meio de sanções internas à associação, compromete-se seu direito fundamental decorrente do Art. 9 III GG.

2. a) O § 20 II BetrVG, sobre o qual os tribunais basearam-se em suas decisões, não implica problemas constitucionais. Os tribunais devem, no entanto, na interpretação e aplicação dessa norma, observar o efeito de irradiação do Art. 9 III GG. A verificação e análise dos fatos, assim como a interpretação e aplicação do direito permanecem, todavia, em princípio, assunto dos tribunais competentes em razão da matéria. O TCF deve examinar, em sede de uma Reclamação Constitucional, [tão somente] se as decisões impugnadas revelam erros que se baseiem em uma visão fundamentalmente errada do significado e alcance do direito fundamental, especialmente do conteúdo de sua área de proteção (cf. BVerfGE 18, 85 [92 s.]).

b) Os tribunais ignoraram o significado e alcance do direito fundamental do Art. 9 III GG. Aderindo à consolidada jurisprudência da Corte Federal de Justiça (cf., por exemplo: BGHZ 45, 314; NJW 1981, p. 2178), entendem que a liberdade de coalizão seja protegida pelo Art. 9 III GG apenas em seu âmbito nuclear, enxergando-o como não violado na interpretação do § 20 II BetrVG. Isso não condiz com o significado e alcance do Art. 9 III GG, nem em geral nem na análise relativa ao presente caso.

aa) A redução da proteção do Art. 9 III GG a um âmbito nuclear baseia-se, como o TCF entrementes esclareceu, em uma má compreensão de sua jurisprudência (cf. BVerfGE 93, 352 [358 ss.]). Pelo contrário, é preciso, em cada caso, que sejam ponderadas a intensidade da afetação do direito fundamental e a importância dos bens jurídicos a ele contrapostos. Contudo, mesmo partindo de seu ponto de vista, os tribunais teriam certamente de avaliar a liberdade de coalizão da Reclamante de modo diferente. A proibição de uma regulamentação [interna da coalizão] que, em eleições ao Conselho da Empresa, vede aos [seus] membros a candidatura em uma lista concorrente afeta esse direito de liberdade da Reclamante de modo permanente.

bb) A afetação atinge a Reclamante de modo sensível. A autodeterminação das coalizões sobre sua ordem interna é um elemento essencial da liberdade de coalizão. O princípio da livre e social constituição de grupos, como o sustentou o TCF no contexto do Art. 9 I GG, é constitutivo para a democracia e ordem jurídico-estatal da *Grundgesetz* (cf. BVerfGE 50, 290 [353]). Para coalizões no sentido do Art. 9 III GG, têm a solidariedade de seus membros e uma atuação fechada para fora um significado especial. Sobretudo nisso baseia-se sua capacidade de fomentar e proteger de modo eficaz as condições de trabalho e econômicas de seus membros. A autonomia de convenções coletivas cabe por força constitucional apenas a tais coalizões que sejam capazes de configurar significativamente o âmbito da vida do trabalho livre do ordenamento jurídico-estatal por meio de convenções coletivas. Pressupostos para tanto são a coesão da organização e a capacidade de imposição em face de adversários sociais (cf. BVerfGE 58, 233 [248 s.] com mais ref.). Liberdade contra adversários faz parte da essência das coalizões protegidas pelo Art. 9 III GG (BVerfGE 18, 18 [28]). Regras internas da associação que devam assegurar esses pressupostos são, portanto, um bem protegido central do Art. 9 III GG.

Também no quadro de uma coparticipação na gestão empresarial, os sindicatos fomentam as condições de trabalho e econômicas de seus membros e exercem com isso uma função protegida constitucionalmente. Desde 1989, a Lei da Constituição Empresarial (§ 14 V) dá-lhes o direito de participar da eleição do Conselho Empresarial com listas próprias. A credibilidade de suas declarações eleitorais e a confiança em sua capacidade de imposição dependem essencialmente da impressão de unidade [que causem]. Listas concorrentes dos próprios membros têm o efeito contrário. O efeito de diminuição irradia sobre a imagem total do sindicato e atinge, assim, também a confiança na sua capacidade de imposição nas discussões convencionais coletivas do trabalho.

cc) No entanto, o direito da Reclamante do Art. 9 III GG choca-se com a liberdade individual de coalizão de seus membros e pode aqui sofrer restrições. Com efeito, também o direito fundamental garantido sem reservas do Art. 9 III GG pode ser limitado para a proteção de outras posições fundamentadas constitucionalmente, especialmente para a compensação de posições concorrentes do mesmo direito fundamental (cf. BVerfGE 84, 212 [228]).

Cabe, porém, à proteção da liberdade de coalizão individual dos membros do sindicato uma importância menor. Com sua entrada para o sindicato, eles submetem-se voluntariamente à sua autonomia estatutária e reconhecem a vinculatividade de decisões tomadas segundo as normas [daquele]. Ao contrário, eles tiveram a oportunidade de participar da formação da vontade interna do sindicato e assim tomar eles mesmos uma influência sobre as decisões [coletivamente tomadas]. A sugestão de eleição da Reclamante é apresentada e decidida segundo suas diretrizes para o trabalho de pessoas do círculo de confiança sob direção da administração local. O círculo de confiança compõe-se de pessoas que, ao nível empresarial, são escolhidas pelos membros da Reclamante. A obrigação de solidariedade que cabe aos autores, assim como a todos os membros diante das decisões da Reclamante tomadas em processo conforme os estatutos, encontra-se a partir do propósito da coalização materialmente fundamentada. Ela vale, como demonstrado, também no quadro da participação do sindicato na coparticipação na gestão empresarial e serve enfim também ao fomento dos interesses dos autores. Violações da obrigação de solidariedade podem, destarte, em princípio, levar a sanções internas da associação, sem que a liberdade individual de coalizão dos membros atingidos por elas sejam, desde o início, violadas. Isso vale também para a proteção outorgada no § 20 II BetrVG contra a influência inadmissível na eleição.

Embora os objetivos perseguidos com o § 20 II BetrVG sejam idôneos a fortalecer a posição dos autores, eles não pesam muito na presente constelação. A proibição geral contida no § 20 II BetrVG de influenciar as eleições ao Conselho Empresarial por meio de acréscimo ou ameaça de desvantagens ou mediante a garantia ou a promessa de vantagens serve à integridade da eleição ao Conselho Empresarial. Essa deve ocorrer de modo livre e sem impedimentos. O exercício do direito eleitoral passivo ou ativo deve basear-se somente na decisão livre dos membros das empresas e não se submeter a nenhuma direção por terceiros (cf. BTDrucks. I/1546, p. 43; BTDrucks. I/3585, p. 5; Schneider, in: Däubler/Kittner/Klebe [org.], Betriebsverfassungsgesetz, 6. ed., 1998, § 20 n. 1; Fitting/Kaiser/Heither/Engels, Betriebsverfassungsgesetz, 19. ed., 1998, § 20 n. 1).

O objetivo da regulamentação tem em si um peso substancial. O Conselho Empresarial representa a força de trabalho completa e defende os interesses de todos os empregados. Para tanto, eleições livres e desimpedidas são um indispensável pressuposto.

A proibição de reprimenda,[193] objeto da lide [originária], é adequada a esse objetivo, na medida em que ela libera os empregados membros da Reclamante

193. Trata-se do direito constitucional colidente (liberdade individual de coalizão) concretizado no § 20 II BetrVG.

no exercício de seu direito eleitoral passivo também de uma observância de sua [em princípio devida] solidariedade associativa. Para o objetivo legislativo de assegurar a confiabilidade e legitimidade da eleição, essa desvinculação é, todavia, pouco significativa. Até pode a ameaça com uma expulsão ou uma proibição de função influenciar a decisão sobre a candidatura nas eleições ao Conselho Empresarial. Mas isso não retira do ato eleitoral sua força de legitimação. De fato, o próprio legislador concedeu aos sindicatos um papel ativo na eleição ao Conselho Empresarial. A esse papel corresponde no caso que os sindicatos ajam publicamente de modo coeso e que procurem defender essa coesão também com sanções internas.

3. As decisões impugnadas devem ser anuladas. A matéria deve ser devolvida ao Tribunal Estadual. Não se pode excluir a possibilidade de que o tribunal chegue à outra conclusão quando considerar os aspectos de ponderação apresentados.

Papier, *Grimm*, Kühling, *Jaeger*, Hömig, *Steiner*, *Hohmann-Dennhardt*.

66. BVerfGE 100, 271 (*Lohnabstandsklausel*)

Reclamação Constitucional contra Ato Normativo

27/04/1999

MATÉRIA

Trata-se de Reclamações Constitucionais movidas pela Associação Sindical dos Industriários da Metalurgia ("IG Metal") contra normas do Terceiro Livro do Código Social (§ 275 II c.c. § 265 I 1 SGB III) e suas precursoras da Lei de Fomento do Trabalho (AFG).

As mencionadas normas do Código Social regulamentam o valor de um subsídio proveniente do Instituto Federal do Trabalho e algumas medidas para criação de empregos que deveriam servir "à manutenção e à melhoria do meio ambiente e para a melhoria da oferta de serviços sociais e da assistência à juventude", chamadas oficialmente também de "medidas de adequação estrutural". Sob "adequação estrutural", tinha-se em mente, especialmente, a necessária integração econômica e trabalhista dos novos Estados-membros e suas populações (os "novos cidadãos") que tinham formado a RDA, extinta desde 3 de outubro de 1990, à República Federal da Alemanha.

O projeto emergencial era combater o desemprego, subsidiando vagas de trabalho pouco exploradas pelo mercado primário de trabalho por falta de interesse e apelo econômicos. Concretamente, deveriam ser fomentadas vagas de emprego para desempregados que dificilmente conseguiriam uma colocação no mercado pelas chamadas medidas de criação de empregos (*Arbeitsbeschaffungsmaßnahmen – ABM*).

Contudo, o pagamento de tal subsídio aos empregadores, que girava em torno de 50 a 75% do salário a ser percebido pelos empregados beneficiários das medidas de criação de empregos, era condicionado à chamada **cláusula de redução salarial** (*Lohnabstandsklausel*) relativa à diferença entre o convencionado coletivamente entre empregadores e empregados e os tetos salariais previstos direta ou indiretamente pelo referido programa estatal de fomento.

A Reclamante ajuizou sua Reclamação Constitucional diretamente contra Ato Normativo[194] porque considerou que os tetos salariais resultantes das normas atingiam – de modo próprio, direto e atual[195] – seu direito fundamental à liberdade de coalizão decorrente do Art. 9 III GG, pois teria por efeito enfraquecer sobremaneira suas posições negociais em face dos empregadores, seus adversários sociais, na celebração de convenções coletivas do trabalho.

Segundo sua argumentação, como a competência para fixar o *quantum* salarial pelas próprias partes da convenção coletiva representa o núcleo da liberdade de coalizão, uma intervenção estatal legislativa aqui seria proibida, exceto se não estivessem presentes partes contratuais capazes, o que não era o caso. Prossegue argumentando até chegar, no estágio da avaliação da possibilidade de justificação constitucional da intervenção, ao exame da proporcionalidade em que buscou demonstrar que as medidas não seriam necessárias ao alcance dos legítimos propósitos perseguidos pela lei. Ao contrário, em longo prazo, haveria um efeito colateral muito danoso: a diminuição generalizada do nível salarial. Por fim, alegou violação do Art. 3 I GG c.c. o princípio do Estado social.

O TCF deu oportunidade de manifestação aos órgãos constitucionais e às coalizões representativas dos adversários sociais dos empregadores e empregados que foram reproduzidos no original traduzido sob o tópico **A.III.1.-5.**

O TCF admitiu apenas em parte a Reclamação Constitucional. No mérito, julgou-a improcedente pelas razões encontradas sob **B.II**, reproduzidas, a seguir, praticamente em sua íntegra.

194. Cf. sobre esses pressupostos: Schlaich e Korioth (2015: 92 163-171, especialmente p. 168).

195. Cf. Martins (2018-b: 29).

EMENTAS

1. É certo que normas legais que condicionem, com prazo, subsídios para medidas de criação de vagas de emprego ao acordo de remunerações abaixo [do estabelecido na] Convenção Coletiva do Trabalho (cláusulas de redução salarial) intervêm na autonomia convencional trabalhista. Contudo, [as intervenções] podem ser justificadas em prol da criação de vagas de trabalho em tempos de alto desemprego.

2. O § 275 II em conexão com o § 265 I 1 SGB III é, igualmente a suas regulamentações precursoras, compatível com o Art. 9 III GG.

Decisão [*Beschluss*] do Primeiro Senado, de 27 de abril de 1999

– 1 BvR 2203/93, 897/95 –

No processo das Reclamações Constitucionais do Sindicato da Indústria Metalúrgica, [...] – contra: 1. a) o § 249h AFG, na redação dada pela Lei de Alteração dos Pressupostos de Fomento na Lei de Fomento do Trabalho e Outras Leis, de 18 de dezembro de 1992 (BGBl. I, p. 2044), b) o § 249h AFG, na redação dada pela Lei de Fomento da Empregabilidade/1994, de 26 de julho de 1994 (BGBl. I, p. 1786), c) o § 275 II SGB III, inserido por meio da Lei de Reforma do Fomento Trabalhista, de 24 de março de 1997 (BGBl. I, p. 594) – 1 BvR 2203/93 –, 2. a) o § 242s AFG, na redação dada pela Lei de Fomento da Empregabilidade/1994, de 26 de julho de 1994 (BGBl. I, p. 1786), b) o § 275 II SGB III, inserido pela Lei de Reforma do Fomento Trabalhista, de 24 de março de 1997 (BGBl. I, p. 594) – 1 BvR 897/95 –.

Dispositivo:

Indeferem-se as Reclamações Constitucionais.

RAZÕES

A.

As Reclamações Constitucionais são relativas à compatibilidade de prescrições de taxas legais (cláusulas de abertura de salário) junto a determinadas medidas de criação de vagas de emprego. O sindicato promotor das Reclamações Constitucionais – O Sindicato da Indústria Metalúrgica – entende ter tido sua autonomia convencional coletiva violada por essas prescrições.

I.

Objeto das Reclamações Constitucionais são o § 275 II em conexão com o § 265 I 1 SGB III, assim como as regulamentações anteriores na Lei de Fomento do Trabalho (AFG), que em parte ainda têm vigência.

1. – 3. [...].

II.

[...]

III.

Sobre as Reclamações Constitucionais pronunciaram-se o Ministério Federal do Trabalho e Ordem social em nome do Governo Federal, o Ministério da Justiça de *Brandenburg* e para Questões Federais e Europeias em nome do Governo Estadual, a União dos Sindicatos Alemães (DGB), a Associação Federal das Confederações Alemãs de Empregadores (BDA) e a Confederação da Indústria Alemã (BDI), assim como a União Cristã de Sindicatos da Alemanha (CGB).

1. – 5. [...].

B. – I.

1. As Reclamações Constitucionais no processo 1 BvR 2203/93 são inadmissíveis na extensão em que elas dirigem-se contra o § 249 h AFG 1992. Nesse ponto, falta à Reclamante o interesse processual de agir. [...].

2. De resto, as Reclamações Constitucionais são admitidas. O § 249h IV a e § 242s III 2 até 4 AFG 1994 foram entrementes até substituídas pelo § 275 II SGB III, porém continuam valendo as normas mencionadas em primeiro lugar para medidas que foram autorizadas antes do dia 1° de janeiro de 1998 (§ 426 I SGB III). Nesse ponto, ainda existe um interesse processual de agir também na sua anulação.

II.

As Reclamações Constitucionais são, na extensão de sua admissibilidade, improcedentes. As regulamentações impugnadas não violam o direito fundamental à liberdade de coalizão da Reclamante. Do princípio geral de igualdade (Art. 3 I GG) não resultam exigências mais amplas.

1. O § 275 II em conexão com o § 265 I SGB III não é compatível com o Art. 9 III GG.

a) O Art. 9 III GG protege não apenas o indivíduo em sua liberdade para criar uma associação para a proteção das condições do trabalho e econômicas, mas de nela entrar ou dela permanecer distante ou de deixá-la. Protegida é também a própria coalizão em sua existência, sua configuração organizacional e suas atividades, desde que elas sirvam ao fomento das condições do trabalho e econômicas (cf. BVerfGE 50, 290 [373 s.]; 84, 212 [224]). A proteção não é restrita desde o início a um âmbito nuclear da atividade de coalizão. Ao contrário, ela estende-se a todos os modos de comportamento específicos de coalizão (cf. BVerfGE 93, 352 [358]) e abrange especialmente também a autonomia convencional coletiva do trabalho que está no centro das possibilidades concedidas a coalizões para a persecução de seus propósitos. A negociação de convenções coletivas é um propósito essencial das coalizões (cf. BVerfGE 94, 268 [283] com mais ref.). Às matérias deixadas à competência regulamentar das coalizões pertencem, sobretudo, o salário e as demais condições materiais de trabalho (cf. BVerfGE 94, 268 [283]).

b) Nessa área de proteção intervém o § 275 II SGB III.

É certo que a norma não mira na restrição da liberdade de coalizão, mas persegue propósitos político-sociais. Contudo, ela atinge a posição da Reclamante nas negociações de convenções coletivas sobre a remuneração de trabalhadores que estão empregados em medidas de adequação estrutural. Ela tem como consequência que a Reclamante, nesse âmbito, quase não tem perspectiva de negociar mais de 80% do salário normal fixado em convenção para trabalhos similares. Uma vez que o subsídio da Instituição Federal do Trabalho diminui na mesma proporção em que seja ultrapassado o teto salarial previsto em lei, implica cada ultrapassagem um ônus em dobro ao empregador. O lado do empregador dificilmente se envolverá na negociação coletiva. A tomada de decisão dos sindicatos já é influenciada antecipadamente, pois um acordo coletivo maior inevitavelmente reduz a disposição dos empregadores de criarem mais postos de trabalho, que poderiam ser fomentados por meio de subsídios. A norma impugnada determina, por isso, praticamente o resultado negociável para as medidas de criação de postos de emprego em relação ao salário normal. Isso foi confirmado por meio das experiências práticas apresentadas pela Reclamante que não foram contestadas.

c) Contudo, a intervenção é justificada por razões predominantes ligadas ao bem comum e legitimadas jurídico-constitucionalmente.

aa) A liberdade de coalizão garantida no Art. 9 III GG pode ser restringida, embora ela seja garantida sem uma reserva legal, em todo caso para a proteção de interesses do bem comum, aos quais cabe igualmente o nível jurídico-constitucional (cf. BVerfGE 84, 212 [228]; jurispr. pacífica). Não se veda ao legislador, quando tais razões estiverem presentes, regulamentar questões que poderiam ser objeto de convenções coletivas (cf. BVerfGE 94, 268 [284]).

A proteção de direito fundamental não é igualmente intensa para todas as atividades da coalizão. Pelo contrário, a força da eficácia do direito fundamental aumenta na medida em que uma matéria possa ser, por razões fáticas, mais bem regulada pelas partes da convenção coletiva porque elas, segundo o imaginado pelo constituinte, podem mais adequadamente harmonizar os interesses contrapostos do que o Estado. Isso vale, sobretudo, para a fixação dos salários e outras condições materiais de trabalho. Quanto mais importante for a proteção que o Art. 9 III GG garante, mais graves devem ser as razões que sejam usadas para justificar uma intervenção (cf. BVerfGE 94, 268 [284 s.]).

bb) O objetivo perseguido pela regulamentação impugnada de combater o desemprego em massa por meio do fomento de postos de trabalho complementares criados tem nível constitucional. O legislador pode avocar, no caso, o princípio do Estado social (Art. 20 I GG). Além disso, ele ajuda o desempregado individual a desenvolver sua personalidade por meio do trabalho e a obter, por isso, atenção e autoestima. Com isso, baseia-se seu objetivo também no Art. 1 I e Art. 2 I GG.

O princípio do Estado social contém um mandato de configuração ao legislador (cf. BVerfGE 50, 57 [108]). Ele obriga-o a buscar uma compensação de contradições sociais (cf. BVerfGE 22, 180 [204]). Além disso, ordena providência estatal para indivíduos ou grupos que, por causa de suas circunstâncias de vida pessoais ou desvantagens sociais, sejam prejudicados em seu desenvolvimento pessoal ou social (cf. BVerfGE 45, 376 [387]). Em virtude da ausência de uma concretização mais detalhada do princípio do Estado social, o modo como o legislador cumprirá esse mandato cabe [somente] a ele [decidir] (cf. BVerfGE 1, 97 [105]; jurispr. pacífica).

A providência estatal junto ao desemprego não é restrita ao apoio financeiro dos desempregados. Ela pode orientar-se também pela meta de aumentar o número de postos de trabalho, por exemplo, por meio de um financiamento compartilhado dos custos salariais e, desse modo, ela própria combater o desemprego. A tais esforços o princípio do Estado social empresta um peso de legitimação que também pode justificar efeitos restritivos sobre a autonomia convencional coletiva.

Com a regulamentação impugnada, o legislador quer prestar uma contribuição para o combate do desemprego. Ele objetiva, em primeira linha, ajudar os desempregados dificilmente contratáveis e, por isso, atingidos, desse modo especialmente duro, pelo desemprego. São subvencionados trabalhos de utilidade pública que, de outra feita, não poderiam ser desempenhados ou apenas mais tarde com recursos da Instituição Federal do Trabalho e com recursos tributários, a fim de que para esse grupo de desempregados sejam criados postos de trabalho. A cláusula de abertura do trabalho deve ter como efeito que, com os recursos apenas limitadamente disponíveis, possa ser disponibilizado um posto de trabalho a um número maior possível de desempregados. A regulamentação serve, portanto, – no caso do atual desemprego muito elevado – ao mesmo tempo ao objetivo ancorado no Art. 109 II GG do equilíbrio de toda a economia popular.

Para a tese de que as cláusulas de abertura do salário representariam apenas um teste para uma cláusula geral de abertura da convenção coletiva pela qual o standard convencional coletivo como um todo pudesse ser baixado em situações de crise econômica não há pontos de sustentação nas atas das discussões legislativas. Também não foram reconhecidos esforços de intervir pela via legislativa diretamente nas negociações das convenções coletivas sobre o mercado geral de trabalho.

cc) A cláusula de abertura do salário é adequada a fomentar o propósito do legislador. Ela implica que os recursos utilizados para as medidas de criação de emprego beneficiam muitas pessoas há muito tempo desempregadas. Certo é que a remuneração do trabalho não tem influência imediata sobre o valor do subsídio, pois esse é pago como uma quantia fixa, independentemente da remuneração [praticada]. Porém, ocorre junto aos partícipes cofinanciadores do fomento – por exemplo, os Estados-membros, a Instituição Fiduciária Nacional (*Treuhandanstalt*),[196] titulares de medidas –, que devem completar a parte não coberta pelo subsídio da remuneração pelo trabalho por meio da limitação dos salários coletivos, um efeito de economia que viabiliza um incremento de subsídio de postos complementares de trabalho. Segundo uma pesquisa do ano de 1995, o subsídio alcançou uma participação de 22% dos custos totais apesar do nível salarial em queda (Stark/Wolfinger, IAB Werkstattbericht Número 11/1995, p. 32). A tese do legislador segundo a qual também os cofinanciadores submetem o volume total das medidas de adequação estrutural aos recursos de disponibilidade limitada é plausível e também não foi seriamente questionada pela Reclamante.

dd) Contra a necessidade da regulamentação impugnada não existem mais questionamentos. De modo reconhecível, o legislador entendeu que, sem a cláusula de abertura do salário, apareceriam fechamentos mais elevados da convenção coletiva ou seriam aplicados e, por causa disso, menos trabalhadores em medidas de adequação estrutural seriam empregados. A tese mantém-se dentro do quadro de sua prerrogativa de avaliação. Até é imaginável que as partes da convenção coletiva em negociações sobre a remuneração de trabalho dos empregados em medidas

196. A *Treuhandanstalt*, instituída em 1° de junho de 1990 na antiga República Democrática Alemã (DDR), portanto, menos de 7 meses após a queda do muro de Berlin e 4 meses antes do tratado internacional de reunificação, de 3 de outubro daquele ano, que fez a própria DDR desaparecer como Estado soberano, começou seus trabalhos a partir de uma comissão de levantamento e avaliação do patrimônio da DDR. Teve a finalidade de promover a privatização do "patrimônio do povo" (*Volkseigenes Vermögen*), especialmente das empresas ou meios de produção no jargão marxista, inserindo-as em um contexto de uma moderna economia social de mercado, como se entende, em grande parte, a economia popular alemã. Cf., com informações detalhadas, o verbete "Treuhandanstalt" publicado na enciclopédia eletrônica "Wikipedia".

de adequação estrutural chegassem a conclusões que não fossem prejudicar os objetivos da lei. Todavia, o legislador não precisava se arriscar. Como os sindicatos teriam avaliado individualmente os interesses dos desempregados, de um lado, e os dos empregados, de outro, e em que extensão eles estariam dispostos a chegar a firmar acordos abaixo do nível salarial geral, [tudo isso] não era previsível para ele. Tampouco pode ser verificado que uma abertura salarial menor seria igualmente fomentadora dos propósitos do legislador.

ee) Os efeitos sobre a autonomia convencional coletiva são também exigíveis da Reclamante.

De um lado, são as prescrições legais que restringem a margem discricionária dos sindicatos junto a negociações salariais especialmente onerosas. A proteção e o fomento das condições de trabalho e econômicas, as quais o Art. 9 III GG deixa às coalizões, têm aqui seu foco. Em face de intervenções na fixação autônoma de salários convencionados coletivamente, desenvolve o direito fundamental uma especialmente elevada eficácia (cf. BVerfGE 94, 268 [285]). Por outro lado, são essencialmente diferentes entre si as negociações sobre convenções coletivas para empregados em medidas de adequação estrutural e as negociações normais de convenções coletivas. De modo diferente do que no mercado de trabalho geral, trata-se, no caso do honorário de trabalho em medidas de criação de postos de trabalho, não em primeira linha de uma participação do trabalhador no resultado conseguido por meio do trabalho. Como consequência da restrição das medidas de criação de postos de trabalho a âmbitos de atividade não lucrativos, surge em regra apenas por meio de um subsídio da Instituição Federal do Trabalho o interesse do empregador na prestação do trabalho. Sem esses recursos, ele nunca executaria a medida ou apenas em um momento ulterior. Isso pertence aos pressupostos indispensáveis para a admissão de uma intervenção na autonomia convencional coletiva mediante cláusulas de abertura salarial.

Por conseguinte, a coalizão de empregados não pode, por meio do instrumento somente a ela disponível da recusa coletiva de trabalho, exercer uma igualmente efetiva pressão como no caso de costumeiras negociações coletivas sobre elas. O empregador pode contornar tal pressão sem comprometimentos existenciais, na medida em que ele deixa de praticar ou suspende a medida junto à qual ele não tenha um interesse suficientemente egoísta. Em todo caso, as consequências de sua decisão devem ser suportadas por desempregados e repercutem, por conseguinte, também como ônus da coalizão de empregados. Por isso, uma posição de negociação por parte dos sindicatos, no sentido da possibilidade em geral da defesa de interesses de igual monta, não existe no âmbito de medidas de criação de postos de trabalho que, predominantemente, servem aos interesses de desempregados. Nesse sentido, relativiza-se a intensidade da intervenção tomada a efeito com a regulamentação na liberdade de busca de salário protegida pelo Art. 9 III GG das coalizões junto a medidas de criação de postos de trabalho. As relações trabalhistas em medidas de adequação estrutural são parcialmente sobrepostas pelo direito do fomento do trabalho, sendo assim acessíveis apenas de modo restrito a uma proteção de interesses em convenções coletivas autônomas, do lado dos empregados.

Diante disso, as razões justificadoras que levaram o legislador a promulgar a regulamentação impugnada pesam muito. Com um número de aproximadamente quatro milhões de desempregados é a criação de postos de trabalho um interesse social prevalecente. O desemprego leva os atingidos frequentemente à angústia existencial. Com a perda da base vital econômica podem surgir afetações do sentimento de autoestima e da personalidade (cf. BVerfGE 84, 133 [155]). A experiência de não ser útil pode, em uma sociedade em que o valor do indivíduo é, em larga escala, medido em sua produção profissional, provocar graves cargas psicológicas. Isso vale mais proeminentemente no caso de desempregados por longo tempo que dificilmente podem ser contratados e que, por isso, têm uma expectativa muito pequena de obter novamente um posto de trabalho. Além disso, as medidas de criação de emprego podem servir para compensar desigualdades estruturais dentro do território federal.

Como um todo, em face da relativa pequena intensidade de intervenção e do significado predominante dos interesses ligados ao bem comum perseguidos com a regulamentação impugnada, não pôde ser verificada uma afetação desproporcional da liberdade de coalizão.

No caso, também pesa o fato de que a vigência do mandamento de adequação salarial está limitada ao ano 2002 (cf. § 272 SGB III). Esse prazo coage o legislador a se certificar, em prazo adequado, se os pressupostos fáticos que o levaram à sua regulamentação ainda persistem e se os objetivos que ele persegue com a cláusula de abertura de salário, ou seja, com a mesma aplicação de meio para a criação de mais possibilidades de emprego para desempregados, também foram de fato alcançados. Além disso, deve ser também esclarecido se as consequências temidas pela Reclamante para o processo de negociação coletiva no mercado de trabalho confirmaram-se na realidade. Se elas tiverem ocorrido em extensão considerável, então seria uma intervenção na autonomia da convenção coletiva avaliada diferentemente ao modo retro realizado. Isso vale também quando as aqui discutidas medidas acabarem onerando o mercado regular de trabalho, submetendo com isso também trabalhadores que outrora teriam um direito ao salário cheio [tal qual] convencionado coletivamente ao mandamento de abertura de salário.

2. Do § 242 s III 2 até 4, assim como do § 249 h IV a AFG 1994, não derivam afetações mais amplas da liberdade de coalizão da Reclamante. Por causa das razões apresentadas, também elas são compatíveis com o Art. 9 III GG.

Papier, *Grimm*, Kühling, *Jaeger*, *Haas*, Hömig, *Steiner*, *Hohmann-Dennhardt*.

67. BVerfGE 103, 293 (*Urlaubsanrechnung*)

Controle Concreto

03/04/2001

MATÉRIA

Trata-se, no presente Controle Concreto, da apresentação de convicção judicial a respeito da inconstitucionalidade de mais uma lei dos anos 1990 que visava ao combate do desemprego em face do Art. 9 III GG.

Na fundamentação do projeto trazido à Câmara Federal pelos Partidos CDU e FDP, lia-se, entre outros:

"O desemprego atingiu, na Alemanha, com mais de quatro milhões de desempregados, um volume que é inaceitável. Objetivo do Projeto-Lei é possibilitar mais dinâmica de crescimento e criar mais vagas de trabalho."

Como um dos caminhos em direção a essa meta, a então coalizão governamental formada pelos dois partidos propôs, com a derrogação da Lei Federal de Férias, reduzir os vultosos gastos com tratamentos médicos preventivos e de reabilitação não essenciais, desestimulando as faltas ao trabalho com a possibilidade aberta ao empregador de compensar tais faltas, subtraindo proporcionalmente os dias (dois a cada cinco dias de falta) das férias anuais (o assim chamado **cômputo nas férias** – *Urlaubsanrechnung*).

Em apertada síntese, o Juízo trabalhista apresentou as seguintes razões determinantes de sua convicção da inconstitucionalidade da norma do § 10 I 1 BurlG porque ela teria intervindo "de modo inexigível no Art. 9 III 1 GG":

Preliminarmente, sobre a admissibilidade do próprio controle, o juiz trabalhista discorreu que a ação trabalhista movida seria procedente caso o § 10 I 1 BurlG fosse inconstitucional porque o requerido teria computado (e consequentemente subtraído das férias recreativas), então ilicitamente, seis dias nas férias recreativas do autor, convencionadas coletivamente para o ano de 1997. Contudo, em caso de validade da norma, o pedido da mesma ação seria improcedente. Tratou-se aqui da demonstração da prejudicialidade da questão da validade em face da resolução da lide, como primeira condição para a admissibilidade do Controle Concreto previsto no Art. 100 I GG.[197]

Em seguida, apresentou sua convicção sobre a inconstitucionalidade da norma, em síntese, da seguinte forma:

"O § 10 I 1 BurlG não teria como ser compatibilizado com o Art. 9 III 1 GG". Conforme pacífico na literatura especializada e jurisprudência do TCF, essa norma jusfundamental protege a existência, configuração organizacional

197. Cf. Martins (2018-b: 18).

e a atuação das coalizões que sirvam ao propósito de proteger e fomentar as condições de trabalho e econômicas. Faz parte, portanto, da proteção, que o Estado deixe às coalizões a regulamentação de todas as condições ligadas à relação trabalhista sedimentada nas convenções coletivas ao final das negociações. Qualquer regulamentação das férias dos empregados faz parte, portanto, da proteção jusfundamental.

Consequentemente, a norma em tela representaria uma intervenção estatal, especificamente na autonomia convencional coletiva, submetida, como em regra, ao ônus de justificação constitucional.

Com efeito, a regra legislativa teria efetuado uma mudança parcial do que fora reduzido a termo na convenção coletiva. Essa intervenção não seria justificada. Embora represente a persecução dos propósitos da lei de combater o desemprego (concretização do princípio do Estado social) e a almejada contribuição para a estabilidade financeira dos titulares do seguro social – ambos os bens jurídico-constitucionais, portanto, limites constitucionalmente previstos ao direito fundamental do Art. 9 III 1 GG –, a intervenção legislativa em tela seria, ao cabo do exame, de proporcionalidade duvidosa. Isso porque:

Primeiro, o juiz trabalhista considerou o § 10 I 1 BUrlG adequado a esses objetivos implícitos nos dois limites constitucionais decorrentes de bens jurídicos diretamente lastreados na *Grundgesetz*. Também seria necessário em face dos mesmos objetivos, pois verificou, na alternativa menos gravosa ao Art. 9 III GG do pagamento complementar dos segurados junto a medidas preventivas, uma adequação não igual à do meio escolhido pelo legislador.

Foi, no entanto, no terceiro estágio do exame relacional da proporcionalidade que o juiz trabalhista verificou a desproporcionalidade que tornaria a intervenção estatal legislativa não justificada constitucionalmente. Segundo ele, "a intervenção seria exagerada quando comparada ao peso e significado do Art. 9 III 1 GG. Isso resultaria da ponderação completa entre os interesses atingidos pela intervenção, de um lado, e as razões justificantes, de outro". Especialmente porque a intervenção teria atingido convenções coletivas vigentes, ela seria a forma mais intensa de intervenção existente. O convencionado teria sido colocado totalmente à disposição do legislador. Do outro lado, se poderia ser o objetivo da lei realmente alcançado, isso parecia, segundo seu entendimento, "mais do que questionável".

O TCF abriu oportunidade para manifestações e os seguintes órgãos e associações aproveitaram-na: O Primeiro e o Nono Senado do Tribunal Federal do Trabalho, duas entidades nacionais representativas dos empregadores, três entidades nacionais representativas dos empregados e as partes do processo originário.

Nas razões do julgamento de confirmação da constitucionalidade, o Segundo Senado do TCF[198] não se ocupou da admissibilidade por não a considerar problemática. No mérito, optou por uma estrutura mais enxuta que a usual **[B. 1.-3.a)-d)]**, desistindo, inclusive, da recorrente primeira subdivisão por algarismos romanos.[199]

EMENTA

Sobre a constitucionalidade do § 10 I, Período 1 da Lei Federal de Férias, na redação dada pela Lei Trabalhista de Fomento ao Crescimento e Emprego (Lei Trabalhista de Fomento ao Emprego), de 25 de setembro de 1996.

Decisão [*Beschluss*] do Primeiro Senado, de 3 de abril de 2001

– 1 BvL 32/97 –

No processo do exame jurídico-constitucional sobre se o § 10 I 1 da Lei de Férias de 8 de janeiro de 1963 (BGBl I P. 2), com nova redação [...], é inconstitucional, na extensão em que ele determina que o empregador tem o direito de computar às – quando presentes – férias recreativas convencionadas coletivamente, a cada cinco dias nos quais o empregado não tenha podido prestar seu trabalho por causa de uma medida de prevenção médica ou de reabilitação (§ 9 I da Lei de Manutenção do Pagamento de Salários), os dois primeiros dias, – Decisão de Suspensão e Representação do Juízo Trabalhista de Heilbronn, de 26 de setembro de 1997 (3 Ca 489/97).

198. O Segundo Senado do TCF é competente, em geral, para julgar processos relativos à parte orgânica da *Grundgesetz* (principalmente mediante lides interorgânicas e federativas, além de controles normativos abstratos e concretos, cujos parâmetros materiais não sejam, em primeira linha, direitos fundamentais). Por sua vez, o Primeiro Senado é competente para julgar Reclamações Constitucionais, razão pela qual a grande maioria das decisões contempladas na presente obra foi prolatada pelo Primeiro Senado. Contudo, ambos respondem, também solitariamente, como "Tribunal Constitucional Federal", falando-se, nesse contexto, em "princípio senatorial" e "tribunal de gêmeos". Cf. Limbach (2010: 24), Schlaich e Korioth (2015: 26 s.) e Martins (2018-b: 8). "Senado" é também o nome que se dá às grandes turmas dos tribunais federais. No presente caso do TCF, ele tem a referida acepção especial.

199. A respeito, v. Martins (2016-a: 29-34).

Dispositivo:

O § 10, Parágrafo 1, Período 1 da Lei Federal de Férias, na redação dada pela Lei do Direito Trabalhista para o Fomento do Crescimento e Emprego (Lei Trabalhista de Fomento ao Emprego), de 25 de setembro de 1996 (Diário das Leis Federais I, página 1476) foi compatível com a *Grundgesetz* durante seu período de vigência.

RAZÕES

A.

O processo refere-se à questão da constitucionalidade de uma regulamentação da Lei Federal de Férias (a seguir: BUrlG), pela qual determinados tratamentos médicos [preventivos] em extensão limitada podiam ser computados às férias recreativas. O tribunal representante considera a regulamentação incompatível com o Art. 9 III GG porque ela intervém em convenções coletivas existentes. A norma teve vigência de 1996 a 1998.

I. 1. – 3.; II. – III. [...].

IV.

A respeito da Representação manifestaram-se o Primeiro e o Nono Senado do Tribunal Federal do Trabalho, a Associação Federal das Confederações de Empregadores, a Associação das Confederações de Empregadores Municipais, a União Sindical Alemã, o Sindicato Alemão dos Trabalhadores Executivos, a União Cristã de Sindicatos da Alemanha, assim como as partes do processo original.

1. – 7. [...].

B.

O § 10 I 1 BUrlG foi, no período de sua vigência, compatível com o Art. 9 III GG.

1. O Art. 9 III GG protege não apenas o indivíduo em sua liberdade de fundar uma associação para a proteção das condições de trabalho e econômicas, de nela entrar, manter-se distante ou dela sair. Também protegida é a coalizão em si em sua existência, a configuração organizacional e suas atividades, desde que ela sirva ao fomento das condições de trabalho e econômicas (cf. BVerfGE 50, 290 [373 s.]; 84, 212 [224], 100, 271 [282]). A proteção estende-se sobre todos os modos de comportamento específicos de coalizões (cf. BVerfGE 93, 352 [358]) e abrange também especialmente a autonomia convencional coletiva, que se encontra no centro das possibilidades abertas às coalizões para a persecução de seus propósitos. A negociação de convenções coletivas é um propósito essencial das coalizões (cf. BVerfGE 94, 268 [283] com mais referências). O Estado deixa de tomar em princípio influência sobre esse campo de atividades (cf. BVerfGE 38, 281 [305 s.]) e deixa as regulamentações necessárias das condições de trabalho e econômicas em grande parte às coalizões que podem fazê-las autonomamente mediante acordos (cf. BVerfGE 44, 322 [340 s.]). Pertencem às matérias deixadas à competência regulamentar das coalizões especialmente a remuneração pelo trabalho e outras condições materiais de trabalho (cf. BVerfGE 94, 268 [283]; 100, 271 [282]), como por exemplo a jornada do trabalho e as férias.

2. Essa área de proteção é atingida pela regulamentação apresentada a exame, na extensão em que ela possibilita ao empregador intervir no firmado resultado de convenção coletiva. O § 10 II BUrlG dispõe que o cômputo deve relacionar-se com as férias plurais convencionadas em acordos coletivos ou individuais. O alvo do legislador foi justamente essas férias (cf. BTDrucks. 13/4612, p. 15). A declaração de crédito do empregador afasta o efeito cogente no sentido do § 4 I 1 TVG da norma [a ser definida] em convenção coletiva sobre a duração da liberação do trabalho para as férias recreativas. A determinação de convenção coletiva da duração das férias recreativas torna-se por conta da competência de crédito do empregador parcialmente dispositiva para ele.

Assim, modifica-se o resultado conseguido pelas partes convencionais coletivas em prejuízo dos sindicatos. Isso atinge-os sensivelmente porque eles, em regra, alcançam esse resultado negocial mediante desistência em outros pontos [negociados]. Seu sucesso na discussão com os empregadores acaba nesse ponto sendo parcialmente desvalorizado *a posteriori*. Isso tanto pode enfraquecer sua posição negocial no futuro quanto sua atratividade para fazer publicidade [em face de novos membros] ou para consegui-los.

A afetação da autonomia convencional coletiva não se desfaz porque o direito de férias do empregado como tal permanece e uma possibilidade de crédito vale apenas para dias em que ele decidir aderir a um tratamento de saúde sem estar doente a tal ponto de estar incapaz ao trabalho. Tais tratamentos não são, entretanto, férias em sentido corriqueiro. Conteúdo de férias recreativas é a possibilidade do empregado de, em vez de prestar o obrigatório trabalho, usar o tempo livre que lhe cabe por força do direito de férias autonomamente para descanso (cf. BAGE 50, 124 [128]). Da perspectiva do empregado importa que se lhe tira essa possibilidade para os dias computados. Portanto, para ele o sucesso nas negociações conseguido pelos sindicatos tem apenas significado menor.

Não obstante, a lei não produz efeitos automaticamente sobre o direito de férias acordado na convenção coletiva. Pressuposto é, de um lado, a decisão do empregado de se valer de uma medida da medicina preventiva ou de reabilitação e, de outro, a do empregador de fazer uso da possibilidade de crédito. Se essas decisões forem, contudo, tomadas, surgem os efeitos vinculantes. Da perspectiva da autonomia convencional coletiva, isso tem grande impacto porque a lei concede ao empregador uma autorização de dispor sobre o direito de férias convencionado coletivamente. O empregador pode, portanto, modificar unilateralmente uma posição convencional coletiva negociada com o sindicato. A afetação da autonomia convencional coletiva nisso implícita não desaparece porque o legislador possivelmente poderia ter alcançado resultados semelhantes com outras regulamentações jurídico-trabalhistas e sociais, as quais teriam deixado intocado o Art. 9 III GG. Decisivo é que o legislador escolheu uma construção que concede possibilidades de intervir unilateralmente no resultado da convenção coletiva.

3. Contudo, a regulamentação é justificada constitucionalmente.

A liberdade de coalizão garantida no Art. 9 III GG pode, embora ela seja garantida sem reserva legal, ser limitada, pelo menos, para a proteção de interesses comunitários, aos quais se atribuem igualmente nível constitucional (cf. BVerfGE 84, 212 [228]; 100, 271 [283]). Ao legislador não se veda por princípio, quando tais razões estiverem presentes, [a discricionariedade] de regulamentar questões que possam ser objeto de convenções coletivas (cf. BVerfGE 94, 268 [284]; 100, 271 [283]). O Art. 9 III GG até empresta às partes da convenção, no âmbito aberto a regulamentações firmadas em convenções coletivas, um direito de positivar normas, mas não um monopólio de positivação normativa. O legislador permanece autorizado a regulamentar o direito trabalhista (cf. Art. 74 I n. 12 GG). As afetações da autonomia convencional coletiva a isso ligadas são constitucionais se o legislador com elas objetivar a proteção de direitos fundamentais de terceiros ou outros interesses de nível constitucional e se elas observarem o princípio da proporcionalidade.

Esses pressupostos foram aqui observados.

a) O § 10 I 1 BUrlG serve a interesses comunitários legitimados constitucionalmente. A norma deve contribuir para uma elevada empregabilidade e para a estabilidade financeira do seguro social. O objetivo de combater o desemprego em massa tem nível constitucional por causa do princípio do Estado social (cf. Art. 20 I GG). A diminuição do desemprego possibilita ao antes desempregado realizar seu direito fundamental decorrente do Art. 12 I 1 GG, de desenvolver por meio do trabalho sua personalidade e de obter, com base nisso, atenção e autoestima. Nesse ponto, fundamenta-se o objetivo legal também no Art. 1 I c.c. Art. 2 I GG (cf. BVerfGE 100, 271 [284]). Além disso, a estabilidade financeira do sistema da segurança social é um interesse comunitário de grande relevância (cf. BVerfGE 70, 1 [26, 30]; 77, 84 [107]; 82, 209 [230]).

b) O § 10 I 1 BUrlG é adequado a prestar uma contribuição para uma elevada empregabilidade e para a estabilidade financeira do Seguro Social. Um meio é então adequado no sentido jurídico-constitucional quando com sua ajuda o resultado desejado puder ser fomentado, caso em que a [mera] possibilidade do cumprimento do propósito já será suficiente (cf. BVerfGE 63, 88 [115]; 67,

157 [175]; 96, 10 [23]). No campo da ordem econômica, social e trabalhista, confere-se ao legislador uma especialmente ampla prevalência na realização de apreciação e prognóstico (cf. BVerfGE 25, 1 [17, 19 s.]; 37, 1 [20]; 50, 290 [338]; 51, 193 [208]; 77, 84 [106 s.]; 87, 363 [383]). É, sobretudo, assunto do legislador a decisão, tomada com base em seus projetos e metas político-sociais, trabalhistas e econômicos e mediante observância das leis fáticas do setor atingido, sobre de quais medidas ele pretende valer-se no interesse do bem-estar coletivo.

Medido com base nesses parâmetros, o § 10 I 1 BUrlG não parece em princípio inadequado a alcançar os propósitos legislativos. Por meio do crédito, os empregadores são desonerados dos custos que eles até então tinham, decorrentes do trabalho não prestado. Defensáveis são as conclusões do legislador de que, por meio de custos salariais diminuídos, será alcançada uma empregabilidade maior e que o crédito disso resultante pode contribuir para a diminuição da carga de custos dos titulares do Seguro Social. Com efeito, a regulamentação influencia sobre um receio dos empregados em se valer de medidas da medicina preventiva ou reativa. A perda de dias de férias corresponde a uma participação relativamente alta nos custos. Por meio do crédito, até pode aumentar o volume anual geral de tempo de trabalho e a busca reduzida por tratamentos pode impactar negativamente na empregabilidade em instituições de tratamento; porém, isso não exclui a idoneidade da regulamentação tendo em vista a ampla margem discricionária do legislador.

c) Também contra a necessidade da regulamentação não existem objeções relevantes. Uma parte dos objetivos da lei possivelmente até poderia ter sido alcançada sem a afetação de acordos firmados em convenções coletivas por meio da diminuição ou parcial suspensão de pagamento de remuneração legal para as medidas de reabilitação no sentido do § 9 EFZG ou mediante uma elevação dos subsídios. Não se pode, entretanto, objetar por força constitucional que o legislador avalie que a totalidade dos efeitos de desoneração por ele buscados por tais medidas seria menor do que a de um crédito de dias de tratamento [a ser descontado] nas férias recreativas.

d) A regulamentação é, ainda, proporcional em sentido estrito.

Entretanto, a autonomia convencional coletiva foi atingida em um âmbito que implica um efeito especialmente grave no Art. 9 III 1 GG. Em quase todos os setores e âmbitos regionais da convenção coletiva, existem regulamentações firmadas sobre férias que ultrapassam completamente as férias legais mínimas. Em relação a tais regulamentações, a autonomia convencional coletiva goza em princípio de uma proteção mais forte do que em âmbitos nos quais as coalizões costumeiramente deixam desregulados. Isso apresenta exigências maiores ao peso das razões que devam justificar a afetação (cf. BVerfGE 94, 268 [284 s.]). Decisivo para a avaliação é a posição das partes do acordo coletivo em prejuízo dos quais os resultados das negociações serão modificadas. Ainda que o resultado das negociações formalmente não seja uma questão apresentada, os sindicatos são, no entanto, atingidos na medida em que seus efeitos positivos poderão ser enfraquecidos por decisões do empregador.

Entretanto, no quadro da ordenada ponderação geral não podem ser desconsiderados os efeitos concretos da regulamentação sobre os empregados porque também o impacto nos empregados é relevante para a avaliação sobre o sucesso e ulterior desgaste de uma negociação firmada em convenção coletiva. Nesse ponto, deve ser considerado que o significado prático do § 10 I 1 BUrlG relacionou-se a um âmbito de aplicação restrito por causa do catálogo de exceções do § 10 I 3 BUrlG e do asseguramento de férias mínimas do § 10 II BUrlG. No mais, as consequências de outras regulamentações disponíveis ao legislador para o fomento da empregabilidade e garantia financeira do Seguro Social, como uma redução ou parcial suspensão do prosseguimento do pagamento de remuneração legal para as medidas de reabilitação no sentido do § 9 EFZG ou um aumento dos subsídios, teriam sido, com grande probabilidade, mais onerosas aos empregados. Por fim, a gravidade da afetação é diminuída pelo fato de a regulamentação ter sido dispositiva na convenção coletiva, a matéria não foi, portanto, permanentemente tirada da regulamentação das partes da convenção coletiva.

Por sua vez, representa o combate do desemprego em conexão com a garantia da estabilidade financeira do sistema de Segurança Social um objetivo especialmente importante, junto a cuja realização confere-se ao legislador, justamente sob as condições da política orçamentária e de mercado de trabalho, uma margem discricionária relativamente grande. No caso, deve ser considerado que a regulamentação representou, em termos práticos, uma pequena parte de um catálogo relativamente abrangente de medidas e que o legislador já a revogou após pouco tempo [em vigor].[200]

Papier, *Jaeger*, *Haas*, Hömig, *Steiner*, *Hohmann-Dennhardt*, *Hoffmann-Riem*, *Bryde*.

200. Apenas dois anos após sua promulgação.

Capítulo 15
Garantia da via jurisdicional (Art. 19 IV GG)

Grundgesetz

Artigo 19 [restrição a direito fundamental, titulares de direito fundamental, **proteção judicial**]

(1)...

(2)...

(3)...

(4) [1] Quando alguém tiver seus direitos violados pelo poder público, poderá valer-se da via jurisdicional. [2, 3] [...].

A. Notas introdutórias

O Art. 19 IV GG é um direito fundamental formal ou processual. Ele pressupõe os direitos subjetivos infraconstitucionais e os direitos fundamentais materiais e garante uma proteção jurisdicional sem lacunas, que "faz com que sua validade jurídica seja trazida à eficácia fática no processo judicial",[201] ou seja, que as pretensões deles decorrentes sejam, de fato, satisfeitas.

Pela via jurisdicional, ele promove uma ampla proteção jurídica, caracterizada como aludido por não ter lacunas, na medida em que tem um significado jurídico-formal correspondente ao significado jurídico-material do Art. 2 I GG, que tutela o direito fundamental ao livre desenvolvimento da personalidade, incluindo a liberdade geral de ação. Ele o faz de modo subsidiário e como *lex generalis* em

201. Kingreen e Poscher (2018: 322).

relação a todos os direitos fundamentais do catálogo fechado justamente pelo Art. 19 GG.[202]

Assim, em segundo lugar, como norma composta por três períodos que encerram o Art. 19 GG e o título I "Direitos Fundamentais", o dispositivo em tela representa uma ponte sistematicamente bem construída para o título II da *Grundgesetz*, que é aberto com o Art. 20 GG. Este dispositivo contém os princípios gerais do Estado alemão, da República Federal da Alemanha. Nesse contexto, costuma-se, assim como precipuamente a jurisprudência do TCF aqui em pauta, ligar a garantia da via jurisdicional ao princípio do Estado de direito.

No mais, trata-se de um direito fundamental com uma área de proteção *marcada por normas* e não comportamentos individuais ou coletivos, pelo menos em princípio, livres das intervenções estatais (*status negativus*).[203] Isso torna a relação entre esse parâmetro jusfundamental e o legislador por vezes ambígua, pois é o legislador o poder chamado a configurá-lo, dando-lhe conteúdo. Para que seus titulares, que podem ser pessoas físicas ou jurídicas de direito privado, nacionais e até estrangeiras, possam trilhar tal via, "tribunais precisam ser criados, competências estabelecidas e processos institucionalizados; o Art. 19 IV GG pressupõe leis [orgânicas] de tribunais e processuais, sendo chamado, por isso, de garantia institucional da jurisdição".[204]

Em seguida devem-se apresentar os três elementos da dogmática jusfundamental que auxiliam o intérprete na exegese do Art. 19, IV GG, com especial atenção ao seu uso como parâmetro para a avaliação de atos do poder público com ele potencialmente incompatíveis.

I. Área de proteção

No que tange ao conteúdo da proteção convém, como faz a literatura jurídica especializada alemã, distinguir entre seus três elementos centrais: conceito de *poder público*, *lesão de direito* e o acesso à – ou abertura da – *via jurisdicional* em si.

1. "Poder Público"

Conceito de "poder público" do Art. 19, IV GG é, segundo a opinião amplamente majoritária, entendido em seu sentido estrito, como sinônimo de Poder Executivo (atos de governo e administrativos).[205]

202. Sendo que os três primeiros parágrafos contêm regras e critérios para a limitação dos direitos fundamentais.

203. Em geral sobre essa categoria de direitos fundamentais das garantias fundamentais (processuais) que, nesse ponto, são semelhantes às garantias institucionais ou à organização, uma vez que as áreas de proteção de ambas as categorias têm marca ou cunho normativos, v. Dimoulis e Martins (2018: 71 s., 82 s. e 177-180).

204. Kingreen e Poscher (2018: 322).

205. Em outras normas, porém, a *Grundgesetz* refere-se, indubitavelmente, ao conceito lato de poder público que engloba, ao lado do Executivo, atos emanados dos demais órgãos

A jurisprudência do TCF exclui os órgãos do Poder Judiciário do conceito a partir, sobretudo, de uma interpretação sistemática com o princípio da segurança jurídica derivado do princípio do Estado de direito. Nesse contexto, usa-se a bastante plástica fórmula: "proteção mediante o Poder Judiciário; não contra ele".[206] A segurança jurídica restaria ameaçada se a via jurisdicional não pudesse chegar ao seu fim por conta da interposição interminável de recursos. Consequentemente, o exame da oportunidade e conveniência dos recursos em termos qualitativos e quantitativos faz parte da discricionariedade legislativa.

Assim, não há garantia constitucional sequer ao duplo grau de jurisdição. Contudo, na combinação da tutela com uma suposta, afirmada violação do Art. 103 I GG, que garante a oitiva judicial (*mutatis mutandis* equivalente, no sistema constitucional brasileiro, às garantias da ampla defesa e do contraditório), do "direito geral à prestação jurisdicional", o TCF deriva, na **Decisão # 69** a seguir, "pelo menos uma única proteção judicial"[207] contra a violação do aludido direito à oitiva.

De resto, a jurisprudência do TCF exclui também o Legislativo do conceito estrito de poder público, como aludido, majoritariamente aplicado como parâmetro de interpretação do Art. 19 IV GG.[208] Caso contrário, esse direito processual fundamental poderia ser degenerado ao funcionar como outorga de legitimidade ativa para propor o controle abstrato de normas.[209]

Por sua vez, todos os atos do Poder Executivo podem ser controlados, incluindo atos normativos infralegais (decretos, resoluções etc.) de sua competência. Um caso à parte representa o indulto ou a graça. Sua concessão não é controlável judicialmente, mas o é sua ulterior impugnação.[210]

2. Lesão de direito

Sob esse aspecto deve ser esclarecido de que tipo de direito se trata (**2.1**) e qual pressuposto deve estar presente para se identificar a lesão (**2.2**). Também a titularidade do direito cuja violação se afirma é relevante (**2.3**).

do Poder Legislativo e Judiciário. Cf. por todos: Michael e Morlok (2016: 418-420): "[...] tem sido, contudo, interpretado de modo intensamente restritivo" (*ibid.*, p. 418).

206. BVerfGE 15, 275 (280); BVerfGE 65, 76 (90). Cf. referência, por muitos, de Ipsen (2018: 250) – "jurisprudência pacífica". No mais: BVerfGE 107, 395 (403 s.). Cf. também Michael e Morlok (2016: 419).

207. Kingreen e Poscher (2018: 323).

208. Cf. com ampla discussão e referências Michael e Morlok (2016: 418 s.).

209. Porém, se se tratar de uma inconstitucionalidade da norma promulgada pelo Legislativo reconhecida pelo juiz do feito, ele deverá suspender o processo e, em consonância com o Art. 100 I GG, apresentar a matéria diretamente ao juiz natural de questões constitucionais que é o TCF. Nesse sentido, cf., entre outros: Ipsen (2018: 250). Sobre o chamado controle concreto de normas suscitado pelo juiz do feito, no vernáculo, v. Martins (2018-b: 15-21).

210. Cf. Kingreen e Poscher (2018: 323 s.).

2.1 Como direito, deve ser entendido qualquer direito subjetivo, não importando seu grau hierárquico. Destarte, não precisa tratar-se, necessariamente, de direito fundamental. Porém, o Art. 19 IV GG pressupõe a existência de um direito subjetivo positivado no ordenamento jurídico; não o cria, o que é tarefa exclusiva do legislador.[211]

2.2 Como lesão perpetrada pelo poder público em sentido estrito, Poder Executivo, conforme retro verificado, entende-se uma intervenção *ilícita*. Se ela está de fato presente ou não, isso deverá restar verificado ao cabo do processo, mas a violação precisa ser plausível e *consistentemente afirmada* pelo titular do direito subjetivo.

Nesse contexto, problemáticas são as intervenções sigilosas, desconhecidas por excelência pelo atingido, como no caso da aplicação de leis que permitam a vigilância de dados, de comunicações interindividuais ou ambiental.

2.3. A lesão do direito subjetivo do titular do direito fundamental deve recair sobre direito seu, próprio. Também aqui não se abre a possibilidade de uma ação popular ou de classe.[212]

3. Abertura da via jurisdicional

Como também já retro verificado, não há garantia de mais de um grau de jurisdição, apenas que a via jurisdicional deve estar aberta. Concretamente, isso significa uma *vedação* direcionada ao Executivo para dispor de qualquer forma da via jurisdicional, especialmente para dificultar seu acesso. Trata-se de acesso a juízos e tribunais estatais[213] que cumpram os requisitos dos Art. 92 e 97 GG

211. Cf. *ibid.*, p. 324. Por vezes, no direito brasileiro, suscita-se, nesse contexto, improcedentemente, o princípio *non liquet,* pelo qual o juiz natural de uma causa, uma vez devidamente provocado, não pode abster-se de uma solução da lide, a fim de se firmar uma suposta obrigatoriedade de o juiz suprir supostas lacunas de proteção, especialmente de prestações estatais em âmbito de direito social. Ocorre que, em não tendo sido o direito social garantido pela função legislativa do Estado, competente para tanto, o princípio *non liquet* é satisfeito por uma sentença judicial de indeferimento do pedido por ausência de fundamento legal. Cf. a respeito: Martins (2017: 446, n. rod. 43).

212. Cf. Kingreen e Poscher (2018: 325). Michael e Morlok (2016: 414 s., 418 s.) enfatizam, nas últimas páginas citadas, o monopólio de descarte de normas pelo TCF no quadro do sistema de controle de normas do direito constitucional alemão. Cf. também Ipsen (2018: 251); Manssen (2018: 240); Schwabe (2018: 363 s.) e Schildheuer (2015: 343). Sem mencionar a ação popular ou ação de classe, Windthorst (2013: 279) fala, de modo muito elucidativo, em "decisão estrutural em prol de uma proteção jurídica individual". Tal decisão fez com que se apresentassem barreiras à politização da interpretação do direito e da própria função jurisdicional ínsita às ações popular e civil pública, cujos usos abusivos, de sobra, têm o condão de representar um acinte até ao próprio princípio do Estado de direito na medida em que afeta a proeminência do império da lei com a previsibilidade, certeza e segurança jurídicas nele implícitas.

213. Cf. Kingreen e Poscher (2018: 325). De maneira bem plástica, Windthorst (2013: 278) explicita, já no título de um subtópico, o salto qualitativo entre o parcimonioso teor do Art. 19 IV GG e o conceito de uma garantia de acesso a uma garantia de proteção jurídica:

(imparcialidade e independência). As jurisdições especiais estão definidas nos Art. 95 e 96 GG, predeterminando, em alguns casos, certas competências da jurisdição comum. Para além dessas predeterminações, a *Grundgesetz* confia ao legislador ordinário a promulgação de leis de organização judiciária e processuais.[214]

Mesmo não se garantindo um duplo grau de jurisdição, a garantia contempla uma proteção judicial *efetiva*.[215] Os limites aqui são fixados pelo *poder discricionário* da Administração que, por sua vez, é contralimitado quando se tratar da interpretação de conceitos legais indeterminados perpetrada por órgão administrativo que implique intervenções em *direitos fundamentais*, mas não apenas em subjetivos gerais.[216]

II. Intervenção estatal

Tendo em vista a referida marca normativa da área de proteção, podem ser consideradas intervenções estatais apenas as medidas que não representem conformação da via jurisdicional. Nesse sentido, todas as disposições legislativas sobre prazos, procedimentos e eficácia dos atos processuais não são intervenções carecedoras de justificação constitucional, mas configuração ordinária da área de proteção pelo legislador. Faz parte de sua exclusiva competência.

Intervenções podem ser verificadas em casos de exclusão do acesso aos tribunais pelos próprios perpetradas ou dificuldades de acesso criadas pelo legislador que sejam inadequadas às condições funcionais da administração da Justiça e da segurança jurídica. Também as normas de preclusão materiais e processuais-administrativas são consideradas intervenções na jurisprudência do TCF, uma vez que delas derivam "efeitos preliminares sobre a configuração do processo administrativo prévio ao processo judicial".[217]

III. Justificação constitucional

Como o Art. 19 IV GG não vem acompanhado de uma reserva legal, apenas bens jurídico-constitucionais cuja tutela seja ordenada pela própria *Grundgesetz* podem servir de limites constitucionais ao direito fundamental em tela (limite do "direito constitucional colidente").[218] Não há, em regra, um bem jurídico constitucional que possa aqui configurar um caso de direito constitucional colidente. Especialmente, os já mencionados bens jurídico-constitucionais

"da garantia da via jurisdicional" à "garantia da proteção jurídica", como via, não apenas a tribunais, mas ao juiz no exercício da atividade jurisdicional.

214. Cf. Kingreen e Poscher (2017: 325).

215. Cf. por todos, bastante detalhado, apenas: Manssen (2018: 241-243).

216. Caso em que entra em cena o vínculo específico da Administração Pública a direitos fundamentais. Cf. Martins (2017: 440-443).

217. Cf. BVerfGE 61, 82 (110) e as explicações de Kingreen e Poscher (2018: 328).

218. Cf. Dimoulis e Martins (2018: 191-193).

"administração da justiça" e "segurança jurídica" são trabalhados na diferenciação retro realizada entre a área de proteção e a intervenção estatal nela, não havendo intervenção caso a regulamentação da via jurisdicional seja indispensável àqueles bens jurídico-constitucionais. Logo, como categoricamente concluem Kingreen e Poscher:[219] "toda intervenção é, portanto, uma lesão que não pode ser justificada constitucionalmente".

B. Decisões do TCF

68. BVerfGE 84, 34 (*Gerichtliche Prüfungskontrolle*)

Reclamação Constitucional contra Decisão Judicial

17/04/1991

MATÉRIA

As duas Reclamações Constitucionais, julgadas conjuntamente na presente decisão, foram movidas por formandos em direito contra suas respectivas avaliações orais, em seus exames de Estado (respectivamente Segundo e Primeiro Exame de Estado) e contra suas confirmações judiciais em sede de **controle judicial** (*gerichtliche Prüfungskontrolle*). O TCF admitiu as Reclamações Constitucionais, mas, no mérito, julgou-as improcedentes, porque não enxergou nas decisões judiciais nenhuma violação de direito fundamental, principalmente nenhum ferimento de sua margem discricionária. Ou seja, segundo ele, os tribunais ordinários observaram o disposto no Art. 19 IV GG, além do direito fundamental material do Art. 12 I GG (liberdade profissional).

EMENTAS

1. De acordo com o Art. 12 I GG, os procedimentos de concurso para seleção profissional devem ser organizados de tal modo que o direito fundamental à liberdade profissional seja efetivamente protegido. Os candidatos devem, portanto, ter o direito de efetivamente levantar objeções contra a sua nota final. Porém, o acesso a uma segunda instância administrativa para a reavaliação completa dos polêmicos desempenhos no exame não é devido.

2. A jurisprudência dos tribunais administrativos em relação à margem de avaliação das bancas públicas de avaliação somente será compatível com o Art. 19 IV GG quando se tratar de julgamentos específicos à matéria examinada. De outra feita, divergências de opinião técnica entre examinador e candidato não são, em geral, isentas de controle judicial.

219. *Ibid.*, p. 328.

3. Do Art. 12 I GG deriva-se, para os exames de aptidão profissional [de habilitação ou ingresso em carreira fiscalizadas pelo poder público], o princípio geral de avaliação, segundo o qual uma solução defensável e fundamentada com argumentos consistentes não pode ser julgada como errada.

Decisão [*Beschluss*] do Segundo Senado de 17 de abril de 1991

– 1 BvR 419/81 e 213/83 –

Nos processos das Reclamações Constitucionais 1. ...

Dispositivo:

Indeferem-se as Reclamações Constitucionais.

RAZÕES

A.

Os Reclamantes voltam-se contra as avaliações de seus exames consideradas por eles como errôneas. Eles contestam, sobretudo, o fato de essas avaliações terem sido analisadas apenas de modo limitado no recurso administrativo e nos subsequentes processos judiciais administrativos.

I.1. – 2., II.1.a) – d), 2.a) – d), III.1. – 2., IV.1. – 3. [...]

B.

As Reclamações Constitucionais são admitidas, mas improcedentes.

I.1. – 3. [...]

II.

[...]

1. [...].

[...]. Se a decisão administrativa impugnada basear-se na aplicação de conceitos jurídicos indeterminados, a concretização desses é, pois, fundamentalmente matéria dos tribunais que devem reexaminar ilimitadamente a aplicação normativa pela Administração. As regras sobre o controle limitado das medidas da Administração não valem para a interpretação e aplicação de conceitos jurídicos indeterminados (cf. BVerfGE 7, 129 [154]; 64, 261 [279]).

Conceitos jurídicos indeterminados podem, todavia, em razão da sua grande complexidade ou da dinâmica especial da matéria regulamentada, ser tão vagos e sua concretização na interpretação da decisão administrativa ser tão difícil, que o controle judicial esbarre nos limites funcionais do Judiciário. À autoridade administrativa aplicadora da lei é garantido, em tais casos, sem ofensa ao princípio do Estado de direito, um espaço delimitado de liberdade de decisão (cf. BVerfGE 54, 173 [197]; 61, 82 [114]; 83, 130 [148]; *Schmidt-Aßmann* em: Maunz-Dürig, *Grundgesetz*, Art. 19 IV, comentário n. 184, com mais referências bibliográficas). Essa questão não requer, porém, aqui [em face do presente caso], mais esclarecimentos. Para a avaliação de exames para admissão profissional, como aqueles que formam o objeto das decisões atacadas, existem, no entanto, peculiaridades.

2. Concursos públicos que restrinjam o acesso a profissões acadêmicas implicam avaliações difíceis, que devem ser feitas de acordo com a igualdade de chances de todos os candidatos (Art. 3 I GG) em todas as fases do procedimento do concurso, que não podem ser reproduzidas isoladamente, sem mais, em subsequentes litígios administrativos provocados por alguns candidatos (**a**). Disso resulta uma margem de avaliação própria do direito de concurso [no sentido objetivo: de sistema normativo positivado] (**b**). Essa é, porém, limitada a avaliações específicas dos conhecimentos requeridos, não se estendendo, também, a todas as questões técnicas que constituam o objeto do exame (**c**).

a) A avaliação dos desempenhos em um exame para admissão profissional é uma decisão juridicamente vinculada do examinador. Essa decisão é, como intervenção na liberdade de escolha da profissão, segundo o Art. 12 I GG, somente admissível com base em uma lei e nos limites da proporcionalidade. [...]. Apesar desse grande significado prático e da relevância constitucional do resultado do exame, os critérios de avaliação são determinados na lei de maneira tão somente inexata. Já o modo de definição de tarefas é limitado tematicamente apenas superficialmente em todos os regulamentos para a formação em carreiras jurídicas. Os níveis previstos de notas variam entre "insuficiente" e "muito bom" – divididos respectivamente em notas intermediárias segundo o valor da pontuação – e são definidos, não de forma determinada, mas indicados apenas de modo bem geral [...].

A força diretiva desses dados legais é limitada. [...].

[...]. Vem à pauta uma circunstância decisiva: os examinadores têm de partir, em sua avaliação, de estimativas e experiências que eles desenvolveram no decorrer de sua práxis em exames semelhantes e que geralmente utilizam. As definições de notas dos Regulamentos de Exames, exigem-nas expressamente, na medida em que tomam como critério os desempenhos regulares [para definir a escala de predicados]. Mas também o limite da aprovação/reprovação, ou seja, a medida de aferição de desempenhos insuficientes, não pode ser determinado de maneira rígida sem se considerar resultados regulares [ou medianos] [...]. Disso resulta que as notas dos exames individuais não devem ser vistas isoladamente, mas aferidas em um sistema correlacional, o que é influenciado pelas experiências pessoais e ideias dos examinadores. No processo administrativo referente a um único candidato, o tribunal não poderia – também com a ajuda de um expert

– recuperar [reconstruir] os critérios de avaliação que foram decisivos para o total dos demais candidatos, de forma a aplicá-los a uma situação de exame precariamente reconstruída. O tribunal precisaria desenvolver critérios próprios de avaliação, colocando-os no lugar daqueles dos examinadores.

b) No caso, não se trata apenas de dificuldades práticas da aplicação do direito, mas também, principalmente, de um problema constitucional. Segundo o princípio da igualdade de chances que rege o direito relativo aos exames (BVerfGE 37, 342 [352 s.]; 79, 212 [218]), devem ser válidos para os candidatos semelhantes [concorrentes] condições de prova e critérios de avaliação que sejam tão semelhantes quanto possível. Seria incompatível com esse princípio se candidatos individuais obtivessem a chance de receberem uma avaliação independente de um contexto de comparação, apenas porque ensejaram um processo jurisdicional administrativo. A avaliação uniforme de todos os candidatos semelhantes [concorrentes] seria profundamente atingida. Tal avaliação uniforme é somente possível se for assegurado à autoridade examinadora, junto às avaliações específicas do exame, uma margem de decisão [certa discricionariedade], sendo o controle judicial, nesse ponto, limitado.

[...].

c) Os limites da margem de avaliação do direito relativo a concursos públicos [de habilitação profissional] resultam de sua legitimação constitucional. Eles definem, ao mesmo tempo, a extensão do controle jurisdicional administrativo previsto pelo Art. 19 IV GG. Apenas avaliações específicas de exame – ligadas multilateral e indissociavelmente a decisões técnicas – são deixadas ao critério da competência final de decisão da autoridade pública examinadora. Porém, também a resposta de tais questões da avaliação não é isenta de quaisquer controles. A margem de avaliação tem limites, cuja observância é, em vista do Art. 19 IV GG, passível de revisão judicial. O controle que resta na competência dos tribunais precisa ser, no caso de exames para habilitação profissional, direcionado a um propósito, adequado e proporcional (cf. BVerfGE 60, 253 [269]).

Segundo a jurisprudência dos tribunais administrativos, que é seguida também pelas decisões impugnadas, a margem de avaliação restará extrapolada, fazendo-se necessária uma correção judicial, sempre que as autoridades públicas examinadoras cometerem erros procedimentais, desconhecerem o direito aplicável, basearem-se em fatos equivocados, violarem parâmetros de avaliação geralmente válidos ou orientarem-se por considerações estranhas à matéria [irracionais] [...]. Assim, não deve existir, portanto, um princípio de avaliação em geral válido que proíba julgar o correto como errôneo e posições defensáveis como indefensáveis (BVerwG, Buchholz 421.0, n. 121, p. 195; Seebass, *op. cit.*, p. 527). O controle residual da arbitrariedade, de acordo com o que foi dito, limita-se apenas a casos extremos, nos quais uma avaliação também seja possível sem que se aprofunde em considerações técnicas específicas. Somente quando a avaliação fundar-se "em um erro tão evidente e fora de qualquer contexto razoável do ponto de vista técnico-científico", de tal sorte "que seu resultado revele-se ao juiz como inteiramente insustentável", deverão ser consideradas ultrapassadas as fronteiras para a arbitrariedade (BVerwG, *Buchholz* 421.0, n. 121, p. 195).

Uma parcimônia assim tão ampla do controle judicial não será, em todo caso, compatível com o Art. 19 IV GG, se se tratar de exames que restrinjam o acesso à profissão [...].

[...]. Um erro arbitrário de avaliação deve [...] já ser reconhecido quando ele aparecer como indefensável por experts. Ainda que isso possa ser feito por tribunal somente com ajuda especializada, tais dificuldades práticas não são, todavia, razão suficiente para limitar a proteção jurídica garantida pelo Art. 19 IV GG.

[...].

3. [...].

III.

[...]

Herzog, Henschel, Seidl, Grimm, Söllner, Dieterich, Kühling, Seibert

69. BVerfGE 107, 395 (*Rechtsschutz gegen den Richter I*)

Representação de Senado do Tribunal Constitucional Federal

30/04/2003

MATÉRIA

Trata-se de um caso decidido pelo Plenário do TCF, segundo a competência firmada em sua lei orgânica (§ 16 I BVerfGG),[220] em sessão de julgamento convocada conforme determinação de um dispositivo do Regimento Interno do TCF (§ 48 II GOBVerfG)[221] pelo Primeiro Senado. Ele pretendia divergir de um entendimento firmado pelo Segundo Senado, segundo o qual não caberia a garantia da via jurisdicional contra nenhum órgão judicante, mas tão somente contra órgãos do Executivo.

Como uma decisão do Plenário é ensejada por uma pretendida divergência suscitada no processo de Reclamações Constitucionais ou de

220. Segundo seu teor: "Se em face de uma questão jurídica um Senado divergir de um entendimento contido em uma decisão do outro Senado, o Plenário do Tribunal Constitucional Federal decidirá a respeito".

221. Segundo seu teor: "A Decisão do Plenário deve ser fundamentada. Ela deve ser tratada da mesma maneira que as decisões dos Senados".

Controle Concreto de Normas,[222] a seguir apresenta-se a síntese da presente decisão do Plenário. No **Capítulo 17**, que tratará de outro direito igual a direito fundamental que é o direito à oitiva judicial (Art. 103 I GG), apresentar-se-á a síntese da matéria da Reclamação Constitucional (**Decisão # 74**) que ensejou a presente decisão, de um lado, mas que a pressupôs de outro, sendo-lhe posterior.

O entendimento firmado pelo Segundo Senado, por vezes questionado na literatura jurídica especializada, mas condizente com a jurisprudência pacífica de ambos os Senados,[223] era que não seria inconstitucional a falta de cabimento de recursos em sentido lato a tribunal competente (mesmo) no caso daquelas violações do direito fundamental processual do Art. 103 I GG pelo juiz que sejam impactantes na decisão. Esse entendimento deriva da fórmula "proteção judicial por intermédio; mas não contra o juiz".[224] Por sua vez, na decisão de avocação e apresentação da questão ao Primeiro Senado foi afirmada justamente essa inconstitucionalidade.

Avocado, o Segundo Senado teve a oportunidade de desistir de sua jurisprudência ou então suscitar o julgamento da questão pelo Plenário. Por sua vez, o Plenário pode deliberar, desde que estejam presentes na sessão de julgamento pelo menos dois terços dos membros de cada Senado. Como o Segundo Senado não se convenceu dos argumentos da Decisão de Representação do Primeiro Senado, foi realizada a sessão de julgamento, cujas razões publicadas na coletânea oficial das decisões do TCF foram a seguir traduzidas em sua íntegra, acompanhadas das cabíveis e/ou necessárias anotações nas notas de rodapé.

Embora o Art. 103 I GG (garantia constitucional à oitiva judicial) tenha exercido um papel bastante relevante na fundamentação da decisão, na substância, como inclusive indica a alcunha dada em geral à decisão "**primeira decisão sobre proteção jurídica contra o juiz**" (*Rechtsschutz gegen den Richter I*), a matéria tem seu lastro na interpretação do Art. 19 IV GG como parâmetro constitucional. Na posição de objeto controlado, tem-se, em tese, a configuração da lei processual civil e a correspondente opção do legislador ordinário de prever ou não o cabimento de recursos contra atos

222. Sobre o último tipo mencionado de processo, no vernáculo, v. novamente: Martins (2018-b: 15-21).

223. A relativa concorrência das competências dos dois Senados pode ser explicada por se tratar de direito constitucional material que, a despeito de estar localizado em título sobre a organização do Poder Judiciário (competência do Segundo Senado), corresponde, como diversas vezes aludido, material e formalmente, não obstante a terminologia precisa do "direito igual a direito fundamental", a uma norma definidora de direito fundamental. Apenas não é direito fundamental substantivo, mas processual.

224. Até então praticada desde BVerfGE 15, 275 (280). Cf. referências retro, n. rod. 217.

decisórios judiciais, na maioria das vezes interlocutórios, que potencialmente violem os assim chamados direitos iguais a direitos fundamentais, tais como a garantia à oitiva judicial prevista no Art. 103 I GG. Tratava-se, assim, também de uma espécie de garantia jurídico-constitucional de proteção jurídica por tribunais competentes em razão da matéria no caso de lesões (cometidas por aqueles mesmos) do Art. 103 I GG.[225]

Em decisão não unânime (10 votos a favor; 6 contra), na qual os dissidentes não se valeram de sua prerrogativa de publicar, em conjunto ou separadamente, as razões de seus votos divergentes (§ 55 V GOBVerfG[226]), mantendo-se anônimos (garantido pelo caráter sigiloso da sessão segundo o § 30 I 1 BVerfGG[227]), teve como principais fundamentos todos aqueles elencados sob o tópico **C.**:

1. A garantia de proteção judicial efetiva – que, como visto nas notas introdutórias, faz parte da área de proteção do Art. 19 IV GG, ao mesmo tempo em que não é oponível apenas ao Poder Executivo conforme a jurisprudência até então praticada por ambos os Senados – não implica a garantia sequer de uma instância recursal. Isso seria uma decorrência do princípio do Estado de direito, que harmoniza as pretensões a uma efetiva proteção judicial de direitos subjetivos com as pretensões da segurança e da pacificação jurídicas, que resultam na necessidade de se assegurar que a prestação jurisdicional definitiva ocorra dentro de um prazo razoável. A segurança e pacificação jurídicas restariam ameaçadas por uma via recursal de tendência ilimitada.

2. Em decorrência desses reconhecimentos, a Decisão de Representação do Primeiro Senado limita-se à proteção judicial contra a afirmada violação do Art. 103 I GG. Isso porque as peculiaridades desse que – assim como o Art. 19 IV GG – também pode ser considerado um direito fundamental processual, formalmente, porém, como aludido, "um direito igual a direito

225. Sobre o papel subsidiário da Reclamação Constitucional também em relação ao Art. 19 IV GG, cf. Schlaich e Korioth (2015: 146-149). Além do aludido caráter subsidiário, os citados autores (*ibid.*, p. 149) explicitaram a peculiaridade da Reclamação Constitucional em face do direito à proteção jurídica ou à via jurisdicional do Art. 19 IV GG com a definição do parâmetro da Reclamação ser exclusivamente direito fundamental e não qualquer direito subjetivo. Como consequência, a Reclamação Constitucional não suspende o efeito da coisa julgada, mas o pressupõe (subsidiariedade), podendo anulá-lo em se chegando a uma declaração de inconstitucionalidade de decisão judicial transitada em julgado.

226. Segundo seu teor: "O voto à parte [divergente] deve ser publicado na coletânea das decisões do Tribunal Constitucional Federal após a Decisão caracterizada com o nome [do seu autor]".

227. Segundo seu teor: "O Tribunal Constitucional Federal decide em sessão de debates sigilosa segundo sua livre convicção formada a partir do conteúdo da audiência e da conclusão da instrução probatória".

fundamental", nos dizeres do Plenário, "irradiam-se sobre a garantia da via jurisdicional" (cf. a seguir, nas razões da Decisão: **II**, *caput*). O TCF desenvolve seu articulado arrazoado para concluir, nessa altura, que "sempre bastará a oportunidade de submeter uma afirmada violação jurídica na atuação processual judicial a um controle judicial único". Novamente não se caracteriza, também aqui, a obrigatoriedade sequer do duplo grau de jurisdição pelas razões discutidas nas notas introdutórias.

3. Tendo em vista as amplas margens discricionárias, devidamente discutidas sob o tópico **III** da Decisão, o TCF sustentou que, independentemente da Reclamação Constitucional, a proteção com fulcro no Art. 103 I GG deveria ser efetivada, em primeira linha, pela jurisdição ordinária. O legislador teria duas alternativas: garanti-lo no sistema geral de recursos ou mediante um remédio especial. Por outro lado, ele não seria, em razão disso, obrigado a prever a revisão por outra instância. Nesse ponto, a decisão faria parte de sua ampla margem discricionária. Por fim, a subsidiariedade da Reclamação Constitucional não afastaria o fato de a *Grundgesetz* ter confiado a função jurisdicional, sobretudo, aos tribunais comuns.

4. Em conclusão, o TCF realiza, sob **IV**, a subsunção da atual situação legislativa aos parâmetros desenvolvidos do tópico **I** ao **III**, com o objetivo de sustentar o dispositivo não apenas da presente Decisão, mas, especialmente, da Decisão na Reclamação Constitucional cujo julgamento fora suspenso para se revolver esse, que é uma espécie de incidente processual constitucional.

EMENTA

Sobre a garantia constitucional da proteção jurídica por tribunais competentes em razão da matéria junto a violações do direito à oitiva judicial (Art. 103 I GG).

Decisão [*Beschluss*] do Plenário do Tribunal Constitucional Federal, de 30 de abril de 2003

– 1 PBvU 1/02 –

No Processo da Representação do Primeiro Senado,[228] de 16 de janeiro de 2002 – 1 BvR 10/99 –.

228. Sobre esse tipo de processo, cf. a explicação contida no texto retro, sob a epígrafe "matéria".

Dispositivo:

Viola-se o princípio do Estado de direito combinado com o Artigo 103, Parágrafo 1 da *Grundgesetz* quando um código processual não tiver previsto uma possibilidade de remédio judicial técnico para o caso de um tribunal/juízo violar o direito à oitiva judicial de modo relevante para a [sua] decisão.

RAZÕES

Objeto do processo no Plenário é a questão sobre se e em que extensão a *Grundgesetz* exige que violações do direito igual a direito fundamental à oitiva judicial perpetradas por um juiz possam ser afastadas pelos próprios tribunais competentes em razão da matéria.

A.

I.

Ponto de partida do Processo no Plenário é uma pendente Reclamação Constitucional no Primeiro Senado do TCF (1 BvR 10/99). Nela, encontra-se uma decisão em recurso de apelação, pela qual, segundo o entendimento do Primeiro Senado, o direito dos Reclamantes à garantia da oitiva judicial foi violado. A Corte Federal de Justiça não admitiu o recurso de revisão interposto pelos Reclamantes contra a decisão do Superior Tribunal Estadual que não conhecera o recurso de revisão [também] não conhecido pelo Tribunal Estadual porque a soma do valor da revisão não fora alcançada.[229] Também o recurso extraordinário[230] não foi admitido por causa de grave ilegalidade (BGH, NJW 1999, p. 290). Contra ambas essas decisões volta-se a Reclamação Constitucional.

II.

1. O Primeiro Senado do TCF não gostaria apenas de anular a decisão do Superior Tribunal Estadual por causa da violação da oitiva judicial, como também deferir a Reclamação Constitucional na extensão em que ela impugna a decisão da Corte Federal de Justiça. A decisão da Corte Federal de Justiça de indeferir a admissão de um remédio judicial extraordinário baseia-se nos §§ 545 até 547 do Código de Processo Civil, na redação vigente até o dia 31 de dezembro de 2001. Os Reclamantes não tiveram a possibilidade de afirmar perante os tribunais competentes a alegada violação de seus direitos decorrentes do Art. 103 I GG. A falta de uma possibilidade prevista na Lei de Proteção Judicial viola, segundo o

229. Sobre o sistema recursal alemão Martins (2004).

230. Apesar da mesma denominação, o referido recurso extraordinário não guarda nenhuma relação com o previsto no art. 102, III CRFB.

entendimento do Primeiro Senado, o direito à prestação jurisdicional ancorado no princípio do Estado de direito em conexão com os direitos fundamentais.

a) O TCF ocupou-se da questão da falta de remédios judiciais[231] junto à violação do Art. 103 I GG de modo variado. Em parte, ele enxergou a oportunidade de ajuizar o remédio extraordinário da Reclamação Constitucional como juridicamente suficiente, quando pela respectiva legislação processual não for previsto um recurso contra a decisão prolatada (cf. BVerfGE 60, 96 [98 s.]). Em outros casos, confirmou a possibilidade de remédios judiciais que não foram expressamente normatizados nas leis processuais (abordagem panorâmica por: Zöller/Vollkommer, Zivilprozessordnung, 22. ed., 2001, Introdução, n. 103). No caso, o TCF parte do princípio de que violações dos direitos fundamentais processuais devem ser sanadas, se possível, na mesma instância, por meio de autocontrole dos tribunais competentes (cf. BVerfGE 47, 182 [190 s.]; 73, 322 [327 ss.]; jurispr. pacífica). Em muitos casos, é aceita especialmente a admissão de contraexposições (cf. BVerfGE 9, 89 [101, 106 s.]; 73, 322 [326 ss., 329]). No mais, o TCF considerou plausíveis novas possibilidades de remédio judicial por meio de aplicação analógica ou interpretação extensiva de normas processuais (assim: § 513 II, § 568 II ZPO a.F., §§ 33 a, 313 a StPO) (cf., ao invés de muitas: BVerfGE 42, 243 [250 s.]; 49, 252 [256]; 60, 96 [98 s.]; 70, 180 [187 ss.]). Os tribunais seguiram isso em essência e tentaram, por sua vez, possibilitar novos tipos de remédios judiciais, por exemplo, à Corte Federal de Justiça, no contexto do desenvolvimento da figura jurídica da "ilegalidade patente" (cf., por exemplo: BGHZ 119, 372 [374]; 121, 397 [398 s.]; 130, 97 [99]).

Entrementes, a Corte Federal de Justiça, mencionando a nova regulamentação do direito de reclamação pela Lei de Reforma do Processo Civil de 27 de julho de 2001, decidiu que um recurso extraordinário a ela também caberia quando a decisão do tribunal da reclamação fosse patentemente ilegal, especialmente se tivesse violado um direito fundamental processual do reclamante. Em tal caso, a decisão impugnada deveria ser corrigida pelo tribunal que a prolatou a partir de uma convicção contrária (cf. BGHZ 150, 133). O Tribunal Federal Administrativo seguiu esse entendimento e decidiu que, futuramente, o elenco legal das competências do Tribunal Federal Administrativo e a regulamentação do direito de reclamação não mais permitiriam o conhecimento de reclamações extraordinárias (cf. BVerwG, NJW 2002, P. 2657).

b) Segundo o entendimento do Primeiro Senado do TCF, a *Grundgesetz* exige uma possibilidade de agravo judicial[232] no caso de violações do direito à oitiva judicial por um tribunal [que sejam] impactantes na sua decisão. O risco de uma via jurisdicional sem fim não estaria presente se o mandamento de proteção

231. Conceito usado aqui em sentido amplo: também não tem correlação com os remédios constitucionais previstos em incisos do art. 5° CRFB.

232. *Idem.*

judicial efetiva fosse de tal sorte compreendido e limitado a ponto de ser a via jurisdicional aberta apenas para uma única possibilidade de controle do [arguido] erro judicial. Seria tarefa do legislador introduzir correspondentes remédios judiciais na sistemática dos códigos processuais escritos. O Primeiro Senado recusa, por sua vez, em consideração ao princípio do Estado de direito, derivar diretamente da Constituição ampliações não positivadas do direito recursal.

2. Em razão da matéria, o Primeiro Senado quer que se desista da jurisprudência de ambos os Senados do TCF, segundo a qual a *Grundgesetz* não garante proteção judicial contra o juiz (cf. BVerfGE 11, 263 [265]; 65, 76 [90]; 76, 93 [98]; jurispr. pacífica), na [estrita] extensão em que se tratar de violações do direito fundamental processual do Art. 103 I GG pelo juiz impactantes [que sejam] na sua decisão. Por isso, o Primeiro Senado, em consonância com o § 48 II GOBVerfG, questionou o Segundo Senado se ele manteria esse seu entendimento jurídico até então praticado (cf. BVerfGE 11, 263 [265]; 42, 243 [248]; 49, 329 [340 s.]). Esse é o caso, tal como identificável pela Decisão do Segundo Senado de 7 de novembro de 2001. O Segundo Senado considera a falta de uma possibilidade de agravo no tribunal competente junto a violações do direito fundamental processual do Art. 103 I GG pelo juiz [que sejam] impactantes na decisão como não sendo inconstitucional. Depois disso, o Primeiro Senado avocou o Plenário do TCF por meio da Decisão de 16 de janeiro de 2002, em conformidade com o [procedimento previsto no] § 16 I BVerfGG (BVerfGE 104, 357).

B.

A respeito da Decisão de Representação do Primeiro Senado manifestaram-se o Ministério Federal da Justiça em nome do Governo Federal, o Presidente da Corte Federal de Justiça, a Presidente da Corte Federal Financeira, o Presidente do Tribunal Federal Administrativo, assim como a Chancelaria Estadual de *Hessen*. Um mandamento constitucional para, no caso de indeferimentos de oitiva em geral, prever-se um recurso a um tribunal de instância superior (*iudex ad quem*) não foi afirmado em nenhum parecer. Por sua vez, foi recomendada, muito preponderantemente, uma obrigação dos tribunais de uma "autocorreção" (*iudex a quo*); no caso, foram consideradas, nesse ponto, as várias já existentes possibilidades de proteção judicial, por exemplo, na forma de uma contraexposição, como suficientes.

I.

Segundo o entendimento do Ministério Federal da Justiça, as atuais leis processuais dos tribunais garantiriam, especialmente após a reforma do processo civil, uma proteção quase totalmente sem lacunas contra violações da oitiva judicial. Lacunas remanescentes seriam fechadas, em crescente medida, pela jurisprudência dos próprios tribunais competentes. Assim, teria a decisão da Corte Federal de Justiça sugerido que as regulamentações do processo de agravo do §

321 a ZPO n.F. deveriam ser correspondentemente aplicadas a todas as decisões não impugnáveis com os recursos ordinários, uma vez presentes as condições do § 555 I 1, § 525 1 ZPO n.F.

II.

Nos pareceres de vários Senados Cíveis, transmitidos pelo Presidente da Corte Federal de Justiça, foi defendido unanimemente o entendimento de que somente a não [concretização da] garantia de oitiva judicial não poderia fazer um recurso (extraordinário) ser cabível. Na medida em que, também segundo o novo direito, fosse previsto um recurso contra violações do direito à oitiva, oferecer-se-ia uma possibilidade de agravo ao *iudex a quo* em analogia aos §§ 321 a, 572 ZPO ou mediante uma contraexposição.

Nos pareceres de vários Senados da Corte Federal Financeira, primeiro, faz-se referência ao fato de que, no processo judicial financeiro, existiria a possibilidade da reclamação contra a inadmissibilidade, na qual um erro processual poderia ser afirmado (§ 115 II Nr. 3 FGO). Na extensão em que, além disso, existisse necessidade de uma possibilidade de agravo judicial junto a indeferimentos de oitiva, isso deveria ser considerado por intermédio de uma contraexposição ao *iudex a quo*.

Nas manifestações dos Senados do Tribunal Federal Administrativo, defende-se, em parte, que o Art. 19 IV GG não exigiria uma mudança de instância e, com isso, também não implicaria a obrigação de criarem-se diante de uma decisão, de resto válida, possibilidades de agravo, tendo em vista violações de direitos fundamentais causadas por essa decisão. Em todo caso, não parece plausível que, também junto a graves afetações de direitos fundamentais relevantes, a possibilidade de uma correção *a posteriori* pelos tribunais não fosse necessária por força constitucional, enquanto devesse ser constitucionalmente obrigatória no caso de violações do Art. 103 I GG e, sobretudo, independentemente da gravidade da violação. Entretanto, também se considera em parte como constitucionalmente admissível e ordenado o saneamento de uma violação constitucional – como de uma violação (na maioria das vezes acidental) da oitiva – por meio do próprio tribunal pela via do "autocontrole". De outra feita, não existiria um mandamento constitucional para, em tais casos, possibilitar complementarmente a revisão por meio de um "remédio extraordinário".

III.

Na visão da Chancelaria Estadual de Hessen praticamente não existe a necessidade de uma possibilidade de agravo nos tribunais nos casos de violações do Art. 103 I GG relevantes para a decisão, tendo em vista as novas regulamentações na Lei de Reforma da ZPO (§§ 321 a, 543 II, n. 1 ZPO). Independentemente disso, as reflexões sobre a necessidade genérica de serem criadas possibilidades da "autocorreção" pelos tribunais das violações do Art. 103 I GG [por eles próprios cometidas] seriam altamente problemáticas. Isso provocaria uma elevada sobrecarga dos tribunais. Como outro lado da medalha, por assim dizer, da avaliação positiva sob a perspectiva do Art. 103 I GG, a consequência seria também uma não insignificante dilatação da duração do processo, possivelmente até mesmo um comprometimento do direito fundamental do Art. 19 IV GG.

C.

A via jurisdicional encontra-se, no quadro do direito geral de garantia judicial, aberta também para a revisão de uma afirmada violação do direito à oitiva judicial por um tribunal. Isso decorre do princípio do Estado de direito em conexão com o Art. 103 I GG. O Plenário desiste do entendimento contrário até hoje defendido pelo TCF.

I.

A garantia da proteção judicial da *Grundgesetz* não é restrita à proteção judicial contra atos do Poder Executivo no sentido do Art. 19 IV GG, mas delineada de modo abrangente. Contudo, ela não assegura uma instância recursal.

1. A garantia de uma proteção judicial efetiva é uma parte constitutiva essencial do Estado de direito (cf. BVerfGE 88, 118 [123]; 96, 27 [39 s.]). A *Grundgesetz* garante proteção judicial perante os tribunais não apenas em consonância ao Art. 19 IV GG, mas, além disso, no quadro do direito geral de garantia judicial. Esse direito é parte constitutiva do princípio do Estado de direito em conexão com os direitos fundamentais, especialmente com o Art. 2 I GG (cf. BVerfGE 93, 99 [107]). A garantia da *Grundgesetz* da proteção judicial abrange o acesso a tribunais, o exame de pedidos de litigantes em um processo formal, assim como a decisão judicial vinculante.

2. A *Grundgesetz* assegura, no âmbito do Art. 19 IV GG, mas também no âmbito do direito geral da prestação jurisdicional, a abertura [ou o cabimento] da via jurisdicional. A garantia de uma possibilidade de proteção judicial contra afirmadas violações de direito não abre, contudo, uma via jurisdicional ilimitada.

a) O princípio do Estado de direito exige que algum dia todo litígio tenha um fim por causa da segurança jurídica e da pacificação jurídica, (cf. já: BVerfGE 1, 433 [437]). Quando será esse fim, isso decide a lei. O risco de uma via jurisdicional permanente não existe graças a *Grundgesetz*, porque tanto no Art. 19 IV GG, quanto também no quadro do direito geral à prestação jurisdicional, apenas a abertura da via jurisdicional está garantida, ou seja, a abertura do acesso ao tribunal. A via jurisdicional fica aberta para lides entre titulares do poder público e particulares ou entre os particulares [apenas]. Isso possibilita a decisão de um tribunal independente sobre direitos e obrigações. Até aqui, isso basta em princípio. Porém, em um Estado de direito deve ser também minimamente garantido que o ordenamento jurídico abra uma possibilidade única para se conhecer de uma decisão judicial. É tarefa do legislador, mediante ponderação e compensação dos vários interesses atingidos, decidir se esse mínimo deve ficar restrito à primeira instância ou se devem ser disponibilizadas mais instâncias e sob quais pressupostos elas poderiam ser chamadas (cf. BVerfGE 54, 277 [291]). Uma instância recursal não é garantida por força constitucional. Se existem lides para as quais por causa de razões atinentes ao Estado de direito deva ser prevista a revisão por outra instância judicial, não carece de decisão no presente contexto. O risco de uma via jurisdicional sem fim também não existe em tal caso.

b) a garantia de uma decisão judicial única sobre um afirmado direito objetiva levar aos conflitos sobre uma possível violação de direito um exame e uma decisão transitada em julgado. Para além disso, essa garantia não vai. Não é constitucionalmente ordenado poder controlar também o ato da própria revisão judicial quanto a se nele as normas aplicáveis para a lide originária não teriam então sido [novamente] violadas pelo tribunal. No interesse da segurança e da pacificação jurídicas, o sistema de proteção jurídica garantido constitucionalmente na revisão de um comportamento aceita um risco remanescente de aplicação errada do direito por tribunal.

c) Isso é aceitável no Estado de direito não por último porque, por meio de medidas institucionais e correspondentes prescrições processuais, tomam-se providências para que erros de aplicação do direito, tanto quanto possível, não ocorram. A independência dos juízes (Art. 97 I GG) deve assegurar que os tribunais orientem sua decisão tão somente pela lei e pelo direito. Os direitos fundamentais processuais, especialmente o Art. 101 I 2 e Art. 103 I GG, devem garantir que, de modo livre de arbítrio, a decisão judicial seja prolatada por uma instância determinada segundo critérios objetivos a respeito de um suficientemente certo conjunto de fatos, com base em uma apreciação imparcial do direito e mediante inclusão do que foi apresentado pelas partes processuais. Se os tribunais independentes nesse contexto revisarem uma operação quanto a erros jurídicos e não cometerem, no caso, novas violações contra as garantias processuais da *Grundgesetz*, então não será, em princípio, constitucionalmente problemático se a decisão judicial não puder ser revisada quanto a erros por mais uma instância.

3. No conteúdo nuclear de Estado de direito, não se diferencia o direito geral à prestação jurisdicional de sua regra especial, a garantia da via jurisdicional do Art. 19 IV GG. Diferenças existem em face das áreas de aplicação.

a) O Art. 19 IV GG é entendido na jurisprudência e, em parte, na literatura jurídica, de modo a que o conceito lá utilizado do poder público deve ser interpretado restritivamente e aplicado apenas ao Poder Executivo. Isso é normalmente trazido à fórmula segundo a qual a *Grundgesetz* garantiria proteção por meio do juiz, mas não contra o juiz (cf. BVerfGE 15, 275 [280]; 49, 329 [340]; 65, 76 [90], assim como da literatura: Schmidt-Aßmann, in: Maunz/Dürig, Grundgesetz, Art. 19 IV, n. 96 [Atual. até janeiro de 1985]; Jarass, in: Jarass/Pieroth, Grundgesetz, 6. ed., 2002, Art. 19, n. 31; Krüger/Sachs, in: Sachs, Grundgesetz, 3. ed., 2003, Art. 19 n. 120). A segunda parte dessa fórmula tem sido, entretanto, cada vez mais criticada (v. a respeito, p.ex.: Voßkuhle, Rechtsschutz gegen den Richter, 1993, p. 158 ss., 176 ss.; Huber, in: v. Mangoldt/Klein/Starck, Das Bonner Grundgesetz, 4. ed. v. 1, 1999, Art. 19, n. 444 ss.; Krebs, in: von Münch/Kunig, Grundgesetz, v. 1, 5. ed., 2000, Art. 19, n. 57; Schulze-Fielitz, in: Dreier, Grundgesetz, v. I, 1996, Art. 19 IV, n. 35; Ibler, in: Friauf/Höfling, Grundgesetz, Art. 19 IV, n. 90 ss. [atual. até outubro de 2002]). Para a fundamentação da crítica sustenta-se, entre outros, que o conceito de poder público seria amplo e abrangeria também a jurisprudência. Nem a gênese, nem o sentido e o propósito do Art. 19 IV GG justificariam uma interpretação restritiva de limitação à proteção judicial contra o Poder Executivo.

b) A avocação [da decisão] do Plenário feita pelo Primeiro Senado não dá ensejo a uma divergência da interpretação até hoje dada ao Art. 19 IV GG. A tarefa intentada pelo Primeiro Senado do anterior entendimento jurídico do TCF sobre a proteção jurisdicional junto a lesões impactantes na decisão do direito fundamental processual decorrente do Art. 103 I GG não pressupõe que a área de aplicação do Art. 19 IV GG seja redefinida. Isso porque essa norma não se contrapõe à tese de que o direito geral à prestação jurisdicional garanta proteção judicial em parte sob outros pressupostos típico-normativos (**cc**). A interpretação restritiva do conceito de interpretação do poder público no Art. 19 IV GG (**aa**) não é problemática sob o aspecto do Estado de direito, de todo modo quando o direito geral de prestação jurisdicional também possibilitar os casos não compreendidos no Art. 19 IV GG, desde que isso seja ordenado a partir [pela ideia] do Estado de direito (**bb**).

aa) Por causa de experiências históricas, o objetivo da normatização da garantia da via jurisdicional no Art. 19 IV GG foi a proteção perante o risco do desrespeito do direito por intermédio de uma ação do Executivo. A isso se liga a interpretação do aqui usado conceito de poder público na maior parte da doutrina e da jurisprudência.

(1) Em conexão às normas anteriores do § 182 da Constituição da Igreja de Paul[233]

233. Nessa passagem, o TCF alude à Constituição promulgada após o movimento constitucional liberal, de 1848 (mesmo ano da publicação de "O Manifesto Comunista", de *Karl Marx*). Convocou-se uma assembleia constituinte, representando a histórica primeira tentativa unificadora dos vários reinos, principados, ducados, arquiducados, grão-ducados, condados, cidades livres e províncias alemães em um único Estado alemão (antes, desde 1815, membros de uma fraca Confederação de soberanos, a chamada Confederação Alemã – *Deutscher Bund*) com a opção por um regime parlamentarista. O movimento e a Constituição, que chegou a ser promulgada em 28 de março de 1849, restaram frustrados, já em meados de 1849, com a não adesão e subsequente repressão da revolução, entre outros, do Executivo da Prússia (*Preußen*) e da Baviera (*Bayern*). A citada norma do § 182 tinha o seguinte teor:

e do Art. 107 da Constituição da República de Weimar,[234] o Projeto da *Grundgesetz* de *Herrenchiemsee* previa, primeiro, que poderia se valer de socorro judicial, "quem acreditasse ter sido violado em seus direitos por meio de uma ordem ou por meio de uma omissão de órgão administrativo ou com uma obrigação a ele atribuída". Esse projeto perseguiu o objetivo não apenas de deixar ao Executivo o controle da Administração. Pelo contrário, deveria ser assegurado que existisse uma proteção judicial de direito contra a Administração. Nas discussões para a *Grundgesetz*, essa restrição foi, contudo, criticada. Assim, foi a exigência formulada, no sentido de que as real ou supostamente ilícitas intervenções do Estado na esfera de liberdade e de direito teriam de ser amplamente submetidas a um exame judicial (cf. as referências de Voßkuhle, *op. cit.*, p. 151 ss.; v., no mais: JöR N.F., Bd. 1, 1951, p. 183 ss.).

O Art. 19 IV GG não o reduziu a termo dessa forma, mas o formulou de modo mais amplo do que o Projeto de *Herrenchiemsee*. Saiu a referência expressa à Administração. Se a formulação mais aberta deve ser entendida de tal modo que, no Art. 19 IV GG, não deveria suceder uma restrição tão somente ao Poder Executivo, isso não pode ser, todavia, depreendido inequivocamente dos anais da constituinte da *Grundgesetz*. Nesse ponto, a gênese deixa espaço para diferentes interpretações. A jurisprudência e a opinião dominante nas obras jurídicas interpretaram a norma em conexão ao impulso histórico da prestação judicial sempre no modo restritivo da limitação ao Poder Executivo. Isso foi seguido pelo TCF [que] enfatizou que o significado da garantia constituir-se-ia preponderantemente em afastar a "autocracia" do Poder Executivo na sua relação com o cidadão (cf. BVerfGE 10, 264 [267]; 35, 263 [274]). Por meio do Art. 19 IV GG, assegura-se, nessa interpretação, que, em face de atos do Executivo, um tribunal independente sempre deve ser acionado para examinar uma afirmada violação de direito. Contudo, se os códigos de processo previrem uma segunda instância, assim assegura o Art. 19 IV GG a efetividade da proteção judicial também a esse respeito (cf. BVerfGE 96, 27 [39]; jurispr. pacífica).

(2) O TCF restringiu, entretanto, o conceito de poder público não ao Executivo em sentido organizacional. Ele abriu a proteção judicial a ser cabível também no caso de a ação, impugnada como ilícita, provir de uma instância não pertencente ao Executivo, mas, ao mesmo tempo, que não se trate de uma instância dotada de independência judicial. Assim, o TCF classifica atos do funcionário técnico-judiciário igualmente como atos do poder público no sentido do Art. 19 IV GG (cf. BVerfGE 101, 397 [407]), assim como os atos de administração da Justiça nas repartições auxiliares dos tribunais (cf. BVerfGE 28, 10 [14 s.]). Pertencem

"Extingue-se a administração da Justiça administrativa [extrajudicial]; os tribunais decidem sobre todas as violações de direito.".

234. Segundo seu teor: "No Reino [– "*Reich*": no contexto, equivalente à União] e nos Estados devem existir, em consonância com as leis, tribunais administrativos para a proteção do indivíduo contra ordens e medidas dos órgãos administrativos.".

ao exercício do poder público igualmente as ordens do Ministério Público como órgãos de persecução penal (cf. BVerfGE 103, 142 [156]).

Como poder público na compreensão [restritiva] do Art. 19 IV GG também são classificados os tribunais quando atuarem fora de uma atividade de órgão judicante por causa de uma expressamente normatizada reserva judicial (cf. BVerfGE 96, 27 [39 ss.]; 104, 220 [231 ss.]). Nesses casos, os tribunais agem até com total independência judicial, mas não em sua típica função como instâncias de resolução imparcial de lides. Pelo contrário, perpetram, mediante requerimento, autonomamente, uma intervenção que, entretanto, também na extensão em que for funcionalmente exercício do Poder Executivo, no interesse de uma proteção especial de Estado de direito, não se deixa ao Executivo ou, em todo caso, não solitariamente a ele (cf. BVerfGE 103, 142 [151]). A peculiaridade em face da atividade judicante revela-se na possibilidade de regras jurídico-processuais específicas para tais decisões, quando então frequentemente sob exclusão da oitiva judicial. Mais importante ainda se torna a garantia de um controle judicial subsequente da medida com a outorga de oitiva judicial. Isso é o que garante o Art. 19 IV GG.

bb) A expansão da aplicação do Art. 19 IV GG não assegura, no entanto, também proteção judicial em face de afirmadas violações dos direitos fundamentais processuais da *Grundgesetz* por um tribunal. Se essa proteção além do direito geral de prestação jurisdicional for realizada em casos nos quais a proteção judicial seja ordenada por motivos de Estado de direito, não existe a esse respeito por força constitucional uma necessidade de desistir-se da interpretação restritiva do Art. 19 IV GG.

(1) O TCF reconheceu o direito geral de prestação jurisdicional derivado do princípio do Estado de direito em conexão com os direitos fundamentais, primeiro, como fundamento da proteção judicial em lides cíveis, para as quais o Art. 19 IV GG não é aplicável (cf. BVerfGE 88, 118 [123]; 93, 99 [107]; 97, 169 [185]). Por essa via, garante-se que um tribunal decida, de modo vinculante, sobre a existência de direitos e obrigações em um assunto jurídico-civilista.

(2) Mas o direito de prestação jurisdicional possibilita proteção judicial também em outros casos, nos quais isso seja ordenado por razões de Estado de direito. Assim ocorre na primeira violação de direitos fundamentais processuais por um tribunal.

Os direitos fundamentais processuais, especialmente os do Art. 101 I e do Art. 103 I GG, asseguram, na forma de direitos iguais a direito fundamental,[235] o cumprimento de standards mínimos do Estado de direito. Em um Estado de direito, faz parte de uma garantia jusfundamental a oportunização de, pelo menos, um único controle judicial de seu cumprimento. No máximo, a Constituição

235. Sobre o conceito, cf. novamente referências à nota 189.

pode prever exceções no interesse da proteção de bens jurídicos especialmente relevantes, como ocorreu no Art. 10 II 2 GG (cf. BVerfGE 30, 1).[236]

Os direitos fundamentais processuais relativos a processos judiciais não podem ser violados por um titular do Poder Executivo, pois eles são exclusivamente destinados aos tribunais (cf. BVerfGE 101, 397 [404 s.]). Quando o Art. 19 IV GG for interpretado de tal modo restritivo, a ponto de ele não abranger mais a proteção judicial contra atos judiciais, fica lá um déficit de proteção jurídica em face do andamento processual judicial, desde que, por meio dele, os direitos fundamentais processuais possam ser violados. De outro modo, ficaria uma violação desses direitos fundamentais sem possibilidade constitucionalmente garantida de solução por tribunal competente.

cc) O Art. 19 IV GG não se opõe a isso, pois lá não consta que a proteção judicial seria garantida "somente" em seu quadro. Também da gênese da *Grundgesetz* não resulta nada que indique uma exclusão de proteção judicial que vá além (veja retro: **aa**). A persecução do objetivo de Estado de direito – ligado pela jurisprudência e opinião dominante na doutrina a uma interpretação restritiva do Art. 19 IV GG de excluir a possibilidade de uma via jurisdicional infinita – não pode levar a que a proteção judicial também seja negada em assuntos em que uma via jurisdicional infinita não seja de modo algum uma [real] ameaça. Esse risco não existe na aplicação do direito geral de prestação jurisdicional porque ele – igualmente como o Art. 19 IV GG – garante apenas o cabimento da via jurisdicional, ou seja, a abertura do acesso ao tribunal (veja retro: **2 a**).

236. Trata-se de um especial limite constitucional (reserva legal qualificada, adicionada à reserva legal simples, do Art. 10 II 1 GG) ao direito fundamental, garantido no Art. 10 I GG, ao sigilo das comunicações interindividuais. Foi cunhado, na *Grundgesetz*, com um teor que remete aos meios analógicos de comunicação interindividual, especificamente: do sigilo da correspondência (conteúdo da comunicação), postal (transmissão corpórea de informação por prestador de serviço postal) e telefônico. Segundo a o teor da reserva legal simples do Art. 10 II 1 GG inserida no texto original da Grundgesetz: "Restrições podem apenas ser ordenadas com base em uma lei". Segundo a reserva legal qualificada aludida na passagem da Decisão em pauta do TCF, que foi inserida no muito tumultuado ano de 1968 no qual a RFA lidava com o terrorismo perpetrado por organizações de extrema esquerda, como a *RAF – Rote Armee Fraktion* (Facção do Exército Vermelho): "Se a restrição servir à proteção da ordem fundamental democrática e liberal ou à existência e segurança da União ou de um Estado-membro, a lei poderá determinar que ela não seja comunicada ao atingido e que, no lugar da via jurisdicional, o ulterior controle seja efetuado por órgãos principais e auxiliares, nomeados pela representação do povo [i.e., pelo Parlamento]". Cf. BVerfGE 30, 1 ss. (*Abhörurteil* – Decisão da Interceptação Telefônica) que confirmou a constitucionalidade da inserção dessa reserva legal qualificada com fulcro no parâmetro jurídico-material para a expressão do poder constituinte derivado do Art. 79 III GG (no caso: c.c. Art. 1 GG, intangibilidade da dignidade humana), decisão que até hoje tem sido fortemente criticada. Cf. por todos: Kingreen e Poscher (2018: 253). O Art. 10 GG será objeto do **Capítulo 21**, no **volume 4**, da presente obra.

4. É tarefa do legislador conformar o sistema jurisdicional em detalhes e, especialmente, fixar os pressupostos processuais para recursos e remédios. A legislação processual deve ser de tal modo configurada a existir uma proteção judicial efetiva para o indivíduo que busque o direito, mas também que produza segurança jurídica (cf. BVerfGE 88, 118 [123 s.]; 93, 99 [107 s.]). Ponderação e compensação dos interesses contraditórios no caso de garantia de proteção judicial cautelar podem ocorrer de modo diverso do ocorrido no caso de proteção definitiva. O legislador também poderá avaliar de modo diferenciado, [a depender de] se as medidas impugnadas provenham do Executivo ou do [próprio] Judiciário. Assim, a proteção jurídica contra atos de um juiz não conduz obrigatoriamente à revisão por uma instância superior, desde que o imprescindível controle do arguido erro processual possa ser, por outro modo, suficientemente assegurado.

II.

A Decisão de Representação do Primeiro Senado limita-se à proteção judicial contra a afirmada violação do Art. 103 I GG. As peculiaridades desse direito fundamental processual irradiam-se sobre a garantia da via jurisdicional.

1. A *Grundgesetz* assegura a oitiva judicial no processo judicial por meio do direito fundamental processual do Art. 103 I GG. A oitiva judicial não é apena um "direito ancestral processual" do homem, mas também um princípio jurídico-objetivo, o qual, por excelência, é constitutivo para um devido processo legal no sentido da *Grundgesetz* (cf. BVerfGE 55, 1 [6]). Seu significado de Estado de direito é também reconhecido como direito a um processo leal consoante o Art. 6 I da Convenção Europeia de Direitos Humanos, assim como no Art. 47 II da Carta Europeia de Direitos Fundamentais. O indivíduo não deve ser apenas objeto da decisão judicial, mas poder manifestar-se antes de uma decisão que tangencie seus direitos para poder exercer, como sujeito, influência sobre o processo e sua conclusão (cf. BVerfGE 9, 89 [95]). Oitiva judicial assegura às partes um direito à informação, expressão e consideração, com a consequência de que elas possam moldar seu comportamento no processo de modo autodeterminado e de acordo com cada situação [que se lhe apresente]. Especialmente, assegura que elas sejam ouvidas em suas exposições e seus pedidos.

Nesse sentido, significativo para a proteção jurídica é a possibilidade da correção de uma recusa equivocada de oitiva judicial. Apenas o afastamento de tal erro abre [a oportunidade de] ser ouvido no processo. Então, a via jurisdicional não está apenas formalmente aberta. Isso cria uma parte essencial da justificativa para que o legislador inflija aos envolvidos uma aceitação da decisão, se o caso, sem outra possibilidade de correção (veja retro: **I 2 b**). Não apenas a garantia de oitiva individual, mas também o significado jurídico-objetivo da garantia de oitiva, que irrompe os limites do caso particular, é uma base essencial da capacidade funcional do Estado de direito e da expectativa [depositada] nos cidadãos de se envolverem no processo judicial para a resolução da lide.

O Art. 103 I GG encontra-se, por isso, em uma relação funcional com a garantia da proteção judicial (cf. BVerfGE 81, 123 [129]). Esta assegura o acesso ao processo, enquanto o Art. 103 I GG objetiva um adequado *transcurso do processo*: Quem acessa formalmente um tribunal, deve acessá-lo também substancialmente, ou seja, ser *realmente ouvido*. Quando um tribunal comete, no processo, uma violação da oitiva, frustra-se a possibilidade de se afirmar efetivamente uma violação de direito perante o tribunal.

2. Quando o direito fundamental processual do Art. 103 I GG for violado, acontece esse erro independentemente do ensejo da introdução do processo judicial e, portanto, das normas jurídicas decisivas para o conflito originário. A avocação do tribunal objetiva o controle da observância dessas normas. O direito fundamental processual não contém, por exemplo, um parâmetro para tanto, mas certamente para a licitude do comportamento judicial junto ao andamento processual.

3. Corresponde ao princípio do Estado de direito que o exame de violações judiciais da oitiva e seu saneamento sejam feitos, em primeira linha, pelos tribunais competentes. O princípio do Estado de direito objetiva a efetividade da proteção judicial. Esse objetivo é alcançado, de modo mais eficaz, por meio de uma distância que seja mais próxima possível cronológica e materialmente das violações da oitiva, o que pode ser prestado pelos tribunais competentes sem mais digressões.

4. O direito de prestação jurisdicional assegura a proteção judicial contra a violação do direito à oitiva judicial em cada instância judicial, portanto, também quando o direito fundamental processual for ferido pela primeira vez em um processo recursal [mas não na primeira instância].

O papel de parâmetro da garantia da proteção judicial não desaparece porque uma parte teve já a possibilidade, na instância anterior, de se manifestar sobre a matéria. O Art. 103 I GG contém garantias mais amplas do que poder se envolver de algum modo com a matéria, assim, por exemplo, [engloba] a proteção contra uma decisão-surpresa (cf. BVerfGE 84, 188 [190]; 86, 133 [144 s.]). Mesmo quando a parte pôde manifestar-se em uma instância e, no caso, expor tudo o que parecia relevante, tendo em vista aquela instância, podem surgir, em uma segunda instância, com base em novos dados fáticos ou outros entendimentos jurídicos, ao juiz então chamado a decidir, aspectos novos ou modificados, razão pela qual precisa a parte ser capaz de orientar sua exposição da matéria também a esse respeito. Se isso lhe for inviabilizado, fere-se a garantia da oitiva judicial. Caso não existisse contra essa nova violação autônoma uma proteção judicial, a observância do direito fundamental decorrente do Art. 103 I GG permaneceria sem [sequer um único] controle.

Se existir ainda um recurso contra a decisão judicial que possa levar também à revisão da afirmada violação do direito fundamental processual, estar-se-á levando o problema da prestação judicial suficientemente em consideração. Se a afirmada violação do direito fundamental processual ocorrer na última instância e o erro for relevante para a decisão [do mérito], então o código processual tem de prever uma oportunidade de agravo judicial autônomo.

5. Contudo, sempre bastará a oportunidade de submeter uma afirmada violação jurídica na atuação processual judicial a um controle judicial único. Se o tribunal do remédio cometer um erro na instância da revisão sobre se o Art. 103 I GG foi observado no andamento processual judicial anterior, isso não ensejará nova abertura da via jurisdicional. Também aqui vale que certo risco de revisão equivocada tem de ser aceito. Em todo caso, foi mantida a obrigatória medida mínima de proteção judicial. Agora, o mandamento da segurança jurídica pode ter prevalência, pois, igualmente ao direito de prestação judicial, tem seu fundamento no princípio do Estado de direito (cf. BVerfGE 60, 253 [267]). Por isso, não se pode esperar uma via jurisdicional infinita, caso a proteção judicial contra a violação de um direito fundamental processual seja concedida em uma instância recursal.

III.

Na configuração do sistema de recursos judiciais [em sentido amplo] o legislador tem uma margem discricionária ampla. Proteção judicial com inclusão da proteção contra violações do Art. 103 I GG deve ser garantida, em primeira linha, pela jurisdição comum. Isso vale em princípio também quando os cidadãos puderem defender seus direitos complementarmente com uma Reclamação Constitucional.

1. O legislador pode prever o exame de uma afirmada violação do Art. 103 I GG no sistema geral recursal ou no quadro de um remédio judicial extraordinário. Na configuração, devem ser observados os interesses de outros envolvidos no processo e especialmente os interesses da segurança jurídica.

a) Ao legislador não se veda prever a avocação de segunda instância. A peculiaridade da proteção judicial direcionada à revisão da observância do Art. 103 I GG permite-lhe, pelo contrário, distanciar-se da abertura de uma instância recursal, desde que ele, de outro modo, preveja um idôneo controle da violação do direito fundamental processual. Para tanto, vem à pauta também um remédio judicial ao tribunal, cuja atuação processual argui-se como incorreta (*iudex a quo*), desde que, dessa maneira, o erro possa ser efetivamente sanado.

O pensamento fundamental de um engajamento do *iudex a quo* encontra-se na base das decisões do TCF sobre a possibilidade de autocontrole da jurisdição comum pela via de uma contraexposição (cf. BVerfGE 9, 89 [107]; 63, 77 [79]; 73, 322 [327]). Também segundo os pareceres colhidos no presente processo, não se carece, para o esclarecimento do caráter equivocado da aplicação do direito fundamental processual, obrigatoriamente, da concessão de uma possibilidade de proteção judicial junto a outro tribunal ou até a um tribunal superior. Se o remédio judicial abrir-se ao *iudex a quo*, ocorrerá uma revisão pela instância já conhecedora da matéria, sendo possível garantir a oitiva judicial diretamente depois da verificação de um erro e, com base nisso, prosseguir com o processo.

b) Ao legislador está aberta uma margem discricionária junto à configuração mais detalhada do remédio judicial e suas consequências, cujo uso deve observar também os interesses dos outros envolvidos no processo e as exigências da [manutenção da] capacidade funcional dos tribunais.

O legislador pode restringir o remédio judicial à revisão do ordenado constitucionalmente pelo Art. 103 I GG. Não precisa, portanto, oportunizar também a revisão de regras jurídico-processuais que, nos códigos processuais, são instituídas para além da proteção constitucional mínima. Os interesses variados atingidos devem ser considerados nas exigências formais do remédio judicial, assim em face da determinação do prazo decisivo para a interposição e exigências especiais direcionadas à alegação. O mesmo vale para regras sobre a ocorrência e a amplitude do trânsito em julgado e da execução. Mediante a ponderação dos interesses atingidos, devem ser esclarecidas quais são as possibilidades jurídico-processuais que têm os outros envolvidos no processo após uma arguição de oitiva bem-sucedida. Se a afirmada violação ocorrer no processo de proteção judicial cautelar, poderá ser prevista a recuperação subsequente da oitiva judicial no processo principal, desde que por intermédio disso não sejam esperadas, de resto, desvantagens inexigíveis [da parte] para a persecução do [seu] direito. O legislador pode também prever precauções contra o uso abusivo do remédio judicial. Não obstante, um controle judicial de fato efetivo não pode ser dificultado àqueles que procuram a proteção judicial de modo deles inexigível e não mais justificável a partir de razões materiais (cf. BVerfGE 88, 118 [123 s.]; 101, 397 [408]).

2. A *Grundgesetz* confiou o poder jurisdicional, em primeira linha, aos tribunais competentes em razão da matéria. No caso de violações do Art. 103 I GG que sejam relevantes para a decisão, a ordenada oportunidade de agravo deve ser, por isso, em princípio, instituída junto aos [referidos] tribunais competentes também quando complementarmente for possível uma persecução de direito com ajuda da Reclamação Constitucional.

a) A Reclamação Constitucional, presentes estritos pressupostos, leva à revisão de uma violação de direito. Especialmente, é a admissão de uma Reclamação Constitucional o pressuposto da revisão de uma violação de direito fundamental.

aa) A Reclamação Constitucional não é um remédio complementar ao processo judicial ordinário, o qual, sem mais, ligar-se-ia a ele na mesma função. Pelo contrário, ela é uma medida especial para a imposição de direitos fundamentais e direitos iguais a direitos fundamentais; com isso, um remédio judicial extraordinário, com o qual o titular do direito supostamente violado pode resistir a intervenções do poder público (cf. BVerfGE 94, 166 [213 s.]; jurispr. pacífica). Como parte da garantia de proteção judicial, as Reclamações Constitucionais são de outra qualidade comparada aos remédios judiciais destinados aos tribunais ordinários. Isso se revela não apenas no caso do especial parâmetro de exame e dos pressupostos de admissibilidade do § 93 a II BVerfGG. As Reclamações Constitucionais não impedem o trânsito em julgado das decisões impugnadas (cf. BVerfGE 93, 381 [385]); também podem ser as Reclamações Constitucionais, em regra, apenas ajuizadas em um tempo em que o processo judicial ordinário chegou ao seu fim e tenha sido aberta a fase da execução cível ou criminal. O processo da Reclamação Constitucional não é uma continuidade do processo judicial ordinário. Serve apenas à revisão quanto a violações constitucionais. A intensidade de exame é restrita (cf. BVerfGE 18, 85 [92 s.]; jurispr. pacífica). Na verificação de uma violação de direito fundamental, o controle jurisdicional constitucional leva em princípio à devolução da decisão ao tribunal competente em razão da matéria (veja § 95 II em conexão com o § 90 II 1 BVerfGG), não à substituição de sua decisão atacada com a Reclamação Constitucional pela decisão do TCF.

bb) Uma peculiaridade da Reclamação Constitucional é, em sua configuração atual, o princípio da subsidiariedade. Na base desse princípio ancorado no uso da autorização do Art. 94 II 2 GG, encontra-se uma consideração dupla. O Reclamante tem de fazer, ele mesmo, o que for possível para que uma violação de direito fundamental não ocorra ou que ela seja afastada na instância judicial comum. Ao mesmo tempo, o princípio da subsidiariedade contém uma declaração fundamental sobre a relação dos tribunais competentes em razão da matéria e o TCF. Segundo a divisão de competências constitucionais cabe, primeiro, aos tribunais ordinários a tarefa de proteger e impor os direitos fundamentais. Apenas sob estritos pressupostos do § 90 II 2 BVerfGG pode ser rompido o princípio da subsidiariedade. Nessa concretização da relação de princípio e exceção, reflete-se o significado que a *Grundgesetz* dá à jurisprudência da Justiça comum também para a manutenção de decisões fundamentais constitucionais (cf. BVerfGE 49, 252 [258]).

cc) Também os critérios para a admissão de uma Reclamação Constitucional (§ 90 II, § 93 a BVerfGG em conexão com o Art. 94 II GG; cf. também: BVerfGE 90, 22 [24 ss.]; 96, 245 [248 ss.]) deixam claro que o TCF garante uma proteção judicial de tipo especial. Os pressupostos legais da admissão deixam ao tribunal uma margem discricionária na interpretação e aplicação dos decisivos conceitos jurídicos formulados de modo a serem passíveis de ser preenchidos para a decisão sobre a admissão. Uma admissão é conforme o § 93 a II BVerfGG apenas ordenada quando couber à Reclamação Constitucional um significado jurídico-constitucional fundamental ou a admissão for indicada para a imposição de direitos fundamentais, nomeadamente quando ao Reclamante, mediante uma recusa da decisão sobre o assunto, surgir uma desvantagem muito grande. A admissão não será indicada quando a afirmada violação de direitos fundamentais ou direitos iguais a direitos fundamentais não for muito grave e não atingir o Reclamante de modo existencial (cf. BVerfGE 90, 22 [25 s.]; 96, 245 [248 ss.]).

Por sua vez, a proteção judicial ordenada pela garantia da prestação jurisdicional perante os tribunais competentes não se restringe aos erros especialmente graves ou situações de comprometimento existencial, mas abrange afetações de direito de todo tipo (cf. BVerfGE 101, 397 [409]). Na jurisdição comum, têm os aspectos comparáveis, tais quais os previstos para a admissão de uma Reclamação Constitucional, um papel no engajamento de outra instância revisora, por exemplo, para a apelação e [recurso] de revisão (cf., por exemplo: § 511 IV, § 543 II ZPO n.F.; § 124 II, § 132 II VwGO), mas não para a abertura da via jurisdicional em si.

Com a expectativa dos cidadãos ligada à garantia processual do Art. 103 I GG, pela qual eles confiam no sistema de proteção judicial, incluem-se lides que, de uma perspectiva objetiva, possam parecer menos importantes. Também os erros jurídicos que atinjam um assunto sem significado fundamental ou existencial podem ser, da perspectiva do cidadão, muito significativos. Correspondentemente, os códigos processuais dos tribunais ordinários preveem que todas as afirmadas violações de direito, pressupondo-se sua relevância decisória, sejam incluídas no exame judicial.

b) Na medida em que o legislador, por meio da introdução do princípio da subsidiariedade e do processo de admissão para Reclamações Constitucionais, faz uso da autorização do Art. 94 II 2 GG, ele configura ao mesmo tempo a relação entre a jurisdição ordinária e a constitucional. Isso ocorreu por meio dos §§ 90 II, 93 a BVerfGG. Destarte, a proteção contra violações do Art. 103 I GG deve ser garantida, em primeira linha, pela jurisdição ordinária.

IV.

O sistema de proteção judicial atual satisfaz as exigências ordenadas constitucionalmente para a proteção judicial junto à violação do direito fundamental processual do Art. 103 I GG apenas parcialmente.

1. O ordenamento jurídico atenderá à exigência de controle judicial comum quando for possível apresentar arguições da violação do direito fundamental processual ainda no sistema geral recursal. Nesse sentido, pode ser submetida uma parte considerável de violações do Art. 103 I GG a um exame jurisdicional comum. Complementarmente, criaram-se idôneos remédios judiciais especiais de revisão, por exemplo, aprazadas arguições de [de descumprimento da ordenada] oitiva [para a mesma instância, entretanto] (cf. § 321 a ZPO, §§ 33 a, 311 a StPO). O tratamento desses remédios judiciais não faz parte da discricionariedade do tribunal. Ele leva, no caso da admissibilidade dos remédios judiciais, ao exame da violação de direito e, em caso afirmativo, à ocorrência *a posteriori* da oitiva judicial.

2. Para fechar lacunas no vigente sistema de proteção judicial foram criados pela jurisprudência, parcialmente à margem do direito legislado, remédios judiciais extraordinários (veja anteriormente: **A II 1 a**). Esses não satisfazem as exigências jurídico-constitucionais relativas à clareza sobre recursos judiciais. Os remédios judiciais precisam ser regulamentados na ordem jurídica legislada e reconhecíveis ao cidadão quanto aos seus pressupostos.

a) Uma parte essencial do princípio do Estado de direito é o princípio da segurança jurídica. Ele irradia seu efeito no âmbito do direito processual, entre outros, no postulado da clareza quanto aos recursos. A exigência decorrente [do princípio] do Estado de direito da mensurabilidade e previsibilidade da ação estatal implica o mandamento de prefigurar àquele que busca o direito, de modo claro, a via da revisão de decisões judiciais (cf. BVerfGE 49, 148 [164]; 87, 48 [65]). A configuração jurídica do recurso deve oportunizar ao cidadão especialmente o exame sobre se, e sob quais pressupostos, ele é admissível. Quando as condições formais forem tão complexas e dificilmente compreensíveis, a tal ponto de não se poder mais esperar que a parte litigante fique esclarecida sobre o que é dela exigível, terá o ordenamento jurídico de providenciar, ao menos, uma instrução sobre o recurso capaz de compensar esse déficit (cf. BVerfGE 93, 99 [108]). Porém, essa pode ser feita de modo confiável apenas se os pressupostos admissionais do respectivo remédio judicial estiverem regulamentados no ordenamento jurídico.

b) As exigências decorrentes [do princípio] do Estado de direito direcionadas à clareza sobre recursos não foram cumpridas junto aos remédios judiciais extraordinários atualmente disponíveis para a arguição de uma violação do Art. 103 I GG. Consequentemente, existem grandes incertezas quanto à decisão sobre se apenas um remédio extraordinário ou imediatamente a Reclamação Constitucional deva ser ajuizada. Para evitar perdas de direito são, por isso, frequentemente ambos os remédios judiciais paralelamente ajuizados. Tais tipos de constrangimento ilustram os déficits de Estado de direito dos remédios judiciais extraordinários. Ao mesmo tempo, implicam uma inútil carga infligida a cidadãos e tribunais.

3. Os déficits apresentados de Estado de direito impossibilitam que o TCF faça a admissão da Reclamação Constitucional depender do anterior ajuizamento malsucedido de tais remédios judiciais extraordinários. [Por serem extraordinários], eles não fazem parte da via jurisdicional, cujo esgotamento [prévio] o § 90 II 1 BVerfGG prescreve. Na extensão em que a práxis até hoje o enxergou de modo diferente, não se pode aqui mantê-lo [tal entendimento].

Contudo, isso não implica que agora uma Reclamação Constitucional tenha de ser, em regra, admitida sem uma revisão anterior por tribunal ordinário da violação de oitiva judicial. Caso contrário, seria comprometido todo o sistema da classificação de jurisdição ordinária e constitucional construído sobre o princípio da subsidiariedade. Para não se reduzir a proteção judicial do cidadão de modo ilícito, o TCF considerou, sobretudo em casos em que a via judicial aos tribunais competentes não fora aberta de modo algum por causa da falta de um correspondente remédio judicial, até aqui presentes determinados pressupostos, admitida uma Reclamação Constitucional apesar da ausência de uma decisão judicial ordinária sobre o afirmado indeferimento da oitiva judicial.

Essa práxis contradiz a divisão de tarefas entre a jurisdição comum e a constitucional. Ela pode ser aceita apenas por um período de transição. O legislador está obrigado a encontrar uma solução até o dia 31 de dezembro de 2004, na extensão em que isso já não tenha ocorrido por meio da Lei de Reforma do Processo Civil de 27 de julho de 2001. Até a nova regulamentação legal permanece vigente a situação jurídica atual. Se o legislador não chegar a uma nova regulamentação em tempo hábil, deve ser continuado o processo do pedido perante o tribunal, cuja decisão tenha sido impugnada por causa de uma afirmada violação do direito à oitiva judicial. O pedido deve ser apresentado dentro do prazo de 14 dias desde a entrega [intimação] da decisão.

A decisão foi tomada com 10 votos a 6.

Papier, Hassemer, Sommer, Jaeger, Haas, Hömig, Steiner, Jentsch, Broß, Osterloh, Hohmann-Dennhardt, Hoffmann-Riem, Di Fabio, Bryde, Mellinghoff, Lübbe-Wolff.

Capítulo 16

Direito ao juiz natural (Art. 101 I 2 GG)

Grundgesetz

Artigo 101 [Direito ao juiz legal]

(1) [1] São proibidos os tribunais de exceção. [2] Ninguém pode ser privado de seu juiz legal.

(2)...

A. Notas introdutórias

O Art. 101 I 2 GG assegura um direito subjetivo. Apesar de localizar-se fora do catálogo de direitos fundamentais (Art. 1 ao 19 GG) é, por força do Art. 93 I, n. 4a GG, um "direito igual a direito fundamental", oponível por intermédio da Reclamação Constitucional.[237]

Por ele, garante-se a toda pessoa física ou jurídica, em regra, de direito privado, que apenas juízes em tribunais previstos em lei apliquem normas jurídicas concernentes aos seus interesses. Trata-se, assim, da reserva legal sobre a determinação de juízes competentes.[238] Porém, essa reserva legal, ao contrário do que ocorre com os direitos individuais "naturais",[239] no sentido de ter por objeto comportamentos relativos a esferas de liberdade individual ou coletiva tradicional, não opera como limite ao direito fundamental, mas como seu pressuposto.[240] A exemplo do direito fundamental do Art. 19 IV GG, estudado no capítulo anterior,

237. Cf. Kingreen e Poscher (2018: 340).
238. Cf. *ibid.*
239. Adjetivo usado aqui não na acepção da teoria do direito natural, mas para classificar aqueles direitos de marca comportamental, ou seja, que têm por conteúdo assegurar um comportamento humano individual ou coletivo livre de estorvos perpetrados pelo Estado no exercício de uma de suas funções constituídas.
240. Cf. Dimoulis e Martins (2018: 177-180).

trata-se, portanto, de um direito fundamental, cuja área de proteção tem marca e cunho normativos, pois leis são necessárias para definir a competência de órgãos judicantes.

Como primeiro efeito do "direito igual a direito fundamental" em pauta está uma vedação de tribunais de exceção,[241] como tais aqueles não previstos pela lei ou que, se previstos, não têm suas competências claramente definidas.

I. Área de proteção

Como direito de cunho normativo que é, a lei configuradora da área de proteção deve assegurar dois elementos essenciais: a competência (**1.**) e a independência e imparcialidade do órgão judicante (**2.**).

1. A competência deve ser definida pela lei como em regra, ou seja, de modo geral e abstrato; com base em características abstratas deve chegar-se, "de modo cego", ao órgão judicial que decide um caso. O conceito de órgão judicante pode ser traduzido apenas como "juiz", ou seja, não é relevante a singularidade ou colegialidade do "juiz legal" ou "juiz natural".

Juízes no sentido da garantia processual em comento são todos os juízes de todas as instâncias da Justiça comum, das Justiças especiais e, óbvia e especialmente, os juízes do TCF. Por conta de interações funcionais, também o são os juízes do Tribunal de Justiça da União Europeia. Por sua vez, juízes privados, como no caso de tribunais arbitrais convencionados por particulares, e os tribunais internacionais não pertencem à jurisdição alemã e, com isso, não correspondem ao conceito de juiz legal do Art. 101 I 2 GG.

A definição do juiz legal resultará, respectivamente, da interpretação conjunta de leis orgânicas dos tribunais e de leis processuais. Inicia-se com a definição da jurisdição específica, do seu grau, da competência em razão da matéria e geográfica e do órgão judicante dentro de um mesmo tribunal. Tal definição pode chegar até mesmo ao juiz singular.

A lei que deve definir o juiz legal é, em princípio, a lei em sentido formal que deve, ela mesma – vedada a delegação ao legislador material – conter as regras essenciais (aplicação da chamada teoria da essencialidade[242]). Deixam-se ao legislador material, especialmente por decreto ou resolução, apenas os detalhes relativos a planos de distribuição de causa por exemplo.

2. Segundo a jurisprudência pacífica do TCF,[243] a garantia constitucional em tela não se limita à garantia da definição de regras claras, definidas, em sua essência,

241. Jurídico-objetiva e explicitamente previsto já no dispositivo imediatamente anterior ao ora estudado, no Art. 101 I 1 GG.

242. Cf. Kingreen e Poscher (2018: 341) e sobre a mencionada "teoria da essencialidade", no vernáculo: Dimoulis e Martins (2018: 191).

243. Cf. as referências feitas por Kingreen e Poscher (2018: 341 s.).

sobre distribuição de competência de juízes quanto à pletora de potenciais litígios entre o titular do direito e o Estado e entre aquele e outros particulares. Além disso, abrange as qualidades da presença de um juiz, no sentido lato aqui utilizado, que cumpra as exigências estabelecidas pela *Grundgesetz* a toda a função jurisdicional do Estado: a independência segundo o Art. 97 GG e a imparcialidade, entendida como "neutralidade e distância do juiz em relação às partes processuais"[244] de acordo com o Art. 92 GG. À tela traz-se, ainda, aqui também, o princípio do Estado de direito.[245] Tudo isso faz com que tais princípios jurídico-objetivos tornem-se jurisdicionáveis perante o TCF em sede de Reclamações Constitucionais.

II. Intervenções estatais

Uma intervenção estatal na retro apresentada área de proteção da garantia constitucional em pauta estará presente toda vez que o juiz legal for retirado. "Retirar" aqui significa, concretamente, impedir ou afetar a audiência e a decisão de uma matéria por seu juiz legal. Em tese, isso pode ocorrer por atos de órgãos das três funções estatais constitucionais.

1. Além da mencionada hipótese literalmente vedada pelo Art. 101 I 1 GG da existência de tribunais de exceção, estará presente uma **intervenção legislativa** quando a determinação geral e abstrata de uma competência previr vários órgãos judicantes competentes para uma mesma matéria e a extensão de uma discricionariedade para determinação da competência a órgãos *não judicantes*.[246] A margem discricionária legislativa não cobre uma fixação leviana de regras de competência. O legislador deve ser absolutamente preciso ao exercer essa discricionariedade, sob pena de, não o fazendo, perpetrar uma intervenção na – e não uma conformação da – área de proteção.

2. Pelo exercício da **função executiva** intervém-se, em tese, quando a nomeação de um juiz a um tribunal, que, em princípio, também pode caber a órgão executivo no sistema contemporâneo de separação de poderes, ocorrer "*ad hoc* e *ad personam*".[247] De resto, a independência e a imparcialidade não são comprometidas por leis materiais que regulamentem planos de distribuição de causas pelos tribunais em razão de salvaguardas, principalmente, da Lei da Constituição dos Tribunais (*Gerichtsverfassungsgesetz* – GVG).[248]

3. Por meio do próprio Judiciário, intervém-se, em tese, na garantia constitucional em tela pelo menos de duas maneiras.

244. *Ibid.*
245. *Ibid.*
246. Cf. Kingreen e Poscher (2018: 342).
247. Cf. com referências à jurisprudência do TCF: Kingreen e Poscher (2018: 342).
248. Cf. *ibid.*, p. 343.

Primeiro, o juiz legal pode ser retirado pela própria jurisprudência em casos de aplicação errônea de normas processuais relativas à composição de uma sessão de julgamento, maiorias de votação e obrigação de apresentação de uma questão jurídica a outro tribunal. Contudo, para que nem todo erro desse tipo possa ser objeto de uma Reclamação Constitucional, o que transformaria o TCF em uma instância super-revisional e consequentemente romperia todas as fronteiras entre o *direito constitucional específico*[249] e o direito ordinário, restringindo, exacerbadamente, a competência dos demais tribunais, o TCF faz uma distinção entre *error in procedendo* e a aplicação "arbitrariamente errônea" de normas jurídico-processuais.[250]

Entre outras, representam claras intervenções judiciais (violadoras do direito em pauta): a participação de um juiz antes declarado suspeito e – muito mais relevante – as interpretações judiciais que irrompam as fronteiras da *interpretação conforme a Constituição*,[251] pois têm como efeito a subversão da obrigação de apresentar uma matéria constitucional ao TCF por força do Art. 100 I 1 GG.[252] Em tal caso, o órgão judicante retira de ambas as partes processuais seu juiz natural para questões constitucionais que é o TCF, ao confirmar a constitucionalidade de uma norma por equivocada interpretação conforme a Constituição. No mais, viola-se também tanto a garantia constitucional (jurídico-subjetiva) individual do juiz natural do Art. 101 I 2 GG, quanto a norma jurídico-constitucional (jurídico-objetiva) definidora de competência exclusiva do TCF para o controle concreto de normas do Art. 100 I 1 GG.

Em segundo lugar, as medidas sobre a competência de presidentes de tribunais e de órgãos judicantes, especialmente aquelas relativas aos concretos planos de distribuição de causas e respectiva participação de juízes individuais, precisam ser definidas por escrito. Essa definição deve também ocorrer antes do ano fiscal segundo critérios objetivos. Não pode haver, portanto, consideração de pessoas e casos particulares. Por fim, tais medidas precisam ser regulamentadas exaustivamente. Nesse contexto, basta que a possibilidade de manipulação não seja plenamente excluída para a afirmação de uma intervenção na garantia constitucional do juiz natural.[253]

249. Sobre o conceito: Martins (2018-b: 32-34 e 76) e, especialmente: Martins (2019).

250. Cf. por muitos: Kingreen e Poscher (2018: 343) e Schmidt (2018: 461).

251. Sobre a figura tão mal compreendida e aplicada na jurisprudência constitucional brasileira, v. Martins (2018-b: 66 ss., 70).

252. Antes de apresentar a norma inconstitucional na sua convicção como juiz natural da lide intersubjetiva, deve o mesmo juiz proceder a uma tentativa de realizar sua interpretação conforme a Constituição (cf. Martins, *ibid.*, p. 19). Igualmente, deve abster-se de irromper as referidas fronteiras a fim de não apenas abster-se de violar o princípio da separação de funções estatais e democrático, como também para não violar o Art. 101 I 2 GG, na medida em que deixar de apresentar uma questão ao seu juiz natural. Cf. no mais, enfatizando tais deveres de apresentação: Michael e Morlok (2016: 424 s.).

253. Cf. Kingreen e Poscher (2018: 343 s.).

III. Justificação constitucional da intervenção estatal na área de proteção do Art. 101 I 2 GG

Assim, como o Art. 101 I 2 GG não contém uma reserva legal e por não se vislumbrar a possibilidade de se trazer à pauta o chamado direito constitucional colidente, uma vez que se trata de um direito de marca normativa, os casos de intervenção retro apresentados corresponderão sempre a violações do direito igual a direito fundamental ao juiz natural decorrente do Art. 101 I 2 GG. Portanto, tem-se aqui um caso de impossibilidade de justificação constitucional da intervenção estatal pela ausência de uma das duas hipóteses mencionadas de limites constitucionais a todo direito fundamental: reserva legal ou direito constitucional colidente.[254]

B. Decisões do TCF

70. BVerfGE 4, 412 (*Gesetzlicher Richter*)

Reclamação Constitucional contra Decisão Judicial

20/03/1956

MATÉRIA

O Reclamante foi condenado a uma pena privativa de liberdade por coautoria em crime de estelionato. A decisão condenatória da 1ª Câmara Criminal do Tribunal Estadual de München foi prolatada em uma audiência e fixada por juiz incompetente em razão da matéria. Em outras palavras: o **juiz legal** – *Gesetzlicher Richter* (ou natural) da matéria não decidiu a lide.

O TCF admitiu a Reclamação Constitucional, julgando-a procedente, por ter verificado uma violação do Art. 101 I 2 GG ínsita à não exclusão da possibilidade de que a audiência fixada por juiz incompetente possa ter sofrido influência do juiz incompetente, que fixara a audiência. Trata-se de um vício processual que contaminou a constitucionalidade da decisão judicial terminativa.

EMENTAS

1. O Art. 101 I 2 GG não vale somente para o juiz titular do feito [que prolata a decisão], mas também para o juiz que agenda a audiência.

2. O Art. 101 I 2 GG será também violado quando um juiz, Presidente de Câmara, [apesar de] impedido [para participar do julgamento] influenciar de maneira determinante, pelo uso de sua autoridade, o agendamento da audiência.

254. Em geral, v. Dimoulis e Martins (2018: 180-207).

3. Se uma decisão judicial se basear em tal fixação da data de audiência, então ela mesma terá violado o Art. 101 I 2 GG. A decisão judicial será baseada na fixação da audiência quando não se puder excluir a possibilidade de [a câmara do] o tribunal ter outra composição caso a fixação da data fosse constitucional.

Decisão [*Urteil*] do Primeiro Senado de 20 de março de 1956

– 1 BvR 479/55 –

No processo da Reclamação Constitucional.do Rabino Dr. O. contra a Decisão (*Urteil*) do Tribunal Estadual de München I de 21 de dezembro de 1954 – 2 KLs 1/52 –.

Dispositivo:

A medida processual penal contra o Reclamante – 2 KLs 1 /52 do Tribunal Estadual de München I – datada de 8 dezembro de 1954 sobre o agendamento de uma audiência principal para o dia 20 de dezembro de 1954 e a Decisão prolatada com base nessa audiência do Tribunal Estadual de München I de 21 de dezembro de 1954 violam o Art. 101 I 2 GG.

Anulam-se a Decisão [de primeira instância] e a Decisão sobre o Recurso de Revisão do Reclamante da Corte Federal de Justiça de 13 de dezembro de 1955 – 1 StR 354/55 –. Envia-se a matéria para nova audiência e decisão, também sobre as custas dos recursos de revisão, ao Tribunal Estadual de *Augsburg*.

RAZÕES

A.

1. [...]. Com base na audiência principal realizada nos dias 20 e 21 de dezembro de 1954, o Reclamante foi condenado a um ano de pena privativa de liberdade. Com seu novo Recurso de Revisão, o Reclamante alegou, entre outros, ter sido privado de seu juiz natural porque os juízes do Tribunal Estadual Dres. R. e O. não teriam participado do julgamento e porque [a fixação da] a audiência principal teria decorrido de uma medida [decisão interlocutória] do Presidente da 1ª Câmara Criminal, Diretor do Tribunal Estadual, Dr. M., impedido para o julgamento por causa do Regimento Interno do tribunal. Além disso, a audiência teria sido fixada pelo Juiz Dr. L., incompetente para tanto, preterindo-se os Juízes Dres. R. e O.

[...].

2. – 3. [...].

B.

A Reclamação Constitucional é admitida. Ela também é procedente.

I.

A decisão baseia-se nas seguintes considerações jurídicas:

1. O mandamento "ninguém será privado de seu juiz natural", bem como ocorre com a garantia da independência dos órgãos judiciários, deve impedir intervenções de órgãos incompetentes na administração da justiça e protege a confiança dos postulantes e da sociedade na imparcialidade e objetividade dos tribunais: a proibição dos tribunais de exceção, historicamente vinculada a isso, tem a função de atuar contra o desrespeito sutil a esse mandamento. Como esses dispositivos em sua essência concretizam o princípio do Estado de direito no âmbito da constituição [organização] judiciária, eles já foram introduzidos na maioria das Constituições estaduais alemãs do século XIX, dando-lhes, assim, a dignidade de norma constitucional. O Art. 105 da Constituição de Weimar deu prosseguimento a esse legado. À medida que os princípios do Estado de direito e separação dos poderes foram-se aprimorando, também as prescrições relativas ao juiz natural foram sendo aperfeiçoadas. A lei de organização judiciária, os códigos de processo e os planos de distribuição das causas [definidos nas *Geschäftsordnungen* – regimentos internos] dos tribunais determinavam sua competência territorial e material, [o sistema de] a distribuição das causas, bem como a composição dos departamentos individualizados, câmaras e senados. Se originalmente a determinação "ninguém será privado do seu juiz natural" era dirigida, sobretudo, para fora, principalmente contra qualquer tipo de "Justiça de exceção" (*Kabinettsjustiz*), hoje seu alcance de proteção estendeu-se também à garantia de que ninguém poderá ser privado do juiz legalmente previsto para sua causa por medidas tomadas dentro da organização judiciária.

2. Isso, porém, não significa que o Art. 101 I 2 GG restará sempre violado toda vez que outro juiz, que não seja o "juiz natural", atuar [no feito]. Se uma medida tomada por um juiz que produza tal efeito basear-se em um erro processual (*error in procedendo*), o Art. 101 I 2 GG não restará violado (BVerfGE 3, 359 [364]). Não cabe aqui delimitar "erro processual" de "privação do juiz natural", uma vez que em todo caso já estará, por definição, excluído um erro processual, quando se tratar de atuação de pessoa ou órgão exterior aos tribunais. Nada diferente pode valer para as pessoas de dentro da organização judiciária que, em geral ou em uma determinada matéria – por exemplo, [no caso de um] juiz impedido – não poderiam exercer funções jurisdicionais.

3. Tais pessoas podem perpetrar na administração da justiça intervenções que violem o Art. 101 I 2 GG, não apenas pelo fato de se arrogarem [indevidamente] funções jurisdicionais, mas também por influenciarem, de maneira determinante, por meio de sua autoridade, o conteúdo concreto dos atos judiciais. O Art. 101 I 2 GG somente cumprirá plenamente sua função de proteção própria do Estado de direito quando oferecer proteção também nesse caso.

4. O Art. 101 I 2 GG não vale somente para o juiz titular do feito [que prolata a decisão], mas também para o juiz que fixa a audiência. Isso deriva do fato de que a competência e a composição pessoal dos tribunais são regulamentadas por lei e pelo plano de distribuição de causas, não apenas para a decisão propriamente dita, mas também para os atos judiciais preparatórios em relação a ela. Um vício contido na fixação da audiência somente atingirá, entretanto, a decisão judicial [terminativa], se esta naquele basear-se, ou seja, se entre o vício processual e a decisão houver um nexo causal.

Conforme a jurisprudência consolidada, tal conexão que leve à anulação de uma decisão judicial [terminativa] na violação de dispositivos processuais essenciais já estará presente se houver a possibilidade de o erro processual ter influenciado a decisão judicial terminativa (cf. *Löwe – Rosenberg*, 18ª. e 20ª. edições, § 337, nota 7 "a" e "b"). Corresponde à função dessa norma de proteger a confiança na imparcialidade e objetividade dos tribunais a aplicação desse pensamento jurídico a casos em que, junto à fixação da audiência, violou-se o Art. 101 I 2 GG; uma violação do Art. 101 I 2 GG, quando da fixação da audiência, já leva à revogação da decisão judicial terminativa, se essa violação, possivelmente, tiver influenciado a decisão judicial terminativa. Devido à importância da composição do tribunal do conhecimento [na audiência quando se prolata a decisão terminativa naquela instância processual] para a fundamentação da decisão judicial terminativa, essa possibilidade não poderia ser excluída se o tribunal, em caso de fixação correta da audiência, tivesse possivelmente outra composição.

II.

Considerando-se esses princípios, a decisão (*Urteil*) do Tribunal Estadual de Munique de 21 de dezembro de 1954 contra o Reclamante viola o Art. 101 I 2 GG, uma vez que, segundo a conclusão da instrução:

1. Está comprovado que a fixação da audiência principal para o dia 20 de dezembro de 1954 pelo Presidente da 1ª Câmara Criminal, Diretor de Tribunal Estadual Dr. M., impedido nessa causa, influenciou de modo determinante no seu conteúdo concreto.

2. Não está excluída a possibilidade de que a audiência principal contra o Reclamante, sem a intervenção do juiz impedido, teria sido realizada com outra composição.

[...].

III.

[...]

71. BVerfGE 95, 322 (*Spruchgruppen*)

Decisão do Plenário do Tribunal Constitucional Federal sobre Representação de um Senado do Tribunal Constitucional Federal

08/04/1997

MATÉRIA

Trata-se aqui também de uma decisão do Plenário do TCF sobre o conceito de juiz natural junto a órgãos judicantes sobrelotados. Tais órgãos estão presentes quando forem designados a um Senado ou uma Câmara de um tribunal mais juízes do que a lei em sentido material prescreve para a respectiva decisão.[255] Isso pode, em tese, ocorrer porque o planejamento da distribuição de processos deve contar com várias situações de ausências de juízes. Quando as ausências não ocorrerem, podem participar de uma sessão de julgamento mais juízes do que especificamente previsto pela lei.

A decisão do Plenário foi avocada pelo Primeiro Senado, que intencionava a esse respeito divergir da jurisprudência do Segundo Senado. Este manteve seu entendimento, provocando a decisão do Plenário segundo o § 16 I BVerfGG. Como objeto específico da decisão do Plenário, questionou-se se e em que medida a participação de tais juízes a mais chocar-se-ia contra a garantia – de titularidade universal ("ninguém pode ser...") – do juiz legal de alguém.

Em suma, o Plenário do TCF decidiu que o Art. 101 I 2 GG determina para os casos de órgãos judicantes sobrelotados que devem ser previamente estabelecidas características abstratas sobre quais juízes devem participar de quais respectivos processos. Não obstante, modulou os efeitos da declaração de incompatibilidade das regras de participação judicial no sentido de aceitar sua vigência por um período de transição para dar aos tribunais a oportunidade de se adaptarem, fixando o dia 1° de julho de 1997 como prazo final.

O ensejo concreto da avocação da presente decisão pelo Primeiro Senado foi um processo então pendente de Reclamação Constitucional contra uma Decisão da Corte Federal Financeira (a seguir: BFH). No processo originário, em um dos Senados da BFH, foram designados pela Presidência da Corte, no ano fiscal de 1994, ao lado do presidente do órgão, mais cinco juízes. Uma vez que os Senados da BFH são compostos por cinco membros, o Senado em pauta ficou com um magistrado a mais. Havia uma regra na Lei Orgânica da Corte sobre qual juiz deveria ser excluído do dia da sessão

255. Essas hipóteses, por serem muito específicas, devem ser previstas, de fato, nos chamados "planos de distribuição e de participação" (*Geschäftsverteilungs- und Mitwirkungspläne*). Cf. os específicos comentários ao dispositivo por Windthorst (2013: 679).

de julgamento. Como nem o relator nem o correlator do processo podiam ser excluídos, a composição definitiva acabava sendo definida apenas com o agendamento da sessão de julgamento para cada processo.

O Primeiro Senado entendeu que tal regra de participação era incompatível com o Art. 101 I 2 GG. Já o Segundo Senado firmara, em duas decisões, o entendimento de que seria constitucionalmente suficiente que a composição do órgão judicante competente fosse definida previamente, não sendo obrigatório por força constitucional definir previamente também quais juízes específicos deveriam participar dentro de um órgão judicante sobrelotado.[256]

Na fundamentação, o **Plenário** sustentou, em síntese, que o Art. 101 I 2 GG representa, objetivamente, o combate ao risco de órgãos judicantes sofrerem qualquer espécie de manipulação e influência de elementos estranhos ao direito vigente. Desse propósito deriva, portanto, a necessidade de se definir, por intermédio de regras gerais e abstratas muito claras, quais juízes concretos serão competentes para cada espécie de lide. Nesse sentido, segundo as razões apresentadas na Decisão do Plenário, não basta haver planos de distribuição de causas pelos Senados, mas se carece de regulamentar um plano de participação de quais juízes efetivamente participarão de um determinado julgamento, especialmente relativo aos **grupos judicantes** (*Spruchgruppen*). Apenas por intermédio de tal regulamentação poderá ser considerado exatamente determinado o "juiz legal" no sentido do Art. 101 I 2 GG. No mais, o Plenário esmiuçou, sob o ponto **II** de suas razões, as exigências a serem cumpridas por tal regulamentação, tendo em vista a determinação prévia mais precisa possível dos juízes que decidirão uma concreta lide.

EMENTA

Sobre o significado do Art. 101 I 2 GG para a determinação dos grupos de assento ou judicantes de juízes togados em órgãos judiciais sobrelotados.

Decisão [*Beschluss*] do Plenário do Tribunal Constitucional Federal, de 8 de abril de 1997

– 1 PBvU 1/95 –

No Processo de Representação do Primeiro Senado, de 10 de agosto de 1995 – 1 BvR 1644/94 –

256. Cf. Decisões do Segundo Senado, de 3 de fevereiro de 1965, BVerfGE 18, 344 e de 15 de janeiro de 1985, BVerfGE 69, 112.

Dispositivo:

No caso de órgãos judicantes sobrelotados com juízes togados, é por princípio ordenado, segundo o Artigo 101, Parágrafo 1, Período 2 da *Grundgesetz*, que se determine previamente, segundo critérios abstratos, quais os juízes devem atuar em cada processo.

RAZÕES

Objeto do Processo do Plenário é a questão sobre quais exigências o Art. 101 I 2 GG faz à determinação [da composição concreta] de grupos de assento ou judicantes de juízes togados dentro de um órgão judicante sobrelotado.

A. – I.

[...]

II.

1. O Primeiro Senado do TCF entende que a regulamentação da participação não pode ser compatibilizada com o Art. 101 I 2 GG (cf. NJW 1995, p. 2703). Juiz natural no sentido do Art. 101 I 2 GG seria não o tribunal como unidade organizacional e tribunal dos fatos como órgão judicante, perante o qual as audiências são realizadas e por quem a matéria individual é decidida. Juízes naturais seriam, pelo contrário, também os juízes que, no caso particular, fossem chamados à decisão. Esses teriam de ser tão inequívoca e exatamente determinados quanto possível nos planos dos tribunais de participação e distribuição interna de matérias. Para os órgãos judicantes sobrelotados, resultaria disso que o Presidente teria de definir, antes do início do ano fiscal, por intermédio de características gerais e abstratas, quais os membros do órgão judicante participariam de quais assuntos judiciais.

2. Com a última citada norma, pretende o Primeiro Senado divergir do entendimento jurídico do Segundo Senado do TCF, tal qual firmado nas Decisões de 3 de fevereiro de 1965 (BVerfGE 18, 344) e de 15 de janeiro de 1985 (BVerfGE 69, 112).

a) Na decisão de 3 de fevereiro de 1965, até se explicou, igualmente, que os juízes naturais no sentido do Art. 101 I 2 GG não seriam apenas o tribunal como unidade organizacional e órgão judicante responsável pelo feito, mas também os juízes incumbidos da decisão no caso particular. Também foi destacado que as regulamentações do juiz natural teriam de determinar, desde o início, de modo tão inequívoco quanto possível, qual o tribunal, qual o órgão judicante e quais os juízes seriam incumbidos da decisão no caso concreto (cf. BVerfGE 18, 344 [349]). Por outro lado, considerou-se, contudo, não problemático que o Presidente de um órgão judicante sobrelotado designasse para a oitiva judicial os membros juízes segundo sua discricionariedade e não segundo um plano anteriormente fixado. Do Art. 101 I 2 GG não poderia derivar um mandamento segundo o qual o Presidente de um órgão judicante tivesse de, antes do começo do ano fiscal, determinar quais os membros de seu colegiado participariam de quais assuntos judiciais particulares. A exigência constitucional da taxatividade do juiz seria, ao contrário, cumprida quando sua competência decisória no caso concreto resultasse do código geral de competências das leis processuais, da distribuição dos assuntos e da convocação pelos Presidentes (cf. BVerfGE 18, 344 [351 s.]).

b) Na Decisão de 15 de janeiro 1985, o Segundo Senado do TCF corroborou esse entendimento. O mandamento derivado do Art. 101 I 2 GG, pelo qual deve ser determinado antecipadamente qual juiz participaria em qual processo, significaria apenas que o tribunal competente teria de ser determinado antecipadamente por meio de lei e, dentro do tribunal, o órgão competente [teria de ser determinado] por meio de um plano de distribuição de assuntos. Quais juízes dentro de um órgão judicante sobrelotado participariam no processo particular não precisaria ser, segundo o Art. 101 I 2 GG, determinado antecipadamente; nesse ponto, seria examinado com base nessa norma constitucional apenas se o Presidente exerceu sua discricionariedade de modo não arbitrário (cf. BVerfGE 69, 112 [120 s.]).

3. O Primeiro Senado do TCF decidiu, no processo 1 BvR 1644/94, questionar o Segundo Senado de acordo com o § 48 II GOBVerfG, se ele manteria o entendimento jurídico mencionado. O Segundo Senado respondeu a isso, em princípio, afirmativamente. Na sequência, o Primeiro Senado avocou o Plenário do TCF (cf. NJW 1995, P. 2703).

B.

O parecer constante dos autos do processo 1 BvR 1644/94 do Ministério Federal da Justiça em nome do Governo Federal – com referência às manifestações sobre os processos 2 BvR 287/92, 2 BvR 373/92 e 2 BvR 228/94 e aos pareceres colhidos no processo por último mencionado dos tribunais superiores da União – foi objeto das deliberações do Plenário.

C.

A decisão pode ficar restrita ao engajamento de juízes federais[257] porque apenas nessa extensão existe uma divergência entre os Senados. Segundo o entendimento do Plenário do TCF, tendo em vista o Art. 101 I 2 GG, é em princípio

257. Como não há o paralelismo entre as vias jurisdicionais estadual e federal, tal como no sistema jurisdicional brasileiro, entendem-se sob "juízes federais" os membros dos tribunais federais, em sua qualidade de órgãos de cúpula do Poder Judiciário.

ordenado aos órgãos judicantes de um tribunal sobrelotado com juízes federais que determinem, antecipadamente, segundo critérios gerais e abstratos, quais juízes devem participar nos respectivos processos. Dessa predeterminação precisa ser derivável, no caso normal, a composição do competente órgão judicante, em cada processo individual.

I.

1. Com a garantia do juiz natural, o Art. 101 I 2 GG pretende evitar o perigo de a Justiça ser exposta por meio da manipulação dos órgãos judicantes a influências estranhas à causa. Deve ser evitado que mediante uma escolha dos juízes convocados para a decisão baseada no caso concreto possa ser influenciado seu resultado, pouco importando de qual parte processual seja tentada tal manipulação (cf. BVerfGE 17, 294 [299]; 48, 246 [254]; 82, 286 [296]). Assim, deve ser mantida a independência da jurisprudência e assegurada a confiança das partes litigantes e da opinião pública na imparcialidade e racionalidade dos tribunais (cf. BVerfGE 4, 412 [416, 418]). Essa confiança sofreria danos caso o cidadão litigante precisasse temer estar [eventualmente] diante de um juiz que tenha sido engajado em razão de seu caso e sua pessoa.

Desse propósito do Art. 101 I 2 GG decorre que deve ser, em detalhes, fixado quem de acordo com essa norma é o juiz "legal". O Art. 101 I 2 GG contém, portanto, não apenas a proibiçao para se abster de regulamentações que sirvam para a definição do juiz natural. A exigência de um juiz "legal" pressupõe, pelo contrário, a existência de normas jurídicas que nomeiem, para cada caso de litígio, aquele que é o competente (BVerfGE 2, 307 [319 s.]; 19, 52 [60]). O Art. 101 I 2 GG obriga, destarte, também a estabelecer regulamentações das quais resultem o juiz natural.

2. Em face da diversidade de jurisdições, da variação de tipos da organização e do tamanho dos tribunais, dos diferentes números dos juízes neles atuantes, dos vários conteúdos da carga decisória dos tribunais e da troca da carga decisória dentro de um tribunal, não é possível serem reduzidas a termo na lei todas essas regulamentações. Assim, com a garantia do juiz "legal", o Art. 101 I 2 GG não exige sempre uma lei formal promulgada no processo parlamentar. O legislador até precisa estabelecer ele próprio as regras fundamentais de competência (cf. BVerfGE 19, 52 [60]), ou seja, definir, por meio de leis processuais, quais tribunais são competentes com quais órgãos judicantes para quais processos, dos pontos de vista material, local e instancial. Ao legislador ou ao – para essa finalidade por ele autorizado – Executivo cabe, além disso, criar cada tribunal por intermédio de normas jurídico-organizacionais e fixar seu âmbito territorial de jurisdição. Complementarmente a tais estatutos legais, vêm os planos de distribuição de assuntos. Neles, devem ser especialmente definidas as competências de cada colegiado judicante, assim devem ser tais competências confiadas aos imprescindíveis juízes. Finalmente, para um colegiado sobrelotado precisa ser regulamentado em um plano de participação quais juízes serão engajados em quais processos. Somente mediante essas regulamentações será o juiz natural exatamente determinado. O tribunal submete-se, por isso, nessas determinações, igualmente, aos vínculos decorrentes do Art. 101 I 2 GG.

3. Também as regulamentações de participação e distribuição de assuntos do tipo por último mencionado têm de revelar características essenciais como bases para a determinação do juiz "legal" típicas de normas legais. Elas carecem da forma escrita (cf. BGHZ 126, 63 [85 s.] sobre o § 21 g II GVG) e precisam regrar, antecipadamente, de modo geral-abstrato, a competência do órgão judicante e, igualmente, a participação dos juízes em órgãos sobrelotados. Uma vez que, no entendimento de ambos os Senados do TCF, juízes naturais no sentido do Art. 101 I 2 GG sejam também os juízes chamados à participação no caso concreto, precisa a norma antecipada geral-abstrata atingir até o último nível regulamentar que trata da pessoa concreta do juiz. Também aqui, ao nível dos juízes que atuam para o respectivamente competente tribunal, devem-se tomar precauções já contra a mera possibilidade e a suspeita de uma manipulação do poder judicante (cf. BVerfGE 4, 412 [416]; 82, 286 [298]). Também precisa ser definida a competência, por isso, [de modo] "legal", ou seja, em normas jurídicas. Pertence ao conceito de juiz natural que juízes não sejam procurados para determinados casos particulares, mas que a matéria individual chegue, "cegamente", com base em critérios gerais, determinados antecipadamente, ao juiz da causa. O princípio de Estado de direito do juiz natural veda, portanto, em cada caso, a escolha do juiz chamado a participar do colegiado que seja incompatível com uma determinação prévia normativa, geral-abstrata.

4. Além disso, as regulamentações sobre o juiz natural têm de ser, caso elas devam eficazmente cumprir sua função decorrente [do princípio] do Estado de direito, suficientemente determinadas. Quais juízes participam de um determinado processo deve delas resultar de modo mais inequívoco possível (cf. BVerfGE 9, 223 [226]; 17, 294 [298]; 23, 321 [325]). Isso não exclui diferentes conceitos de regulamentação e conceitos jurídicos indeterminados – como a seguir deve ser mais bem detalhado.

Planos de composição e de distribuição de assuntos de um tribunal não podem deixar, em consideração ao mandamento do Art. 101 I 2 GG, margens discricionárias evitáveis junto à escolha dos juízes individualmente para a decisão de uma matéria e, assim, deixar indeterminação não necessária em face do juiz natural (cf. BVerfGE 17, 294 [300]). O mandamento do juiz natural não se viola somente mediante uma escolha arbitrária no caso particular. Ao contrário, também inadmissível já é a falta de uma regulamentação abstrata genérica e suficientemente clara, da qual se possa depreender o juiz chamado a decidir no caso concreto da maneira mais inequívoca possível. Tal falha não pode ser sanada pelo fato de, no caso particular, terem sido decisivas para a escolha de um e a exclusão de outro juiz considerações coerentes ao assunto. Uma violação constitucional não estará presente apenas na decisão do caso particular que não fora suficientemente predeterminada normativamente, mas [pode ser verificada] já na regulamentação inidônea da distribuição dos assuntos e da participação de juízes que tenha desnecessariamente tornado imprescindível uma decisão desse tipo no caso concreto (cf. BVerfGE 18, 65 [69]).

Por sua vez, uma violação do Art. 101 I 2 GG não estará presente quando, para a determinação do juiz natural, forem utilizados conceitos jurídicos indeterminados. Dúvidas interpretativas em relação aos critérios utilizados para a predeterminação do juiz natural são, assim, inofensivas. Elas não abrem o caminho para uma composição do colegiado de juízes de caso para caso, mas para um processo regulado juridicamente que serve ao esclarecimento das dúvidas: cada órgão judicante tem de, em havendo incertezas, examinar a licitude de sua atuação e decidir a respeito. A decisão tomada nesse processo tem de, como interpretação e aplicação de normas jurídico-processuais, ser aceita pelo TCF em geral, desde que não seja arbitrária (cf. BVerfGE 18, 85 [92 s.]).

a) O mandamento do Art. 101 I 2 GG de, no caso particular, determinar o juiz natural, de modo tão exato quanto possível, tem como consequência que essa determinação deve ocorrer com base em critérios que amplamente excluam juízos subjetivos em toda parte em que isso for possível segundo o modelo regulamentar escolhido sem a afetação da efetividade da atuação da jurisprudência.

Isso significa, por exemplo, nos casos em que a decisão de uma lide puder ser transferida de um tribunal colegiado para o juiz singular e o juiz singular deva ser o respectivo relator, que um plano de participação tenha de ter regulamentado quais dos juízes pertencentes ao colegiado serão respectivamente os relatores para causas litispendentes. Algo correspondente vale quando, em órgãos judicantes sobrelotados de um tribunal, a composição do grupo de assento ou judicante competente para o assunto individual ligar-se à pessoa do relator.

Desde que a composição do grupo de assento não dependa da definição do relator, não será essa definição uma questão do juiz natural. O Presidente de um órgão judicante sobrelotado não está, assim, impedido de nomear dentre os membros de um grupo de sessão de julgamento – também *ad hoc* – um determinado juiz auxiliar como relator. Pressuposto para tanto é, contudo, que a competência dos grupos de assento de julgamento existentes em um órgão judicante tenha sido determinada, nesse caso geral e antecipadamente, segundo outras características objetivas, por exemplo, segundo o número de autos, a data de entrada, a área do direito ou distrito jurisdicional de origem da causa litispendente. Esse pressuposto não será cumprido quando, no plano de participação, for apenas regulamentado quais juízes em quais dias de sessão devem participar e somente o agendamento dos assuntos individuais acarretar sua designação ao grupo concreto de sessão. Aqui permanece com o Presidente, na escolha de cada juiz para participação no respectivo assunto, uma margem discricionária que não é necessária para a lida efetiva da tarefa jurisprudencial em face de outros sistemas de participação disponíveis e contra a qual, por isso, volta-se a garantia do juiz natural.

b) O Art. 101 I 2 GG não exclui o uso de conceitos jurídicos indeterminados. A exigência de determinação e total clareza da regulamentação da competência apenas será violada quando a regulamentação valer-se de tais conceitos mais do que o necessário segundo o modelo de regulamentação [adotado].

A atuação jurisprudencial dos tribunais e seus órgãos judicantes é normalmente confrontada também com fatos não previstos e acontecimentos como sobrecarga, ocupação insuficiente, troca ou impedimento de alguns juízes. Podem-se considerar circunstâncias desse tipo nas regulamentações do juiz natural (cf. BVerfGE 17, 294 [300]; 18, 344 [349]) igualmente como exigências direcionadas à efetividade da atividade dos órgãos jurisprudenciais. Isso pode tornar necessário o uso de conceitos jurídicos indeterminados. No § 21 e III 1 e § 21 g II subperíodo 2 GVG, já se fez uso disso, ao nível da lei formal, para o caso em que ocorram fatos e acontecimentos tais como os elencados no curso de um ano fiscal. Constitucionalmente, isso não há de ser questionado. Para as regulamentações correspondentes nos planos de participação e de distribuição de assuntos das presidências dos tribunais e dos presidentes de órgãos judicantes, não vale fundamentalmente nada diferente. Com o mandamento da predeterminação normativa do juiz natural, o uso de conceitos indeterminados é também aqui compatível quando a regulamentação individual for de tal sorte criada que, em geral, previna influências estranhas à matéria (cf. BVerfGE 9, 223 [227]). Correspondentemente ao propósito do Art. 101 I 2 GG, tem de ser especialmente evitado que, no caso particular, possa ser influenciado o resultado da decisão judicial mediante uma consciente escolha de juízes (cf. BVerfGE 82, 286 [296]). De resto, os planos de participação podem ser já durante sua vigência – também com efeitos sobre processos pendentes – modificados quando isso revelar-se necessário, tendo em vista razões não racionalmente previsíveis.

O perigo de uma escolha consciente em princípio não existe em diretrizes normativas que, de modo compreensível, regrem a substituição de juízes no caso de impedimento por férias, doença ou outros motivos. Nada diferente vale para regulamentações que permitam determinar o órgão judicante competente ou o juiz competente para a decisão sobre uma causa segundo o ponto de ênfase do caso. Além disso, pode também ser previsto que o Presidente atribua matérias coligadas fática ou juridicamente a um entre vários grupos de assento em si competentes. A interpretação e concretização de conceitos indeterminados como "impedimento", "ponto de ênfase" ou "relação material" é uma tradicional atividade jurisdicional em todo âmbito jurídico e, portanto, inevitável também na aplicação de regulamentações de competência judicial (cf. BVerfGE 82, 286 [301]). Satisfazem-se as exigências do Art. 101 I 2 GG, nesse ponto, porque os problemas de interpretação que podem aparecer junto ao manejo dos conceitos no caso concreto devem ser enfrentados com os métodos jurídicos tradicionais (cf. BVerfGE 85, 337 [353]). Em casos desse tipo, o juiz até não é, diretamente por meio de uma norma de competência, taxativamente definido. Contudo, de modo compreensível, ele é determinável com base em conceitos indeterminados quando da aplicação jurídica. Isso vale sem prejuízo da possibilidade da interpretação e aplicação equivocada da norma no caso particular. Falhas nesse sentido implicam a inconstitucionalidade da implementação do plano de participação e de distribuição de assuntos no processo concreto se se basearem em considerações indefensáveis, portanto, irrelevantes e, assim, arbitrárias. A compatibilidade dessas regulamentações em si com o Art. 101 I 2 GG não as tornam, contudo, questionáveis (cf. BVerfGE 18, 423 [427]).

II.

Com as considerações apresentadas, o Plenário do TCF traz à pauta o fato de que as ideias a respeito das exigências ao juiz legal foram, paulatinamente, ficando mais refinadas e, no curso desse desenvolvimento, a exigência de uma predeterminação mais precisa possível também dos juízes partícipes da decisão judicial no caso foi, cada vez mais, adquirindo importância (cf., a respeito também: BGHZ 126, 63 [85]).

1. No começo, sob a vigência do § 16 2 GVG, em sua redação original de 27 de janeiro de 1877 (RGBl., p. 41) e com mesmo teor do Art. 105 2 WRV, a exigência – pela qual, no caso de um órgão judicante sobrelotado, ter de ser antecipadamente definido, segundo características abstratas-genéricas, quais membros do colegiado participariam dos assuntos jurisdicionais individuais – pôde ser considerada dispensável. Plausível continua sendo que o Art. 101 I 2 GG, que textualmente corresponde a esses dispositivos, conectou-se à situação por eles criada (cf. respectivamente BVerfGE 18, 344 [351]). Mas também uma tradição jurídica formada em décadas não impede um desenvolvimento subsequente do direito que leve em consideração entendimentos em mutação. O plano de distribuição das causas, que atribui os processos e os juízes necessários à sua conclusão aos órgãos judicantes individuais, e o plano de participação, que em órgãos judicantes sobrelotados regulamenta a designação dos juízes individuais aos processos, determinam somente em seu conjunto o juiz natural. Procede submeter também o plano de participação como uma dessas regulamentações parciais aos vínculos do Art. 101 I 2 GG.

2. Que, em um órgão judicante sobrelotado, a escolha dos juízes chamados à decisão do caso concreto tangencie a garantia do juiz natural e sob esse aspecto possa se tornar um problema constitucional, o TCF também não colocou em xeque em sua jurisprudência até aqui. Ele enxergou, contudo, a solução jurídico-constitucional na imposição de limites constitucionais já à sobreocupação como tal, derivando isso do mandamento do juiz natural (cf. BVerfGE 18, 344 [349 s.];

22, 282 [286]). Contudo, essa tese foi orientada pela então vigente situação jurídica infraconstitucional e não considerou suficientemente o significado autônomo da garantia constitucional do Art. 101 I 2 GG.

3. Com a presente decisão, esclarece-se e amplia-se a interpretação do Art. 101 I 2 GG. Por isso, existe ensejo para aceitar as regras ainda vigentes da participação em órgãos judicantes sobrelotados por um período transitório a fim de dar aos tribunais competentes a oportunidade de se adaptarem à situação jurídico-constitucional agora esclarecida. A necessidade de tais prazos de transição o TCF reconheceu em casos de interpretação constitucional modificada – que está presente com especial clareza junto ao esclarecimento da jurisprudência anterior por meio de uma decisão do Plenário – em várias ocasiões (cf. BVerfGE 84, 239 [284 s.]; 58, 257 [280] com mais ref.). Os tribunais competentes em razão da matéria têm a obrigação de garantir o cumprimento das exigências consoantes ao Art. 101 I 2 GG, ao mais tardar, a partir do dia 1° de julho de 1997 para os processos que se tornem pendentes a partir dessa data.

Limbach, *Seidl*, *Graßhof*, *Grimm*, *Kruis*, *Kirchhof*, Kühling, *Winter*, *Sommer*, *Jaeger*, *Haas*, Hömig Steiner, *Jentsch*, *Hassemer*.

Capítulo 17

Direito à "oitiva judicial" – ampla defesa e contraditório (Art. 103 I GG)

Grundgesetz

Artigo 103 [oitiva judicial; irretroatividade da lei penal; *ne bis in idem*]

(1) Todos têm o direito de serem ouvidos perante um tribunal.

(2) ...

(3) ...

A. Notas introdutórias

Literalmente alcunhado de direito à "oitiva jurídica", a garantia constitucional processual do Art. 103 I GG equivale, *mutatis mutandis*, às garantias constitucionais à ampla defesa e ao contraditório do Art. 5º, LV, da CF.

Como no caso do Art. 101 I 2 GG, apresentado no capítulo anterior, também o Art. 103 I GG assegura um direito subjetivo, desta vez com maior proximidade com o Art. 19 IV GG, que se encontra no rol de direitos fundamentais. Contudo, como no caso dos demais direitos fundamentais judiciais que se localizam no título que versa sobre as competências do Poder Judiciário, trata-se de um direito "igual a direito fundamental" oponível por intermédio da Reclamação Constitucional por força do Art. 93 I, n. 4a GG.[258] Como no caso dos demais direitos dessa categoria, especialmente, do Art. 19 IV GG, é intensamente marcado por normas, mesmo que se afirme sua proximidade com o dever de o Estado observar a dignidade da pessoa. Também se afirma sua imediata derivação do princípio do Estado de direito.[259]

258. Kingreen e Poscher (2018: 345).
259. *Ibid.*

I. Área de proteção

Em razão da já verificada natureza da garantia, sua área de proteção deve ser configurada pelo legislador. Dois elementos textuais devem restar bem definidos: o elemento da "oitiva judicial" e o elemento "perante tribunal".

1. Oitiva judicial

Esse elemento da garantia preconiza que normas processuais devem configurar que, antes da tomada de uma decisão, o titular possa manifestar-se sobre uma questão, tendo em vista tanto os aspectos fáticos quanto os jurídicos. Em havendo uma causa para uma medida decisória cautelar, a oitiva deve ser reestabelecida o quanto antes. O termo oitiva não pode induzir em erro: o direito não se exaure com o fato de aquele que tem a competência de decidir de fato ouça uma manifestação qualquer da parte processual, titular do direito fundamental, mas que sejam atendidos, configurados normativamente, seus pressupostos.

Trata-se da presença de três elementos que marcam graus de concretização do direito à oitiva. O primeiro deles é o direito a ser de fato informado sobre todos os atos processuais e entendimentos jurídicos da Corte e da parte adversária. O segundo elemento é o direito à manifestação, pelo menos por escrito, a respeito de cada informação recebida. O terceiro, finalmente, é o direito à consideração pela instância decisória e à disposição de todos os partícipes de um julgamento à mesma consideração dos relatos, apreciações e argumentos jurídicos apresentados, especialmente quando da fundamentação das respectivas decisões.

De resto, o TCF não enxerga na ausência de advogado uma intervenção do direito a oitiva.[260] Apenas no processo penal deriva do princípio do Estado de direito a indispensabilidade de tal. Também as peculiaridades do processo decisório judicial limitam, segundo sua literalidade, o alcance do Art. 103 I GG: especialmente, não precisam ser ouvidas as alegações juridicamente irrelevantes (não fundamentadas no direito posto). Também aqui, tendo em vista a concretização do princípio constitucional da segurança jurídica, as regras de preclusão não são problemáticas, exceto se usadas de maneira notoriamente equivocada ou abusiva.

2. Perante tribunal

A garantia do Art. 103 I GG assegura oitiva apenas perante ou por tribunal, ou seja, por qualquer órgão do Poder Judiciário. Em princípio não se a garante perante órgãos da Administração, como por exemplo, no processo administrativo. Hodiernamente, deriva-se, todavia, tal pretensão de outras normas constitucionais e jusfundamentais, tais como o princípio do Estado de direito, do direito geral de personalidade do Art. 2 I GG e até da dignidade humana. Por fim, a preposição

260. Cf. com amplas referências: Kingreen e Poscher (2018: 346).

"perante" marca a delimitação entre o direito em tela e o derivado do Art. 19 IV GG: enquanto aquele garante o acesso, este garante uma conclusão adequada do processo.

II. Intervenção estatal

Em princípio, qualquer insuficiência normativa ou fática, proveniente, portanto, de quaisquer órgãos dos três poderes, implica, em tese, uma intervenção. Costuma-se, em consideração à função e à organização do sistema de proteção judicial, excluir do conceito apenas as ausências de oitiva que sejam irrelevantes para a decisão judicial, especialmente quando a decisão judicial não se basear em algo que poderia decorrer positiva ou negativamente de uma específica oitiva. Uma segunda hipótese de exclusão da presença de uma intervenção potencialmente violadora do direito em tela é a ulterior abertura de oportunidade, na mesma instância ou instância recursal, da oitiva, caso em que se constata um saneamento da insuficiência potencialmente inconstitucional.

III. Justificação Constitucional

Também o direito igual a direito fundamental à oitiva judicial foi outorgado sem reserva legal. Viriam à pauta, portanto, apenas bens jurídico-constitucionais colidentes. No caso, especialmente viriam à pauta a segurança jurídica e a capacidade funcional da administração da Justiça. Uma vez, porém, que ambos já são considerados quando da determinação da área de proteção e da intervenção estatal, tendo em vista a elevada marca normativa da área de proteção, a intervenção sempre corresponderá a uma violação do presente direito.[261]

B. Decisões do TCF

72. BVerfGE 9, 89 (*Gehör bei Haftbefehl*)

Reclamação Constitucional contra Decisão Judicial

08/01/1959

MATÉRIA

A Reclamante, que respondia em liberdade a processo penal por estelionato e difamação, volta-se, em sua Reclamação Constitucional, contra a decretação de sua prisão preventiva, ocorrida a partir de requerimento do Ministério Público feito em uma reclamação ordinária (*Beschwerde*). A Reclamante afirmou, de maneira substancial (pressuposto processual), a

261. Cf. Kingreen e Poscher (2018: 348).

violação de seu direito fundamental processual ao contraditório em processo judicial, previsto no Art. 103 I GG, por não ter sido intimada dessa decisão, não tendo oportunidade de ser previamente ouvida. Portanto, não teria havido segundo seu relato uma **oitiva** (prévia à) **na ordem de prisão** (*Gehör bei Haftbefehl*)

O TCF admitiu a Reclamação Constitucional, mas a julgou improcedente, pois considerou permitida uma ponderação com interesses contrapostos ao direito fundamental, os quais funcionam como limites constitucionais daquele, concluindo que se trata de uma intervenção justificada no direito fundamental à oitiva judicial decorrente do Art. 103 I GG.

EMENTAS

1. Na decretação da prisão preventiva, uma intimação do acusado para audiência (*Anhörung*) posterior à prisão é compatível com a *Grundgesetz*. O mesmo vale também para a instância de reclamação (*Beschwerdeinstanz*).

2. Se o Superior Tribunal Estadual conceder um mandado de prisão, rejeitado ou revogado na instância inferior, a partir de uma reclamação (*Beschwerde*) do Ministério Público, sem antes ouvir o acusado, então ele terá de dar ao acusado a oportunidade de oferecer suas contrarrazões, e decidir sobre elas. Para isso, o acusado deverá ser intimado em análoga aplicação do § 115 StPO.

Decisão [*Beschluss*] do Primeiro Senado de 8 de janeiro de 1959

– 1 BvR 396/53 –

No processo da Reclamação Constitucional da Sra. Anita G. contra as Decisões do Superior Tribunal Estadual de *Stuttgart* de 16 e 26 de setembro de 1955 – Ws 460/55 –.

Dispositivo:

Indefere-se a Reclamação Constitucional.

RAZÕES

A.

1. Em um processo de investigação contra a Reclamante por vários casos de estelionato e difamação, o Juízo de Primeira Instância de *Schwäbisch Hall* decretou sua prisão, em 3 de setembro de 1955, com base no perigo de obstrução da justiça (*Verdunkelungsgefahr*) [destruição ou falseamento de provas, tomada de influência sobre testemunhas etc.]. A partir de uma reclamação da acusada, o Tribunal Estadual de *Heilbronn* revogou esse mandado de prisão em 8 de setembro de 1955, [...].

[...].

Em 16 de setembro de 1955, o Superior Tribunal Estadual de *Stuttgart* reformou a decisão do Tribunal Estadual, mantendo o mandado de prisão de 3 de setembro de 1955 do Juízo de Primeira Instância. [...].

A reclamação do Ministério Público não havia sido comunicada nem aos advogados, nem à Reclamante [ambos não foram, portanto, dela intimados]. [...].

2. – 3. [...].

B.

A Reclamação Constitucional é admitida.

1. – 3. [...].

C.

A Reclamação Constitucional é improcedente.

I.

A questão levantada pela Reclamante sobre se o Tribunal que examinou a reclamação ordinária [do Ministério Público, ou seja, o Superior Tribunal Estadual], ao pretender decretar uma prisão que fora rejeitada por um tribunal inferior [no caso, pelo Tribunal Estadual], deveria ouvir o acusado antes dessa decisão exige algumas ponderações, por princípio, sobre o significado da oitiva judicial em geral, e, especificamente, sobre a oitiva do acusado no processo prisional do Código de Processo Penal.

1. O princípio oitiva judicial, elevado a direito fundamental no Art. 103 GG, é uma consequência do pensamento de Estado de direito para o âmbito do processo judicial. A função dos tribunais, de prolatar uma decisão terminativa [que conclua uma fase processual, podendo se tornar definitiva em não havendo ou não sendo interposto o recurso adequado ou proposta a Reclamação Constitucional] sobre uma situação concreta da vida, não pode, em regra, ser cumprida sem uma oitiva das partes. Essa oitiva é, assim, em primeiro lugar, pressuposto de uma decisão correta. Além disso, a dignidade da pessoa exige que não se disponha sobre seu direito de maneira leviana, com base [somente] na autoridade [estatal]; o indivíduo não apenas deve ser o objeto da decisão do juiz, como deve ser ouvido antes de uma decisão que envolva seus direitos, a fim de poder ter influência sobre o processo e o seu resultado (BVerfGE 7, 53 [57]; 7, 275 [279].

O direito do acusado à oitiva judicial foi reconhecido fundamentalmente há muito tempo no direito processual e amplamente respeitado; cada código de processo concretizou esse princípio, dando-lhe conteúdo e forma. Nesse momento, ele precisou ser harmonizado com outros princípios decorrentes da coerência material interna do tipo processual individualmente considerado. A despeito da elevação do princípio do direito à oitiva judicial à categoria de direito fundamental, nada pode ter mudado na legitimidade de interesses contrários [a ele] e na necessidade de realizar-se uma compatibilização desses interesses com o interesse do atingido na sua oitiva. Sua inserção na *Grundgesetz* teve o escopo de tornar impossíveis abusos em processos judiciais, tais quais aqueles que foram perpetrados sob o regime nacional-socialista, reconstruindo a confiança do povo em uma administração imparcial da Justiça. Não pode, porém, corresponder ao sentido do Art. 103 I GG [a possibilidade de] preterir absolutamente as ponderações cuidadosamente realizadas entre os diversos interesses, a serem observados individualmente em cada tipo de processo, e as limitações ao direito à oitiva nelas baseadas.

O Art. 103 I GG parte, portanto, do princípio de que a conformação mais detalhada do direito à oitiva judicial deve caber aos códigos de processo. Como os códigos de processo vigentes à época da promulgação da *Grundgesetz* em geral atendiam às exigências de Estado de direito, relativamente à concessão do direito à oitiva judicial, a interpretação do Art. 103 I GG – da mesma forma que ocorre com a interpretação da proibição da dupla penalização por causa de um único delito criminal (*ne bis in idem*, cf. BVerfGE 3, 248 [252]), elevada à categoria de direito fundamental pelo parágrafo 3 do Art. 103 GG [Art. 103 III GG], – deve-se dar a partir do quadro geral do direito processual pré-constitucional.

[...].

2. Como o direito à oitiva judicial deve dar ao atingido a oportunidade de influenciar uma decisão judicial a ser tomada, somente uma oitiva prévia, em regra, fará sentido. Acima de tudo, a natureza definitiva e imutável dos dispositivos, que é, em regra, própria das decisões, obriga à oitiva das partes antes que se decida definitivamente, como ocorre no caso de decisões judiciais de última instância e daquelas equiparadas às decisões que concluem um processo, principalmente das decisões capazes de fazer coisa julgada material.

Aos tribunais são, todavia, outorgadas também tarefas junto às quais não se realiza um julgamento jurídico conclusivo sobre uma matéria, mas se tomam medidas cautelares para a regulamentação de um estado provisório ou para assegurar direitos públicos privados; [...].

[...].

A necessidade de se assegurarem interesses ameaçados pode, no entanto, tornar necessária uma ação imediata, a qual não somente não permita o esclarecimento [imediato] da matéria, como também até mesmo exclua a possibilidade de uma oitiva prévia do atingido. De fato, pode ser até mesmo ordenado desistir de uma em si possível oitiva do atingido, a fim de não o advertir [a respeito da investigação], se interesses relevantes estiverem em jogo (cf. BVerfGE 7, 95 [99]). É justamente a interposição do juiz que torna viável a aplicação de tais medidas sem a prévia oitiva da parte contrária. Todavia, como nesses casos sempre se trata de uma intervenção nos direitos do atingido, uma exceção ao princípio da audiência prévia somente será permitida quando for indispensável para não pôr em risco o propósito da medida. Desse contexto resulta para o legislador a obrigação de submeter intervenções sem audiência prévia a pressupostos muito estritos. Além disso, a ideia do Estado de direito exige que o atingido tenha a oportunidade, em tais casos, de se defender contra as medidas ordenadas, pelo menos *a posteriori*. [...].

3. – 4. [...].

II.

1. – 5. [...].

III. – IV. [...].

73. BVerfGE 25, 158 (*rechtliches Gehör bei Versäumnisurteilen*)

Reclamação Constitucional contra Decisão Judicial

21/01/1969

MATÉRIA

No processo originário, tratava-se da citação do Reclamante em processo de contravenção penal prevista no Código de Trânsito. Na Reclamação Constitucional, afirmou a violação de seu direito fundamental à oitiva judicial, que teria sido perpetrada pela decisão (*Beschluss*) do Tribunal Estadual de *Bremen* ao indeferir liminarmente seu agravo contra aquela decisão com vistas à devolução do prazo de resposta. No mais, impugnou a consequente manutenção da sanção penal aplicada pelo Tribunal de Primeira Instância de *Bremen*.

O TCF admitiu e julgou procedente a Reclamação Constitucional, fundamentando-o com o **direito** do acusado à oitiva judicial também **em decisões judiciais que declarem a preclusão** (*rechtliches Gehör beim Versäumnisurteilen*).

EMENTA

O direito do atingido de conseguir valer-se de seu direito à oitiva judicial em sede de procedimento de agravo contra decisão de preclusão processual não é restringido de modo inconstitucional por causa de uma citação substitutiva da sanção penal prevista no § 182 ZPO.

Decisão [*Beschluss*] do Segundo Senado de 21 de janeiro de 1969

– 2 BvR 724/67 –

No processo da Reclamação Constitucional do Sr. [...] contra a Decisão do Tribunal Estadual de Bremen de 7 de novembro de 1967 [...] e a decisão anterior a essa do Juízo de Primeira Instância de Bremen de 26 de setembro de 1967 [...].

Dispositivo:

A Decisão do Tribunal Estadual de Bremen de 7 de novembro de 1967 [...] viola o Artigo 103, Parágrafo 1 da *Grundgesetz*. Anula-se. Devolve-se a matéria ao Tribunal Estadual de Bremen.

RAZÕES

A. – I.

1. O Tribunal de Primeira Instância de *Bremen* ordenou contra o Reclamante uma medida penal que impunha pena de 60 marcos alemães, alternativamente a dois dias de detenção, devido a uma transgressão do direito de trânsito. Antes, o Reclamante foi interrogado pela polícia como indiciado. Da medida penal foi o Reclamante citado pelo correio em 28 de junho de 1967, conforme o § 37 I 1 StPO c.c. § 182 ZPO. Segundo suas informações, ele encontrava-se em férias entre 17 de junho e 8 de julho de 1967 e somente pôde retirar no correio a [intimação] da medida penal no dia 10 de julho de 1967. Com a petição, datada em 11 de julho de 1967, recebida pelo Tribunal de Primeira Instância de *Bremen,* o Reclamante ofereceu por intermédio de seu advogado, a 12 de julho de 1967, contestação contra a medida penal e requereu, devido à perda do prazo para contestação, o restabelecimento do estado [processual] anterior (*Wiedereinsetzung in den vorigen Stand*).

2. Com a decisão (*Beschluss*) de 26 de setembro de 1967 – 94 Cs (P) 94054/67 – o Tribunal de Primeira Instância de *Bremen* indeferiu o restabelecimento do estado [processual] anterior [a devolução do prazo de contestação]; [...].

3. [...].

4. O Tribunal Estadual de *Bremen* indeferiu a reclamação ordinária como improcedente na decisão (*Beschluss*) de 7 de novembro de 1967. [...].

5. [...].

II.1. – 3., III. 1. – 3., IV. [...]

B.

A Reclamação Constitucional é admitida.

1. – 2. [...].

C.

A Reclamação Constitucional contra a decisão (*Beschluss*) do Tribunal de Bremen de 7 de novembro de 1967 é procedente.

1. [...].

2. Em sentido contrário, a decisão do Tribunal Estadual de *Bremen* de 7 de novembro de 1967 viola o Art. 103 I GG porque o tribunal não considerou o significado e o alcance do direito à oitiva judicial quando do exame da questão da culpa no processo de restabelecimento do estado [processual] anterior (cf. BVerfGE 7, 198 [ementa 3 e p. 207]; 18, 85 [92]; 19, 303 [310]; 22, 93 [98]).

a) As deficiências do processo penal sumário podem ser toleradas constitucionalmente porque a oitiva judicial para o atingido é outorgada na medida em que ele tem a possibilidade de, por agravo [*Einspruch* – ato processual previsto para tanto], provocar uma audiência principal (BVerfGE 3, 248 [253]). No caso de perder o prazo para agravar, essa possibilidade depende da concessão ou não do restabelecimento. Para os pressupostos do restabelecimento, os dispositivos processuais serão em si determinantes; todavia, deve ser observado que o Art. 103 I GG garante, em face de todos os procedimentos judiciais, independentemente da conformação do procedimento pelos diferentes códigos processuais (BVerfGE 7, 53 [57]), um mínimo de oitiva judicial. No mais, deve ser observado que, em um caso como no presente, não se trata apenas da garantia de oitiva judicial em face de um único fundamento de decisão ou em uma instância, mas da questão sobre se nesse processo ela foi em geral garantida. O princípio pelo qual as exigências sobre o que uma parte processual deve fazer para a garantia de seu direito à oitiva judicial não podem ser exageradas (BVerfGE 17, 194 [197]; 18, 147 [150]) tem de ser, por isso, justamente em um caso como o presente, aplicado com cuidado especial.

b) O tribunal estadual ignorou esse mandamento constitucional pelas exigências que fez ao dever de cuidado do Reclamante em relação a uma intimação que deveria estar sendo esperada. Quem tem residência fixa e dela se ausenta apenas passageiramente – como, por exemplo, nesse caso, durante uma viagem de férias de três semanas – não está obrigado a tomar medidas especiais de precaução tendo em vista possíveis intimações judiciais. O cidadão deve poder contar com a certeza do restabelecimento ao estado anterior [do procedimento], caso durante esse período ele seja intimado de uma medida penal pelos correios e, por desconhecer a existência dessa intimação substitutiva, venha a perder o prazo para a [devida] resposta [processual]. [...].

c) [...].

3. [...].

Esta decisão foi prolatada unanimemente.

Seuffert, Dr. *Leibholz*, *Geller*, o juiz Dr. v. *Schlabrendorff* não pôde assinar.

Seuffert, Dr. *Rupp*, Dr. *Geiger*, Dr. *Kutscher*, o juiz Dr. *Rinck* não pôde assinar.

Seuffert.

74. BVerfGE 108, 341 (*Rechtsschutz gegen den Richter II*)

Reclamação Constitucional contra Decisão Judicial

07/10/2003

MATÉRIA

Trata-se, na presente Decisão, de uma Reclamação Constitucional sucintamente mencionada pelo Plenário do TCF sob o tópico **A.I da Decisão # 69**, cujo processo ensejou o entendimento dissidente naquela decisão apresentado e que levou à avocação da Decisão do Plenário. Daí ser chamada aqui de **segunda decisão sobre a proteção jurídica contra o juiz** (*Rechtsschutz gegen den Richter II*).

A questão jurídica do processo originário dizia respeito tanto à oitiva judicial, garantida pelo Art. 103 I GG, quanto à constitucionalmente prevista, no Art. 19 IV GG, garantia da via jurisdicional no caso de afirmações de lesão do direito à oitiva judicial. Tratava-se da interpretação e aplicação de normas processuais-civis no bojo do juízo de admissibilidade de um recurso de revisão. Esse recurso é cabível contra decisões terminativas sobre recursos de apelação dos chamados tribunais de apelação (*iudex a quo*).[262] Em regra, a revisão tem de ser admitida pelo tribunal da apelação, no *iudex a quo*, portanto, ou se o tribunal da revisão, *iudex ad quem*, der provimento a um agravo contra a decisão denegatória da admissão pelo *iudex a quo* (§ 543 I ZPO). Segundo o § 543 II ZPO, a revisão tem de ser admitida quando presente pelo menos uma das seguintes hipóteses: se a matéria jurídica tiver significado fundamental ou se o desenvolvimento do direito ou a garantia de uma jurisprudência uniformizada tornar imprescindível uma decisão do tribunal de revisão. À época ainda vigoravam normas que foram derrogadas pela reforma legislativa processual-civil de 2002.[263]

Os Reclamantes requereram a inadmissibilidade de uma execução forçada de um título executivo extrajudicial. No âmbito do processo de conhecimento, tratava-se da venda de quotas de uma sociedade civil limitada no valor de 2,25 milhões de marcos alemães, sendo que os requeridos, no processo de conhecimento, opunham uma espécie de reconvenção executiva no valor de apenas 57.786 marcos alemães.

262. Uma visão panorâmica do sistema judicial alemão e comparativa com o brasileiro pode ser encontrada, no vernáculo, em: Martins (2004).

263. Cf. o § 546 I 2 ZPO a.F.: "O Superior Tribunal Estadual admitirá a revisão se: 1. a questão jurídica tiver relevância fundamental ou 2. a Decisão [atacada] divergir de uma Decisão da Corte Federal de Justiça ou do Senado Conjunto dos Tribunais supremos da União e basear-se nessa divergência".

A ação foi, primeiro, julgada improcedente pelo Tribunal Estadual. Contra ela (que não foi, todavia, objeto da Reclamação Constitucional) interpôs-se recurso de apelação.[264] A partir de uma informação (despacho) do Presidente do Senado competente do Superior Tribunal Estadual, os Reclamantes esclareceram que seu interesse de defesa resultaria nessa quantia. Por isso, requereram limitar sua reconvenção a essa quantia parcial. Em despacho, o Superior Tribunal Estadual consignou que, "tendo em vista o significado da matéria para ambas as partes, pouco importando como for decidido o recurso de apelação, a revisão seria admitida".[265] Ocorre que mudou a composição do tribunal e com essa mudança também seu entendimento a respeito das condições de admissibilidade do recurso de revisão. Na decisão impugnada pela Reclamação Constitucional, o Superior Tribunal Estadual negou provimento ao recurso de apelação do Reclamante e inadmitiu seu recurso de revisão. Fundamentou-o alegando ausência de significado fundamental no sentido do § 546 I 2, n. 1 ZPO a.F.

Contra essa decisão, o ora Reclamante interpôs recurso de revisão perante a Corte Federal de Justiça, que também não foi conhecido, com os seguintes fundamentos: o valor do gravame do Reclamante permanece abaixo de 60.000 marcos alemães, valor mínimo para o cabimento do recurso de revisão à época.[266] Segundo a Corte Federal de Justiça, a revisão não deveria ser admitida porque o tribunal de apelação, o Superior Tribunal Estadual, não o admitiu e a Corte Federal de Justiça seria vinculada àquela decisão. No mais, não seria o caso de uma "patente ilegalidade", tal qual reconhecida como uma condição excepcional para a admissão do recurso de revisão.

Contra essa decisão da Corte Federal de Justiça, os cinco Reclamantes ajuizaram sua Reclamação Constitucional. Alegaram, em suma, que essa guinada de entendimento do Superior Tribunal Estadual quanto ao significado fundamental da questão que dispensa o parâmetro do valor mínimo surpreendeu-os. Com essa surpresa teria sido atingido seu direito fundamental processual à oitiva judicial, previsto no Art. 103 I GG. Com efeito, eles teriam, na audiência, deixado de aprofundar a questão por conta da manifestação do integrante anterior do órgão judicante. Alternativamente,

264. Objeto de uma Reclamação Constitucional contra Decisão Judicial pode ser apenas a afirmação de uma violação de direito fundamental pelo próprio tribunal ou juízo. Isso ocorrerá se o juiz não rechaçar a aplicação de norma já em tese inconstitucional ou se interpretá-la e aplicá-la sem reconhecer a eficácia do direito fundamental sobre seu ato interpretativo. Sobre a delimitação em relação aos direitos processuais subjetivos, cf. Martins (2012: 89, 100-118); Schlaich e Korioth (2015: 205-229).

265. Cf. referência na Decisão do TCF: BVerfGE 108, 341 (342).

266. Cf. § 546 I 1 ZPO a.F.

teriam tido uma oportunidade, indevidamente vedada pela Corte, de tornar o valor da reconvenção na execução um valor revisionável.

Na sequência, o TCF faz referência à decisão em pauta do Plenário para apresentar sua conclusão do julgamento da Reclamação Constitucional: "A admitida Reclamação Constitucional é procedente na extensão em que ela volta-se contra a Decisão do Superior Tribunal Estadual. Ao contrário, em sede de conclusão, ela não tem êxito quando impugna também a Decisão da Corte Federal de Justiça".

Em síntese, fundamentou-o da seguinte maneira:

A Decisão do Superior Tribunal Estadual teria violado segundo o TCF o direito fundamental processual do Reclamante decorrente do Art. 103 I GG basicamente por conta da mudança do entendimento jurídico daquela Corte com a qual ele não precisava contar. Sua decisão estaria comprometida pela falta de uma referência tempestiva à aludida mutação de entendimento sobre questão jurídico-processual. Mais extensamente em suas razões (sob. **B.II.**), a decisão do Plenário demonstrou porque a decisão da Corte Federal de Justiça foi incompatível com a garantia geral de prestação judicial decorrente do princípio do Estado de direito, jurídico-objetiva, portanto. A decisão do Plenário suspendeu o acórdão do tribunal de apelação e devolveu a matéria (autos do processo) para uma nova decisão pelo Superior Tribunal Estadual. Ao final, oportunamente (**B.III.**), o TCF definiu algumas balizas processuais alternativas a serem observadas por aquela Corte.

EMENTA

Sobre a garantia jurídico-constitucional de proteção judicial por tribunais competentes junto a violações do direito à oitiva judicial (aplicação da Decisão do Plenário do Tribunal Constitucional Federal, de 30 de abril de 2003 – 1 PBvU 1/02 – [BVerfGE 107, 395]).

Decisão [*Beschluss*] do Primeiro Senado, de 7 de outubro de 2003

– 1 BvR 10/99 –

No processo da Reclamação Constitucional do Sr. G..., 2. do Sr. R..., 3. do Sr. A..., 4. do Sr. G..., 5. do Sr. K... [...] contra: a) a Decisão da Corte Federal de Justiça, de 28 de outubro de 1998 – VIII ZR 190/98 –, b) a Decisão do Superior Tribunal Estadual de *Thüringen*, de 11 de junho de 1998 – 1 U 205/95 (24) – *e* pedido de uma medida liminar.

Dispositivo:

1. O Código de Processo Civil, na redação que vigia até 31 de dezembro de 2001, era incompatível com o Artigo 103, Parágrafo 1 da *Grundgesetz*, na extensão em que não previa, paralelamente à revisão dependente de [um determinado] valor da causa, uma possibilidade de proteção judicial contra violações do direito à oitiva judicial por meio de decisões judiciais sobre apelações perpetradas por superiores tribunais estaduais.

A Decisão do Superior Tribunal Estadual de *Thüringen*, de 11 de junho de 1998 – 1 U 205/95 (24) – viola o direito fundamental do Reclamante decorrente do Artigo 103, Parágrafo 1 da *Grundgesetz*. Anula-se. Devolve-se a matéria ao Superior Tribunal Estadual.

De resto, indefere-se a Reclamação Constitucional.

2. O Estado-Livre de *Thüringen* deve ressarcir os Reclamantes pelas custas processuais necessárias.

RAZÕES

A.

A Reclamação Constitucional é relativa a questões da oitiva judicial, assim como à proteção judicial ordenada constitucionalmente junto à afirmação de violações da oitiva.

I. 1. – 3., II. [...]

III.

Sobre a Reclamação Constitucional manifestaram-se o Ministério Federal da Justiça em nome do Governo Federal e os tribunais federais superiores e, em suas manifestações, defenderam unanimemente o entendimento segundo o qual a Corte Federal de Justiça não seria obrigada por força constitucional a considerar como cabível o recurso judicial dos Reclamantes.

IV.

O Senado avocou o Plenário do TCF com o objetivo de desistir da jurisprudência anterior do TCF pela qual a *Grundgesetz* não garantiria proteção judicial contra o juiz quando se tratasse de violações do direito fundamental processual do Art. 103 I GG que fossem relevantes para a tomada de decisão pelo juiz (BVerfGE 104, 357). O Plenário decidiu, por meio da Decisão de 30 de abril de 2003, ser incompatível com o princípio do Estado de direito em conexão com o Art. 103 I GG que um código de processo não preveja uma oportunidade de agravo judicial ordinário para o caso de um tribunal ferir o direito à oitiva judicial de modo relevante para a tomada de sua decisão (BVerfGE 107, 395).

B.

A admitida Reclamação Constitucional é, na extensão em que ela volta-se contra a decisão do Superior Tribunal Estadual, procedente. Por sua vez, em sede de conclusão, não é procedente, na extensão em que impugna a decisão da Corte Federal de Justiça.

I.

1. A decisão do Superior Tribunal Estadual fere o direito fundamental processual do Reclamante do Art. 103 I GG. Segundo a pacífica jurisprudência do TCF, viola-se o direito à oitiva judicial quando um tribunal sem indicação anterior baseia-se em um aspecto jurídico relevante, com o qual também um partícipe do processo cônscio e bem informado do andamento anterior do processo – mesmo considerando-se a diversidade de entendimentos jurídicos defensáveis – não precisaria contar (cf. BVerfGE 84, 188 [190]; 86, 133 [144 s.]; 96, 189 [204]). Isso pode, em sede de conclusão, corresponder ao impedimento de uma exposição oral sobre a situação jurídica (cf. BVerfGE 98, 218 [263]).

No presente caso, os Reclamantes podiam, já tendo em vista as explicações formuladas de modo inequívoco na decisão do Superior Tribunal Estadual sobre a instrução, confiar na admissibilidade da revisão, de tal sorte que não existia ensejo para apresentar, oralmente, em detalhes, o significado fundamental da causa, ou expandir o pedido da ação a uma soma revisionável. Uma vez que o Superior Tribunal Estadual não admitiu a revisão, embora sem prévia – nova – indicação ao seu então modificado entendimento, trata-se de uma surpreendente, inadmissível decisão. Aqui, pode restar em aberto se a hipótese normativa da confiança avocada pelos Reclamantes possivelmente teria sido ainda mais fortalecida porque o novo Presidente do Senado – assim a exposição do Reclamante examinada na Reclamação Constitucional – na audiência explicara que de uma tão consistente expressão da decisão sobre a instrução [informação e esclarecimento] não se afastaria também na nova composição [de membros do órgão judicante do tribunal]. A obrigação do Superior Tribunal Estadual de referir ao entendimento modificado e oportunizar uma defesa oral a respeito deriva já da expressão anterior uníssona e escrita do entendimento jurídico que justificou uma confiança das partes no prosseguimento desse entendimento.

2. A decisão do Superior Tribunal Estadual baseia-se em um erro de referência ao entendimento jurídico modificado.

A possibilidade de outra decisão favorável ao Reclamante poderia resultar da exposição fática e jurídica sobre a admissão da revisão consoante o § 546 I ZPO a.F. Além disso, teriam tido os Reclamantes, com base em uma referência tempestiva, a possibilidade de tornar revisável [recorrível] a decisão do tribunal por meio de uma ampliação da [matéria conhecida na] ação e, portanto, obter mediante seu próprio comportamento processual o acesso a mais uma instância e ao exame material de seu recurso. Com efeito, de acordo com o § 545 I, § 546 I ZPO a.F., carecia-se de uma decisão sobre a admissão da revisão somente nas decisões que não infligissem a uma parte um ônus nao superior a 60.000 marcos alemães.

3. Porque a decisão do Superior Tribunal Estadual já por causa da violação da oitiva tem de ser anulada, não precisa mais ser examinado se a atuação do Superior Tribunal Estadual teria violado também o direito do Reclamante ao devido processo legal (cf. BVerfGE 78, 123 [126]).

II.

A decisão da Corte Federal de Justiça não se encontra em consonância com o direito à prestação jurisdicional ancorado no princípio do Estado de direito em conexão com o Art. 103 I GG. Ela baseia-se na aplicação do Código de Processo Civil, em sua redação vigente até o dia 31 de dezembro de 2001. Esse era incompatível com o direito de prestação jurisdicional, na extensão em que nele não fora prevista uma possibilidade de proteção judicial contra violações da oitiva judicial nas decisões em sede de apelação por superiores tribunais estaduais fora da revisão dependente do valor da causa. O mesmo vale para a redação legal vigente desde o dia 1º de janeiro de 2002, na extensão em que ela não previa tal possibilidade de proteção judicial. Não obstante, a situação jurídica atual deve ser ainda aceita em um período de transição até o dia 31 de dezembro de 2004.

1. Como o Plenário do TCF definiu com a decisão de 30 de abril de 2003 (BVerfGE 107, 395), viola-se o princípio do Estado de direito em conexão com o Art. 103 I GG quando um código processual não prevê uma possibilidade de agravo a tribunal competente para o caso de violações do Art. 103 I GG que tenham sido relevantes para a decisão do direito fundamental processual.

A garantia da *Grundgesetz* de proteção judicial mais efetiva possível, que não é abrangida apenas pelo Art. 19 IV GG, mas também pelo direito geral de prestação jurisdicional, assegura o acesso aos tribunais, o exame do pedido na lide em um processo formal, assim como a decisão judicial vinculante. A *Grundgesetz* assegura oitiva judicial no processo judicial por meio do direito fundamental processual do Art. 103 I GG. Às partes garante-se um direito à informação, exposição e consideração com a consequência de que elas possam configurar seu comportamento no processo de modo autodeterminado e específico, a depender de cada situação [que se lhes apresenta]. Especialmente, o direito fundamental processual assegura que as exposições e pedidos sejam ouvidos. Correspondentemente significativa para a proteção judicial é a possibilidade de correção de uma recusa equivocada de oitiva judicial. Isso pressupõe a oportunidade de um controle judicial da observância do direito fundamental processual. O risco de uma via jurisdicional infinita não existe porque o direito de prestação jurisdicional não garante também um novo controle da decisão, mediante o qual se revise a afirmada violação jurídica.

Quando ocorre uma violação do direito fundamental processual do Art. 103 I GG, viabiliza-se apenas o afastamento dessa violação da [obrigatoriedade de] ser ouvido no processo. A revisão deve ser feita pela própria jurisdição competente, à qual se confiou, em primeira linha, a função (poder) jurisdicional do Estado. A Reclamação Constitucional ao TCF não abre, por causa do princípio da subsidiariedade (§ 90 II 1 BVerfGG) e do processo de admissão normatizado nos §§ 93a ss. BVerfGG em si, solitariamente, uma proteção judicial suficiente para o afastamento de tais violações à oitiva (cf. BVerfGE 107 395 [411 s.]).

2. O Código Civil, na redação que vigeu até o dia 31 de dezembro de 2001, não correspondia a essas exigências constitucionais, na medida em que a arguição da violação do direito fundamental processual não podia ser levantada nem no processo dos recursos em geral nem com amparo em um remédio judicial especial.

Segundo os §§ 545 bis 547 ZPO a.F., uma violação da oitiva por um Superior Tribunal Estadual podia ser afirmada apenas no quadro de uma Revisão de resto admitida. Esse recurso somente era disponível se – como aqui – nem a soma do ônus ultrapassasse 60.000 marcos alemães nem o Superior Tribunal Estadual tivesse admitido a Revisão. A violação da oitiva em si não era um motivo admissional autônomo. Para além das normas a respeito da Revisão no Código de Processo Civil, não se previa a esse respeito um recurso [em sentido amplo] para remediar violações da oitiva.

Para fechar lacunas do sistema de proteção judicial então vigente, foram criados pela jurisprudência, em parte fora do direito positivado, remédios extraordinários (cf. o panorama oferecido por Vollkommer, in: Zöller, Zivilprozessordnung, 22. ed., 2001, Introdução, n. 103). Esses não satisfazem, contudo, as exigências jurídico-constitucionais direcionadas à clareza sobre os recursos. Recursos em sentido amplo têm de ser regulamentados na ordem jurídica positivada e seus pressupostos devem ser reconhecíveis para o cidadão (cf. BVerfGE 107, 395 [416 s.]). Esse foi o caso do exame da afirmada violação do direito fundamental processual do Art. 103 I GG no processo da apelação perante o Superior Tribunal Estadual. Uma vez que faltou a regulamentação do recurso judicial, não pôde a Corte Federal de Justiça admitir a revisão. No entanto, a configuração do Código de Processo Civil que estava na base de sua decisão violou o direito à prestação jurisdicional. O indeferimento do recurso judicial do Reclamante baseou-se na aplicação de um código processual que não previa uma suficiente oportunização de proteção judicial junto a violações de oitiva perpetradas em Decisões de apelações por superiores tribunais estaduais.

3. Com a nova regulamentação vigente desde 1° de janeiro de 2002 a respeito da admissão de revisões (§ 543 II ZPO), deve até ser aberta, segundo a fundamentação do Projeto-lei do Governo Federal, a possibilidade de revisão de afirmadas violações do direito fundamental processual à garantia de oitiva judicial (cf. BTDrucks.14/4722, p. 67, 104). Contudo, o legislador não criou a esse respeito uma causa revisional autônoma. Violações do Art. 103 I GG podem, por isso, ser arguidas apenas se elas levarem a uma das razões de admissão revisional gerais do § 543 II ZPO. O esclarecimento sobre quão longe vai a possibilidade de revisão, é tarefa dos tribunais competentes junto à interpretação e à aplicação do § 543 II, § 544 ZPO. Segundo a jurisprudência da Corte Federal de Justiça, que, no entanto, em detalhes não é unificada (cf. as decisões do V. Senado Cível, BGH, NJW 2002, p. 2957; NJW 2003, p. 1943 [1946], e a decisão do XI. Senado Cível, BGH, NJW 2003, p. 65 [68]), a possibilidade de uma admissão de revisão para a avaliação de violações do Art. 103 I GG é aparentemente limitada.

4. Depois da decisão do Plenário, o legislador é obrigado a fechar lacunas na proteção judicial em face de violações de oitiva. Isso não precisa, necessariamente, provocar uma modificação das normas sobre a admissão de revisões. Pelo contrário, deixa-se à decisão do legislador se ele abrirá a proteção judicial constitucionalmente ordenada para a observância do Art. 103 I GG por meio da possibilidade de uma autocorreção pelo tribunal originário (*iudex a quo*) ou por meio da possibilidade da avocação de um tribunal recursal (*iudex ad quem*) (cf. BVerfGE 107, 395 [411 s.]).

No período de transição até a nova regulamentação legal, que deve ocorrer no mais tardar até o dia 31 de dezembro de 2004, a situação jurídica atual pode ser aceita mediante inclusão dos remédios judiciais extraordinários desenvolvidos pela jurisprudência. Se o legislador não promulgar tempestivamente uma nova regulamentação, existirá após o término do mencionado prazo a possibilidade de apresentar um pedido para prosseguir o processo perante o tribunal cuja decisão esteja sendo impugnada por causa de uma afirmada violação do direito à oitiva judicial. Esse pedido deve ser feito dentro de 14 dias contados da entrega [intimação] da decisão (cf. BVerfGE 107, 395 [418]).

Porque a vigente situação jurídica deve ser aceita até o término do mencionado prazo de transição, também não podem ser questionadas constitucionalmente decisões que – como a decisão impugnada da Corte Federal de Justiça – tenham sido prolatadas segundo o direito aplicável até o dia 31 de dezembro de 2001. A Reclamação Constitucional deve ser, por isso, na extensão em que ela volta-se contra essa decisão, indeferida (cf. BVerfGE 103, 1 [20]).

III.

Com a anulação da decisão na apelação e a devolução da matéria ao Superior Tribunal Estadual de acordo com o § 95 II BVerfGG, sana-se a afetação de direito fundamental dos Reclamantes por meio da impugnada decisão da apelação. Primeiro, abre-se, com isso, aqui, aos Reclamantes [a possibilidade de uma] nova exposição sobre a admissão da revisão. Possivelmente, eles perseguirão também o objetivo de mediante uma expansão do pedido da ação ensejar os pressupostos da revisão do valor da causa segundo os §§ 545 s. ZPO a.F. Não obstante, prevê o § 26, n. 7 EGZPO que o novo direito revisional deve ser aplicado, quando a audiência, com base na qual a decisão terminativa a ser impugnada foi tomada, não tenha sido concluída antes de 1° de janeiro de 2002. Carece-se, no entanto, de esclarecimento se vale, igualmente, o direito anterior em um caso como o presente, no qual a reabertura da audiência seja a consequência de um indeferimento baseado em uma violação da oitiva pelo TCF e a derrogação ocorra depois do trânsito em julgado.

IV.

1. Com a decisão sobre a Reclamação Constitucional, fica prejudicado o pedido de concessão de uma medida cautelar.

2. A decisão sobre as custas baseia-se no § 34 a II e III BVerfGG.

Papier, *Jaeger*, *Haas*, Hömig, *Steiner*, *Hohmann-Dennhardt*, *Hoffmann-Riem*, *Bryde*.

Capítulo 18

Nulla poena sine lege (Art. 103 II GG)

Grundgesetz

Artigo 103 [oitiva Judicial; **irretroatividade da lei penal**; *ne bis in idem*]

(1)...

(2) Um ato apenas poderá ser punido se a punibilidade houver sido determinada antes de o ato ter sido cometido.

(3)...

A. Notas introdutórias

No caso do Art. 103 II GG, trata-se de um direito igual a direito fundamental a leis penais certas, determinadas e que não retroajam no tempo. Tem uma muito longa tradição.[267] Com efeito, remonta ao brocardo latino epigrafado, mas cuja versão completa tem o seguinte teor "*nullum crime, nulla poena sine lege*". A abertura do Código Penal Alemão, o § 1 StGB, tem idêntico teor, adquirindo, destarte, força constitucional, embora seja dispensável, formalmente falando. De resto, afirma-se sua relação direta com o princípio do Estado de direito e democrático.[268] Do ponto de vista sistemático, ele poderia ser tratado como um limite do limite, na medida em que traça limites ao poder estatal de penalizar condutas, poder esse que, por sua vez, corresponde a limite (reserva legal) autorizado ao direito de liberdade do Art. 2 II GG. Porém, em sua qualidade de parâmetro autônomo da Reclamação Constitucional, o Art. 103 II GG é tradicionalmente examinado a partir do mesmo esquema trifásico da área de proteção, intervenção estatal e justificação constitucional.[269]

267. Cf. referências em: Kingreen e Poscher (2018: 349.).
268. *Ibid.*
269. *Ibid.*

I. Área de proteção

Trata-se, novamente aqui, de uma área de proteção marcada por normas.[270] O legislador tem um *mandato constitucional especial* para configurá-la. Dos elementos mínimos de configuração, fazem parte o conceito de punibilidade (**1.**), o princípio do ato (**2.**), o princípio da legalidade (**3.**), o princípio da determinabilidade (**4.**) e a vedação de retroação (**5.**).

1. Conceito de punibilidade

Punibilidade segundo o Art. 103 II GG corresponde a medidas estatais que representem uma reação de reprovação de comportamentos antijurídicos e culpáveis e que, em razão de tal comportamento, apliquem uma punição que serve à compensação da culpa. Ao lado do direito penal, faz parte também o direito de ordem pública, assim como o direito disciplinar e os códigos de ética profissional.[271] Não abrangidas são as medidas de segurança e as regras formais relativas à persecução penal, especialmente no que tange às regras sobre a prescrição.[272] Especialmente em casos envolvendo a paulatina mudança de regras de prescrição do crime de homicídio qualificado ("Mord") que subiu de 20 para 30 anos, em 1969, tendo sido, em 1979, definitivamente suspensa, o TCF firmou um entendimento segundo o qual a punibilidade do homicídio qualificado fora determinada legalmente antes das práticas dos homicídios qualificados e que à punibilidade não pertence a regra de prescrição vigente à época.[273] O Art. 103 II GG não definiria nada a respeito sobre "quão longamente" a punibilidade poderia ser verificada.[274] "O juízo de desvalor que caracteriza a punibilidade resulta do tipo penal e da cominação de pena, não das regras formais da persecução penal".[275]

2. Princípio do ato

Com o princípio do ato, garante-se que o direito penal compatível com o Estado de direito baseie-se e persiga apenas atos efetivamente praticados, mas não meras intenções.

270. Sobre tais direitos fundamentais, no vernáculo, v. Martins (2012: 183 s.) e Dimoulis e Martins (2018: 177 ss.).
271. Cf. Kingreen e Poscher (2018: 349).
272. *Ibid.*
273. *Ibid.*
274. *Ibid.*
275. Cf. BVerfGE 25, 269 (284 ss.), em sua referência textual reproduzida de Kingreen e Poscher (2018: 349 s.).

3. Princípio da legalidade

O princípio da legalidade determina que o direito penal compatível com o Estado de direito pressuponha leis. Nesse sentido, o Art. 103 II GG determina a reserva legal, por excelência, para o direito penal. A punibilidade em si deve decorrer diretamente de lei em sentido formal. Porém, especificações podem ser confiadas ao legislador material, sendo que até mesmo a referência a ato administrativo pode, em tese, satisfazer o critério decorrente desse princípio.[276] Em todo caso, o legislador formal não pode transferir a escolha dos elementos de tipo – suporte fático da hipótese normativa – que determinem especificação ao legislador material.

4. Princípio da determinabilidade / taxatividade

Um direito penal compatível com o Estado de direito exige leis determinadas. Isso é imprescindível para que o indivíduo possa nortear seu comportamento a partir do conhecimento preciso sobre o que lhe é vedado penalmente e cominado com uma determinada pena. Não se exclui, plenamente, a possibilidade do uso de conceitos jurídicos indeterminados. Deve ser, todavia, tão mais precisa a norma penal, quanto mais grave for a pena prevista. Também os quadros penais (limites mínimos e máximos) das penas devem ser devidamente acompanhados por normas claras sobre o cálculo da pena aplicável ao caso concreto. Questionáveis aqui são os chamados tipos penais em branco que estão presentes quando se delega a outros dispositivos legais ou a atos jurídico-administrativos seu preenchimento.[277]

Outras derivações centrais do princípio da determinabilidade são as proibições de direito consuetudinário e da analogia, quando prejudiciais ao agente acusado. Até porque não é tarefa do juiz fechar supostas lacunas penais, podendo apenas o legislador fazê-lo. Entre vários exemplos que poderiam ser aqui trazidos, lembre-se da subsunção de um automóvel ao conceito de arma no sentido do § 113 II 2, n. 1 StGB.[278]

5. Vedação de retroação

Finalmente, um direito penal compatível com o Estado de direito implica a proibição de punição retroativa. Não apenas se proíbe a punição com base em uma

276. Cf. Kingreen e Poscher (2018: 350).

277. Porém, entre outros, segundo Hufen (2018: 357), referindo-se a duas decisões do TCF (BVerfGE 45, 363 [371] – *strafrechtliche Regelbeispiele* e BVerfG, Decisão de Câmara publicada em NVwZ 2012, 504 – *Anforderung an Wertstoffsortierung*), não são totalmente vedados pelo Art. 103 II GG. Contudo, "eles não podem se transformar em cláusulas gerais não previsíveis pelo indivíduo" (*ibid.*).

278. Cf. Kingreen e Poscher (2018: 351).

lei que não era vigente no momento do ato, como também a punição que seja mais grave do que a prevista pela norma então vigente no momento do ato.[279]

II. Intervenção estatal

Intervenções estatais são, antes de tudo, os não cumprimentos das exigências descritas sob a epígrafe da área de proteção. Podem ser perpetradas, sobretudo, pelo Legislativo, mas também pelo Judiciário. No último caso, reconhece-se uma intervenção judicial na ocorrência de mudanças de jurisprudência que quebrariam, segundo o TCF, o suporte fático do princípio da confiança.

III. Justificação Constitucional

Uma justificação constitucional de qualquer intervenção estatal não é possível, porque se trata aqui também de uma garantia outorgada sem uma reserva legal e direito constitucional colidente, de igual modo, não vem à pauta.

Não obstante, há aqui um descarrilamento histórico na jurisprudência do TCF:

Nos assim chamados "processos do muro" que levaram à punição de soldados de fronteira alemães orientais que atiravam para matar em pessoas que, desesperadamente, tentavam emigrar para a República Federal da Alemanha, o TCF justificou a intervenção na garantia em apreço com base em um suposto "mandamento de Estado de direito da justiça material".[280] Teria havido uma "muito especial situação", na qual a punibilidade de homicídio qualificado e simples no regime da antiga DDR era excluída, por causas excludentes da antijuridicidade (tal como entendidas na práxis), as quais deveriam ter sido enxergadas pelos soldados como um "extremo injusto direito estatal", razão pela qual o princípio da confiança deveria ser naquele caso afastado. Essa supostamente dolosa (!) "cegueira" dos soldados atuantes na fronteira, que os teria impedido de reconhecer que a oficialmente afirmada causa excludente da antijuridicidade, em verdade, estaria disfarçando uma política estatal absolutamente ilegítima de homicídio de emigrantes, teria como consequência nesse entendimento do TCF seu afastamento e a aplicação da pena prevista para a conduta – também então – típica, ainda que em seu limite mínimo.

Parte da literatura crítica especializada apresentou contundentes objeções.[281] Uma boa síntese foi trazida a termo na seguinte oração subordinada adversativa da lavra de Kingreen e Poscher:[282] "Mas a Constituição não conhece exceções não escritas para situações especiais".

279. Cf. *ibid.*
280. Cf. BVerfGE 95, 96.
281. Cf. entre outros críticos: Michael e Morlok (2016: 430).
282. Kingreen e Poscher (2017: 352)

B. Decisões do TCF

75. BVerfGE 14, 174 (*Gesetzgebundenheit im Strafrecht*)

Reclamação Constitucional contra Decisão Judicial

03/07/1962

MATÉRIA

O Reclamante foi condenado por uma infração de trânsito, em última instância, pelo Segundo Senado Criminal do Superior Tribunal Estadual de *Frankfurt am Main*, com base em dispositivo do decreto que disciplina o trânsito viário. O TCF vislumbrou no caso uma violação do direito fundamental do Reclamante derivado do Art. 103 II c.c. Art. 104 I 1 GG.[283] Consequentemente, julgou a Reclamação Constitucional procedente para o efeito de anular a decisão do Superior Tribunal Estadual de *Frankfurt am Main*.

Ao mesmo tempo, declarou nulo o dispositivo penal do decreto, cuja pena fora aplicada ao Reclamante de modo a ir além do pedido formulado na Reclamação Constitucional porque, além da violação de direito fundamental, trata-se do elemento de controle objetivo da **vinculação legal no direito penal** (*Gesetzgebundenheit im Strafrecht*).

O TCF determinou também a devolução dos autos ao Superior Tribunal Estadual para nova decisão.

EMENTAS

1. Leis em virtude das quais, de acordo com o Art. 103 II GG, uma ação pode ser punida são [podem ser] também decretos que foram promulgados no âmbito de uma autorização correspondente ao Art. 80 I GG. O legislador deve pronunciar a autorização para a previsão de pena de forma não ambígua e assim delimitar o conteúdo, o propósito e a extensão da autorização de maneira tão exata que os pressupostos da punibilidade e o tipo da pena sejam previsíveis para o cidadão já a partir da autorização legal, e não somente a partir do decreto nela apoiado.

2. Também a condenação a uma pena privativa de liberdade é uma limitação da liberdade, na acepção do Art. 104 I 1 GG. À reserva [legal], segundo o Art. 104 I 1 GG, apenas atendem [seus pressupostos] as leis formais. O legislador deve

283. "Art. 104 [privação da liberdade]: (1) A liberdade da pessoa pode ser limitada somente com base em uma lei formal e apenas mediante observância das formas nela prescritas. [...]. (2) – (4)".

determinar minuciosamente o que deve ser punível e, no mais, fixar o tipo e a medida da pena na lei formal; ao legislador do decreto pode ser delegada tão somente a especificação do tipo penal.

Decisão [*Urteil*] do Segundo Senado de 3 de julho de 1962

Com base na audiência de 10 de abril de 1962

No processo da Reclamação Constitucional [...], contra as Decisões do Juízo de Primeira Instância– [...], do Tribunal Estadual de *Gießen* de 24 de julho de 1961 – 7 Ms 28/61 (Ns) – e do Superior Tribunal Estadual de *Frankfurt/Main* de 25 de outubro de 1961 – 2 Ss 888/61.

Dispositivo:

1. A Decisão do Superior Tribunal Estadual de *Frankfurt (Main),* 2º Senado Criminal, de 25 de outubro de 1961 – 2 Ss 888/61 – viola o Artigo 103, Parágrafo 2 e o Artigo 104, Parágrafo 1, Período 1 GG, na extensão em que o Reclamante segundo o § 2, Parágrafo 1 e § 71 do Código Admissional de Trânsito na redação dada pela publicação de 6 de dezembro de 1960 (BGBl. I, p. 897) foi condenado a duas semanas de detenção; anula-se. Devolvem-se os autos do processo ao processo ao Superior Tribunal Estadual de *Frankfurt (Main)* para nova Decisão.

2. O § 71 Código Admissional de Trânsito na redação dada pelo Decreto Derrogatório do Código Admissional de Trânsito de 24 de agosto de 1953 (BGBl. I, p. 1131) e as publicações Código Admissional de Trânsito de 24 de agosto de 1953 (BGBl. I, p. 1166), de 29 de março de 1956 (BGBl. I, p. 271) e de 6 de dezembro de 1960 (BGBl. I, p. 897) violam o Artigo 103, Parágrafo 2 e o Artigo 104, Parágrafo 1, Período 1 GG, sendo, por isso, nulos.

RAZÕES

A. – I.

1. O Reclamante foi condenado a 3 semanas de detenção pelo Juízo de Primeira Instância – Tribunal do Júri – *Alsfeld* segundo o § 2 e 71 do Código de Admissão ao Trânsito Viário (StVZO). [...].

[...].

2. [...]. Ele alega que as decisões impugnadas teriam violado o Art. 104 I 1 GG, segundo o qual a pena privativa de liberdade seria permitida somente com base em uma lei formal. Entretanto, o Código Admissional de Trânsito Viário não seria uma lei formal, mas apenas um decreto. [...].

[...].

II. 1. – 3. [...]

B.

A Reclamação Constitucional admitida é procedente.

I.

1. – 2. [...].

II.

1. Segundo o Art. 103 II GG, uma ação somente pode ser punida se a punibilidade já for legalmente determinada antes de a ação ter sido praticada. Como já o correspondente Art. 116 da Constituição de Weimar e o § 2 I StGB, o Art. 103 II GG contém o princípio do vínculo à lei no direito penal. O significado do Art. 103 II GG não se esgota, porém, na proibição da fundamentação ou agravamento da pena por analogia, direito consuetudinário e retroativa. Ele pressupõe conceitualmente a reserva de lei para dispositivos penais. Uma condenação prolatada por tribunal penal somente pode ocorrer *com base* em uma lei penal vigente (BayVerfGH, Tomo 1, 101 [109 s.]).

Leis, em virtude das quais, conforme o Art. 103 II GG, uma ação pode ser punida, são [podem ser] também decretos que foram promulgados no âmbito de uma autorização correspondente ao Art. 80 I GG. Segundo o Tribunal Constitucional Federal já se pronunciou por diversas vezes e como o Governo Federal acentuou também nesse processo, devem ser feitas exigências rigorosas quanto à determinação do conteúdo da norma de autorização para leis de intervenção e, sobretudo, para leis penais. O legislador deve pronunciar a autorização para a previsão de pena de modo não ambíguo e, assim, delimitar o conteúdo, o propósito e a extensão da autorização de maneira tão exata que os pressupostos da punibilidade e o tipo da pena sejam previsíveis para o cidadão já a partir da autorização legal, e não somente a partir do decreto nela apoiado. (cf. BVerfGE 1, 14 [60]; 2, 307 [334]; 186, 5, 71 [76]; 7, 282 [302]; 8, 274 [307 ss.]; 10, 251 [238]).

O réu pode ser punido segundo o dispositivo daquela lei ou do decreto editado apenas com autorização legal pela qual a punibilidade é fundamentada. A aplicação de pena com base em decreto não baseado em autorização legal não pode ser justificada pelo fato de "a punibilidade" ter sido determinada em *outra* norma.

2. Enquanto o Art. 103 II GG refere-se a aplicações de pena de todo tipo por decisão judicial, o Art. 104 I 1 GG objetiva efetivar proteção especial junto a restrições de liberdade, tanto perante o Poder Executivo como também perante a Justiça Penal. Segundo o Art. 104 I 1 GG, a liberdade da pessoa somente poderá ser limitada em virtude de uma lei formal e sob a observância das formas nela prescritas.

O Art. 104 é inseparavelmente ligado ao direito fundamental da liberdade da pessoa, protegido pelo Art. 2 II 2 e 3 GG. Por esse motivo, originalmente foi também previsto que se sintetizassem os dispositivos do Art. 104 com os do Art. 2 GG. Mais tarde, eles foram remetidos ao capítulo "Jurisprudência", não por considerações sistemáticas, mas por considerações de redação, para se evitar uma conformação muito ampla da parte relativa aos direitos fundamentais.

Também a condenação a uma pena privativa de liberdade é uma limitação da liberdade na acepção do Art. 104 I 1 GG. Ainda que a prolatação da pena [pelo Judiciário], observada isoladamente, ainda não limite a liberdade, ela forma, contudo, em sua junção com a execução da pena que a segue, um processo conjunto de privação de liberdade (cf. ao Art. 5 I, alínea "a", da Convenção para a Proteção dos Direitos Humanos; *Dürig*, NJW 1961, p. 1831; Adolf *Arndt*, *Rechtsprechende Gewalt und Strafkompetenz, in: Festgabe für Carlo Schmid*, 1962, p. 5 ss., 31).

À reserva [legal], segundo o Art. 104 I 1 GG, somente atendem [seus pressupostos] as leis formais, ou seja, as normas jurídicas que foram aprovadas no processo legislativo prescrito [na *Grundgesetz*]. Um decreto também não será uma lei formal na acepção do Art. 104 I 1 GG, [mesmo] quando editado com base em uma autorização contida em uma lei formal; por isso, devem "os próprios pressupostos, sob os quais a intervenção, como tal, é em geral permitida, [...] ser eles mesmos determinados na lei formal" (BGHZ 15, 61 [64]). Se o legislador determinar com suficiente clareza o que deve ser punido, determinando, em seguida, o tipo e a medida da pena na lei formal, ele estará deixando, por sua vez, apenas a especificação do tipo penal ao legislador do decreto; assim se estará protegendo a segurança jurídica e a liberdade do indivíduo em consonância com o sentido e o propósito do Art. 104 GG, mas não se retirando do legislador responsabilidade que lhe foi atribuída pela *Grundgesetz*. [...]

III.

[...]

1. [...].

O § 21 StVG não serve como autorização; ele próprio é um dispositivo penal que não contém uma autorização ao legislador do decreto para editar dispositivos penais, nem mesmo aqueles com mesmo ou semelhante conteúdo.

Portanto, falta ao § 71 StVZO o suporte legal necessário. Ele é nulo por violar o Art. 103 II GG.

2. Uma vez que o § 71 StVZO, além disso, prevê autonomamente a privação de liberdade, mas não é uma lei formal, ele também é incompatível com o Art. 104 I 1GG.

IV. – V. [...].

76. BVerfGE 25, 269 (*Verfolgungsverjährung*)

Controle Concreto

26/02/1969

MATÉRIA

Trata-se, no presente caso, da delimitação mais precisa do tratamento constitucional da **prescrição da persecução penal** (*Verfolgungsverjährung*), sobretudo da definição de em que medida alterações de suas regras podem ofender o Art. 103 II GG.

Segundo o § 1 I da Lei sobre o Cálculo da Prescrição de Penas, promulgada em 13 de abril de 1965:

"no cálculo do prazo prescricional para a persecução penal de crimes punidos com a prisão perpétua, não se computa o tempo entre o dia 8 de maio de 1945 [data da capitulação incondicional do Terceiro Reich] e o dia 31 de dezembro de 1949. Nesse tempo, cessou a [o decurso do prazo para a] prescrição da persecução penal desses crimes".

O Tribunal Estadual de *Tübingen* e o Tribunal Estadual e do Júri de *Kiel* suspenderam, respectivamente em 23 de julho de 1968 e 30 de agosto do mesmo ano, mediante Decisões de Suspensão e Representação (*Aussetzungs- und Vorlagebeschlüsse*), dois processos criminais movidos contra dois acusados de homicídio qualificado de centenas de pessoas, praticado durante o regime nacional-socialista.

Os tribunais representantes verificaram o decurso do prazo prescricional (de 20 anos ocorrido em 8 de maio de 1965), o que levaria obrigatoriamente à absolvição dos réus, no caso de o dispositivo retro reproduzido ser inconstitucional em face da proibição constitucional da retroatividade de leis penais fixada no Art. 103 II GG. Daí, o TCF julgou presentes os dois pressupostos do Controle Concreto, admitindo sua proposição. No mérito, porém, confirmou a constitucionalidade do § 1 I da Lei sobre o Cálculo da Prescrição de Penas.

EMENTAS

1. O Art. 103 II GG determina os pressupostos sob os quais um comportamento pode ser declarado como punível. Ele proíbe tanto o fundamento quanto o agravamento retroativo da pena [por aplicação retroativa da norma].

2. As normas de prescrição determinam durante quanto tempo uma ação declarada como punível pode ser perseguida processualmente. Elas deixam a punibilidade da ação intacta. Por isso, as normas de prescrição não estão sujeitas à proibição de retroatividade do Art. 103 II GG.

3. Em todo caso, a prorrogação ou a revogação de prazos de prescrição ainda não vencidos, em crimes que preveem a prisão perpétua, não ferem nem o princípio do Estado de direito nem o da igualdade.

Decisão [*Beschluss*] do Segundo Senado de 26 de fevereiro de 1969

– 2BvL 15, 23/68 –

No processo de exame constitucional do § 1 I da Lei sobre o Cálculo da Prescrição de Penas Criminais de 13 de abril de 1965 (BGBl. 1, I, p. 315). – 1. Decisão de Suspensão e Representação do Tribunal Estadual de *Tübingen* de 23 de julho de 1968 (Ks 1/68) – 2 BvL 15/68 –, 2. Decisão de Suspensão e Representação do Tribunal Estadual e do Júri de *Kiel* de 30 de agosto de 1968 (III 116/68 – 2 Ks 1/68) – 2 BvL 23/68 –.

Dispositivo:

O § 1 Parágrafo 1 da Lei de Cálculo de Prazos Prescricionais Penais de 13 de abril de 1965 (Diário de Leis Federais I, p. 315) é compatível com a *Grundgesetz*.

RAZÕES

A.I. – II.1.a) – b), 2. a) – b), III.1. – 3. [...]

B.

As Representações Judiciais são admitidas.

1.a) – b), 2. – 3. [...].

C.

A lei de Cálculo é compatível com a *Grundgesetz*.

I.

1.a) – d), 2.a) – c)aa) – dd) [...].

3. [...].

a) O legislador queria impedir que crimes de homicídio qualificado do tempo do regime nacional-socialista e do pós-guerra prescrevessem antes de 31 de dezembro de 1969.

[...].

b) [...].

c) Conclui-se: o § 1 I da Lei de Cálculo levou o término dos prazos prescricionais para os crimes previstos em lei para até o dia 31 de dezembro de 1969, resultando em um efeito de prolongamento dos prazos correntes de prescrição.

II.

O prolongamento dos prazos de prescrição efetivado pela Lei de Cálculos para a persecução processual de crimes cujas penas são a prisão perpétua não viola o Art. 103 II GG.

1. Segundo o Art. 103 II GG, uma ação somente pode ser punida se a punibilidade já estiver legalmente prevista antes de sua prática. Como já o correspondente Art. 116 da Constituição de Weimar previa, o Art. 103 II GG proíbe que alguém seja punido com base em lei ainda não vigente à época da prática da conduta e, destarte, desconhecida pelo autor (BVerfGE 7, 111 [119]). Assim, tanto a aplicação retroativa de novos tipos penais, como também o fundamento da pena a partir da analogia, são constitucionalmente proibidos.

[...].

a) – b) [...].

[...].

O Art. 103 II GG proíbe tanto o fundamento quanto o agravamento retroativo da pena.

2. Em contrapartida, o Art. 103 II GG nada diz a respeito da duração do tempo durante o qual se pode perseguir processualmente uma ação declarada como punível de maneira constitucional e puni-la pela aplicação da pena que lhe fora prevista. Ele detém-se somente no "a partir de quando" e não no "por quanto tempo" da persecução penal.

Toda norma penal contém um juízo ético-social de desvalor revestido de autoridade estatal sobre o modo de agir por ele penalizado. O conteúdo concreto desse juízo de desvalor resulta do tipo penal e da sanção prevista. Os dois juntos constituem a punibilidade na acepção do Art. 103 II GG. Se um modo de comportamento for sancionado por meio de um dispositivo legal que atenda às exigências do Art. 103 II GG, sendo também, de resto, constitucional, então ele torna-se, dessa forma, uma "ação punível". Sua punibilidade é determinada legalmente.

A punibilidade de uma ação é o pressuposto de sua sujeição à persecução (*Verfolgbarkeit*). Uma ação somente pode ser punida criminalmente se sua punibilidade já estiver prevista legalmente antes de sua prática. Com a punibilidade extingue-se a persecução; não ao contrário, com a persecução extingue-se a punibilidade. Uma ação punível, uma vez cometida, não perde o seu caráter antijurídico porque não será ou não pode ser perseguida por razões de ordem fática ou jurídica.

O Art. 103 II GG determina os pressupostos pelos quais um comportamento pode ser declarado como punível. Normas prescricionais determinam por quanto tempo uma ação declarada punível deve ser perseguida processualmente. Uma vez que elas referem-se somente à sujeição à persecução, deixando, em contrapartida, a punibilidade intacta, elas não fazem parte do âmbito de validade do Art. 103 II GG; por isso, uma prorrogação ou revogação de prazos prescricionais não pode violar essa norma constitucional (igualmente, cf. BVerfGE 1, 418 [423]).

3. A gênese também confirma isso [...].

a) – c) [...].

III.

O § 1 I da Lei de Cálculos não se contrapõe ao princípio do Estado de direito.

1. Leis retroativas não são, fora do âmbito material compreendido pelo Art. 103 II GG, inadmissíveis por excelência, mas limites constitucionais decorrem, também nesse caso, do mandamento de segurança jurídica contido no princípio do Estado de direito.

O princípio do Estado de direito faz parte dos princípios gerais e ideias orientadoras que o constituinte não condensou em uma [única] norma jurídica especial, porque eles marcaram todo o quadro compatível e anterior à Constituição [*Grundgesetz*] do qual ele partiu (BVerfGE 2, 380 [403]). Ele não contém – conquanto não esteja conformado e precisamente especificado em algumas normas da Constituição escrita para determinados assuntos – quaisquer mandamentos ou proibições determinados claramente com todos seus pormenores; ao contrário, ele é um preceito constitucional que necessita de concretização de acordo com os respectivos dados da matéria específica (BVerfGE 7, 89 [92 s.]).

O postulado da segurança jurídica imanente ao princípio do Estado de direito exige que o cidadão possa antever as possíveis intervenções estatais em face dele e organizar-se, correspondentemente [a ponto de adaptar suas condutas a ela]. Ele deve, por princípio, poder confiar que o legislador não ligue aos tipos penais fechados consequências mais desfavoráveis do que aquelas previsíveis à época em que estes tipos foram consumados (efeito retroativo autêntico). Dadas certas circunstâncias, a confiança do cidadão também pode exigir proteção, no sentido de que sua posição jurídica não seja posteriormente desvalorizada por meio de normas que tenham efeitos tão somente sobre situações presentes, ainda não finalizadas (efeito retroativo não autêntico). Segurança jurídica significa para o cidadão, em primeira linha, proteção da confiança (BVerfGE 13, 261 [271]; 14, 288 [297]; 15, 313 [324]).

Entretanto, faz parte do conceito/projeto do Estado de direito (*Rechtsstaatlichkeit*) não apenas a segurança jurídica, mas também a justiça material. Esses dois lados do princípio do Estado de direito nem sempre podem ser observados igualmente pelo legislador (BVerfGE 3, 225 [237]; 7, 89 [92 s.]). Se a segurança jurídica estiver em discrepância com a Justiça, será tarefa, em primeira linha, do legislador decidir por um ou outro lado. Se isso ocorrer sem arbitrariedade, a decisão do legislador não pode ser afastada por razões constitucionais (BVerfGE 3, 225 [237 s.]; 291 15, 313 [319 s.]).

Portanto, a proteção da confiança constitucional não vale sem exceções. Particularmente, o cidadão não poderá valer-se da proteção da confiança como manifestação do princípio do Estado de direito se sua confiança no prosseguimento de uma regulamentação legal não puder exigir, de maneira aceitável, uma consideração pelo legislador (BVerfGE 14, 288 [299 s.]); portanto, a confiança em uma determinada situação jurídica não é racionalmente justificada (BVerfGE 13, 261 [271], jurispr. pacífica). Esse é aqui o caso.

2. A Lei de Cálculos não interveio posteriormente, de maneira a modificar tipos penais [subsunção de fatos a eles] pertencentes ao passado. Ela não vale para ações cuja persecução processual já estava prescrita por ocasião da entrada em vigor da lei (§ 2 II). O § 1 I da Lei de Cálculos determinou tão somente a prorrogação para o futuro de prazos prescricionais ainda em curso. A prorrogação de prazos prescricionais para a persecução de crimes sancionados com a prisão perpétua também não teve como consequência nenhum prejuízo relevante de confiança constitucional. [...].

[...].

3. [...].

IV.

A Lei de Cálculo é compatível também com o Art. 3 I GG.

1. – 3. [...].

A presente decisão foi prolatada, em sede de conclusão, com 7 votos a 1. Um juiz anuiu à conclusão, mas não à fundamentação.

Seuffert, Dr. *Leibholz*, *Geller*, Dr. v. *Schlabrendorff*,

Dr. *Rupp*, Dr. *Geiger*, Dr. *Kutscher*, Dr. *Rinck*.

77. BVerfGE 105, 135 (*Vermögensstrafe*)

Reclamação Constitucional contra Decisão Judicial

20/03/2002

MATÉRIA

Trata-se da Decisão que se seguiu à audiência pública do Primeiro Senado (*Urteil*) sobre uma Reclamação Constitucional ajuizada por um condenado à **pena patrimonial** (*Vermögensstrafe*) por Tribunal Estadual e confirmada, em última instância, pela Corte Federal de Justiça.

Em Decisão não unânime (5 votos a 3), o Segundo Senado do TCF julgou-a procedente com base no parâmetro do Art. 103 II GG e, consequentemente, primeiro suspendeu as duas decisões judiciais da jurisdição comum. De resto, na oportunidade, declarou nulo o § 43a StGB, aplicado nas decisões penais condenatórias, que previa esse novo tipo de sanção penal desde 1992 em uma lei ordinária[284] que a introduziu na Parte Geral do Código Penal.

A norma do § 43 a StGB, na qual foi prevista a pena patrimonial, não estabelece nenhum tipo penal. Ao contrário, ela pertencera à Parte Geral do Código Penal. Assim, tivera, portanto, natureza de regulamentação de sanção jurídico-penal. Nessa qualidade, sua aplicação deveria ocorrer sempre na combinação com tipos penais específicos que as referenciasse expressamente. Assim, em tais casos, o juiz penal podia, durante sua vigência, aplicar, ao lado de uma pena de prisão perpétua ou de uma pena privativa de liberdade de pelo menos dois anos de reclusão, a pena de pagamento pelo condenado de uma certa quantia, cuja altura (limite superior) era limitada tão somente pelo patrimônio do condenado. Estimava-se o valor do patrimônio, sendo que o juiz determinava uma pena privativa de liberdade substitutiva, que seria executada caso não fosse possível ao executado, por algum motivo, proceder ao efetivo pagamento. A medida máxima dessa pena substitutiva era de dois anos e a medida mínima era de um mês.

O propósito criminológico do legislador penal foi compensar as dificuldades de se cabalmente provar em juízo a origem criminosa do patrimônio, especialmente tendo em vista os produtos da criminalidade organizada que, em regra e sabidamente, opera com pagamentos em espécie. O legislador queria que o Estado-juiz pudesse expropriar o patrimônio do condenado por tais crimes a partir apenas de uma fundada forte suspeita.

284. Art. 1 da Lei de Combate ao Comércio Ilegal de Entorpecentes e outras Formas de Criminalidade Organizada, de 15 de julho de 1992 (BGBl. I, p. 1302 ss.).

Na verdade, como pena, a origem lícita ou ilícita do patrimônio é irrelevante dogmaticamente para a aplicação da pena patrimonial. Outros propósitos eram estabelecer uma retribuição igualitária de penalização a ser imposta a condenados sem ou com patrimônio em aparente observância do Art. 3 I GG e, finalmente, cominar as condutas pertinentes à criminalidade organizada com uma pena, em princípio, mais sensível, mais temida pelos potenciais agentes infratores da lei penal do que uma pena privativa de liberdade relativamente branda.

O Segundo Senado do TCF declarou a pena patrimonial incompatível com o Art. 103 II GG, expressando o efeito mais drástico dessa declaração que é o efeito de nulidade (*ex tunc*) porque considerou que o legislador não logrou alcançar um mínimo de determinação prévia sobre a escolha e mensuração da pena. Destacou, na fundamentação, que, nesses casos de novos tipos de pena, seria devido pelo legislador municiar o juiz penal para uma aplicação segura de tal novo e, para os direitos fundamentais, perigoso instrumento com regras de mensuração da pena especialmente precisas, confiáveis e controláveis. Esse não foi o caso do § 43a StGB.

Na sistemática da Parte Geral, esse dispositivo sucedia o § 43 StGB (Pena Privativa de Liberdade Substitutiva), dentro do título das "penas – pena privativa de liberdade". No mesmo título, define-se a modalidade da pena de multa e, especialmente, da multa paralela à pena privativa de liberdade. Mas esse *locus* já não convenceu os críticos da pena que não a entendiam como pena pecuniária ou de multa, mas como uma nova modalidade. No mais, a multa conhece, na norma penal, balizas absolutas inferior e a superior, não encontradas na pena patrimonial ("limite do patrimônio do condenado"), segundo seu teor.

Nessa decisão, o TCF também rechaçou uma interpretação conforme a Constituição perpetrada pela Corte Federal de Justiça que impedia a declaração de incompatibilidade.[285] A Corte Federal de Justiça sustentou que

285. Quando uma interpretação conforme a Constituição é indevidamente realizada, atinge-se, como já retro arguido, dois bens jurídicos. O primeiro deles, de índole material, é o princípio da separação de funções estatais. O segundo, de índole processual e jusfundamental processual, é o dever de apresentação de uma questão ao juízo competente e correspondente violação do direito fundamental processual ao juiz natural. Com efeito, quando um órgão judicial monocrático ou judicante de tribunal interpreta conforme a Constituição ao arrepio de um teor normativo que por sua absoluta clareza e caráter determinado não dá azo a nenhuma interpretação alternativa que não implique desrespeito à vontade do legislador, ao lado da violação ativa do princípio da separação de funções estatais, sonega à parte processual seu juiz natural de questão constitucional, o TCF, competente exclusivamente para o descarte normativo. Por isso, o TCF toma o cuidado de revisar constantemente as interpretações conforme a Constituição efetivamente perpetradas pelos tribunais comuns, além de realizar ele mesmo aquelas indevidamente omitidas. As últimas, no entanto, são relevantes em outro contexto: para a tarefa original de – em razão da

pela seguinte interpretação, ainda possível diante do teor do dispositivo na norma penal, não haveria violação do princípio da culpa (não condenação com base em mera suspeita), do mandamento da proporcionalidade entre culpa e sanção, do mandamento de taxatividade e da garantia jurídico-constitucional da propriedade:[286]

Segundo o teor da norma e seu *locus*, a pena patrimonial seria uma pena de multa aplicável a determinados delitos, cujas penas podem variar de dois anos de reclusão à prisão perpétua. Sua importância no quadro do sistema das sanções adequadas à culpa seria determinada pela pena privativa de liberdade substitutiva (§ 43 a III StGB) e sua altura orientar-se-ia pelo valor do patrimônio do condenado. O teor da norma não permitiria uma interpretação pela qual o objetivo da lei seria destruir os lucros da criminalidade organizada (o que se afastaria completamente do princípio da adequação à culpa). Se uma pena patrimonial poderia ser aplicada ao lado de uma tradicional pena privativa de liberdade, isso seria respondido pelos critérios gerais de mensuração da pena previstos no § 41 StGB. Tanto a pena privativa de liberdade quanto a pena patrimonial precisariam ser idôneas também em relação aos propósitos preventivos do direito penal e aos demais aspectos da mensuração da pena. Penas brandas pouco acima de dois anos de reclusão poderiam induzir os condenados e a comunidade jurídica a não mais levar a sanção totalmente a sério.

Assim, essa pena poderia ser necessária para sensibilizar e dissuadir suficientemente os condenados e a comunidade jurídica como um todo. Não importaria a origem do patrimônio. Mas a aplicação conjunta da pena privativa de liberdade e patrimonial deveria ser adequada à culpa, não podendo ser ultrapassado o limite máximo permitido da pena cominada para o específico crime. Também para a relação entre a altura da pena privativa de liberdade substitutiva (em si não regulamentada) e o modo como se relacionariam as penas patrimonial e privativa de liberdade poderiam se depreender do § 43 a StGB critérios suficientemente claros. Nesse sentido, ambas as penas (patrimonial e privativa de liberdade) teriam limites superiores.

deferência judicial constitucional ao legislador – poupar a norma impugnada ante a verificação da possibilidade de uma alternativa de interpretação pela qual o parâmetro jusfundamental não reste violado. Cf. por exemplo os específicos tópicos das Decisões publicadas na presente coletânea a seguir elencados. No **volume 1: Decisões # 12**, D.IV.2.c)bb)(2)(a) – (c) (p. 165-166); **17**, B.III.2. (p. 220); **24**, B.I.3.c)bb) (p. 251) e **29**, D.I Preâmbulo (p. 285). No **volume 2: Decisões # 31**, C.II.3.a) (p. 41); **33**, B.II.4.c)bb)(3) (p. 63); **34**, B.II.4. e 7. (p. 67 e 76-77); **34**, B.III.1.c) – d) (p. 78-80), **41**, C.4. (p. 153); **48**, B.IV. (p. 208); **49**, B.III. preâmbulo (p. 217) e **55**, B.I.3. (p. 263). No **volume 3, as Decisões # 58**, B.I.1.b)ee) (p. 59); **59**, C.II.2.a) – b) (p. 98); **59**, C.IV.2.b)bb) (p. 102) e **77**, B.I.2.a) (p. 262-263).

286. Cf. BVerfGE 105, 135 (143-146).

Por fim, a divisão da sanção em pena patrimonial e privativa de liberdade conduziria a uma diminuição da pena privativa de liberdade de fato executável porque ambas as sanções teriam de ser adequadas à culpa. Assim, pareceria plausível reduzir a pena de fato executável em (pelo menos) a altura da pena privativa de liberdade substitutiva. Esse cômputo seria conhecido pelos juízes em outros casos. Aqui se trabalharia com a igualdade de ônus relativo (ao patrimônio concreto do condenado) que faria com que, junto a tais cômputos, variadas quantias em dinheiro pudessem implicar o mesmo peso.

De resto, "nesse sentido, não seria decisiva a altura absoluta de uma pena, mas seu efeito sobre o agente".[287] Na sequência, a Corte Federal de Justiça deixou em aberto se, em tese, uma expropriação total do patrimônio por causa da suspeita de sua origem criminosa chocar-se-ia contra a garantia constitucional da propriedade.

A minoria vencida composta pelos três juízes cujo voto conjunto foi aqui reproduzido quase na íntegra e que aparecem no original (e aqui, obviamente) como sempre após as razões da Decisão do Primeiro Senado – defendeu a constitucionalidade da pena patrimonial. Impugnou o fundamento da falta de previsibilidade sobre a mensuração final da pena ao titular do direito fundamental tal qual consignado pela maioria. Em verdade, à exceção da maioria do Segundo Senado e do próprio Reclamante, todos os órgãos constitucionais e judiciais que apresentaram manifestações ratificaram o entendimento da Corte Federal de Justiça e da decisão judicial penal de primeira instância pela constitucionalidade da pena patrimonial.[288]

EMENTAS

1. O mandamento da taxatividade legal (Art. 103 II GG) vale também para a cominação de sanção penal. Uma pena, como uma reação estatal imperativa de desaprovação de ilícito criminal culpável, precisa ser normativamente determinada no tipo e na medida pelo legislador parlamentar, a sanção ameaçada para o desrespeito de uma norma penal tem de ser previsível pelos destinatários da norma.

2. Na decisão sobre a ameaça de pena, o legislador tem de buscar não apenas determinabilidade e segurança jurídica. Ele também precisa considerar

287. BVerfGE 105, 135 (145). Tal efeito foi enfatizado no voto divergente da minoria também. Cf. BVerfGE 105, 135 (182).

288. Trata-se, destarte, de uma Decisão contramajoritária tomada pelo Segundo Senado (pela maioria de seus integrantes, mas formalmente pelo Segundo Senado, pois a minoria vencida é coautora da decisão).

suficientemente o princípio da culpa [decorrente do princípio] do Estado de direito e viabilizar ao juiz, por meio da configuração da sanção, a aplicação no caso particular de uma pena justa e proporcional. O princípio da culpa e a determinabilidade da consequência jurídica encontram-se em uma relação de tensão que deve ser trazida a uma harmonização constitucionalmente fundamentada.

3. Em face da medida da pena que venha à pauta, deve o legislador fixar um quadro de penas, do qual possam ser em princípio depreendidos a medida mínima de uma pena assim como o limite superior da sanção.

4. Se o legislador – como no caso da pena patrimonial no sentido do § 43a StGB – introduzir um novo tipo de pena, que, no mais, permita uma intervenção intensa em direito fundamental, estará obrigado a colocar nas mãos do juiz – para além dos princípios tradicionais de mensuração de penas – diretrizes especiais, que tornem previsível sua decisão quanto à escolha e à mensuração da sanção.

Decisão [*Urteil*] Do Segundo Senado, de 20 de março de 2002,

com base na audiência de 20 de novembro de 2001.

– 2 BvR 794/95 –

No processo da Reclamação Constitucional do Sr. [...] contra: a) a Decisão da Corte Federal de Justiça, de 8 de fevereiro de 1995 – 5 StR 663/94 –, b) a Decisão do Tribunal Estadual de Hamburg, de 11 de abril de 1994 – 633 KLs 15/93 –, c) indiretamente contra o § 43a StGB.

Dispositivo:

1. O § 43a do Código Penal é incompatível com o Artigo 103, Parágrafo 2 da *Grundgesetz* e [, portanto,] nulo.[289]

2. A Decisão da Corte Federal de Justiça, de 8 de fevereiro de 1995 – 5 StR 663/94 – e a Decisão do Tribunal Estadual de Hamburg, de 11 de abril de 1994 – 633 KLs 15/93 – violam, tendo em vista a dicção da pena, o direito igual a direito fundamental do Reclamante decorrente do Artigo 103, Parágrafo 2 da *Grundgesetz*. Nessa extensão, elas são anuladas. Devolve-se a matéria ao Tribunal Estadual de *Hamburg*.

3. A República Federal da Alemanha e a Cidade Livre e Hanseática de *Hamburg* devem ressarcir o Reclamante, cada uma pela metade, por suas custas processuais necessárias.

289. Essa é a regra da consequência da inconstitucionalidade: a nulidade. Porém, o TCF desenvolveu sem fundamento legal direto ("direito judicial") as chamadas variantes de dispositivo, tais quais as modulações de efeitos da declaração de inconstitucionalidade positivadas no sistema legal processual constitucional brasileiro. A respeito, no vernáculo, v. Martins (2018-b: 66-70).

RAZÕES

A. – I.

A Reclamação Constitucional apresenta a questão da compatibilidade do § 43a StGB (pena patrimonial) com a *Grundgesetz*. Ela volta-se, ao mesmo tempo, contra a aplicação dessa norma na interpretação conforme a Constituição feita pela Corte Federal de Justiça.

II., III. 1. a) – b), 2. a) – b), 3., 4., a) – d), 5., IV. 1. – 2. [...].

V.

A respeito da Reclamação Constitucional pronunciaram-se o Ministério Federal da Justiça pelo Governo Federal, o Ministério Estatal da Justiça de Bayern, o Senado para Justiça da Cidade-Estado Livre e Hanseática de *Hamburg* assim como os Senados Penais da Corte Federal de Justiça e o Advogado-Geral da União.

1. – 6. [...].

B.

A admitida Reclamação Constitucional é procedente.

I.

O § 43a StGB – que abre ao tribunal, presentes determinados elementos típico-normativos, a possibilidade de, ao lado de uma pena de prisão perpétua ou de uma pena privativa de liberdade de mais de dois anos, sentenciar ao pagamento de uma quantia em dinheiro que seja limitada apenas pelo valor do patrimônio do acusado – não é compatível com o mandamento da determinabilidade do Art. 103 II GG. O legislador não conseguiu disponibilizar o mínimo jurídico-constitucional devido em termos de predeterminação legal para a escolha e mensuração dessa pena. Assim, por causa da pena patrimonial, dificulta-se ao atingido, de modo juridicamente não mais aceitável, saber antecipadamente o tipo e a medida da sanção com os quais ele deva contar como reação estatal ao seu crime.

1. O Art. 103 II GG garante que um ato apenas pode ser punido quando a punibilidade tiver sido definida antes de ser cometido. Isso obriga o legislador a descrever os pressupostos da punibilidade de modo tão exato a ponto de o alcance e o âmbito de aplicação dos elementos típico-normativos poderem ser reconhecidos pelos destinatários da norma já a partir da própria lei e, por interpretação, ser investigados e concretizados (cf. BVerfGE 73, 206 [234]; 75, 329 [340]; 78, 374 [381 s.]; jurispr. pacífica). A *Grundgesetz* pretende, desse modo, assegurar que cada pessoa possa sintonizar seu comportamento de modo autorresponsável com a situação jurídico-penal e não precise temer reações estatais imprevisíveis (cf.

BVerfGE 64, 369 [393 s.]; 85, 69 [72 s.]). Com o vínculo estrito do poder estatal penal à lei, o mandamento de determinabilidade garante segurança jurídica e protege, para a manutenção de seus direitos de liberdade, a confiança dos cidadãos de que o Estado perseguirá e punirá apenas aquele comportamento que, como ato punível, no momento do ato, esteja legalmente determinado (cf. BVerfGE 95, 96 [130 ss.]).

O Art. 103 II GG providencia, ao mesmo tempo, que, no âmbito do direito penal com suas amplas consequências para o indivíduo, apenas o legislador abstrata-genericamente decida sobre a punibilidade (cf. BVerfGE 75, 329 [341]; 78, 374 [382]; 95, 96 [131]). O Legislativo é obrigado por força constitucional – ele mesmo – a determinar os limites da punibilidade. Não pode deixar essa decisão para os outros poderes estatais, como, por exemplo, para a Justiça Criminal. O mandamento de determinabilidade é, portanto, ao mesmo tempo um manual de atuação ao legislador penal e limitação de atuação do juiz penal. Por essas razões, o Art. 103 II GG veda também ao juiz penal que ele mesmo melhore uma lei indeterminada (cf. BVerfGE 47, 109 [120]; 64, 389 [393]; 73, 206 [235]).

2. O mandamento da determinabilidade de leis vale também para a sanção que deve ser justa em um sistema penal marcado pelo princípio da culpa e definida no suporte fático penal e no – nele – tipificado ilícito (BVerfGE 86, 288 [313]; jurispr. pacífica); ele propicia esclarecimento sobre a caracterização, avaliação e interpretação do tipo penal que descreve o comportamento passível de ser punido (cf. BVerfGE 25, 269 [286]). A pena, como uma reação estatal oficial de desaprovação de um ilícito criminal culpável, precisa, assim, em termos de categoria e medida, ser definida normativamente pelo legislador parlamentar (cf. BVerfGE 32, 346 [362 s.]). Uma resposta estatal punitiva a uma ação contrária à norma penal precisa ser previsível ao destinatário normativo (cf. BVerfGE 26, 41 [42]; 45, 363 [370 ss.]).

a) No caso, não se pode em princípio questionar constitucionalmente que o legislador, na fixação das consequências jurídico-penais, desista de uma medida máxima de precisão abstrata, como isso poderia ser alcançado teoricamente com penas absolutas, e, ao invés disso, deixe ao juiz a fixação de algumas consequências jurídicas dentro de uma moldura penal legalmente fixada; com vistas às peculiaridades do caso concreto, somente o juiz poderá avaliar concretamente a adequação da medida penal. Também o Art. 103 II GG baseia-se no princípio de Estado de direito segundo o qual a pena pressupõe a culpa (cf. BVerfGE 25, 269 [285]).

Disso resulta não apenas que o tipo legal e o quadro de penas [entre as penas mínima e máxima], mensurados na Justiça, tenham de corresponder reciprocamente, mas também que a pena aplicada no caso particular esteja em uma justa proporção em relação à gravidade da ação e à extensão da culpa do acusado (cf. BVerfGE 20, 323 [331]; 25, 269 [286]; 27, 18 [29]; 45, 187 [260]; 50, 5 [12]; 54, 100 [108]; jurispr. pacífica). Uma vez que crimes sejam, em regra, diferentes segundo o grau de culpabilidade e gravidade do ilícito, deve-se deixar em princípio ao juiz a possibilidade de adequar a pena por ele aplicada a essas diferenças. Ele não pode ser obrigado por meio de sanção legal inflexível a aplicar uma pena que segundo sua convicção não corresponda ao ilícito e à culpa do acusado (cf. BVerfGE 54, 100 [109]). Sanções absolutas fundamentam o perigo de um conflito com o princípio constitucional da culpabilidade porque elas não abrem ao juiz criminal uma fixação de pena medida a partir das peculiaridades do ilícito e da culpa, elas precisam ser, em tais casos, interpretadas conforme a Constituição para que se assegure também em casos limítrofes que não se apliquem penas desproporcionais, não adequadas ao ilícito e à culpa (cf. sobre a pena de prisão perpétua: BVerfGE 45, 187 [261 ss.]).

Assim como que para se evitar penas desproporcionais e injustas o princípio da culpabilidade tendencialmente exige a determinação de quadros de penas dos quais o juiz deva, no caso particular, depreender a pena adequada à culpa (cf. BVerfGE 73, 206 [254]), assim o mandamento de determinabilidade aponta no sentido de dever ser deixada ao legislador a decisão sobre a sanção a ser aplicada a um ato definido como crime quanto ao seu quadro e aos critérios que os preenchem – também no sentido de uma orientação geral e punição igualitária.

Na questão sobre quais as exigências devem ser cumpridas pela determinabilidade de sanções jurídicas aparecem, portanto, dois princípios constitucionais em relação de tensão que não pode ser solucionada nem por meio de uma desistência geral de um quadro de penas nem por meio de uma decisão fundamental por margens discricionárias mais amplas possíveis para a mensuração de penas. O princípio da culpabilidade e da justiça ao caso concreto [individuação], de um lado, assim como o da determinabilidade da sanção jurídica e certeza jurídica, do outro lado, precisam ser ponderados e trazidos a uma constitucionalmente fundada compensação que deixe a ambos os princípios indispensáveis ao direito penal a maior substância possível. O legislador penal cumprirá seu dever quando orientar por meio da escolha da cominação penal tanto o juiz criminal quanto o cidadão atingido, de modo tão exato que deixe clara a sua avaliação dos delitos descritos tipicamente a tal ponto de o atingido poder prever a pena ameaçada e de ser possível ao juiz criminal a mensuração de uma reação adequada à culpa.

b) O legislador é obrigado a tomar ele mesmo as decisões fundamentais sobre o tipo e a extensão das sanções imagináveis e dar ao juiz, de modo mais claro possível, o quadro dentro do qual ele deve se mover. No caso, as exigências ao legislador serão tão mais rigorosas quanto mais intenso for o efeito da intervenção (cf. BVerfGE 86, 288 [311]; em geral sobre o mandamento de determinabilidade em face dos pressupostos da punibilidade: BVerfGE 14, 245 [251]; 26, 41 [43]; 41, 314 [320]; 75, 329 [342]). Quanto mais dura for a pena ameaçada, mais urgentemente é o legislador obrigado a dar ao juiz algumas diretrizes que tornem previsíveis as sanções ameaçadas no caso de preenchimento do tipo penal e que coloquem o cidadão na posição de imaginar a esperada sanção penal.

c) Fazem parte das concretas decisões a serem tomadas pelo legislador as fixações do tipo das sanções que vêm ao caso para o respectivo tipo penal. Isso é ordenado não apenas pelo princípio da culpa, tendo em vista a adequação de tipo e sanção, mas também pelo princípio da determinabilidade, o qual pretende deixar reconhecível ao destinatário normativo a sanção a ser esperada. No caso de cominações dos tipos penais individuais da Parte Geral, deve o legislador basear-se em quadros de penas, das quais se depreendam fundamentalmente a medida mínima de uma pena, assim como o limite superior da sanção, e que construam um quadro de orientação para a ponderação judicial segundo a ilicitude da ação e a medida da culpa. No caso, no que tange à concreta ameaça de pena, pode-se deduzi-la também dos dispositivos da Parte Geral sobre o correspondente tipo de delito (§§ 38 ss. StGB); no entanto, isso não pode levar, na aplicação conjunta com o limite superior da pena, a um quadro de penas sem limites. Esse esconde o risco de deixar não esclarecida a relação normativa entre ilícito e culpa, de um lado, e sanção, de outro, e de tornar a determinação da pena concreta um ato incalculável de decisão judicial.

d) Não por último é o legislador também obrigado por força constitucional à declaração dos critérios de avaliação, os quais devem ser observados na decisão judicial na escolha do tipo de pena e no preenchimento do concreto quadro penal (cf. Schmidt-Aßmann in: Maunz/Dürig, Kommentar zum Grundgesetz, Art. 103 II, n. 197). No caso, são as regras gerais do Código Penal sobre a mensuração da pena (§§ 46 ss. StGB) – ao lado de seu significado para a concretização do princípio constitucional da culpa (cf. BVerfGE 86, 288 [313]) – também uma condição da realização do mandamento de determinabilidade. Apenas com amparo de regras de mensuração da pena codificadas e judicialmente concretizadas pode ser possível, no caso concreto, tornar amplos quadros de penas instrumentalizáveis juridicamente. Assim, oferecem tão somente os fundamentos e mensuração da pena tradicionais, elencados no § 46 StGB, e sua conformação judicial a garantia de que uma pena não é deixada à discricionariedade judicial ilimitada, mas pode ser encontrada dentro de um quadro estruturado [de penas]. Apenas assim será ela previsível aos destinatários normativos e controlável pela Justiça penal. Aqui também as exigências endereçadas ao legislador crescem na medida em que ele ameaçar com sanções que intervenham, de modo especialmente intenso, nos direitos fundamentais de um condenado.

II.

1. O § 43a StGB deve ser medido com base no mandamento de determinabilidade do Art. 103 II GG; a pena patrimonial é, em termos de natureza jurídica e configuração legal, uma pena [como qualquer outra]. Ela submete-se com isso – independentemente da questão até hoje deixada em aberto pelo TCF sobre se o Art. 103 II GG compreende também medidas de segurança da internação e tratamento (cf. BVerfGE 74, 102 [126]; 83, 119 [128]) – à garantia da determinabilidade das sanções.

a) Decisivo para a interpretação de um dispositivo legal será a vontade objetiva do legislador expressa na norma, da maneira como ela resulta do teor da prescrição e do contexto semântico no qual foi colocada (cf. BVerfGE 1, 299 [312]; 11, 126 [132]; jurispr. pacífica). Aqui, colaboram todos os métodos tradicionais da interpretação em combinada legitimidade. Nenhum tem uma prevalência incondicional sobre o outro. No direito penal, cabe com certeza à interpretação gramatical um significado destacado; aqui, o possível sentido literal impõe à interpretação de uma norma justamente em atenção ao Art. 103 II GG um limite que não pode ser ultrapassado (BVerfGE 85, 69 [73]; 87, 209 [224]).

b) Uma interpretação que observe o cânone tradicional de métodos da exegese da lei implica uma classificação do § 43a StGB no catálogo das penas, mesmo que manifestações no processo legislativo as quais chamaram a pena patrimonial de instrumento da retirada de ganhos possam induzir à sua classificação como medida de prevenção ou de segurança (cf. como exemplo o projeto-lei de um Lei de Combate do Comércio Ilegal de Entorpecentes e outras Formas de Criminalidade Organizada [OrgKG], BTDrucks. 12/989, P. 22).

O sentido literal "pena patrimonial" é inequívoco. Sistematicamente, o § 43a StGB foi inserido no 1° Título da Terceira Seção da Parte Geral, que contém as "Penas". Também uma olhada na história da legislação confirma a qualificação da pena patrimonial no § 43a StGB como pena. Assim, os envolvidos no processo legislativo de fato sempre se referiram ao objetivo criminal-político da pena patrimonial de diminuir, de modo abrangente, ganhos patrimoniais e, destarte, deixaram a impressão de que eles teriam introduzido uma medida preventiva. Contudo, nunca deixaram dúvidas de que queriam perseguir esse objetivo apenas com um instrumento que é configurado exclusivamente como pena (cf. o projeto do Governo Federal para uma Lei de Derrogação do Direito Penal – Pena Patrimonial (StrÄndG) –, BTDrucks. 11/5461, p. 5; no mais, a fundamentação do projeto de uma Lei para Combate do Comércio Ilegal de Entorpecentes e outras Formas de Criminalidade Organizada, BTDrucks. 12/989, p. 22). Segundo a clara e expressa vontade do legislador, a pena patrimonial deveria ser, apesar de sua roupagem preventiva, em todo caso por meio da pena pecuniária limitadora do patrimônio do acusado de tipo peculiar, uma verdadeira sanção para um ilícito criminal culpável.

Contra essa classificação da pena patrimonial no catálogo de penas também não fala uma interpretação teleológico-objetiva que se baseie no sentido e no propósito atuais de uma norma e que permita dentro de certos limites adequar e atualizar a definição de conteúdo encontrada na interpretação histórica em prol do cumprimento de tarefas contemporâneas do direito penal (cf. para o direito penal a respeito: BGHSt 10, 157 [159 s.]). Não são reconhecíveis condições fundamentalmente diferentes que poderiam justificar a mudança da interpretação histórica até mesmo porque a norma, de cujo correto entendimento se trata, está vigente desde há muito pouco.

2. O § 43a StGB não corresponde às exigências que o Art. 103 II GG coloca a uma definição de sanção penal. A norma permite – também mediante sua conexão à privação de liberdade e pena patrimonial, que admite um acesso ao patrimônio completo – uma intensa intervenção em direito fundamental e, destarte, teria de satisfazer a elevadas exigências relativas à sua taxatividade.

As inexatidões da lei acompanham todo o procedimento de mensuração da pena que leva à aplicação e mensuração da pena patrimonial. O § 43a StGB não disponibiliza ao juiz penal prescrições segundo as quais ele poderia decidir em quais casos da referência de tipo penal ao § 43a StGB deveria escolher uma pena patrimonial e em quais casos ele não deveria fazê-lo. A decisão sobre a adequação de uma pena patrimonial é tomada solitariamente e sem previsões de conteúdo pelo juiz, embora tivesse sido possível ao legislador para tanto, sem mais, fixar critérios (**a**). O § 43a StGB desiste, no mais, de um quadro de penas determinado, desde o início, em termos de quantia, como tradicionalmente, e transfere ao juiz a determinação de um quadro concreto de penas como ponto de partida da decisão de mensuração sobre a pena patrimonial a ser aplicada no caso concreto. Quando ele não puder, com suficiente segurança, verificar o patrimônio do acusado como limite superior do quadro de penas, então se intensificarão as inexatidões na fixação do quadro de penas ainda mais, pois então se concede ao juiz a possibilidade de avaliar o patrimônio sem que para essa finalidade houvesse previsões na lei (**b**).

No que tange à fixação da pena patrimonial na sua relação com a pena privativa de liberdade, o juiz não encontra parâmetros na lei, com os quais poderia mensurar uma pena patrimonial, relacioná-la à pena privativa de liberdade de fato aplicada e recalcular a pena de privação de liberdade substitutiva em pena privativa de liberdade (**c**).

a) Com a introdução do § 43a StGB, o legislador ampliou o espectro de sanções penais e ofereceu ao juiz por meio de um dispositivo [permissivo] – "pode" – a aplicação de uma pena patrimonial. No caso, a lei define o âmbito de aplicação da nova pena somente mediante duas previsões: casos nos quais uma norma penal expressamente faça referência ao § 43a StGB e à destituição de uma pena privativa de liberdade superior a dois anos. Diferente, por exemplo, do caso de pena pecuniária cumulativa segundo o § 41 StGB, cuja aplicação depende de um enriquecimento ou de uma vontade de enriquecimento do acusado, o legislador desiste, no caso da pena patrimonial cumulativa, de uma concretização legal da decisão judicial sobre o "se" da pena patrimonial. Com isso, transfere a aplicação do § 43a StGB ao programa generalizante de uma decisão de mensuração de pena "considerando-se os propósitos individuais da pena e ponderando-os entre si" (veja fundamentação de um projeto de Lei de Derrogação do Direito Penal – Pena

Patrimonial – StrÄndG, BTDrucks.11/5461, p. 6). Isso é contraditório em relação à fixação de propósito do mandamento de determinabilidade, tendo em vista suas especiais exigências em casos de elevadas e complexas ameaças de pena.

aa) Quando um tipo penal como reação a um comportamento punível previr vários tipos de penas alternativamente ou a lei permitir a aplicação de sanções variadas uma ao lado da outra, então o legislador obriga-se, por força constitucional, a fornecer ao juiz diretrizes para a escolha entre os tipos de penas para que possa, no caso concreto, fundamentar e mensurar uma reação previsível e adequada à culpa. Dessa obrigação constitucional, o legislador já se aproximou bastante mediante a codificação dos princípios gerais da mensuração da pena (§ 46 StGB). Além disso, em casos em que sensíveis afetações de direitos fundamentais sejam ameaçadas por meio de punição estatal ou em que as regras gerais da mensuração da pena não sejam suficientes para uma orientação do juiz, ele busca introduzir regulamentações complementares, com cuja ajuda a relação de vários tipos de penas torne-se entre si determinável. Destarte, com instruções precisas o § 47 StGB, no âmbito da punibilidade no qual, alternativamente, vêm à pauta uma pena privativa de liberdade e uma pena pecuniária, atribui à pena privativa de liberdade a prevalência sobre penas privativas de liberdade curtas. Semelhantemente, determina o § 44 StGB quando uma proibição de direção [de veículos automotores] pode ser ordenada ao lado de uma pena pecuniária ou privativa de liberdade ou o § 41 StGB determina em quais casos uma pena pecuniária cumulativa pode ser aplicada. Por força constitucional, não é sempre ordenado criar, além dos princípios gerais da mensuração da pena do § 46 StGB, regulamentações legais detalhadas sobre a determinação judicial de um tipo de pena; por meio de jurisprudência consistente, podem as regras de mensuração de pena consolidadas ajudar a assegurar a previsibilidade de uma sanção também no que tange ao tipo de pena escolhido pelo juiz. Porém, as peculiaridades do § 43a StGB fazem com que não se realize a expectativa de que a determinabilidade da ameaça de pena legal possa ser garantida mediante as tradicionais regras de mensuração da pena do direito penal geral:

bb) A pena patrimonial é um novo tipo de pena que por causa do tipo de sua mensuração diferencia-se das formas conhecidas de sanção. O § 43a StGB permite, ao lado da pena privativa de liberdade de mais de dois anos, uma pena pecuniária que – de modo quase confiscatório – pode acabar com todo o patrimônio do acusado, sendo que, por isso – como já verificado na fundamentação do projeto de uma Lei de Combate ao Comércio Ilegal de Entorpecentes e outras Formas de Criminalidade Organizada (BTDrucks. 12/989, p. 22) – implica grande intensidade interventiva. Sua aplicação pode facilmente conflitar com o princípio da culpabilidade e pode ter efeito confiscatório.

Assim, é obrigatório por força constitucional equipar o juiz com regras de mensuração da pena que sejam especialmente precisas e confiáveis em prol de uma aplicação segura de tal instrumento novo e "perigoso para direito fundamental".

cc) Esse mandato não foi cumprido pelo legislador. O peso da pena privativa de liberdade e da pena patrimonial em sua relação recíproca permanece não esclarecido e a lei deixa espaço para diferentes modelos e conclusões. Assim, o Governo Federal considerou em seu primeiro projeto de introdução da pena patrimonial que se tratava, no caso dela, de uma sanção especialmente sensível que, para observar o princípio da culpa, teria de ser limitada a casos especialmente graves (BTDrucks. 11/5461, p. 5); ele supôs, portanto – em primeira linha em face da cumulação de ambos os tipos de pena –, uma especial qualidade de ônus que do seu ponto de vista não pode ficar sem efeitos sobre o âmbito de aplicação do § 43a StGB. Por sua vez, a Corte Federal de Justiça defende o entendimento de que se trataria, no caso da pena patrimonial, que correspondentemente à construção legal substituiria uma parte da pena privativa de liberdade em si aplicada, de uma sanção jurídica que, quando comparada a por ela substituída parte da pena privativa de liberdade, seria mais branda (BGHSt 41, 278 [280]); embora a pena patrimonial e a parte da pena privativa de liberdade por meio dela substituída fossem, na perspectiva da Corte Federal de Justiça, de igual modo, adequadas à culpa, a Corte enxerga na duplicação das penas patrimonial e privativa de liberdade um possível beneficio do acusado que a lei acabou aceitando.

Essas avaliações muito diferentes da pena patrimonial deixam claro, por um lado, que peso e efeitos de uma pena, especialmente na relação com outra sanção em tela, não podem permanecer sem influenciar a fixação de seu âmbito de aplicação; por outro lado, comprovam que, quando da introdução de um novo tipo de pena, são necessárias claras diretrizes legais para a vinculação ao existente sistema penal. Para que a decisão judicial permaneça calculável, o legislador é, assim, obrigado a criar ele mesmo determinações na lei; não cumprem essa tarefa as declarações no processo legislativo ou as ideias de objetivos político-criminais gerais na fundamentação de projetos de lei que não tenham encontrado respaldo [textual] na lei.

Por esse motivo, podem não ser trazidas à pauta para análise também as ideias documentadas no processo legislativo, mas não trazidas a termo na lei sobre o âmbito de aplicação do § 43a StGB. Nesse sentido, a Corte Federal de Justiça já recusou, de maneira procedente, a ideia muitas vezes propagada e firmada na decisão impugnada com a [presente, ora decidida] Reclamação Constitucional segundo a qual o § 43a StGB deveria servir a desvendar os ganhos conseguidos pela criminalidade organizada mediante referência ao caráter punitivo da norma (BGHSt 41, 20 [24 s.]). Igualmente, sustentou a Corte Federal de Justiça que não se poderia pautar em uma relevante origem, possivelmente criminosa do patrimônio (cf. BGHSt 41, 20 [25]), com o que ela fulminou a base da reflexão defendida pelo Tribunal Estadual no processo originário, [segundo a qual] com § 43a StGB poder-se-ia enfrentar a dificuldade de que a origem criminosa dos valores patrimoniais seria plausível, mas não se deixaria atribuí-la aos crimes concretos com suficiente segurança (cf. BTDrucks. 12/989, p. 22).

Na extensão em que, de resto, queira-se extrair referências para a interpretação do § 43a StGB da circunstância de que a pena patrimonial fora introduzida no Código Penal justamente na sequência de medidas para o combate da criminalidade organizada, também isso não contribuiria para a determinação do âmbito de aplicação da pena patrimonial em face da fragilidade do conceito de "criminalidade organizada", à qual o legislador não quis dar contornos mais precisos com uma definição.

Portanto, faltam claras especificações legais para a concretização do âmbito de aplicação do § 43a StGB.

b) O legislador também não criou especificações suficientes para a definição do quadro [fechado com as balizas mínima e máxima] da pena patrimonial.

aa) O § 43a StGB possibilita a condenação do acusado ao pagamento de uma quantia em dinheiro, cuja altura é limitada apenas pelo valor de seu patrimônio no momento da Decisão. A pena patrimonial até não se torna, com isso, uma pena pecuniária sem limites quanto à altura. Mas ela não contém – diferentemente da pena pecuniária do § 40 StGB, que não pode superar o valor máximo absoluto de 3,6 milhões de euros – limites mínimo e máximo determinados abstratamente ou ainda apenas determináveis. Sua altura torna-se visível apenas no momento da aplicação concreta do direito ao caso particular; ou seja: deve ser construído, na respectiva situação decisória, um quadro de penas individuais que, na parte superior, seja limitado pelo valor real do patrimônio [do acusado].

O legislador desistiu de traçar ao juiz um limite superior de ônus abstrato, independente do caso e de lhe dar um "clássico" quadro rígido e válido para todos os casos aplicáveis para a pena pecuniária que venha à pauta cumulativamente à pena privativa de liberdade. Em vez disso, optou por um quadro de penas "em movimento" e transferiu sua fixação individual à aplicação judicial do direito; o juiz é constrangido a investigar o limite superior definido pelo valor do patrimônio como ponto de referência da sanção – se necessário, pela via da avaliação prevista no § 43a I 3 StGB.

bb) A decisão por tal quadro de pena individual depara-se com problemas constitucionais. Ela transfere ao juiz uma tarefa que tradicionalmente cabe ao legislador penal. Desiste, sem necessidade, da previsão de um limite superior geral e com isso abre, a depender do tamanho do patrimônio do acusado, um quadro muito amplo de penas, abstratamente sem limites que não pode mais servir como orientação para uma mensuração concreta da pena patrimonial:

(1) O tradicional quadro de penas legalmente fixado transmite uma impressão vinculante da desaprovação que o legislador conectou a um comportamento cominado penalmente (cf. BVerfGE 25, 269 [286]); ele dá ao juiz, portanto, uma orientação normativa e, além disso, define o âmbito delimitado, do qual o juiz pode depreender a pena concreta, considerando a ação concreta e o conteúdo culpável e ilícito nela expressos mediante consideração dos critérios gerais de mensuração da pena no § 46 StGB. Perde-se essa função de orientação do quadro de penas no caso de uma fixação individual do limite superior, de tal sorte que a fixação da altura de uma pena patrimonial concreta não possa [mais] seguir um parâmetro legal (cf. Eser. in: Festschrift für Walter Stree und Johannes Wessels zum 70. Geburtstag, 1993, p. 833 [841]). O limite superior da pena patrimonial baseia-se somente na existência de uma quantidade fática de massa patrimonial (cf. Hörnle, Die Vermögensstrafe, ZStW 108 [1996], p. 333 [346]). Nesse estado de coisas, a previsibilidade de uma pena patrimonial a ser esperada acaba sendo afetada de modo constitucionalmente não mais aceitável, principalmente porque a lei desistiu de critérios específicos para a mensuração da pena patrimonial (veja a respeito a seguir: **B. II. 2. c.**).

(2) Essa incerteza na mensuração da pena patrimonial não se diminui pelo fato de que, correspondendo ao ponto de partida escolhido pelo legislador e pela Corte Federal de Justiça, de maneira procedente, entendido como correto, a pena patrimonial não aparece como ampliadora da pena [total], ao lado da pena privativa de liberdade, mas representa meramente parte de uma quantidade de pena a ser calculada segundo o § 46 StGB que não é modificada mediante a introdução da pena patrimonial (cf. BTDrucks. 11/5461, p. 6-7). A pena privativa de liberdade e a pena patrimonial precisam ser conjuntamente adequadas à culpa (BGHSt 41, 20 [25 s.]); isso é o que exige o princípio da proporcionalidade e da culpabilidade. Segundo essa concepção, uma pena patrimonial até deixa intocada a quantidade de pena que resulta da consideração do § 46 StGB e que é expressa na pena privativa de liberdade; deve-se tão somente diminuí-la [proporcional e inversamente] conforme o nível da pena patrimonial. Mesmo no caso da previsibilidade de uma sanção global adequada à culpa, que se divide em pena patrimonial e privativa de liberdade, isso nada muda na insuficiente determinabilidade de uma pena individual como parte da sanção global.

De resto, existe, na mensuração de uma sanção global, o perigo complementar de uma colisão com o princípio da culpabilidade. A sanção adequada à culpa não pode ser tão facilmente definida no caso de uma cumulação de penas, tal como na fixação de pena única cujos efeitos sobre o acusado são mais previsíveis. Para assegurar que a quantidade global da pena, cuja parte, no mais, é um novo tipo de pena, seja adequada à culpa e o limite máximo de culpa não seja ultrapassado, existia, por isso, também um ensejo para o legislador disponibilizar diretrizes concretas à mensuração judicial.

(3) A não determinabilidade provocada pela decisão contra um tradicional quadro de penas do § 43a StGB é piorada na fixação judicial do limite superior da pena que se orienta pelo patrimônio do acusado e, assim, com uma característica que, por sua vez, leva incerteza à mensuração da pena patrimonial. Um agente até pode conhecer, em regra, sua situação patrimonial e pode correspondentemente – pelo menos teoricamente – prever o valor desse patrimônio e, destarte, o possível ônus máximo (cf. Park, Vermögensstrafe und "modernes" Strafrecht, 1997, p. 64 s.).

Porém, o valor do patrimônio não é apenas uma grandeza imprecisa; além disso, o juiz também pode apreciar esse valor segundo o § 43a I 3 StGB. Por meio dele, surge o perigo de uma ultrapassagem do limite superior legal e de um acesso confiscatório:

(a) O patrimônio é como uma "consubstanciação dos ativos financeiros de uma pessoa" – do qual compromissos [prévia e licitamente assumidos] e objetos declarados como extintos em seu valor têm de ser abatidos – em si definível (cf. BGHSt 41, 278 [281]). O conceito implica, todavia, imprecisões naqueles campos em que se trata da apreciação valorativa concreta do patrimônio, especialmente na avaliação de determinados objetos patrimoniais. Isso revela também o caso do processo originário que está na base da Reclamação Constitucional. Na questão sobre com qual valor deve um imóvel entrar na mensuração da pena patrimonial, contrapõe-se ao entendimento do Tribunal Estadual, segundo o qual se deve basear no valor de mercado conseguido normalmente na venda, o entendimento do Reclamante, segundo o qual apenas o valor de fato a ser realizado que, no caso de venda urgente de uma casa na via de um leilão judicial, pode ficar aquém do valor que normalmente seria alcançado.

(b) Do § 43a StGB não se pode depreender indícios sobre qual interpretação deve prevalecer. No Código Penal, não se encontram, no mais, indicações claras da interpretação correta do conceito de patrimônio. O conceito tem um papel bastante irrelevante no âmbito da sanção penal na relação com a tradicional mensuração de penas. Ao contrário do § 43a StGB, lá importa menos saber em detalhes o que deve entender-se como patrimônio e como deveria ser apurado seu valor. No âmbito da mensuração da taxa diária, trata-se, ao contrário, em primeira linha, de saber se o patrimônio deveria ser por excelência considerado nos casos de acusados abastados patrimonialmente que são menos sensíveis diante dos ônus de uma pena pecuniária (cf. Tröndle/Fischer, Strafgesetzbuch, 50. ed., § 40, n. 22). Caso se responda afirmativamente a essa pergunta, isso leva – sem que seja relevante o valor exato do patrimônio existente – a uma elevação das taxas diárias [a ser] fixada por meio das demais relações pessoais e econômicas do acusado.

Caso se anuísse à apreciação feita pelo Tribunal Estadual e não afastada pela Corte Federal de Justiça do valor de um imóvel que deve ser considerado na pena patrimonial, poderia resultar disso uma pena patrimonial que ultrapassasse o valor do patrimônio real; isso seria então temível quando uma venda não alcançasse, de fato, o verdadeiro valor de mercado de um imóvel. As instruções do § 43a StGB para o juiz criminal excluem tal cálculo de sanção.

cc) A medida de indeterminabilidade legal aumenta mais ainda por meio da cláusula de apreciação no § 43a I 3 StGB. Ela concede ao juiz uma margem decisória ampliada mais uma vez para a fixação do limite superior da pena e, portanto, para a fixação da pena patrimonial como um todo. Normas que deixam o juiz apreciar são criadas para casos em que o valor a ser pesquisado possa ser fixado com suficiente segurança (cf. para a apreciação de ganhos: BGHR, StGB, § 73b – apreciação 1). Elas introduzem com tal fixação inexata ou cálculo genérico uma circunstância que, para a decisão jurídica, é crucial, e um fator de insegurança que codetermina o resultado (cf. Krehl, Die Ermittlung der Tatsachengrundlage zur Bemessung der Tagessatzhöhe bei der Geldstrafe, 1985, p. 168). Uma apreciação traz consigo – mesmo quando se baseie em um fundamento suficiente de apreciação e busque alcançar uma fixação mais próxima possível da realidade – sempre uma grande possibilidade de se distanciar da realidade.

Isso vale também para a valoração do patrimônio, tal como a Corte Federal de Justiça liga-a ao § 43a StGB; ela deve ser permitida segundo princípios gerais (ou seja, não fixados legalmente), mas não exigir um esgotamento completo de todos os imagináveis meios de prova (BGHSt 41, 278 [281]). Ela pode assim – porque não se aplica o princípio da dúvida no seu caso e, por isso, o objetivo de uma valoração não é o valor mais favorável ao acusado (cf. Tröndle/Fischer, *op. cit.*, § 40, n. 26 a) – implicar a fixação de um valor que fique acima do valor real do patrimônio. A consequência que não deve ser aceita constitucionalmente é a determinação de um quadro de penas que – ao contrário da fixação feita no § 43a StGB – não seja mais limitada pelo patrimônio do acusado, mas que o ultrapasse. Sem salvaguardas legais, o § 43a StGB não pode conter o risco de um acesso judicial exagerado e confiscatório do patrimônio.

c) O legislador desistiu, por fim, de trazer à lei critérios para a própria mensuração da pena (veja a fundamentação do Projeto-lei do Governo Federal – Pena – BTDrucks. 11/5461, p. 6). Ele colocou, destarte, a responsabilidade sobre o conteúdo de uma pena patrimonial totalmente nas mãos do juiz, sem ele mesmo ao menos sugerir quais os critérios de mensuração deveriam ser decisivos para a altura da pena patrimonial. Tais critérios ele poderia ter encontrado sem dificuldades, como sempre ocorre em casos em que se fixam o quadro de penas e a diretriz legal da mensuração da pena.

aa) O legislador não pode contar com que a práxis jurisdicional penal seja capaz de, junto à mensuração da pena patrimonial, cumprir as tarefas a ela transferidas com a ajuda dos aspectos tradicionais da mensuração da pena. A fixação de uma pena patrimonial diferencia-se substancialmente da mensuração de uma pena tradicional; os tradicionais princípios da mensuração da pena em regra não ajudam na mensuração de uma pena patrimonial.

Tradicionalmente, o juiz pode depreender a pena de um quadro geral de penas, o qual espelha o conteúdo de desaprovação do delito penal; o quadro da pena patrimonial orienta-se, pelo contrário, pelo patrimônio individual do acusado. Em um primeiro momento, os aspectos do ilícito e da culpa não têm pela lei uma função; eles ganham significado apenas no subsequente processo de reavaliação da pena patrimonial em pena privativa de liberdade, que leva à redução da pena privativa de liberdade em si aplicada e à fixação da pena privativa de liberdade substitutiva em uma determinada altura. Para o primeiro passo, no entanto, [qual seja,] a fixação da pena patrimonial em uma determinada altura, o tradicional direito de mensuração da pena não disponibiliza regras reconhecidas e testadas; ele não conhece situações decisórias a ela comparáveis.

Se o legislador não poderia contar com que o juiz pudesse cumprir a tarefa a ele transferida, tendo em vista o [instrumentário do] tradicional direito de mensuração de pena, então não cumpriu a tarefa que lhe cabe segundo o Art. 103 II GG de, ele mesmo, determinar a medida da pena (cf. Jescheck/Weigend, Lehrbuch des Strafrechts, Allgemeiner Teil, 5. ed. 1996, p. 779). Assim, não se pode prever se a sanção adequada compreende apenas uma pequena ou uma parte mediana do patrimônio ou se ela irá acabar com o patrimônio em sua totalidade. Em face da intervenção em direito fundamental tipicamente ligada à pena patrimonial, esse silêncio do legislador viola os limites colocados pela Constituição.

bb) O legislador também se omitiu em instruir o juiz criminal sobre como ele deveria correlacionar entre si a pena privativa de liberdade e a pena patrimonial. Essa circunstância – que já era relevante para saber se o legislador teria tomado, no que tange ao tipo da pena, as decisões necessárias segundo o Art. 103 II GG (veja a respeito retro: **B. II. 2. a.**) – também deixa a dúvida sobre se o juiz teria sido suficientemente orientado pelo legislador para o concreto recálculo de pena patrimonial em pena privativa de liberdade substitutiva segundo o § 43a III 1 StGB e em pena privativa de liberdade para a redução da em si aplicada pena privativa de liberdade.

(1) No caso, deve-se aceitar constitucionalmente a posição defendida pela Corte Federal de Justiça, segundo a qual o juiz estaria preparado para esse ato de recálculo por conta do direito geral de mensuração de pena, principalmente porque haveria situações comparáveis, nas quais ele já teria de computar prestações pecuniárias realizadas à pena privativa de liberdade (BGHSt 41, 20 [27]). A mensuração de pena como tradução de ilícito e culpa em uma determinada pena não é em princípio um procedimento de cálculo procedimento de cálculo passível de revisão [ser objeto do recurso de revisão] em seus passos individuais, mas [ao qual se chega] a partir de uma apreciação abrangente das relevantes circunstâncias que falem pelo e contra o acusado, as quais a lei elenca exemplarmente no § 46 II 2 StGB. Para a mensuração da pena que, no mais, leve em consideração os efeitos da pena para a vida futura do acusado (§ 46 I 2 StGB), não há um parâmetro rígido que possa simplesmente traduzir o peso do ilícito culpável em uma determinada duração de uma pena privativa de liberdade ou em um número concreto de taxas diárias de uma pena pecuniária. Também penas patrimoniais e penas privativas de liberdade precisam ser adequadas aos acusados em seu efeito global. A questão de como uma pena patrimonial pode ser traduzida em uma determinada [faixa de] altura não se diferencia, assim, em princípio, do procedimento de mensuração de pena geral, junto ao qual o ilícito e a culpa devem ser traduzidos por uma determinada pena privativa de liberdade ou multa. Também naquele caso, trata-se de – com base no ilícito verificado e do individual poder para tanto – encontrar uma medida de pena adequada ao agente, que considere suficientemente também os efeitos dessa pena sobre ele e sua vida futura na sociedade.

(2) Incertezas da conversão de pena patrimonial em pena privativa de liberdade sob o § 43a § 43a StGB surgem, todavia, do fato de o legislador ter até previsto para a pena privativa de liberdade substitutiva um quadro geral de pena de um mês até dois anos, entretanto, ao mesmo tempo, desistido de fixações para a redução da pena privativa de liberdade em si aplicada e, com isso, ter deixado em aberto a relação entre a pena privativa de liberdade substitutiva e o desconto na pena privativa de liberdade. Na situação tipificada na lei, permanece ainda indeterminado se, no caso de uma pena patrimonial que alcance o patrimônio total do agente, deva ser reconhecida a medida máxima da pena privativa de liberdade substitutiva (nesse sentido: BGHSt 41, 20 [26 s.]) ou se – como o Tribunal Estadual entendeu-o – tendo em vista as imagináveis mais elevadas penas patrimoniais, deva ser fixada uma pena privativa de liberdade substitutiva claramente abaixo do limite superior.

(3) Em aberto resta, no mais, saber se uma pena privativa de liberdade substitutiva deva corresponder também à medida daquela pena privativa de liberdade pela qual deve ser reduzida a pena privativa de liberdade em si aplicada. A consideração da Corte Federal de Justiça, segundo a qual seria plausível diminuir, no caso do § 43a StGB, a pena privativa de liberdade em si existente (pelo menos) na altura da pena privativa de liberdade substitutiva (BGHSt 40, 20 [27]), revela não apenas que, em todo caso, não se pode depreender da própria lei parâmetros suficientes, mas deixa claro que a medida de penas privativas de liberdade substitutivas e descontos de penas privativas de liberdade podem ser diferentes.

No caso de uma pena patrimonial muito elevada, é óbvio que, em uma mensuração estritamente orientada pelo princípio da culpa, uma equiparação do desconto da pena privativa de liberdade com a medida máxima da pena privativa de liberdade substitutiva não poderia ser mais [considerada] adequada à culpa, uma redução da pena privativa de liberdade da em si aplicada de apenas dois anos levaria, portanto, à ultrapassagem da culpa (cf. Tröndle/Fischer, *op. cit.*, § 43a, n. 19). Se o juiz, nesse caso – como considerado possível pela Corte Federal de Justiça –, procedesse diante da pena privativa de liberdade substitutiva a uma redução elevada da pena privativa de liberdade em si aplicada, isso teria como consequência, na execução da pena privativa de liberdade substitutiva limitada por força de lei a dois anos, que se infligiria ao agente, em um olhar global, com a original pena privativa de liberdade reduzida em mais de dois anos, um mal penal que não alcança a medida da culpa realizada pelo agente. Quisesse o juiz excluir a possibilidade de tal pena inferior à culpa desde o início, teria somente a via de limitar a redução da pena privativa de liberdade em si aplicada à medida da pena privativa de liberdade substitutiva. Com aplicação do princípio da culpa que no caso da pena patrimonial originalmente pensada proíbe um cômputo limitado a apenas dois anos, obrigatoriamente teria o juiz de adequar a pena patrimonial originalmente prevista e limitar a quantia que, considerando-se a culpa individual do agente particular, corresponda a uma pena privativa de liberdade de dois anos.

Como o juiz lida com essa situação legal não clara, ou seja, se ele manterá a pena patrimonial originalmente prevista e, quando da execução de penas privativas de liberdade substitutivas, aceitará a possibilidade de um mal penal que fique aquém da culpa, ou se ele se decidirá por uma redução da pena patrimonial que corresponda à medida máxima da pena privativa de liberdade substitutiva, [tudo isso] não foi definido pelo legislador e não é previsível pelos destinatários normativos. Essa situação destoa dos objetivos de uma igualdade de ônus e segurança jurídica, as quais, no quadro do mandamento de determinabilidade, exigem do legislador que ele mesmo tome tais decisões de longo alcance.

III.

As Decisões impugnadas do Tribunal Estadual e da Corte Federal de Justiça baseiam-se na dicção da pena sobre a regulamentação legal reconhecidamente inconstitucional do § 43a StGB. Por isso, elas são anuladas [...]. Ao mesmo tempo, o § 43a StGB é como um todo declarado nulo por causa da sua incompatibilidade com o Art. 103 II GG (§ 95 III 2 BVerfGG).

A decisão sobre as custas necessárias decorre do § 34a II BVerfGG.

C.

A Decisão foi tomada com cinco votos a três.

Limbach, Sommer, Jentsch, Hassemer, Broß, Osterloh, Di Fabio, Mellinghoff.

Opinião divergente dos Juízes *Jentsch*, *Di Fabio* e *Mellinghoff* sobre a Decisão [*Urteil*] do Segundo Senado de 20 de março de 2002

– 2 BvR 794/95 –

Ao contrário da maioria no Senado, entendemos que o § 43a StGB não viola a *Grundgesetz* (**I.**). As decisões impugnadas com a Reclamação Constitucional não violam o direito constitucional (**II.**).

I.

O § 43a StGB não viola a *Grundgesetz*, em todo caso não em sua interpretação dada pela Corte Federal de Justiça (BGHSt 41, 20 [24 ss.]).

1. A norma não viola o mandamento de determinabilidade segundo o Art. 103 II GG. Segundo essa norma constitucional, um ato pode ser somente punido se sua punibilidade for determinada legalmente antes de ele ter sido cometido. Isso vale, sobretudo, para o tipo penal, mas também para o tipo e a altura da pena que não podem ser fixadas pelo juiz sem base legal. Contudo, não é ordenado medir um tipo de pena recém-introduzido nas mesmas exigências de determinabilidade [endereçadas a] um tipo penal; o princípio da determinabilidade refere-se, em primeira linha, à Parte Geral do Código Penal (cf. Liedke, Die Vermögensstrafe gemäß § 43a StGB in ihrer kriminalpolitischen Bedeutung, 1999, p. 137 ss.; Appel, Jura 2000, p. 571 [572]).

Não há, em princípio, objeções constitucionais no fato de o legislador abrir ao juiz uma grande margem decisória em face da mensuração da pena. Isso pode até ser exigido por força constitucional a fim de possibilitar ao juiz uma suficientemente elevada medida de Justiça ao caso concreto. A *Grundgesetz* coloca a pessoa individual no centro do ordenamento jurídico; por isso, é relevante para a punibilidade estatal fixar a culpa do agente, sua responsabilidade sobre a ação de acordo com as especificidades individuais. O § 46 StGB leva especialmente em consideração o princípio da punição adequada à culpa, a norma é expressão desse princípio (BVerfGE 86, 288 [313]). O § 46 StGB desenvolve, em toda sua extensão, sua função direcionadora do juiz criminal também no caso da aplicação da pena patrimonial. Do pensamento de punir baseando-se no ato e no agente, seguem especificidades metodológicas da decisão sobre a sanção jurisdicional-penal. Ela representa um procedimento de avaliação, junto ao qual deve ser trabalhado um conjunto de diferentes fatores e que, assim, diferencia-se da subsunção clássica [de fatos] sob os conceitos do tipo penal. Os aspectos de mensuração da pena a serem utilizados pelo juiz no abrangente processo de ponderação, caracterizadores do ato e do agente, são complexos e muito diferentes em cada caso. Por isso, uma ameaça de sanção que abra uma margem decisória ampla pode ser especialmente adequada a levar em consideração o caso particular e, com isso, servir à Justiça concretizada. Por isso, o Art. 103 II GG ordena direcionamentos legais de condutas por meio de previsibilidade apenas para os pressupostos da punibilidade assim como para o tipo e o limite máximo da pena, mas não para o tipo e a altura da pena adequada ao caso particular (cf. Liedke *op. cit.*, p. 139).

2. Ao contrário da maioria no Senado, entendemos que o § 43a StGB satisfaz as exigências que o Art. 103 II GG apresenta para a determinação jurídico-penal. No contexto das normas penais, que referenciam o § 43a StGB e mediante consideração dos princípios da mensuração da pena, existem para o juiz suficientes diretrizes sobre em quais casos a pena patrimonial deva ser escolhida (**a**). Nem a extensão do quadro de sanções e a desistência de um limite superior numérico para a pena (**b**) nem as dificuldades [implícitas] na pesquisa do patrimônio no caso concreto (**c**) implicam a indeterminabilidade inconstitucional da regulamentação de sanções do § 43a StGB. Finalmente, a falta de uma chave de conversão legal para a diminuição da pena privativa de liberdade em si aplicada, tendo em vista a altura da pena patrimonial, não torna a norma indeterminada (**d**).

a) A determinabilidade está presente, primeiro, em relação ao "se" da aplicação de uma pena patrimonial ao lado de uma pena privativa de liberdade de mais de dois anos. Também na medida em que o próprio § 43a StGB não contém uma concretização da decisão do juiz por ou contra um tipo de pena, distinguindo-se, nesse aspecto, de outras regulamentações de sanção, como os §§ 41, 44 e 47 StGB, podem ser suficientes diretrizes legais do conteúdo e do contexto regulamentar daqueles tipos penais que façam referência ao § 43a StGB.

A pena patrimonial somente é possível em caso de delitos que, segundo as experiências da práxis, forem praticados no campo da criminalidade organizada com elevada expectativa de ganhos (cf. Liedke *op. cit.*, p. 140). As normas penais dentro do Código Penal que fazem referência ao § 43a StGB são aquelas que se conectam ao fato de o agente agir como membro de um bando para o cometimento permanente de ações do mesmo tipo. Diferente é, em parte, o caso dos tipos da Lei de Entorpecentes, em que o § 30c BtMG referencia o § 43a StGB. Contudo, lá o decisivo cometimento da comercialização de entorpecentes vai no mesmo sentido; com efeito, comercializar entorpecentes é por princípio orientado a ganhos (cf. BGHSt 43, 158 [161 s.] com mais ref.). Para os demais tipos penais de referência nos §§ 84, 84a AsylVfG, 92a e 92b AuslG vale algo semelhante (cf. Aurnhammer, Spezielles Ausländerstrafrecht, 1996, p. 29).

A configuração típico-normativa das normas penais que referenciam o 43a StGB contém a esse respeito um pouco [alguns elementos] de mensuração antecipada da pena (cf. Thiele, Vermögensstrafe und Gewinnabschöpfung, 1999, p. 105). O legislador refere-se ao § 43a StGB em determinados delitos de bandos no Código Penal: criminalidade de tráfico de pessoas segundo os §§ 84, 84a AsylVfG, 92a, 92b AuslG e comércio atacadista de entorpecentes. Essas categorias de tipos penais são indicadores de criminalidade organizada, que tipicamente é conectada a elevados ganhos. Decidir-se pela aplicação de uma pena patrimonial pode ser, por isso, em harmonia com a concepção legislativa também dependente da verificação sobre se o ato a ser julgado pode ser classificado na criminalidade organizada voltada ao ganho financeiro (cf. LG Bad Kreuznach, StV 1994, p. 140 [141]; Lackner/Kühl, StGB, 24. ed., § 43a, n. 9).

Aspectos gerais de mensuração de pena (§ 46 StGB) resultam em complementares aspectos para quando uma pena patrimonial deva ser aplicada (BGHSt 41, 20 [25]). Das normas individuais que se referem ao § 43a StGB, da sua sistemática e dos propósitos penais reconhecidos resulta que a aplicação da pena patrimonial, ao lado de uma longa pena privativa de liberdade, serve para retirar do agente os meios pelos quais ele, futuramente, de outro modo, poderia valer-se para o financiamento de mais crimes (cf. BGHSt 41, 20 [26]). Considerando-se os propósitos repressivos das penas, a pena patrimonial pode servir para produzir efeitos permanentes sobre criminosos que tenham agido com intenção de auferir ganhos financeiros e que devem ter seu patrimônio atingido de modo sensível. Diante de penas privativas de liberdade, tais agentes são, de acordo com a experiência, menos sensíveis do que agentes sem patrimônio, porque eles veem a prisão de modo mais despojado por conta da possibilidade de uso posterior de seu patrimônio. A exigência de uma igualdade de ônus pode a esse respeito ordenar que, em cada caso, imponha-se aos criminosos com patrimônio a aplicação cumulativa de uma pena [de pagamento] de quantia em dinheiro e uma pena privativa de liberdade e, assim, configurar também a pena privativa de liberdade para esses agentes de modo mais sensível, enquanto agentes sem patrimônio são impressionados o bastante [já apenas] por meio de uma pena privativa de liberdade. O § 43a StGB cumpre, portanto, tendencialmente, tarefas semelhantes àquelas do § 41 StGB (cf. Liedke *op. cit.*, p. 23), cuja indeterminabilidade em face da escolha do tipo da pena pelo juiz até agora não foi aceita [em outras palavras: aceitou-se o tipo como determinado o bastante].

b) O § 43a StGB também não viola por causa da regulamentação sobre a altura da pena patrimonial o mandamento de determinabilidade do Art. 103 II GG. À pena patrimonial deve corresponder uma pena privativa de liberdade substitutiva de um mês a até dois anos. Nesse ponto, foi fixado tanto um limite superior quanto um limite inferior (cf. BGHSt 41, 278 [280]; von Selle, wistra 1993, p. 216 [218] e 1995, p. 161 [165]). O juiz pode, em orientação prévia, encontrar na pena privativa de liberdade substitutiva um parâmetro para a sanção adequada à culpa (cf. Zipf, ZStW 77 [1965], p. 526 [531 s.]). A pena patrimonial insere-se, assim, na sanção global que, por sua vez, precisa ser adequada à culpa (cf. BGHSt 41, 20 [26]). A pena do § 43a StGB em termos de agente e ato é um equivalente à pena privativa de liberdade em si aplicada. A pena privativa de liberdade substitutiva é, por isso, uma dedução da pena privativa de liberdade em si aplicada que, segundo a jurisprudência, deve ser, primeiro, determinada pelo juiz dos fatos. Se, no caso particular, excepcionalmente – por exemplo, preventivamente para a compensação de outros tipos de incertezas quanto à aplicação jurídica – for deduzida mais do que a altura da pena privativa de liberdade substitutiva da pena privativa de liberdade em si aplicada, então isso não prejudicará o condenado. Não muda também nada no princípio de que a pena patrimonial, a pena privativa de liberdade substitutiva e sua compensação na pena privativa de liberdade original correspondem entre si.

Dentro desse quadro, a pena patrimonial é, segundo a lei, limitada somente por meio do valor do patrimônio. Isso é um amplo quadro. Todavia, quadros de sanções não são já por causa de uma amplitude indeterminados no sentido do Art. 103 II GG. Que a altura individual da soma de dinheiro não possa ser, diferentemente do que no caso da multa, legalmente determinada, não implica a indeterminabilidade. Nesse ponto, torna-se suficientemente claro o que o legislador parlamentar pode fazer de modo constitucionalmente inquestionável para satisfazer os parâmetros de determinabilidade [reivindicados pela] da maioria no Senado. Caso ele fixasse, no caso da multa, uma soma máxima absoluta, incorreria no perigo de violar o Art. 3 I GG. Com efeito, um limite superior de ônus favorece, no âmbito do propósito perseguido pelo legislador, o agente rico (cf. Fehl, Monetäre Sanktionen im deutschen Rechtssystem, 2002, p. 83 s.). Com a pena patrimonial, os agentes, no âmbito da criminalidade organizada, são tratados justamente de modo igual porque cada agente precisa contar com a perda de todo seu patrimônio. No caso de uma soma máxima, poderia estar seguro de manter uma parte do patrimônio justamente aquele que tiver grande patrimônio; a ele permaneceria também uma possibilidade, se possível já desde a prisão, de empregar o patrimônio para o prosseguimento de crimes. A fixação de um limite máximo, por exemplo, de 10 milhões de euros para uma pena patrimonial contra grandes comerciantes de drogas, que até então ganharam milhões (cf. BGHSt 43, 158 [160 s.]), ou para um estelionatário do mercado de capitais, cujas ações podem alcançar somas de danos no âmbito de várias centenas de milhões (cf. BGHSt 43, 149 [150]), contribuiria pouco para a determinabilidade do quadro de sanções; ela pareceria arbitrária. Nesse contexto, não pode resultar do mandamento de determinabilidade do Art. 103 II GG uma obrigação do legislador de colocar limites numéricos para a mensuração do quadro de sanções.

No mais, quadros de sanções amplos podem ser [...] necessários para tornar possíveis reações flexíveis diante de novos fenômenos. [...].

[...].

c) O § 43a StGB também não viola, destarte, o Art. 103 II GG porque ele coloca o valor do patrimônio do agente como fator de mensuração para a pena patrimonial. Ao contrário, a escolha justamente do patrimônio contribui essencialmente para a determinabilidade da cominação do § 43a StGB. Diferentemente de critérios normativamente compostos da cominação que tornam o quadro de penas, por exemplo, dependente da especial gravidade da culpa, trata-se, no caso do patrimônio, de um conceito empírico. Sua aplicação é metodologicamente mais bem assegurada e revisável do que do que modelos normativos. Ele é facilmente acessível ao controle da interpretação jurisdicional penal dos fatos e submete-se – também no caso da apreciação – à revisão completa pelos tribunais competentes. O particular pode prever o ônus máximo [infligível] pela sanção e pode controlá-lo na via jurisdicional.

[...].

d) Pelo fato de que, no § 43a StGB – diferentemente do que ocorre no caso de uma multa calculada por taxas diárias –, falta um parâmetro de conversão válido para o sopesamento de pena pecuniária e pena privativa de liberdade, não se chega igualmente a uma violação do Art. 103 II GG (cf. Horn, in: SK-StGB § 43a n. 9; Tröndle/Fischer, StGB, 50. ed., § 43a n. 4). A prescrição de uma fórmula exata de cálculo para uma pena pecuniária não é nem possível (cf. Bringewat, NStZ 1993, p. 316 [317]; Liedke *op. cit.* p. 57) nem necessária por força constitucional (cf. Groth, Verdeckte Ermittlungen und Gewinnabschöpfung, 1996, p. 179). [...].

O problema da comparação entre multas e penas privativas de liberdade existe em geral e não se diferenciaria daquele de converter a compensação de culpa ordenada em uma quantia em dinheiro ou em uma pena privativa de liberdade de determinada altura. [...].

3. Se o legislador fosse seguir a exigência da maioria no Senado e fixar uma fórmula exata de conversão entre penas privativas de liberdade e penas patrimoniais, então se teria ganhado pouco com isso em termos de determinabilidade, enquanto o juiz criminal seria regulamentado fortemente demais junto à mensuração da pena. Com o § 46 StGB, o programa legal para a composição da pena encontra-se fixado de modo suficiente e correspondente à culpa. No caso, ele deve estimar a pena patrimonial e seu efeito sobre o agente de modo tão exato como ele precisa fazer no caso da atual pena privativa de liberdade ou da aplicação de penas colaterais. Um agente que não se impressiona suficientemente com a pena privativa de liberdade será possivelmente apenas punido de modo adequado à culpa se uma pena patrimonial for aplicada até o limite de todo o seu patrimônio. Estimá-lo é o núcleo da tarefa jurisdicional de mensuração da pena. O juiz pode ser enfim mais bem direcionado pelos princípios gerais do § 46 StGB, sem incorrer no perigo de, por meio de uma medida muito elevada de determinabilidade legal, não levar em consideração as especiais circunstâncias do ato e do agente.

A concretização da pena patrimonial exigida do legislador pela maioria no Senado conduz, em sede de conclusão, a uma aproximação da multa – que, portanto, acaba se tornando o modelo constitucionalmente exigido para intervenções no patrimônio com propósitos penais – e retiraria de uma recém-configurada pena patrimonial boa parte de seu efeito dissuasivo. Assim, retira-se da mão do Estado constitucional liberal uma arma que, segundo a avaliação do legislador parlamentar, é necessária para se enfrentar novos tipos de situações de ameaça a bens jurídicos prevalentes. A criminalidade organizada é um mal básico de sociedades modernas. Com seus massivos meios financeiros, ela ameaça bens jurídicos individuais, decompõe a ordem pública em um processo moroso e diminui a confiança dos cidadãos na Constituição liberal.

4. Por fim, não se vislumbra como um [suposto] efeito "confiscatório" visto pela maioria no Senado violaria o Art. 103 II GG. Esse efeito poderia ser mais plausível em um exame feito com base no parâmetro do Art. 14 GG.

Pode, entretanto, restar em aberto se a pena patrimonial atinge o Art. 14 GG, pois, na pior das hipóteses, viola o direito fundamental de propriedade [apenas] um confisco do patrimônio completo não orientado pela medida da culpa (cf. Eser. in: Festschrift für Stree/Wessels, 1993, p. 833 [838]; Liedke, *op. cit.*, p. 99 ss.; Perron, JZ 1993, p. 918 [919 ss.]; Weßlau, StV 1991, p. 226 [234]).

De resto, uma pena patrimonial é classificada, de modo correto, pela jurisprudência dos tribunais como uma pena pecuniária (BGHSt 41, 20 [24 s.]) que se insere, de modo adequado, à culpa em um quadro para a sanção geral e suas partes e que também não sirva, por exemplo, solitariamente a um desvendamento de ganhos sob suspeita (cf. BTDrucks. 11/5461, p. 5). Assim, a pena patrimonial não é orientada a um efeito de estrangulamento (cf. Liedke, *op. cit.*, p. 109 ss.; Park, Vermögensstrafe und "modernes" Strafrecht, p. 75 ss.). A Corte Federal de Justiça parte, destarte, do fato de que uma pena patrimonial que leve à retirada de todo o patrimônio é rejeitada, em regra, quando, por meio dela, sejam temidas consequências negativas para a vida posterior do agente na sociedade. Isso decorreria já do § 46 I 2 StGB e não precisaria de mais regulamentação legal. Por fim, deve-se, segundo o mandamento de ressocialização, a cada condenado deixar de seu patrimônio para o tempo posterior à sua soltura uma ajuda inicial para que ele possa utilizá-la de modo coerente à sua reinserção social. Considerando-se esses fatores, a pena patrimonial em regra não implica uma destituição do patrimônio como um todo que constitui apenas um limite superior extremo dentro de um quadro de sanções.

II.

As decisões prolatadas no processo originário não violam direito constitucional específico (cf. BVerfGE 95, 96 [128]). A pena patrimonial aplicada ao Reclamante não é, sobretudo, nem em si considerada nem na visão conjunta com a pena privativa de liberdade encontrada na terça parte inferior do quadro de penas, inadequada ou desproporcional. [...].

[...].

A decisão do Tribunal Estadual também não se baseia na consideração de um ganho monetário sob suspeita (cf. Decisão, p. 80/81), pois o Tribunal Estadual declarou a esse respeito a aquisição de patrimônio pelo Reclamante como razão determinante de mensuração da pena. A aceitação dessa decisão pela Corte Federal de Justiça corresponde ao direito revisional (§ 337 StPO).

Jentsch, Di Fabio, Mellinghoff.

Capítulo 19
Ne bis in idem (Art. 103 III GG)

Artigo 103 [oitiva judicial; irretroatividade da lei penal; ***ne bis in idem***]

(1)...

(2)...

(3) Ninguém poderá ser punido mais de uma vez pelo mesmo ato com base nas leis penais gerais.

A. Notas introdutórias

Por intermédio da presente garantia constitucional, a exemplo das três garantias retro apresentadas alcunhadas pela ciência jurídico-constitucional alemã como "direito igual a direito fundamental",[290] garante-se a qualquer sujeito de direito submetido ao poder estatal alemão a vedação da dupla punição pelo mesmo ato definida pelo bastante conhecido brocardo latino que intitula o presente capítulo. Trata-se de um princípio jurídico-penal bastante antigo que encontrou respaldo na *Grundgesetz* em razão de ocorrida sistemática violação por leis, interpretações e aplicações normativas durante o império do nacional-socialismo.

Por esse princípio, garante-se a coisa julgada derivada de decisões judiciais definitivas e, assim, concretiza-se a segurança jurídica. A tradicional tensão entre

290. Ao contrário dos direitos iguais a direitos fundamentais estudados nos **Capítulos 16** e **17** do Art. 101 I 2 GG (juiz natural) e do Art. 103 I GG (oitiva judicial) em relação aos quais alguns autores, de modo não isento de questionamentos jurídico-dogmáticos, atribuem a função prestacional (*status positivus*), aqui, como no caso da garantia do Art. 103 II GG (irretroatividade e determinabilidade da lei penal), tem-se um direito, exclusivamente, de *status negativus* em face dos três poderes, mas especialmente do Poder Judiciário, conforme reconhecem até mesmo os aludidos autores. Nesse sentido, cf. Ipsen (2018: 264). No mais, v. Hufen (2018: 361-362) e Manssen (2018: 250).

a segurança jurídica e a Justiça material, implícita no efetivo sancionamento de violação de normas penais, apenas pode ser resolvida no contexto do Estado de direito que, em tese, exige a satisfação de ambos, em prol de um deles. Tendo em vista o risco de abusos historicamente confirmados, a ordem constitucional alemã opta, em princípio, por aceitar que, eventualmente, não se concretize a Justiça material, assegurando uma liberdade individual contra a repetição de uma acusação jurídico-penal.

Como no caso do Art. 103 II GG e dos demais direitos iguais a direitos fundamentais estudados nos últimos três capítulos, também o presente é um direito cuja área de proteção tem marca normativa, o que significa que ele pressupõe as leis penais e, especialmente, o instituto da coisa julgada, tal como o princípio *ne bis in idem* foi formado e reconhecido no direito processual penal alemão. Não obstante, isso não significa que "todas as tradicionais restrições ao princípio sejam constitucionais".[291] Apenas o conteúdo nuclear do princípio foi recepcionado pelo Art. 103 III GG. Por fim, como na garantia do Art. 103 II GG (*nulla poena sine lege*), também a presente garantia pode ser entendida como limite do limite, mas tradicionalmente é aplicada nos três graus da área de proteção à justificação constitucional da intervenção estatal naquela.[292]

I. Área de proteção

Para a definição da área de proteção, a explicação dos três seguintes aspectos são imprescindíveis: mesmo ato, as leis penais gerais e a singularidade temporal da persecução penal.

1. Mesmo ato

O primeiro pressuposto conceitual para impedir nova ação e condenação penal é a expressão "mesmo ato". Ela significa, segundo a consolidada jurisprudência do TCF, "um processo histórico sobre o qual se referem a denúncia penal e a decisão de abertura da ação penal e dentro do qual o acusado, como agente ou partícipe concretizou [segundo aquelas] o tipo penal". Isso é definido se a partir de "um modo de observação natural, pode ser reconhecido um processo vital unificado".[293] De resto, distinguem-se os conceitos processual e material de ato, no sentido de a expressão "a mesma ação", na acepção do § 52 I StGB, representar dois atos segundo o Art. 103 III GG: enquanto a regra da Parte Geral do Código Penal diz respeito à composição do veredito da culpa e pena, o Art. 103 III GG

291. Kingreen e Poscher (2018: 353).
292. Cf. Kingreen e Poscher (2018: 353).
293. Cf. com referência à Decisão do TCF publicada em BVerfGE 56, 22 (28 ss.): Kingreen e Poscher (2018: 354).

refere-se, exclusivamente, aos limites da coisa julgada penal, o que foi precípuo objeto da **Decisão # 79**, a seguir.

Não obstante essa delimitação entre os conceitos de ato penal no sentido penal-*processual*/ação penal e penal-*material*, o aparecimento de novas circunstâncias em momento posterior à sentença penal transitada em julgado não pode levar à admissão de que não se está diante do mesmo ato no sentido do Art. 103 III GG.

2. As leis penais gerais

O conceito de "leis penais gerais" engloba todo o direito penal alemão. Segundo o Art. 74 I, n. 1 GG também o direito de ordem pública.[294] No caso de normas disciplinares e de códigos de ética profissional, não se têm, em princípio, leis penais gerais na acepção da cláusula *ne bis in idem* do Art. 103 III GG. Porém, sua inclusão na vedação pode ser derivada do mandamento do Estado de direito e do princípio da proporcionalidade. Assim, uma pluralidade de punição não pode ser excluída de plano por causa dos diferentes propósitos perseguidos. No estágio da justificação constitucional de intervenções estatais na liberdade, a primeira sanção aplicada poderá ser computada no cálculo da segunda.[295]

3. Singularidade temporal da persecução penal

Embora segundo o teor do Art. 103 III GG apenas a aplicação de sanção penal por causa do mesmo ato seja vedada, a singularidade temporal da persecução penal abrange também e especialmente as sentenças penais absolutórias transitadas em julgado. Excluído é, de plano, já o início de uma ação penal.[296]

No que tange às demais decisões processuais-penais, sua possível repetição dependerá de se verificar se uma decisão transitada em julgado compreendeu-as especificamente. Arquivamentos de inquéritos pelo Ministério Público podem ser, por exemplo, desarquivados e conduzirem a uma ação penal pública sem comprometer a cláusula *ne bis in idem*.

II. Intervenção estatal

Uma intervenção estatal pode, em tese, estar presente quando da repetição de persecução penal baseada no mesmo ato e da revisão penal desfavorável ao acusado. Trata-se de uma intervenção estatal implícita na aplicação de uma norma

294. Cf. Kingreen e Poscher (2018: 354).

295. *Ibid.* Cf. também Manssen (2018: 250); Hufen (2018: 361 s.) e Ipsen (2018: 265).

296. Fala-se, nesse contexto, em "consumação da denúncia" ou em "efeito de bloqueio". Cf., por exemplo, Ipsen (2018: 265) – "efeito de bloqueio" – e Windthorst (2013: 685) – "consumação da denúncia" – com menção à BVerfGE 94, 351 (364).

do Código de Processo Penal Alemão, o § 362 StPO, que prevê quatro hipóteses de revisão criminal desfavorável ao acusado.[297]

Por sua vez, a revisão criminal favorável ao acusado, prevista no § 359 StPO, obviamente não representa uma intervenção estatal no direito igual a direito fundamental do Art. 103 III GG.

III. Justificação Constitucional

A intervenção estatal consubstanciada no § 362 StPO e em sua interpretação e aplicação judiciais pode ser em tese justificada constitucionalmente se o seu propósito em si e de sua interpretação e aplicação judiciais corresponderem a um limite constitucional previsto ao Art. 103 III GG.

À pauta e em tese vem apenas o direito constitucional colidente, uma vez que o direito foi outorgado sem reserva legal.[298] Tem-se trazido à pauta, no caso, apenas a Justiça material, afirmando-se que "em estando presentes as causas revisionais do § 362 StPO, a manutenção da coisa julgada afetaria de modo insuportável a Justiça material".[299]

A admissão desse limite torna, entretanto, a própria aplicação do limite do limite, consubstanciado no princípio da proporcionalidade, inviável a partir de uma avaliação do intérprete carregada de subjetividade. O § 362 StPO é, portanto, de constitucionalidade muito questionável em face do Art. 103 III GG.

B. Decisões do TCF

78. BVerfGE 23, 191 (*Dienstflucht*)

Reclamação Constitucional contra Decisão Judicial

07/03/1968

MATÉRIA

Trata-se da decisão conjunta de oito Reclamações Constitucionais movidas contra vários tribunais que condenaram, pela segunda vez, os Reclamantes pela contravenção de **deserção da prestação do serviço** (*Dienstflucht*) civil substitutivo ao serviço militar obrigatório, definida em lei especial (*ErsDiG – Ersatzdienstgesetz*), fundamentando suas decisões

297. Cf. Windthorst (2013: 686).

298. Para alguns autores como Hufen (2018: 361) também não vem à pauta, sequer em tese, o direito constitucional colidente ou "limite imanente" como alguns o alcunham, representando toda e qualquer intervenção estatal uma violação do Art. 103 III GG.

299. Cf. com mais referências: Kingreen e Poscher (2018: 356).

condenatórias na suposta natureza de delito continuado da recusa na prestação do serviço substitutivo.

O TCF reconheceu, nas decisões impugnadas, a violação do princípio *ne bis in idem*, tal qual consagrado no Art. 103 III GG. Consequentemente, anulou todas as decisões. Na fundamentação, os efeitos do Art. 4 GG (liberdade de consciência, confissão e crença) desempenharam um papel relevante na definição da *unicidade* da ação, tomada erroneamente como delito continuado pelos tribunais ordinários.

EMENTAS

1. O mesmo delito na acepção do Art. 103 III GG também está presente quando o repetido não cumprimento de uma convocação para o serviço civil substitutivo [ao serviço militar] dever-se a uma decisão de consciência do acusado, tomada definitivamente e com efeito contínuo; uma condenação por deserção ocorrida nesse interregno não se opõe a isso [a esse reconhecimento].

2. Um Senado do Tribunal Constitucional Federal pode divergir em uma questão jurídica de um entendimento jurídico do outro Senado contido em uma comissão preliminar convocada de acordo com o § 93a II BVerfGG sem convocação do Plenário.

Decisão [*Beschluss*] do Segundo Senado de 7 de março de 1968

– 2 BvR 354, 355, 524, 566, 567, 710/66 e 79, 171, 431/67 –

No processo das Reclamações Constitucionais 1. De Erhard Kü... contra a Decisão do Superior Tribunal Estadual de *Stuttgart* de 23 de maio de 1966 (3 Ss 743/65) – 2 BvR 354/66 – [...].

Dispositivo:

1. As Decisões do Superior Tribunal Estadual de *Stuttgart* de 23 de maio de 1966 [...] violam o direito do Reclamante decorrente do Artigo 103 Parágrafo 3 da *Grundgesetz* e são anulados. As matérias são devolvidas ao Superior Tribunal Estadual de *Stuttgart* (3 Ss 743/65 und 3 Ss 83/66) e aos Juízos de Primeira Instância de *Ulm/Donau* (2 Ms 9/66), *Nürtingen* (4 Ds 45/66) e *Biberach/Riß* (2 Ms 68/65).

2. A Decisão (*Urteil*) do Superior Tribunal Estadual de *Köln* de 19 de maio de 1967 (Ss 88/67 – Kü... –) e as Decisões originárias do Tribunal Estadual de *Aachen* de 6 de dezembro de 1966 (11 Ms 20/65) e do Juízo de Primeira Instância de *Gemünd/Eifel* de 13 de setembro de 1966 (I e 58/65) violam o direito do Reclamante decorrente do Artigo 103, Parágrafo 3 da *Grundgesetz* e são anuladas. Devolve-se a matéria ao Juízo de Primeira Instância de *Gemünd/Eifel*.

3. As Decisões do Supremo Tribunal Estadual de Bayern de 23 de agosto de 1966 [...] violam o direito do Reclamante decorrente do Artigo 103, Parágrafo 3 da *Grundgesetz* e são anuladas. Devolvem-se as matérias ao Tribunal Estadual de *Nürnberg-Fürth* (848 Ns 776/65 und 787 Ns 632/65) e ao Juízo de Primeira Instância de *Nürnberg* (251 Ms 88/65).

4. Não se conhece por inadmissibilidade a Reclamação Constitucional do Reclamante Que..., na extensão em que se dirige contra o § 53 da Lei do Serviço Civil Substitutivo [do militar] na redação de 16 de julho de 1965 (Diário de Leis Federais I, p. 984) – antigamente: § 37 da mesma lei na redação de 13 de janeiro de 1960 (Diário de Leis Federais I, p. 10).

RAZÕES

A. – I.

1. Os Reclamantes são membros da comunidade religiosa Testemunhas de Jeová e reconhecidos como recusantes[300] da prestação do serviço militar. Como não seguiram sua convocação para o cumprimento do serviço civil substitutivo, foram condenados pelos tribunais penais competentes por [crime de] deserção segundo a Lei do Serviço Substitutivo Civil (§ 37 da Lei de 13 de janeiro de 1960 – BGBl. I, p. 10 – e § 53 da Lei na redação dada em 16 de julho de 1965 – BGBl. I, p. 984), a seguir: ErsDiG – a penas de detenção entre 2 e 8 meses. Os Reclamantes cumpriram inteiramente essas primeiras penas.

2. Em parte após o trânsito em julgado de seus processos penais, em parte durante ou após o cumprimento das penas, os Reclamantes foram, pelo Ministro do Trabalho, como órgão competente para a convocação ao serviço substitutivo civil, novamente intimados do chamamento [concreto] para o início do serviço ou de um novo aviso de convocação, que eram [administrativamente] sujeitos à impugnação. Uma vez que os Reclamantes novamente não iniciaram o serviço substitutivo civil, foram novamente acusados de deserção (*Dienstflucht*) pelo Ministro do Trabalho e condenados:

a) – h) [...].

3. [...].

II.1.a) – d), 2. – 3., III.1. – 3. [...]

B.

[...]

300. Ainda chamados, em verdade, literalmente, de "recusantes do serviço de guerra" – *Kriegsdienstverweigerer*; para o vernáculo tem sido utilizada também a expressão "objetores de consciência" (*Wikipedia*).

C.

1. As decisões impugnadas violam o direito dos Reclamantes previsto no Art. 103 III GG. De acordo com dispositivo constitucional, ninguém poderá, com base nas leis penais gerais, ser punido mais de uma vez pelo mesmo ato.

1. a) A norma jurídica *"ne bis in idem"* valeu desde sempre como preceito fundamental do direito processual penal. Ela foi claramente reconhecida pela jurisprudência como direito vigente para as decisões judiciais (*Urteile*) prolatadas com base em audiência (debate oral). Por intermédio do Art. 103 III GG, ela adquiriu status constitucional. O princípio *"ne bis in idem"* exclui a persecução penal repetida do mesmo ato que fora objeto do primeiro julgamento; por outro lado, quando uma outra ação está em questão, o princípio não se torna aplicável pelo fato de que esse ato e o primeiro tenham a mesma natureza. Decisivo é o processo histórico, ao qual se referem a acusação [denúncia] e a decisão judicial de [seu] recebimento [*Eröffnungsbeschluss*), e no qual os acusados teriam cometido ou participado de uma conduta tipificada. [...].

b) Quando se tomam por base esses princípios da interpretação do Art. 103 III GG, desenvolvidos antes da entrada em vigor da *Grundgesetz*, não se pode ignorar que, com sua entrada em vigor, esse antigo direito existente passou a ser orientado, em seu conteúdo, pela ordem axiológica objetiva da *Grundgesetz* (BVerfGE 7, 198 [205]). Portanto, esses princípios devem ser interpretados à luz dos direitos fundamentais (cf. BVerfGE 3, 249 [205]).

2. Os tribunais, cujas decisões os Reclamantes atacam, defendem a opinião segundo a qual o Art. 103 III GG não se opõe a uma nova persecução penal e aplicação de pena por deserção, embora os Reclamantes tenham apoiado sua repetida recusa de prestar o serviço substitutivo civil nas mesmas razões de consciência que já haviam fundamentado sua primeira evasão. Trata-se – conforme argumenta, por exemplo, o Superior Tribunal Estadual de *Stuttgart*, em sua decisão (*Urteil*) contra o Reclamante Str., de 23 de maio de 1966, – no caso da contravenção da deserção – também na forma da evasão do serviço substitutivo civil – de delito continuado. Assim sendo, o comportamento punível de quem está obrigado a prestar o serviço, que não atendeu à primeira convocação, teria sido interrompido pela – primeira – condenação a ele ligada. Por isso, o comportamento posterior (que preenche os elementos do tipo penal) não seria abrangido pela primeira condenação, permanecendo punível em sua qualidade de novo delito na acepção do § 264 StPO.

3. Essa concepção jurídica não pode ser seguida. *O mesmo delito* na acepção do Art. 103 III GG também está presente quando o repetido não cumprimento de uma convocação para o serviço substitutivo civil dever-se a uma decisão de consciência do acusado, tomada de maneira definitiva e de efeito contínuo; uma condenação por deserção ocorrida nesse interregno não se opõe a isso [a esse reconhecimento].

a) – b) [...].

c) Não se compreenderá corretamente esta situação – decisão fundamental, única de consciência contra uma única exigência estatal de prestação única de serviço substitutivo civil – se ela for espremida no molde do delito continuado e se se aceitar que o comportamento punível do indivíduo obrigado à prestação do serviço, que não seguiu a primeira convocação, tenha sido interrompido pela – primeira – condenação a ele ligada. Com isso, ignora-se a essência da decisão tomada por motivos de consciência, à qual se atribui, segundo o Art. 4 I GG, um significado especial. Uma decisão fundamentada por motivos de consciência é qualquer decisão séria, moral, isto é, uma decisão orientada pelas categorias "bem" e "mal", que o indivíduo experimenta interiormente, em uma determinada situação, e considera para si vinculante e incondicionalmente obrigatória de tal sorte que ele não poderia agir contra elas sem sofrer sérios problemas de consciência (BVerfGE 12, 45 [55]).

No caso dos Reclamantes, a seriedade e a perpetuação de suas convicções fundamentadas em motivos da consciência restaram claramente demonstradas. Os Reclamantes permaneceram, após a sua primeira condenação e após a segunda convocação, fiéis à sua decisão fundamentada por motivos de consciência, tomada anteriormente, de maneira definitiva, de nunca prestar serviço substitutivo civil [...]. Na medida em que eles seguiram essa decisão também na segunda convocação, permanecendo distantes do serviço substitutivo, não cometeram um segundo delito na acepção do Art. 103 III GG. [...].

[...].

4.a) – c) [...].

5. Esta decisão foi prolatada com 5 votos a 2.

D.

[...]

Seuffert, Henneka, Leibholz, Geller, Rupp, Geiger, Kutscher.

79. BVerfGE 56, 22 (*Kriminelle Vereinigung*)

Reclamação Constitucional contra Decisão Judicial

08/01/1981

MATÉRIA

Trata-se de uma Reclamação Constitucional movida por um ex-membro da chamada *R.A.F. – Rote-Armee-Fraktion* condenado pelo crime de participação em **associação criminosa** (*kriminelle Vereinigung*), tipificado no § 129 StGB, em concurso material ("unidade de atos" com posse ilegal de arma de fogo e falsificação de documento) à pena privativa de liberdade de quatro anos e seis meses.

Antes do ajuizamento da Reclamação Constitucional, o Reclamante trilhou a via jurisdicional até a interposição do recurso de revisão perante a *Corte Federal de Justiça* contra uma decisão do Tribunal Estadual de Heidelberg.[301] Ela não deu provimento ao recurso do Reclamante. Contudo, rejeitou, em suas razões, o entendimento do Tribunal Estadual segundo o qual haveria concurso material entre o crime de participação em uma associação criminosa e os crimes praticados na persecução dos objetivos da mesma associação criminosa. Baseou-se no tradicional entendimento de que tais delitos estivessem em *unidade delitual* (§ 52 StGB). No entanto, essa unidade delitual não teria como efeito a *prévia consumação* (prejudicialidade)[302] da denúncia.

Em sua Reclamação Constitucional movida contra as decisões do Tribunal Estadual e da Corte Federal de Justiça, em que arguiu violação do Art. 103 III GG, o Reclamante sustentou especialmente que a decisão da Corte Federal de Justiça teria se chocado contra vários princípios que, por pertencerem ao núcleo do princípio "*ne bis in idem*", seriam assegurados constitucionalmente. Em suma: os atos idealmente concorrentes configurariam um só ato no sentido do Art. 103 III GG e a prejudicialidade implícita no uso da denúncia estaria presente, independentemente das possibilidades de esclarecimento dos fatos pelo juízo do feito e da gravidade da violação de lei que não foram consideradas no julgamento anterior. De resto, com a expressa admissão da unidade de atos pela Corte Federal de Justiça, não haveria como se negar a violação do princípio "*ne bis in idem*".

Em decisão unânime, o TCF julgou improcedente a Reclamação Constitucional por não ter vislumbrado em ambas as decisões judiciais impugnadas uma violação do Art. 103 III GG. Na fundamentação, distinguiu os conceitos jurídico-processuais e jurídico-materiais de "mesmo ato" no sentido do direito igual a direito fundamental derivado do Art. 103 III GG.

EMENTA

Sobre o conceito de "mesmo ato" no sentido do Art. 103 III GG.

301. Trata-se, no caso, da chamada "revisão saltada" (*Sprungrevision*) prevista no § 335 I StPO. Nela, presentes seus pressupostos, salta-se a instância de apelação.

302. Sobre o conceito de prévia consumação, v. referência retro, à nota 296.

Decisão [*Beschluss*] do Segundo Senado, de 8 de janeiro de 1981

– 2 BvR 873/80 –

No processo da Reclamação Constitucional do Sr. B... – Procurador: Professor Dr. Gerald Grünwald, [...] – contra: a) a Decisão da Corte Federal de Justiça, de 11 de junho de 1980 – 3 StR 9/80 –, b) a Decisão do Tribunal Estadual de Heidelberg, de 31 de maio de 1979 – 4 Ks 1/77.

Dispositivo:

Indefere-se a Reclamação Constitucional.

RAZÕES

A.

O processo relaciona-se à questão sobre se a proibição da dupla punição estabelecida no Art. 103 III GG veda a persecução dos objetivos de punir crimes cometidos por uma associação criminosa quando o acusado for condenado por causa de um delito de ser membro da associação criminosa e os crimes que lhe foram imputados não tenham sido objeto daquele processo anterior.

I. – II. [...]

III.

Foram dadas oportunidades ao Ministro Federal da Justiça e ao Ministério da Justiça de Baden-Württemberg para se manifestarem. Eles deixaram de se manifestar mediante referência às suas manifestações feitas no processo anterior 2 BvR 674/77 que tiveram o seguinte conteúdo:

1. – 2. [...].

B.

A Reclamação Constitucional é admitida, porém improcedente.

I.

O princípio estabelecido no Art. 103 III GG, segundo o qual ninguém pode ser punido por causa do mesmo ato com base nas leis penais gerais mais de uma vez ("*ne bis in idem*"), não foi violado. O Reclamante foi condenado por meio da Decisão impugnada do Tribunal Estadual de Heidelberg, pela primeira vez, por causa de sua participação no atentado a bomba em H. A condenação anterior pelo Tribunal Estadual de Berlin não se referia ao "mesmo ato" no sentido no Art. 103 III GG.

1. A *Grundgesetz* não contém uma definição do conceito de ato. A proibição contida no Art. 103 III GG da dupla punição relaciona-se a um princípio do direito processual pré-constitucional, o qual o constituinte quis assegurar e submeter sua modificação a procedimento mais dificultoso (Art. 79 I e II GG).[303] A *Grundgesetz* parte assim de um conceito processual de ato como ele teve vigência inquestionável na construção global pré-constitucional, especialmente na jurisprudência. Esse conceito baseia-se em processo vital unificado a ser avaliado segundo um entendimento naturalista (cf. RGSt 56, 324 [325]; 61, 236 [237], 62, 130 s.; 65, 106 [109 s.]; 72, 339 [340]). "Ato" nesse sentido é o processo histórico – e, assim, limitado no tempo e nos fatos – sobre o qual a denúncia e a decisão por seu recebimento referem-se e dentro do qual o acusado como agente ou partícipe teria preenchido os elementos de um tipo penal (BVerfGE 23, 191 [202]).

2. As condenações do Reclamante pelo Tribunal Estadual de *Heidelberg* e pelo Tribunal Estadual de *Berlin* relacionam-se a diferentes acontecimentos históricos que, segundo uma perspectiva naturalista, não compõem uma mesma unidade e, portanto, também a diferentes atos no sentido do Art. 103 III GG:

a) Segundo os as verificações de fatos [tidos como provados] na Decisão do Tribunal Estadual, o Reclamante havia pertencido, desde o ano de 1971, até sua prisão em 9 de maio de 1972, a uma associação criminosa que tinha por objetivo derrubar violentamente a ordem social na República Federal da Alemanha. Sobre o pertencimento do Reclamante a essa associação e sua participação nela foi apenas verificado que vivia em vários pontos de fixação do bando, mas precipuamente em *Berlin*, que marcou um encontro conspirativo e que, no momento de sua prisão, trazia consigo armas e uma identidade falsa.

b) No entanto, o Reclamante foi condenado pelo Tribunal Estadual de *Heidelberg* por causa de outros fatos. Esse tribunal chegou à verificação de que o Reclamante, informado do plano de um atentado à bomba, para seu preparo em M., roubou um automóvel e o preparou com explosivos que, em 24 de maio de 1972, foram detonados em frente ao prédio do Quartel General dos EUA, ocasião em que três pessoas faleceram, enquanto seis outras apenas por sorte escaparam da morte.

303. Trata-se, no Art. 79 GG como um todo, das regras formal-procedimentais (Art. 79 I e II GG) e, especificamente, no Art. 79 III GG, dos limites materiais ao poder constituinte derivado (intangibilidade – "cláusulas eternas"). O último faz menção apenas à estrutura federativa de Estado, participação dos Estados-membros na legislação federal, aos princípios do Art. 1 GG – especialmente dignidade humana e vínculo dos três poderes aos direitos fundamentais – e aos demais princípios do Art. 20 GG. No Art. 79 II GG, o constituinte estabeleceu a maioria qualificada de dois terços dos membros da Câmara Federal e dois terços dos votos do Conselho Federal para a aprovação das emendas constitucionais. Assim, na passagem em comento, o TCF faz alusão ao "procedimento mais dificultoso", não à impossibilidade *a priori* relativa apenas aos bens jurídico-constitucionais retro declinados, entre os quais os direitos fundamentais em geral não se encontram (exceto quando de sua aplicação conjunta com o Art. 1 I GG).

c) Os acontecimentos tratados em ambas as decisões não revelam em uma perspectiva naturalista alguma outra conexão entre eles, além de que o Reclamante, em cada um deles, corroborara a persecução dos objetivos da associação criminosa. O propósito final mantido em mente pelo agente de seus crimes é, em regra, irrelevante para a resposta à questão de se está presente um mesmo ato no sentido do Art. 103 III GG porque, caso contrário, o efeito de trânsito em julgado tornar-se-ia expandido de modo descontrolado e se perderia qualquer contorno rígido. Um alcance amplo desse tipo da consumação da acusação penal contrariaria o interesse perseguido pelo Art. 103 III GG de impedir uma punição repetida por causa dos mesmos fatos individualizáveis. A conexão a um processo vital unificado e, com isso, a uma ação no sentido do Art. 103 III GG precisa, assim, resultar diretamente das ações ou acontecimentos que estejam na base do processo vital. Isso falta no presente caso.

3. A Corte Federal de Justiça parte, na decisão impugnada, do fato de que o ato de homicídio qualificado e o delito de ser membro de uma associação criminosa estão um para o outro em uma unidade de ação (§ 52 StGB). Isso, entretanto, não muda nada no fato de que não se trata, em ambos os acontecimentos do mesmo ato no sentido do Art. 103 III GG.

a) O conceito de unidade de ato (§ 52 StGB) deve ser separado do conceito de ato do Art. 103 III GG. Isso é o que indica já a circunstância de que um ato no sentido do direito processual pode estar presente, embora os tipos penais realizados pelo processo vital estejam entre si em pluralidade de atos (§ 53 StGB) (BGHSt 23, 141 [145]; BGH, NJW 1953, S 1522). Já o Tribunal do *Reich* desenvolveu o conceito de ação a partir dessas considerações como um conceito autônomo e separado do conceito de ação do direito penal material (RGSt 56, 324 [325]; 62, 130 [131]; 72, 339 [340]). Ele expressou que o conceito jurídico-processual não teria nada a ver com o conceito jurídico-material (RGSt 61, 314 [317]; 62, 112). Sobre esse dado recorre o Art. 103 III GG.

b) Esse significado exclusivamente processual do conceito de ato é materialmente justificado e ordenado, pois as figuras jurídicas da unidade de ato (§ 52 StGB) e da identidade de ato (Art. 103 III GG) perseguem propósitos diferentes:

aa) Os tipos do direito penal material são adaptados para que o agente viole um tipo uma vez, mas não dão, contudo, informação sobre como deve se proceder se o agente, por meio de uma ou várias ações, tiver preenchido o mesmo tipo mais de uma vez ou mais tipos penais. Dessa questão tratam os §§ 52 ss. StGB, cuja regulamentação é sustentada no pensamento fundamental de que, na concomitância de várias violações legais, a adição de todas as penas privativas de liberdade que vêm à pauta ultrapassaria em regra a medida da culpa do agente. Para evitar esse tipo de penas privativas de liberdade sucessivas, a lei disponibiliza dois processos para uma combinação vantajosa ao agente das respectivas cominações, embora distinga entre unidade de ato (§ 52 StGB) e pluralidade de atos (§ 53 StGB). No caso de violações da lei a serem consideradas como unidade de ação, reconhece-se apenas uma pena, a qual segundo a lei é definida pela pena ameaçada mais grave (§ 52 I, II StGB). Os demais tipos penais paralelamente realizados pelo agente não vêm à pauta para se chegar ao quadro de penas do qual deve se depreender a pena; eles têm significado tão somente para a mensuração da pena dentro desse quadro de penas. No caso das violações da lei a serem avaliadas como ação plural, a lei enxerga uma elevada culpa como existente, a qual se leva em consideração por meio de uma aplicação mais autônoma das respectivas cominações penais: Se alguém cometeu vários crimes que se encontram entre si em pluralidade de ações, ele então deixou de sofrer várias penas que, no caso de uma sentença conjunta, serão trazidas a uma pena global segundo regras especiais (§ 53 StGB). A pena global será construída por meio do aumento da pena mais dura de seu tipo e não pode alcançar a soma das penas individuais (§ 54 StGB). Unidade de atos e pluralidade de atos serão, por meio do conceito de "ação", separados um do outro. Quando a mesma ação violar várias leis penais ou violar a mesma lei penal várias vezes, estará presente uma unidade de atos, e não uma pluralidade de atos. Uma "ação" no sentido dos §§ 52 ss. StGB pode existir, em um movimento corporal voluntário, em uma ínfima unidade, mas também em uma pluralidade de tais ações no sentido natural, que pode ser resumido como tipo legal de uma "unidade jurídica de ação". Quando com as variadas ações individuais naturais de tal complexo de ações encontrarem-se respectivamente outros – em si autônomos – crimes, então podem mediante determinados pressupostos também esses ser incluídos na unidade de ação. O direito penal material pode, destarte, construir sínteses de ações de alcance fático estendido, para as quais, contudo, segundo o § 52 StGB, apenas uma pena deve ser aplicada.

bb) Por sua vez, o conceito da identidade de atos no sentido do Art. 103 III GG pretende, exclusivamente, demarcar a coisa julgada material. A coisa julgada material baseia-se no mandamento da segurança e paz jurídicas; ela protege os condenados contra a possibilidade de serem, em razão dos fatos nomeados e individualizados na denúncia, novamente processados judicialmente. Um novo processo será também então inadmissível quando depois surgirem circunstâncias dificultosas que não puderam ser conhecidas no primeiro processo. Nessa extensão, impôs-se o [próprio] Estado em prol da segurança jurídica uma restrição voluntária de seu direito à persecução de ações puníveis e, portanto, a esse respeito também desistiu da aplicação do princípio da legalidade que assegura a igualdade na aplicação do direito. O constituinte elevou o impedimento processual da coisa julgada ao nível hierárquico de um direito fundamental processual em face das experiências com um regime ilícito, que não teve escrúpulos em perseguir novamente atos já julgados e que possibilitou violações incontáveis da coisa julgada com o propósito de infligir punição mais dura. Também se isso, no caso particular, levar a resultados considerados [por muitos] como injustos, devem ser, sobretudo diante das experiências históricas, combatidas todas as tentativas de modificar o conceito de ato a depender da gravidade das circunstâncias não consideradas para a posterior viabilização de uma punição justa. Um efeito de bloqueio desse tipo é, por outro lado, apenas aceitável, quando o tamanho do conceito processual de ato não se estender para além de qualquer limite, o que estaria presente caso fosse conectado à figura da unidade material de atos, que serve totalmente a outros propósitos. Seus propósitos distintos proíbem a mistura dos conceitos de direito material e direito processual, caso não se queira romper os princípios perseguidos individualmente e correr o risco de contradições de julgamento insolúveis.

c) Claro que as unidades de ação formadas pelo direito penal material coincidirão, em regra, com as do direito processual. Na medida em que o direito penal material parte de ações *naturais*, baseia-se em acontecimentos que, em geral, também por razões jurídico-processuais, não podem ser separadas. Por isso, um conjunto de fatos sintetizados pelo conceito jurídico da unidade de atos (§ 52 StGB) apenas poderá ser composto por mais de um ato no sentido do Art. 103 III GG se o direito material constituir unidades de ação jurídicas que comportem em si mais fatos, autônomos, segundo sua natureza. A jurisprudência da Corte Federal de Justiça repete o princípio destacado segundo o qual um ato jurídico-material garante identidade de ato no sentido do Art. 103 III GG (BGHSt 6, 92 [97]; 15, 268 [272]; BGH, NJW 1953, p. 553 s.; VRS 21, 341 [343 s.]; GA 1970, 84 [85]). Não se pode reivindicar, depois de tudo isso, uma validade sem exceção a esse princípio. Cabe a ele tão somente um caráter de regra que, presentes especiais circunstâncias, admite exceção.

d) No caso em apreço, tal exceção está presente, em todo caso, em face da estrutura típico-normativa do § 129 StGB:

O tipo *ser membro de uma associação criminosa* (§ 129 StGB) [grifo do autor] sintetiza uma pluralidade de acontecimentos em um unidade jurídica cuja extensão é extraordinariamente ampla. Um ato de participação considerável para a vinculação como membro pode existir em cada atividade de qualquer tipo que seja útil aos propósitos da associação. O agir infracional pode, assim, realizar-se nos modos mais variados de comportamento. Também na extensão em que esses violem complementarmente outros tipos penais, podem servir, no quadro da associação, aos propósitos de tipos os mais variados. As atividades podem executar os objetivos imediatos da associação, mas elas podem também apenas criar as bases para a atividade da associação ou querer obtê-las. Segundo o amplo alcance do § 129 StGB defendido na jurisprudência já é, por exemplo, punível por causa dessa norma quem quiser escapar de uma prisão por meio da apresentação de uma identidade falsa para poder continuar disponível para a associação. No mais, não se pressupõe uma atividade em curso para a associação no sentido do § 129 StGB. Assim, um membro pode, em algumas circunstâncias, permanecer anos sem agir. Um ato de atividade subsumir-se-ia, contudo, a *um* tipo do § 129 StGB se o agente apenas sempre tivesse tido a vontade de participar da "vida da associação" também no futuro. A norma do § 129 StGB pode, destarte, conectar-se também a acontecimentos temporalmente distantes. Junto a uma estrutura do tipo penal de tal modo tão extensamente constituída, pode crescer a importância de alguns atos de atividade que os torne acontecimentos independentes no sentido do Art. 103 III GG.

4. O Reclamante sustenta que o princípio de que várias violações da lei, que estejam do ponto de vista jurídico-material em unidade de atos, *sempre* constituem um ato unificado no sentido do Art. 103 III GG, seria reconhecido sem exceções pela jurisprudência dos tribunais superiores e protegido como elemento nuclear da máxima "ne bis in idem" pela *Grundgesetz*. Esse entendimento não procede. Pode ficar fora da discussão se a jurisprudência antes da entrada em vigor da *Grundgesetz* partia do fato de que a presença da unidade de atos (§ 52 StGB) implicaria *sob todas as – ainda que apenas imagináveis – circunstâncias* uma identidade processual de atos. Com efeito, uma interpretação desse tipo estrita, que seguisse a jurisprudência do Tribunal do *Reich* em todas as ramificações e que a considerasse uma decisiva interpretação histórica, não é adequada ao sentido do Art. 103 III GG. O Art. 103 III GG até se relaciona com a situação jurídico-processual vigente à época da entrada em vigor da *Grundgesetz*. Mas isso não significa que o entendimento passado do princípio jurídico "ne bis in idem" já disponibilizava para cada dúvida surgida uma interpretação vinculante pela jurisprudência e, especialmente, não significa que, para aspectos depois surgidos, não tivesse se apresentado à ciência jurídico-processual e à jurisprudência uma determinação jurídico-constitucional. No mais, não pode significar que, por força constitucional, as difíceis – em termos de delimitação – questões sobre âmbitos marginais em aberto do conceito de ato e as dúvidas dogmáticas tivessem sido retiradas [da pauta de discussões]. Indubitavelmente, não deveriam ser fixadas a legislação e a interpretação (dominante) até os últimos detalhes sobre o estado da arte da jurisprudência e da doutrina jurídico-processual na entrada em vigor da *Grundgesetz*, e ser fechada à ulterior modificação no entendimento do objeto jurídico-processual do processo e do efeito da coisa julgada. O Art. 103 III GG não se opõe a correções de limites (assim também: Schäfer. in: Löwe-Rosenberg, StPO, 23. ed., 1976, Introdução, Cap. 12, n. 33, 37); ele garante apenas um núcleo do que foi trabalhado na jurisprudência como conteúdo da máxima "ne bis in idem". Para o entendimento contrário, também a gênese da *Grundgesetz* não oferece sustentação.

5. Também não viola o Art. 103 III GG que, em sede de conclusão, a Corte Federal de Justiça tenha compreendido o conceito de ato no sentido da proibição da dupla punição de modo mais estrito do que o conteúdo do conceito de ato decisivo para a obrigação cognitiva. O conceito de "ato" tem um papel em vários lugares do direito processual penal: litispendência, mudança da ação ajuizada e coisa julgada. Pelo Art. 103 III GG, constitucionalmente assegurada foi apenas a última. O Tribunal do *Reich* até enfatizou que uma decisão penal consome a denúncia, na extensão da obrigação de conhecimento a ser determinada pelas possibilidades de reconhecimento do tribunal (RGSt 24, 419; 49, 272 [274]; 51, 241 s.; 56, 324 [325]; 66, 19 [20 s.]). A determinação da identidade de atos no sentido do Art. 103 III GG não pode, contudo, depender dos entendimentos defendidos na jurisprudência sobre a igualdade de abrangência em relação a um conceito do direito processual penal infraconstitucional que sirva ao outro propósito de incluir as partes do ato não elencadas na denúncia, sem a necessidade de uma acusação complementar (§ 266 StPO), na audiência principal e que é submetido à interpretação mutável dos tribunais competentes. Isso vale tanto mais porque já o constituinte da *Grundgesetz* encontrou um estado de coisas no qual a jurisprudência tinha quebrado esse princípio. Embora nomeadamente os tribunais fossem considerados obrigados a estender a instrução a todos os atos individuais de uma ação continuada, deveria atribuir-se a uma absolvição da acusação apenas o efeito de consumir a acusação em face das ações individuais apreciadas, mas não tendo em vista as que permanecessem desconhecidas (cf. RGSt 24, 419 s.; 66, 19 [26]; RG, JW 1925, p. 1010). Essa conclusão sempre considerada improcedente (Beling, Deutsches Reichsstrafprozeßrecht mit Einschluß des Strafgerichtsverfassungsrechts, 1928, p. 267, n. rod. 1, e JW 1925, p. 1010 [Anmerkung]; Eb Schmidt, Lehrkommentar zur Strafprozeßordnung und zum Gerichtsverfassungsgesetz, Parte I, 2. ed., 1964, n. 307, 308) somente pode – caso não se queira partir das possibilidades de reconhecimento do tribunal – ser declarada livre de contradições se a extensão da obrigação cognitiva e da consumação da acusação não coincidirem em todos os casos. A Corte Federal de Justiça prosseguiu no caminho tomado pelo Tribunal do *Reich*. Ela admitiu, em casos do assim chamado efeito de aperto do delito mais brando, a presença de atos independentes no sentido do Art. 103 III GG (BGHSt 23, 141 [149 s.]) e também como persecutáveis partes de uma ação continuada quando por causa de um ato isolado já tivesse ocorrido uma condenação (BGH, GA 1958, S 366 [367]; NJW 1963, S 549 [550]; GA 1970, S 84 [85]; cf. já: RG, JW 1928, p. 2247), sem que, portanto, provavelmente devesse [primeiro] ter sido ligado um afrouxamento da ampla obrigação cognitiva. Esse resultado encontrado pela via da interpretação do direito infraconstitucional não deve ser impugnado jurídico-constitucionalmente.

II.

A condenação do Reclamante impugnada com sua Reclamação Constitucional também não viola os direitos fundamentais ou direitos iguais a direitos fundamentais. Especialmente, não foi violado o Art. 2 I GG em conexão com o princípio do Estado de direito.

1. É infundado o temor de que a jurisprudência da Corte Federal de Justiça implicaria que pudesse ser o membro de uma associação criminosa sobrecarregado com uma pluralidade *concomitante* de processos, nos quais lhe fossem imputados, em cada um, delitos que ele tivesse cometido na persecução dos objetivos da associação. A Corte Federal de Justiça pronunciou, na decisão impugnada, que o pensamento do *fair trial* proibiria que junto à conexão dos atos já se promovessem vários processos penais contra o acusado.

2. Para além da área de proteção do Art. 103 III GG que aqui não foi tangenciada, a punição do Reclamante segundo a situação do caso não enfrenta problemas pertinentes ao Estado de direito. O Reclamante não podia contar com que, por causa dos crimes que, no presente processo penal, levaram-no à condenação, ficaria ileso apenas porque, antes, ele tinha conseguido escapar da persecução.

III.

Essa decisão foi tomada unanimemente

Zeidler, Rinck, Wand, Niebler, Steinberger, Träger.

BIBLIOGRAFIA

BROSIUS-GERSDORF, Frauke. Kommentar zu Art. 6 Grundgesetz. In: DREIER, Horst (org.). *Grundgesetz-Kommentar*. vol. 1. 3. ed. Mohr Siebeck: Tübingen, 2013, p. 839-934.

BUMKE, Christian. *Ausgestaltung von Grundrechten*. Grundlagen und Grundzüge einer Dogmatik der Grundrechtsausgestaltung unter besonderer Berücksichtigung der Vertragsfreiheit. Mohr Siebeck: Tübingen, 2009.

CORNILS, Matthias. *Die Ausgestaltung der Grundrechte*: Untersuchungen zur Grundrechtsbindung des Ausgestaltungsgesetzgebers. Tübingen: Mohr Siebeck, 2005.

DE LAURENTIIS, Lucas Catib de. *A proporcionalidade no direito constitucional*. Origem, modelos e reconstrução dogmática. São Paulo: Malheiros, 2017.

DIMOULIS, Dimitri; MARTINS, Leonardo. *Teoria geral dos direitos fundamentais*. 6. ed. revista, atualizada e ampliada. São Paulo: RT – Thomson Reuters, 2018.

HUFEN, Friedehelm. *Staatsrecht II*. Grundrechte. 7. ed. München: Beck, 2018.

IPSEN, Jörn. *Staatsrecht II*. Grundrechte. 21. ed. München: Vahlen, 2018.

KINGREEN, Thorsten; POSCHER, Ralf. *Grundrechte*. Staatsrecht II. 34. ed., Heidelberg: Müller, 2018.

KINGREEN, Thorsten; POSCHER, Ralf. *Grundrechte*. Staatsrecht II. 33. ed., Heidelberg: Müller, 2017.

KLUTH, Winfried. *Grundrechte*. Inklusive Recht der Verfassungsbeschwerde und Fallbearbeitungen. 4. ed. Halle an der Saale: Universitätsverlag Halle-Wittenberg, 2017.

LEPSIUS, Oliver. Die maßstabsetzende Gewalt. In: JESTAEDT, M.; LEPSIUS, O.; MÖLLERS, C.; SCHÖNBERGER, C. (org.). *Das entgrenzte Gericht*. Eine kritische Bilanz nach sechzig Jahren Bundesverfassungsgericht. Frankfurt: Suhrkamp, 2011, p. 159-279.

LIMBACH, Jutta. *Das Bundesverfassungsgericht*. 2. ed. München: Beck, 2010.

MANSSEN, Gerrit. *Staatsrecht II*. Grundrechte. 15. ed. München: Beck, 2018.

MARTINS, Leonardo. *"Questões constitucionais" na ordem processual constitucional brasileira entre sua "repercussão geral" e a tutela de direitos fundamentais individuais* [Manuscrito submetido à publicação em periódico jurídico], 2019.

MARTINS, Leonardo. *Tribunal Constitucional Federal alemão*. Decisões anotadas sobre direitos fundamentais. [obra em 5 volumes]. vol. 2: Liberdade de consciência e crença; liberdades de expressão e de comunicação social; liberdades artística e científica. São Paulo: Konrad-Adenauer-Stiftung, 2018-a.

MARTINS, Leonardo. *Direito processual constitucional alemão*. 2. ed. revista, atualizada e ampliada. Indaiatuba: Foco, 2018-b.

MARTINS, Leonardo. Comentários ao art. 5º, §1º CF (aplicação imediata das normas definidoras dos direitos fundamentais). In: Editora Forense (org.). *Comentários à Constituição Federal*. Rio de Janeiro: Forense, 2018-c.

MARTINS, Leonardo. Direito fundamental à liberdade de reunião e controle de constitucionalidade de leis penais e de sua interpretação e aplicação: contribuição para o direito de reunião como sub-ramo autônomo do direito administrativo. *Espaço Jurídico Journal of Law – EJJL*. v. 18, n. 2, p. 433-490, maio/ago. 2017.

MARTINS, Leonardo. *Tribunal Constitucional Federal alemão*: decisões anotadas sobre direitos fundamentais [obra em 5 volumes]. vol. 1: Dignidade humana, livre desenvolvimento da personalidade, direito fundamental à vida e à integridade física, igualdade. São Paulo: Konrad-Adenauer-Stiftung, 2016-a.

MARTINS, Leonardo. "Eigentum verpflichtet" auf Portugiesisch. Was kann die brasilianische Verfassungsrechtswissenschaft vom angewandten Art. 14 Absatz 2 Grundgesetz lernen? In: PLÖSE, M.; FRITSCHE, T.; KUHN, M.; LÜDERS, S. *"Worüber reden wir eigentlich?"* Festgabe für Rosemarie Will. Berlin: Humanistische Union, p. 445-461, 2016-b.

MARTINS, Leonardo. *Bioética à luz da liberdade científica*: estudo de caso baseado na decisão do STF sobre a constitucionalidade da lei de biossegurança e no direito comparado alemão [com um ensaio de Bernhard Schlink: "Questões atuais da proteção da vida pré-natal"]. São Paulo: Atlas, 2014.

MARTINS, Leonardo. *Liberdade e Estado constitucional*: leitura jurídico-dogmática de uma complexa relação a partir da teoria liberal dos direitos fundamentais. São Paulo: Atlas, 2012.

MARTINS, Leonardo. Jurisdição e organização jurídica no Brasil e na Alemanha: uma breve visão panorâmica. In: HOLLENSTEINER, Stephan (Org.). *Estado e sociedade civil no processo de reformas no Brasil e na Alemanha*. São Paulo: Lumen Juris, 2004.

MICHAEL, Lothar; MORLOK, Martin. *Grundrechte*. 7. ed. Baden-Baden: Nomos, 2018.

MICHAEL, Lothar; MORLOK, Martin. *Grundrechte*. 6. ed. Baden-Baden: Nomos, 2017.

PESTALOZZA, Christian. *Verfassungsprozessrecht*: Die Verfassungsgerichtsbarkeit des Bundes und der Länder. 3. ed. München: Beck, 1991.

PIEPER, Hans-Gerd. *Grundrechte*. 15. ed. Münster: Alpmann und Schmidt, 2012.

PIEROTH, Bodo; SCHLINK, Bernhard; KINGREEN, Thorsten; POSCHER, Ralf. *Grundrechte*. Staatsrecht II. 30. ed., Heidelberg: C.F. Müller, 2014.

POSCHER, Ralf. *Grundrechte als Abwehrrechte*. Reflexive Regelung rechtlich geordneter Freiheit. Tübingen: Mohr Siebeck, 2003.

SACHS, Michael. *Verfassungsrecht II*. Grundrechte. 3. ed. Berlin: Springer, 2017.

SCHAEFER, Jan Phillip. Die „Ehe für alle" und die Grenzen der Verfassungsfortbildung. *Archiv des öffentlichen Rechts – AöR*. v. 143 (2018), p. 393–436, 2018.

SCHILDHEUER, Frank. *Grundrechte*. 4. ed. Frankfurt: Jura Intensiv Verlag, 2015.

SCHLAICH, Klaus; KORIOTH, Stefan. *Das Bundesverfassungsgericht:* Stellung, Verfahren, Entscheidungen. 10. ed. München: Beck, 2015.

SCHLINK, Bernhard. Der Grundsatz der Verhältnismäßigkeit. In: BADURA, Peter; DREIER, Horst (org.), *Festschrift 50 Jahre Bundesverfassungsgericht*. Tomo 2, Mohr Siebeck: Tübingen, 2001.

SCHLINK, Bernhard. Freiheit durch Eingriffsabwehr. Zur Rekonstruktion der klassischen Grundrechtsfunktion. *Europäische Grundrechte-Zeitschrift – EuGRZ*. v. 1984, p. 457–468, 1984.

SCHMIDT, Rolf. *Grundrechte*. Sowie Grundzüge der Verfassungsbeschwerde. 23. ed. Grasberg bei Bremen: Rolf Schmidt, 2018.

SCHMIDT, Rolf. *Grundrechte*. Sowie Grundzüge der Verfassungsbeschwerde. 22. ed. Grasberg bei Bremen: Rolf Schmidt, 2017.

SCHWABE, Winfried. *Staatsrecht II*. Grundrechte. Materielles Recht & Klausurenlehre Musterlösungen im Gutachtenstil. 5. ed. Boorberg: Stuttgart, 2018.

VON COELLN, Christian. Comentários aos artigos 7 e 9 GG. In: GRÖPL, Christoph; WINDTHORST, Kay; COELLN, Christian von. *Grundgesetz*. Studienkommentar. München: Beck, 2013, p. 157-165 e 172-179.

VON MÜNCH, Ingo; MAGER, Ute. *Staatsrecht II*. Grundrechte. 6. ed. Stuttgart: Kohlhammer, 2014.

WINDTHORST, Kay. Comentários ao artigo 6 GG. In: GRÖPL, Christoph; WINDTHORST, Kay; COELLN, Christian von. *Grundgesetz*. Studienkommentar. München: Beck, 2013, p. 137-157.

Como citar esta obra ou partes dela

I. *Referência geral*

Martins, Leonardo. *Tribunal Constitucional Federal alemão:* decisões anotadas sobre direitos fundamentais. v. 3: Direitos fundamentais ao casamento e à família; liberdade de associação; garantias constitucionais processuais. São Paulo: Fundação Konrad Adenauer e Marcial Pons, 2019.

II. *Referências específicas*

1. às decisões do TCF alemão (sob as epígrafes das Decisões # 57-79, exceto os textos com fundo sombreado, eventuais inserções entre colchetes no corpo do texto e todas as notas de rodapé):

Exemplo de citação (de excertos) da Decisão # 58. BVerfGE 105, 313 (*Lebens-partnerschaftsgesetz*): BVerfGE 105, 313 (*Lebenspartnerschaftsgesetz*). In: Martins, Leonardo. *Tribunal Constitucional Federal alemão:* decisões anotadas sobre direitos fundamentais. v. 3: Direitos fundamentais ao casamento e à família; liberdade de associação; garantias constitucionais processuais. São Paulo: Fundação Konrad Adenauer e Marcial Pons, 2019, p. 44-81.

2. à introdução, às notas introdutórias aos sete capítulos ou às sínteses das matérias (epígrafe "matéria" e notas de rodapé que acompanham os excertos das decisões:

Exemplo 1:

Martins, Leonardo. Introdução ao volume 3: In: Martins, Leonardo. *Tribunal Constitucional Federal alemão:* decisões anotadas sobre direitos fundamentais. v. 1: v. 3: Direitos fundamentais ao casamento e à família; liberdade de associação; garantias constitucionais processuais. São Paulo: Fundação Konrad Adenauer e Marcial Pons, 2019, p. 1-4.

Exemplo 2:

Martins, Leonardo. Direitos fundamentais ao casamento e à família (Art. 6 I GG). Notas introdutórias. In: Martins, Leonardo. *Tribunal Constitucional Federal alemão:* decisões anotadas sobre direitos fundamentais. v. 3: Direitos fundamentais ao casamento e à família; liberdade de associação; garantias constitucionais processuais. São Paulo: Fundação Konrad Adenauer e Marcial Pons, 2019, p. 5-34.

Exemplo 3:

Martins, Leonardo. BVerfGE 100, 214 (*Gewerkschaftsausschluss*). Matéria. In: Martins, Leonardo. *Tribunal Constitucional Federal alemão:* decisões anotadas sobre direitos fundamentais. v. 3: Direitos fundamentais ao casamento e à família; liberdade de associação; garantias constitucionais processuais. São Paulo: Fundação Konrad Adenauer e Marcial Pons, 2019, p. 151-153.